SQL Server 2014
Implementierung, Administration
und Programmierung mit T-SQL

Marco Skulschus

Marcus Wiederstein

D1719346

SQL Server 2014
Implementierung, Administration
und Programmierung mit T-SQL

Marco Skulschus
Marcus Wiederstein

Webseite zum Buch:

http://www.comelio-medien.com/buch-katalog/ms_sql_server/
ms-sql-server-2014-administration

© Comelio GmbH

Comelio GmbH
Goethestr. 34
D-13086 Berlin

Fon:+49 (0) 30-8 14 56 22-00
Fax: +49 (0) 30-8 14 56 22-10

www.comelio-medien.com
info@comelio.com

Umschlaggestaltung, Comelio-Grafiken, Layout & Satz: Nadine Kilian
Druck und Bindung: docupoint magdeburg
             Otto-von-Guericke-Allee 14
             39179 Barleben

ISBN 978-3-939701-95-8 (Taschenbuch)

ISBN 978-3-939701-96-5 (E-Book)

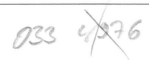

033 4/076

Inhaltsverzeichnis

Vorwort

Vorwort

Herzlich willkommen zu einem Fachbuch von Comelio Medien, einem Bereich der Comelio GmbH. Wir hoffen sehr, dass Sie mit der Darstellung und Aufbereitung zu den verschiedenen Themengebieten im Bereich MS SQL Server zufrieden sind und die für Ihren Berufsalltag wesentlichen und hilfreichen Informationen finden.

Zu dieser Reihe

Diese Buchreihe konzentriert sich auf verschiedene Aspekte der Verwendung des Microsoft SQL Servers. Dies soll alle Themen umfassen, welche bei der Verwendung als Programmierer, BI-Entwickler und Administrator auftreten. Zusammen genommen sollen alle geplanten Bücher der Reihe die Themenvielfalt und Einsatzmöglichkeiten des SQL Servers abdecken. Es ist dabei nicht unbedingt notwendig, alle Bücher zu lesen, weil die Themen so auf die einzelnen Werke verteilt werden sollen, dass jedes für sich als einzelnes Werk gelten kann.

Die Reihe enthält folgende Themen:

- Abfragen einer Datenbank, Durchführung von Analysen und Datenänderungen und Einstieg in den SQL Server mit der Abfragesprache T-SQL.

- Implementierung, Einrichtung und Programmierung einer SQL Server Datenbank (dieses Buch).

- Erzeugen von XML aus relationalen Daten und speichern, verarbeiten von XML mithilfe von T-SQL, .NET und XML-Technologien.

- Nutzung der Bereiche Daten-Integration, Reporting und Analysis Services sowie Gestaltung von OLAP- und Data Warehouse-Anwendungen mit SQL Server.

Autoren

Die beiden Autoren Marco Skulschus und Marcus Wiederstein blicken bereits auf zahlreiche Bücher zu Datenbanken zurück. Bei der Comelio GmbH sind sie im Bereich Softwareentwicklung als Projektleiter tätig und stehen mithilfe der Veröffentlichungen ihre Projekt-Erfahrungen einem breiteren Publikum zur Verfügung. Dies geschieht auch im Bereich Weiterbildung, der von der Comelio GmbH im gesamten deutschsprachigen Raum angeboten wird.

Marco Skulschus (Jahrgang 1978) studierte Ökonomie in Wuppertal und Paris. Er ist setzt mit seinem Team C# und Java mit MS SQL Server und Oracle für Kundenprojekte ein. Er ist auch in anderen Themenbereichen aktiv, wobei insbesondere der Themenbereich Datenbanken, Datenmodellierung und XML an erster Stelle steht. Seine Spezialthemen sind Ontologien auf Basis von OWL (Web Ontology Language) oder komplexe Datenanalysen und Data Mining. Neben den gemeinsamen Veröffentlichungen mit Marcus Wiederstein ist er Autor von verschiedenen Büchern zum Einsatz von XML.

Marcus Wiederstein (Jahrgang 1971) studierte Elektrotechnik in Bochum und Dortmund. Er hat sich schon sehr früh mit .NET beschäftigt und leitet Software-/Server-Projekte auf Basis von Microsoft-Technologien mit Teams in Indien. Seine speziellen Interessengebiete sind die Entwicklung betrieblicher Software als Desktop- und Web-Anwendung, teilweise in Kombination mit Reporting.

Marco Skulschus und Marcus Wiederstein haben zusammen bereits vier Bücher zu XML (XML Schema, XSLT und XSL-FO) sowie zu Datenbanken (zwei Bücher zu Oracle und ein Werk zu Standard-SQL) herausgebracht. Sie haben verschiedene Zertifizierungen von Microsoft und Oracle erworben.

Aufbau des Buchs

Als Leser haben wir uns die Teilnehmer, welche die verschiedenen T-SQL-Seminare im Bereich MS SQL Server besuchen, vorgestellt. Hierbei handelt es sich um Programmierer, die für eine oder in einer MS SQL Server-Datenbank Software entwickeln. Sie müssen dabei nicht nur umfangreiche Abfragen und Analysen auszuführen (die Themen des ersten Bandes dieser Reihe, sondern sollen die Datenbank auch einrichten. Dies umfasst, die eigentliche Datenbank zu erstellen, sie grundlegend zu administrieren und auch die entsprechenden Schema-Objekte (Tabellen,

Sichten und deren Bestandteile) zu erstellen und zu verwalten. Darüber sollen auch direkt in der Datenbank programmierbare Strukturen wie Funktionen, Prozeduren und Trigger mit Hilfe von T-SQL entstehen.

Weitere Bücher in dieser Reihe behandeln Themen wie XML-Integration und die Analyse und Abfrage von Daten.

1. Das erste Kapitel zeigt, wie man eine Datenbank und ihre Bestandteile einrichtet. Hierunter fallen die Datenbank selbst und natürlich Tabellen und ihre Bestandteile wie Spalten und Schlüssel für Tabellen bzw. Verknüpfungen zwischen den Tabellen. Große Datenbanken erfordern es, dass Daten nicht in der gleichen Datenbank-Datei gespeichert werden, sondern dass man spezialisierte Speicherstrukturen (Dateien in Dateigruppen) erstellt und dafür entweder nach und nach oder schon zu Beginn die entsprechenden Objekte erstellt. Sie lernen, wie Sie diese Strukturen sowohl über T-SQL und auch über die grafischen Werkzeuge erstellen und verwalten können.

2. Das zweite Kapitel zeigt, wie man mit T-SQL und in Maßen auch über die Oberfläche Daten in der Datenbank pflegt, d.h. Daten einfügt, ändert und auch wieder löscht. Dazu gehört es auch, Daten massenweise zu importieren und zu exportieren, wozu der MS SQL Server verschiedene grafische Werkzeuge und sogar ein eigenes Modul in Form der Integration Services bereit stellt. Sie lernen diese Werkzeuge kennen und verwenden.

3. Das dritte Kapitel beschäftigt sich mit der Optimierung der Datenbank und vermittelt Ihnen die Konzepte von Indizierung und Tuning. Dazu zählt auch, die Datenbank auf ihre Leistung hin zu analysieren und die geschätzten und tatsächlichen Ausführungspläne von Abfragen zu verwenden. Der MS SQL Server stellt für diese Fragestellungen einmal einen Optimierungsratgeber (Database Tuning Advisor) und für die Abfrage eine Visualisierung der SQL-Ausführung bereit. Über die Oberfläche des Management Studios und natürlich auch mit T-SQL kann man dann die notwendigen Maßnahmen ergreifen, um die Datenbank optimal aufzubauen oder nachträglich zu verbessern.

4. Das vierte Kapitel konzentriert sich auf die Darstellung einiger wesentlicher administrativer Aspekte wie das Sicherheitskonzept des MS SQL Servrs. Sie lernen die Elemente wie Anmeldung, Benutzer und Rolle kennen und sehen, wie Sie diese Elemente über die Oberfläche und T-SQL erstellen. Darüber hinaus sehen Sie in verschiedenen Beispielen, wie sich Sicherheitseinstellungen

bei der Verwendung der Datenbank für die Benutzer auswirkt.

5. Das fünfte Kapitel bietet eine Einführung in die SQL-Erweiterung von MS SQL Server mit dem Namen Transact SQL (T-SQL). Zwar gibt es in den vorherigen Kapiteln bereits verschiedene Beispiele, die mit einfachen Mitteln von T-SQL operieren, doch die Erstellung von Variablen, die Verwendung und die Auswahl von geeigneter Datentypen, die Erstellung und Nutzung von Cursorn, die Behandlung von Fehlern oder anderen allgemeinen Programmiertechniken ist diesem Kapitel vorbehalten.

6. Das sechste Kapitel setzt die Themen aus dem vorherigen Kapitel fort und zeigt Ihnen, wie Sie mit Hilfe von T-SQL nicht nur ausführbare Skripte entwickeln, sondern programmierbare Objekte erstellen: Funktionen und Prozeduren. Diese lassen sich dann entweder in größeren T-SQL Anwendungen nutzen oder im Falle von Funktionen direkt in T-SQL-Abfragen oder im Falle von Prozeduren auch aus Programmiersprachen wie .NET, Java und PHP. Die Datenbank bietet somit nicht nur Daten, sondern auch bis zu einem gewissen Grad die Verarbeitungslogik für diese Daten.

7. Das siebte Kapitel greift noch einmal die Entwicklung von Verarbeitungslogik auf, wobei hier die Automatisierung von administrativen Aufgaben oder bei der Datenpflege im Vordergrund steht. Sie sehen also, wie man mit T-SQL Trigger programmiert, die auf vorab definierte Ereignisse reagieren, oder Datenbank-Jobs einrichten, die zeitgesteuert ablaufen und entweder einzelne T-SQL Kommandos oder Prozeduren ausführen können.

Beispieldateien

Als Beispiel-Datenbank dient die sehr umfangreiche Datenbank AdventureWorks, welche im kommenden Kapitel kurz eingeführt und vorgestellt wird. Sie ist – insbesondere für eine Beispiel-Datenbank – überaus umfangreich und ermöglicht es, auch mit einer speziellen DataWarehouse-Variante sämtliche Themengebiete des SQL Servers und damit auch für Datenbanken an sich hervorragend darzustellen. Wir werden im Rahmen vom Beispielen auch immer mal wieder eigene Datenbanken oder Tabellen erstellen, die veränderte oder vor allen Dingen stark vereinfachte Strukturen oder Daten der Adventure Works-Welt nutzen.

Die Datenbank selbst kann direkt vom Open Source-Portal Codeplex herunterge-laden werden.

Webseite zu allen Beispielen: http://msftdbprodsamples.codeplex.com/

Dort finden Sie eine OLTP-Variante der Datenbank, die in diesem Buch verwendet wird. OLTP steht dabei für OnLine Transaction Processing und ist die gängige Be-zeichnung für eine Datenbank, die Transaktionen und damit Zugriffe von mehre-ren Benutzern mit verschiedensten Zielsetzungen unterstützt.

Neben der Datenbank an sich („Adventure Works 2014 Full Database Backup") befinden sich dort auch noch weitere Beispiele für fortgeschrittene Techniken des MS SQL Servers, die uns in anderen Büchern interessieren werden.

Die verschiedenen Abfragen und Programmdateien, welche in diesem Buch er-stellt und diskutiert werden, liegen ebenfalls im Internet zum Download bereit:

Website zum Buch: http://www.comelio-medien.com/buch-katalog/ms_sql_ser-ver/ms_sql_server_2014_-_administration

Die einzelnen Quelltexte sind vollständig dokumentiert und enthalten neben dem eigentlichen Quelltext auch in einem Kommentarbereich mögliche Ergebnisse und Meldungen. Dies ermöglicht es, die Dateien auch ohne Ausführung zu nutzen.

Kontakt zu Autoren und Verlag

Sie erreichen die Autoren unter info@comelio.com. Die Verlagswebseite finden Sie unter der Adresse http://www.comelio-medien.com.

Bei Facebook und XING sind die Autoren sowie der Verlag auch vertreten.

- Marco Skulschus: https://www.facebook.com/Skulschus und https://www.xing.com/profile/Marco_Skulschus

- Marcus Wiederstein: https://www.xing.com/profile/Marcus_Wiederstein

- Verlag: https://www.facebook.com/comeliogroup

Datenbank und ihre Objekte

1. Datenbank und ihre Objekte

Eine Datenbank besteht aus verschiedenen Objekten, wobei die Datenbank selbst auch wieder ein Objekt im Datenbanksystem darstellt. Dieses Kapitel zerlegt ein solches System in seine Bestandteile und zeigt, wie für den MS SQL Server Datenbank, Tabellen und weitere Objekte für die Datenspeicherung angelegt und verwaltet werden.

1. 1. Installation der Arbeitsumgebung

Grundsätzlich ist die Installation des SQL Servers einfach und durch einen großen Assistenten unterstützt. Hier gehen wir davon aus, dass Sie selbst die Installation des Test-/Entwicklungsversion durchführen, um dann mit T-SQL zu arbeiten.

1. 1. 1. Test-/Developer-/Enterprise-Version

Im Normalfall interessiert man sich für die Testversion, die sechs Monate gültig ist oder die Developer Edition, da beide Versionen den vollen Umfang der Datenbank bieten und damit der Enterprise-Version entsprechen. Der Download ist hier:

- http://technet.microsoft.com/de-de/evalcenter/dn205290.aspx

Eine Übersicht über die verschiedenen Editionen und ihre einzelnen Fähigkeiten findet man hier:

- http://msdn.microsoft.com/de-de/library/ms144275.aspx

Wir wollen hier an dieser Stelle nicht einfach die Feature-Listen bzw. die Feature-Matrix wiedergeben, die man auch im Netz finden kann. Die umfangreichste und zwangsläufig teuerste Ausgabe ist die Enterprise-Version, aber es gibt auch weitere für bestimmte Zwecke (bspw. Business Intelligence) angepasste Varianten.

Für die Beispiele verwenden wir die Test-Version, wobei Sie bei einem Test zuhause oder in der Firma auf die angesprochene 180-Tage-Testversion zurückgreifen.

Wir haben uns ganz bewusst gegen die kostenlose Express-Ausgabe entschieden, da in Seminaren deutlich wird, dass die meisten Teilnehmer eine Verbindung zu einer Nicht-Express-Version bekommen und daher spezielles Wissen zu dieser Version nicht weiter nützlich ist. Es gibt allerdings auch Spezialliteratur zu dieser leichtgewichtigen Alternative.

1. 1. 2. Installation

Für das Erlernen von T-SQL und das Kennenlernen der MS SQL Server-Tools wie dem Management Studio genügt eine einfache Installation ohne die Business Intelligence-Features wie Analysis, Reporting und Integration Services. Allerdings lohnt sich bei Import/Export zu berücksichtigen, dass hier komplexe Lösungen gerade mit den Integration Services umgesetzt werden. In allen Fällen verkürzt sich die Installation auf eine einfache Folge von Klicks zur Bestätigung, durchsetzt mit einigen Entscheidungspunkten.

Die nachfolgenden Seiten enthalten diese einfache Installation. Sie ist nicht für eine Installation im Produktiveinsatz verwendbar, da hier

Folgende Schritte sind für eine Standardinstallation notwendig:

1. Doppelklicken Sie die im Download-Verzeichnis vorhandene Datei *SQLFULL_x86_ENU_Install.exe*.

2. Sie entpackt im gleichen Verzeichnis die benötigten Dateien.

3. Doppelklicken Sie dann *Setup.exe*.

4. Es öffnet sich das *SQL Server Installation Center*, mit dem die Datenbank und ihre Werkzeuge einzeln und gemeinsam installiert werden können, und die Installation verwaltet/geändert werden kann. Wechseln Sie hier zu INSTALLATION.

5. Es erscheint ein Bildschirm mit *Setup Support Rules*. Hier wird auf die Voraussetzungen für eine erfolgreiche Installation geprüft.

Die verschiedenen Tests sollten alle erfolgreich sein. Wenn nicht, dann müssen Sie ggf. ein Service Pack oder ähnliche Aktualisierungen vornehmen (lassen). Verlassen Sie diesen Bildschirm mit *OK*.

6. Im Schritt *Product Key* wählen Sie aus *SPECIFY A FREE EDITION* den Wert *EVALUATION*. Alternativ würden Sie im gleichen Bildschirm den Schlüssel eingeben.

7. Bestätigen Sie bei *Licence Terms* die Lizenzbedingungen.

8. Verlassen Sie den Bildschirm bei *Setup Support Rules* über *NEXT*. Hier wird noch einmal eine Reihe von Tests für die Installation durchgeführt.

9. Es erscheint ein *Install Rules*-Fenster, das Sie mit *NEXT* verlassen.

10. Bei *Setup Role* legen Sie fest, welche Art von Installation Sie wünschen. Hier wählen Sie *SQL SERVER FEATURE INSTALLATION* und nicht *SQL SERVER POWERPIVOT FOR SHAREPOINT*. Klicken Sie dann *NEXT*.

11. Wählen Sie bei *Feature Selection* die benötigten Features aus. Bei einer einfachen Installation, die Sie nur für das Erlernen von T-SQL nutzen wollen, wählen Sie nicht die BI-Module Analysis, Integration und Reporting Services aus. Werkzeuge und Dokumentation sind dagegen wichtig. Sie sehen aber in den Namen in der Liste, welche verschiedenen Module es gibt und dass Sie sehr unterschiedliche Installationen aufspielen könnten.

12. Im Dialogfenster *Instance Configuration* wählen Sie die Option *DEFAULT INSTANCE* aus und bestätigen mit *NEXT*. Achten sie auf den genauen Installationsort und den Namen der Instanz. Standardmäßig ist dieser MSSQLSERVER.

Sollten Sie die BI-Module Analysis und Reporting Services installieren, so erscheinen deren Installationsverzeichnisse ebenfalls in der Liste in der Mitte des Bildschirms. Im einfachsten Fall belassen Sie sie die vorgegebenen Pfade, aber an dieser Stelle könnte man andere Verzeichnisse im System wählen.

13. Bestätigen Sie die *Disk Space Requirements* mit *NEXT* und achten Sie darauf, wie viel Speicher die Installation verbraucht.

14. Im Dialogfenster *Server Configuration* können Sie die Anmeldekonten angeben bzw. die voreingestellten Konten bestätigen. Hier verzichten wir darauf,

für jedes Dienstkonto eigene Anmeldeinformationen anzugeben. Allerdings ist es zu überlegen, welche Konten tatsächlich für die einzelnen Dienste (insbesondere die Business Intelligence-bezogenen Module des Servers) verwendet werden sollen oder ob bspw. immer dasselbe Konto zum Einsatz kommen soll.

Zusätzlich wählen Sie im rechten Bereich des Bildschirms aus, welche Dienste am Ende der Installation gestartet werden sollen. Bei einer Installation auf einem schwachen Rechner oder bei seltener Verwendung des Servers ist es möglicherweise besser, die Dienste nicht automatisch starten zu lassen. Bei einer tatsächlichen Server-Installation wäre dies allerdings höchst ungewöhnlich. In der Registerkarte *Collation* können Sie die Sortiereinstellungen bzw. Sprache des Servers ändern. Das Dialogfenster verlassen Sie mit *NEXT*.

15. Im Bildschirm *Database Engine Configuration* finden Sie drei Registerkarten. Bei *Server Configuration* legen Sie fest, wie man sich mit dem SQL Server verbindet.

Die einfachste Version ist der *WINDOWS AUTHENTICATION MODE*, bei der eine Anmeldung am System auch schon die Anmeldung am Server ermöglicht. Ansonsten können Sie im *MIXED MODE* auch ein Passwort vergeben. Weiter unten legen Sie dann Administratoren für den SQL Server fest wie bspw. den aktuellen Benutzer. In der Registerkarte *Data Directories* sind die Speicherorte für Datenbanken, temporäre Datenbank und Log-Dateien angegeben bzw. können dort geändert werden. Änderungen sind hier nur vorzunehmen, wenn man tatsächlich andere Speicherorte für die verschiedenen Dateien festlegen will. Das Dialogfenster verlassen Sie mit *NEXT*.

16. Sollten Sie die BI-Module Analysis und Reporting Services ausgewählt haben, so werden auf den zwei folgenden Bildschirmen Installation, Konfiguration und Speicherort durchgeführt. Die Voreinstellungen sollten genügen. Das Dialogfenster verlassen Sie mit *NEXT*.

17. Zum Schluss erscheinen noch zwei letzte Bestätigungsfenster. Dies sind dann ein Bericht bezüglich der Installationstests und schließlich der Bildschirm *Ready to install*. Dies ist der letzte Bildschirm vor der eigentlichen Installation. Wenn Sie nun auf *INSTALL* klicken, wird tatsächlich auch der Installationsprozess durchgeführt. Am Ende der Installation erscheint eine entsprechende Bestätigung.

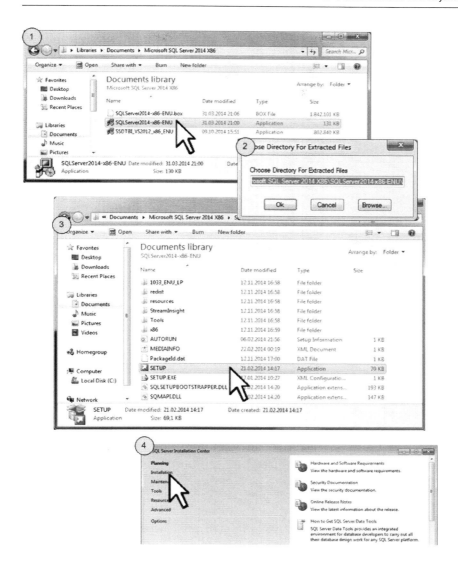

Abbildung 1.1: Installation (1)

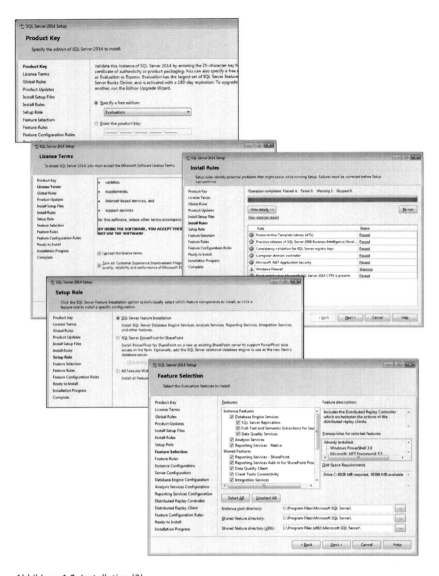

Abbildung 1.2: Installation (2)

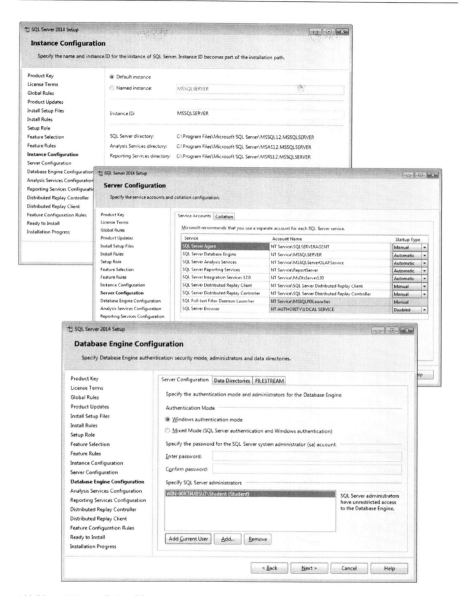

Abbildung 1.3: Installation (3)

1. 2. Das relationale Datenbank-System

Dieser Abschnitt stellt nun die wesentlichen Begriffe rund um den Themenbereich des Relationalen Datenbank-Systems (RDBS) dar.

1. 2. 1. Zentrale Begriffe

Im Alltag verschwimmen oft die Begriffe Datenbanksystem und Datenbank zu einer Einheit, die sie aber aus technischer Sicht nicht sind. Der trügerische Eindruck entsteht, weil die Daten innerhalb der eigentlichen Datenbank oftmals direkt verbunden mit ihrem Ausgabemedium gesehen werden. Im Internet ist es vielleicht noch am einfachsten, die klare Trennung von Datenbank und Ausgabemedium festzumachen: Ergebnisse einer Abfrage z. B. in einem Webshop gelangen im Browser innerhalb einer HTML-Seite zum Benutzer. Sobald die ausgegebenen Bücher, Preise, ISBN-Nummern und was sonst noch bei einem Internet-Buchhändler abgefragt werden kann, vom Webserver in eine HTML-Datei geschrieben werden, dient die HTML-Seite bzw. der Internet-Browser als Ausgabemedium, während die Datenbank von dieser Ausgabe losgelöst ist und auch keine direkte Verbindung mehr zu ihr besteht. Diese müsste erst wieder durch eine erneute Abfrage aufgenommen werden.

Das Datenbanksystem besteht aus zwei Komponenten, von denen die eine die Datenbank mit den Daten selbst und die andere das Datenbankmanagementsystem ist, das die Datenbank verwaltet. Verwaltung bedeutet im obigen Beispiel, dass das DBMS die Anfrage nach einem speziellen Buch oder nach beliebig vielen Büchern, die die vom Benutzer vorgegebenen Kriterien erfüllen, an die Datenbank schickt und die zurückgegebenen Daten über den Webserver an den Shopbesucher weiterleitet. Gleichzeitig erfüllt es eine Sicherungsfunktion, da über die Schnittstelle Browser dem Benutzer nur bestimmte Aktionen innerhalb des DBS gestattet werden. Er kann so bspw. nur Daten abfragen und Daten in Form einer Bestellung schreiben. Es wird ihm darüber hinaus vollständig verwehrt, Datensätze zu löschen, welche die angebotenen Bücher betreffen.

- *Datenbanksystem* heißt eine Struktur, die aus Datenbank und Datenbankmanagementsystem besteht. Der korrekte Oberbegriff für die Datenbank mit ihren Daten und das Datenbankmanagementsystem mit Verwaltungsfunktionen lautet also daher Datenbanksystem.

- *Datenbank* heißt der Speicherort strukturierter Daten.

  Die *Datenbank* (engl. Data Base) als solche stellt den Speicherort sämtlicher Daten auf einem physikalischen Datenträger wie CD-ROM, DVD, Festplatte usw. dar. In Abhängigkeit vom jeweiligen Dateisystem und Datenbankmodell werden diese Daten verwaltet. Zugriffszeit und Speicherplatz wiederum sind hauptsächlich abhängig von der Hardware des Speicherträgers als solchen und der Hardware der Zugriffsgeräte (z.B unterschiedliche Geschwindigkeiten bei Festplatten und CD-ROM-Laufwerken). Eine weitere Einflussquelle stellt auch das Datenmodell selbst dar. Auf dieser Ebene unterscheidet man auch einen Basisbereich, der die tatsächlichen Daten enthält, und einen Systemkatalog (engl. *Data Dictionary*) mit Informationen über die logische Struktur der gesamten Datenbank. Diese Informationen können auch mit dem Begriff der *Metadaten* (Daten über Daten) bezeichnet werden.

- *Datenbankmanagementsystem* heißt die Komponente eines DBS, das Datenverwaltung und Datensicherheit bereitstellt.

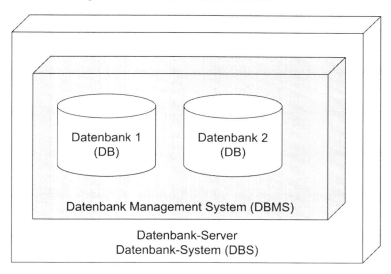

Abbildung 1.4: Zentrale Begriffe und ihre Zusammenhänge

Der zweite Bestandteil eines Datenbanksystems ist das *Datenbankmanagementsystem* (engl. *Data Base Management System*), das die Schnittstelle zwischen der

Datenbank und der Kommunikationsschnittstelle zum Benutzer bildet. *MySQL* ist beispielsweise eine solches DBMS mit vielen verschiedenen Funktionen für die Einrichtung und Benutzung der Datenbank: Datenzugriff, Gewährleistung von Datensicherheit, Datenmanipulation, Datenverwaltung und Einrichtung des Datenmodells.

1. 2. 2. Sichten auf ein relationales Datenbanksystem

Mit dem Begriff *Sicht* (engl. *View*) sollen unterschiedliche Betrachtungsweisen einer Datenbankkonzeption bezeichnet werden. Es entspricht einem Drei-Ebenen-Modell, das von *ANSI/SPARC* (engl. *American National Standards Institute/Standards Planning and Requirements Committee*) in den 70er Jahren empfohlen wurde. Diese Konzeption diente der Vereinheitlichung und Vereinfachung aktueller und künftiger Datenbanksysteme. Man hatte bereits die Bedeutung der Fähigkeit eines DBS erkannt, sich weiterzuentwickeln und den Datenbestand auch in neuen Technologien weiterhin benutzbar zu machen. Um kompatibel zu allen Systemen und migrationsfähig für alle kommenden Technologien zu bleiben, bildete die Forderung nach Unabhängigkeit der drei Ebenen untereinander das Kernelement der Empfehlung. Die Arbeit, die Sie sich heute machen, müssten Sie also zumindest laut dieser Theorie noch in 20-30 Jahren verwenden können.

Die einzelnen Begriffe sind dabei durchaus wörtlich zu nehmen, wie die folgenden Erklärungen zeigen:

- *Interne Sicht*: Direkt auf Datenbankebene beschreibt diese Sichtweise den Blick auf die Datenorganisation und die Art und Weise, wie die Datensätze auf einem geeigneten Speichermedium abgelegt werden. Mögliche Aufgaben aus dieser Perspektive sind die Zugriffszeiten, die vorhandene Datenmenge und Eigenschaften des Datenmodells.

- *Konzeptionelle Sicht*: Schaut man aus dieser Perspektive auf eine Datenbank, tritt das Datenmodell zu Tage, also die Objekte im Weltausschnitt, der mithilfe der Datenbank modelliert werden sollte. Die in der Realität gefundenen Objekte erhalten in der Konzeption bzw. im Datenmodell bestimmte Eigenschaften, die mit den Eigenschaften in der Wirklichkeit übereinstimmen. Ein Unternehmen würde hier also für das Objekt Mitarbeiter die Eigenschaften Sozialversicherungsnummer, Alter, Adresse und natürlich den Namen oder die Fertigkeiten erfassen. Zusätzlich kümmert sich die konzeptionelle Sicht darum, Beziehungen zwischen diesen Objekten einzurichten, die schnelle und einfache Abfragen erlauben.

- *Externe Sicht*: Benutzer können von außen mithilfe vorbereiteter oder eigener Abfragen Datensätze suchen und ändern. Dabei kann man entweder direkt SQL-Befehle benutzen oder verschiedene Hilfsmittel (Stichwörter, Auswahllisten, Berichte oder Profisuche).

Diese Möglichkeiten werden Ihnen vom DB-Administrator oder DB-Entwickler zur Verfügung gestellt. Sie regeln gleichzeitig auch die Art und Weise der verschiedenen Möglichkeiten, eine DB von außen zu betrachten. Nicht jeder darf alle Daten sehen, da Informationen wie Umsatzzahlen zwar hochinteressant, aber nicht so sehr für Kunden bestimmt sind, z. B. die Produktinformationen.

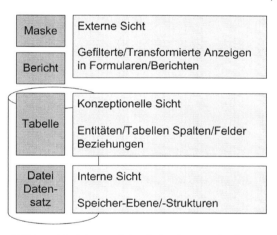

Abbildung 1.5: Sichten auf ein relationales Datenbanksystem

1. 2. 3. Anforderungen an ein DBMS

Um wie in den nächsten Lektionen ein gutes Datenmodell zu erzeugen, das nicht bereits nach den ersten Einträgen oder ersten umständlichen Abfragen geändert oder sogar gelöscht werden muss, kann man sich in jede einzelne Personengruppe hineindenken, die eine DB benutzen wird. Ihre verschiedenen Motivationen und Interessen führen zu allgemeinen Wünschen, wie der Weltausschnitt in einer DB abgebildet sein sollte. Diese Wünsche lassen sich folgendermaßen in einer Kriterienliste zusammenfassen:

- *Gute Repräsentation der realen Welt*: Die Datenbank muss ein getreues Abbild der Realität mit aktuellen Daten liefern.

- *Keine Datenredundanz*: Die Informationen einer Datenbank sollen in ihrer Beschreibung und Speicherung einzigartig sein.

- *Unabhängigkeit der Daten mit Blick auf Benutzung*: Die Programme zur Benutzung der Datenbank sollen auf Hard- und Software-Seite (physische Unabhängigkeit) wie auf organisatorischer Seite (logische Unabhängigkeit) unabhängig sein.

- *Leichter Datenzugriff*: Auch mit Datenbanken nicht vertrauten Benutzern muss ein einfacher Informationszugriff möglich sein.

- *Sicherheit und Vertraulichkeit*: Sowohl auf physischer (Datenverlust durch Hardwarebeschädigung oder Mutwillen) wie auch auf logischer Seite (inhaltliche Zugriffskontrolle) müssen Sicherheitsstandards bestehen.

- *Leistung der Abfragen und Anwendungsprogramme*: Auch bei gleichzeitigem Zugriff auf die Daten muss eine akzeptable Antwortzeit gegeben sein.

1. 2. 4. Bestandteile einer Tabelle

Die einzelnen Bestandteile und Eigenschaften einer Tabelle lassen sich mit verschiedenen Begriffen beschreiben, die hier im Zusammenhang gezeigt werden:

- Die gesamte Tabelle heißt *Relation*.

- Ein Datensatz der Relation / Tabelle nennt sich *Tupel*.

- Die Breite der Tabelle / die Anzahl der Spalten oder Felder heißt *Grad* der Relation.

- Ein einzelnes Feld oder eine einzelne Spalte heißt *Attribut* der Tabelle.

- Mit *Domänen* werden die Wertebereiche bezeichnet, die für ein Attribut bzw. ein Feld der Relation vorgegeben wurden.

- *Kardinalität* bedeutet die Höhe/Länge der Relation/Tabelle.

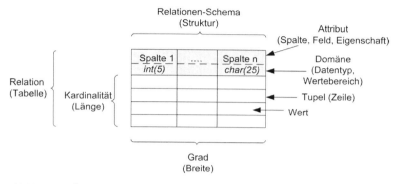

Abbildung 1.6: Übersicht über die Eigenschaften von Relation und Tabelle

1. 2. 5. Inhalte einer relationalen Datenbank

Für die Verwaltung von Daten besteht eine relationale Datenbank durchaus nicht nur aus den eigentlichen Daten, welche – wenigstens aus Sicht des Benutzers oder Entwicklers - in Tabellen gespeichert werden, sondern noch aus weiteren Elementen, die in der nachfolgenden Liste kurz genannt werden:

- *Tabelle*: Eine Tabelle stellt den Speicherort der Daten einer relationalen Datenbank dar. Die Daten liegen in für den schnellen Zugriff optimierten Datei- und Datenstrukturen auf der Festplatte, werden aber in Form von Tabellen nach außen verfügbar gemacht. Eine Tabelle wiederum kann aus den folgenden Elementen bestehen:

  - *Spalten oder Felder*, in welchen unter einem Namen und unter Berücksichtigung der Einschränkungen durch einen Datentyp einzelnen Daten einer Zeile getrennt voneinander verfügbar gemacht werden.

  - *Schlüssel*: Der Primärschlüssel identifiziert einen Datensatz eindeutig, während der Fremdschlüssel einen Datensatz in einer anderen

Tabelle referenziert. Beide Schlüssel können eine oder auch mehrere Spalten umfassen.

- *Einschränkungen*: Spalten können Prüfmechanismen und Validierungsregeln aufweisen, welche zusätzlich zum eher groben Datentyp den zulässigen Wertebereich einer Spalte weiter einschränken.

- *Index*: Ein Index oder auch mehrere Indizes, die sich jeweils auf eine oder mehrere Spalten beziehen, ermöglichen eine beschleunigte Abfrage großer Tabellen. Bei der Datenmanipulation müssen die Index-Informationen jeweils aktualisiert werden, was automatisch geschieht, aber ein wenig Zeit in Anspruch nimmt.

- *Sicht*: Eine Sicht kann man sich als gespeicherte Abfrage vorstellen. Durch die Art der Abfrage sind die Spalten und ihre Datentypen gegeben und man kann auf eine Sicht wie auf eine Tabelle mit Abfragen zugreifen.

Lediglich bei Datenmanipulation gibt es einige Einschränkungen. Die Daten werden dynamisch gemäß der Abfrage geladen und nicht in der Sicht gespeichert.

- *Programm-Module*: Die Sprache SQL bietet nicht nur eine Syntax für die Formulierung von Abfragen oder Datenänderungsanweisungen. Vielmehr gibt es unterschiedliche Erweiterungen, welche SQL den Charakter einer einfachen Programmiersprache verleihen. Mit ihr können die folgenden Objekte erstellt werden:

  - *Prozedur*: Eine Prozedur erlaubt normalerweise, häufig wiederkehrende Operationen für Datenmanipulation oder auch Administration in der Datenbank zu automatisieren. Über den Prozedurnamen und geeignete Parameter kann man dann ähnliche Aufgaben parametrisiert aufrufen und ausführen lassen.

  - *Funktion*: Eine Funktion ermöglicht normalerweise die Definition häufig durchgeführter Berechnungen oder Datenumwandlungen, die in einem Rückgabewert von der Funktion zurückgeliefert werden.

  - *Trigger*: Ein Trigger ist ein automatisch durch vorab definierte Ereignisse aufgerufenes Programm (ähnlich einer Prozedur), mit dem anspruchsvolle Validierungs- und Gültigkeitsregeln sowie hoch automatisierte Datenänderungen durchgeführt werden.

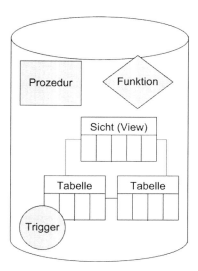

Abbildung 1.7: Inhalte einer relationalen Datenbank

1. 2. 6. Architektur-Muster beim Einsatz relationaler Datenbanken

Relationale Datenbanken sind aus geschäftlichen Anwendungen und auch Internet-Anwendungen kaum wegzudenken. Da ein Datenbanksystem normalerweise auf einem eigenen Server betrieben wird, lassen sich verschiedene Architekturvarianten unterscheiden, die verschieden komplex sind. Dies ist bei Anwendungen, welche mit Dateien arbeiten, nicht in diesem Maße möglich.

Die Abbildung fasst die gleich einzeln diskutierten Basismuster in einer einzigen Darstellung zusammen. Neben den dann folgenden Abschnitten, in denen jeweils ein Basismuster vorgestellt wird, kann man noch mehrere Unterarten und Spezialfälle unterscheiden. Diese ergeben sich aus unterschiedlichen Anforderungen, welche durch das System gelöst werden sollen.

Erweiterte Anforderungen könnten bspw. extrem hohe Last, extrem hohe Benutzerzahl, Integration von Binärdaten (Audio und Video), Geodaten (Karten, Routen,

Gebiete) oder wechselnde Nutzung zwischen einer Online- und einer Offline-Variante.

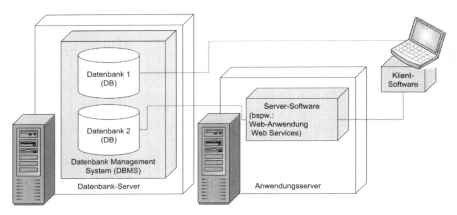

Abbildung 1.8: Gesamtschau der Architekturvarianten

→ **Lokale Datenbank**

Eine sehr einfache Variante ist der Betrieb einer lokalen Datenbank.

Bei einem Testsystem wie dem zum Testen der Beispiele dieses Buches oder gerade auch bei der Nutzung einer MS Access-Datenbank mit direkt in der integrierten VBA-Programmiersprache entwickelten Formularen befinden sich die Datenbank und eine Anwendung für die Datenpflege und Berichte auf dem gleichen Rechner. Dies ist sehr einfach, erschwert oder verhindert allerdings den Mehrbenutzerbetrieb.

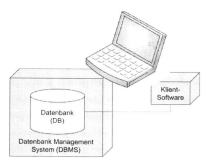

Abbildung 1.9: Betrieb von lokaler Datenbak und Anwendung

➜ Datenbank-Server als eigenständiger Rechner

Eine sehr viel bessere Variante besteht darin, das Datenbanksystem auf einem eigenen Server zu betreiben. Mit diesem und dann mit der entsprechenden Datenbank können sich dann beliebige viele Klienten-Rechner verbinden. Die Voraussetzung ist hier, dass sich entweder der Server und die Klienten im gleichen Netzwerk befinden oder über VPN oder sonstige Mechanismen Daten zwischen Anwendung und Datenbank ausgetauscht werden können. Die Anwendung, welche für die Datenpflege und den Abruf von Berichten genutzt wird, ist dabei auf dem Klienten-Rechner installiert und lädt jeweils nur die Daten über das Netzwerk.

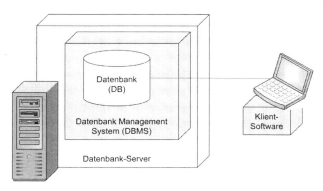

Abbildung 1.10: Eigenständiger Datenbank-Server und externe Anwendung

→ **Datenbank- und Applikationsserver**

Der Betrieb eines eigenständigen Datenbank-Servers ermöglicht es auch, auf dem gleichen Rechner noch eine Anwendung zu betreiben. Dies wären bspw. Web-Anwendungen mit ASP.NET, Java oder PHP. Neben den Programmdateien für diese Anwendung benötigt man zusätzlich auch noch einen Webserver, mit dem die Anwendung bereitgestellt werden kann. Bei einer Situation, in der wenige Ressourcen benötigt werden, da bspw. nicht so viele Benutzer vorhanden sind, ist dies ein gangbarer Weg. Es ist allerdings auch üblich, diese Anwendung zusammen mit möglicherweise anderen Anwendungen gemeinsam auf einem Applikationsserver bereitzustellen. Dies ist wiederum ein eigenständiger Rechner, welcher sozusagen zwischen dem Datenbank-Server und dem eigentlichen Benutzer-Rechner steht. Dies sind typische Internet- und auch Intranet-Szenarien, bei denen auf dem Benutzer-Rechner lediglich ein Browser benötigt wird oder der Benutzer eine lokale Anwendung jedes Mal herunterlädt, die nur für die Sitzung zum Einsatz kommt. Die eigentliche Software befindet sich dann auf dem Applikationsserver oder direkt auf dem Datenbank-Server. Hier ist dann ebenfalls ein Mehrbenutzerbetrieb technisch kein Problem. Die Anwendung muss darauf nur Rücksicht nehmen.

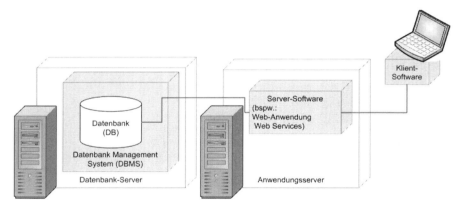

Abbildung 1.11: Datenbank- und Applikationsserver

1. 3. Datenbanken anlegen und bearbeiten

Der erste Schritt nach dem Start vom Management Studio, unserem Hauptprogramm für die Arbeit mit dem MS SQL Server, besteht daraus, eine Datenbank anzulegen oder eine vorhandene Datenbank zu laden, d.h. anzufügen oder aus einer Sicherung zu erstellen. Alternativ kann man auch ein Skript ausführen.

1. 3. 1. Datenbank grafisch erstellen

➜ **Standardfall**

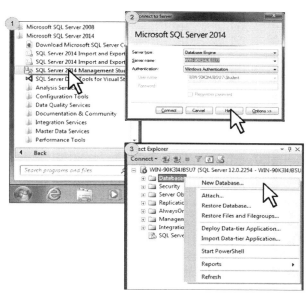

Abbildung 1.12: Starten vom Management Studio und Datenbank anlegen

Führen Sie folgende Schritte durch, um eine neue Datenbank anzulegen:

1. Wählen Sie *START / ALL PROGRAMS / MS SQL SERVER 2014* und starten Sie das Management Studio und melden Sie sich an. Da Sie bei der Installation die Windows-Authentifizierung gewählt haben, ist Ihr Benutzername bereits im

Anmeldeformular eingetragen und müssen Sie nur noch bestätigen.

2. Wählen Sie aus dem Kontextmenü des Ordners *DATABASES* mit der rechten Maustaste den Eintrag *NEW DATABASE*. Sie sehen bereits die weiteren Einträge, um Datenbanken anzuhängen (*ATTACH*) oder aus einer Sicherung wieder herzustellen (*RESTORE*).

3. Es öffnet sich das Dialogfenster *NEW DATABASE*. Im ersten Beispiel erstellen wir eine ganz einfache Datenbank, wie man sie auch bei einfachen Beispielen oder zu Testzwecken oder für erste Schritte erstellen würde. Im oberen Bereich befinden sich zwei Textfelder für den Namen und den Besitzer.

4. Im Textfeld *DATABASE NAME* geben Sie den Namen der Datenbank vor. In unserem Beispiel ist dies AW (für den Firmennamen AdventureWorks). Den Besitzer der Datenbank geben Sie im Textfeld *OWNER* vor, wobei es einfacher ist, aus der Liste der vorhandenen Benutzer einen passenden auszuwählen. Klicken Sie dazu auf die rechte Schaltfläche und öffnen Sie dadurch das Dialogfenster *SELECT DATABASE OWNER*. Auch hier gibt es mit *BROWSE* eine Schaltfläche, um aus der Liste der vorhandenen Benutzer im System einen zu wählen.

5. Bei steigenden Daten muss die Datenbank wachsen. Die prozentuale oder absolute Rate beim Festplattenverbrauch wählen Sie aus dem Dialogfenster *CHANGE AUTOGROWTH* aus. Erwarten Sie regelmäßig große Importe wie bspw. 100 MB, dann ist eine Zuwachsrate von 100 und mehr MB gut, damit die Daten auf der Platte nicht zu fragmentiert abgelegt werden.

6. Eine solche Basisdatenbank hat eine Primärdatei namens PRIMARY, in der Struktur und Daten gespeichert werden, und eine Log-Datei, die sich aus dem DB-Namen und _log zusammen setzt. Diese internen Namen können durch einen Eintrag in der Spalte *FILE NAME* auf der Festplatte auch anders benannt werden, ist aber bei einer solchen einfachen Datenbank eher unüblich. In einem späteren Beispiel sehen wir mehrere Dateien und Dateigruppen.

7. Den Speicherort kann man über *PATH* und die Auswahlschaltfläche sehen und ändern. Das bei der Installation festgelegte Verzeichnis *DATA* im Ordner *MS-SQL* (Name der Instanz) wird automatisch gewählt.

8. Schließlich kann man über die *OK*-Schaltfläche die Aktion ausführen oder ein Skript generieren, indem man eine der Optionen der *SCRIPT*-Schaltfläche

wählt. Häufig wählt man den ersten Eintrag und erzeugt damit ein neues Abfragefenster, welches das Skript dieser Aktion anzeigt und daher auch noch Änderungen und Kontrolle erlaubt. Dieses Skript lässt sich dann über F5 oder die *EXECUTE*-Schaltfläche ausführen.

9. Die Datenbank erscheint im *DATABASES*-Knoten.

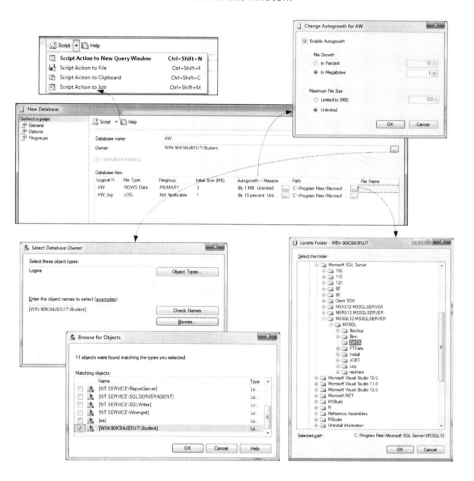

Abbildung 1.13: Starten vom Management Studio und Datenbank anlegen

→ Datenbank-Optionen

Im verwendeten Dialogfenster, mit dem man eine Datenbank erstellen kann, gab es noch die beiden Einträge für die DB-Optionen und erweiterten Speicherstrukturen.

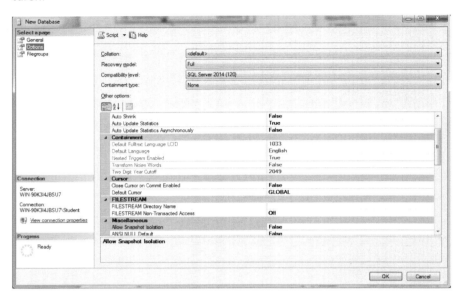

Abbildung 1.14: Datenbank-Optionen

Diese Optionen konfigurieren spezielle Eigenschaften der Datenbank. Die erste Gruppe kontrolliert einige Automatismen.

Option	Beschreibung	Standard
AUTO_CLOSE	DB fährt herunter, nachdem sich der letzte Benutzer abgemeldet hat, und fährt bei Erstbenutzung wieder hoch.	False
AUTO_CREATE_ STATISTICS	Statistiken zur Abfrageoptimierung werden automatisch erstellt und nicht nur manuell.	True

Option	Beschreibung	Standard
AUTO_UPDATE_ STATISTICS	Statistiken werden zur Abfrageoptimierung automatisch aktualisiert. Ansonsten müssen sie manuell aktualisiert werden.	True
AUTO_SHRINK	Datenbankdateien werden automatisch und periodisch verkleinert.	True
Auto_Update_ Statistics_ Asynchronously	Aktualisierung der Statistiken erfolgt asynchron.	False

Bei einer Testdatenbank und bei einer belasteten System mit wenigen oder sogar nur einem Benutzer kann das automatische Hoch-/Herunterfahren der Datenbank Sinn machen, ansonsten ist es eine ungewöhnliche Einstellung, da man typischerweise erwarten würde, dass keine Serverleistung gewonnen wird, wenn immer kurzfristig die Datenbank hoch- und heruntergefahren wird. Bei einer Installation auf einem Entwicklungsrechner oder in einer virtuellen Maschine könnte dies aber tatsächlich bemerkbar sein.

Statistiken über die unterschiedlichen Werte in einer Spalte dienen der Optimierung von Abfragen und normalerweise lohnt es sich, diese Statistiken immer aktuell zu haben. Bei einer Data Warehouse-DB oder allgemein einer DB mit vielen Massendatenaktionen, ist es dagegen günstiger, nicht nach jeder Aktion auch die Statistiken zu aktualisieren, sondern sie in einem eigenen Schritt zu aktualisieren, nachdem man alle Daten importiert oder bearbeitet hat. Hier erwartet man, dass die Massenimporte oder auch große Aktualisierungen dann schneller laufen, weil ja nicht noch die Statistiken automatisch immer mal wieder aktualisiert werden.

Option	Beschreibung	Standard
CURSOR_CLOSE_ ON_COMMIT	Bei der endgültigen Bestätigung / Festschreibung von DB-Aktionen werden alle Cursor / Datensatzzeiger ebenfalls bestätigt und geschlossen (COMMIT). Analog für Rollback.	Off

Option	Beschreibung	Standard
CURSOR_DEFAULT	Cursor können entweder nur innerhalb eines Skripts, Prozedur oder eines Triggers sichtbar sein (lokal) oder auch innerhalb von anderen solchen Strukturen der gleichen Verbindung (global). Dieser Wert regelt die Standardeinstellung, wenn nichts angegeben explizt wurde (eher selten).	Global

Nachdem die Datenbank erstellt ist, kann man ihre Nutzung einschränken. Dies ist eher selten, sodass die Vorgabewerte auch in diesen Fällen vermutlich ausreichend und richtig sind. Man müsste sich vorstellen, dass nach einer gewissen Zeit die Datenbank dann auf diese Werte gesetzt wird, nachdem sie einige Zeit lang in einem restriktiven Modus war.

- Die Datenbank ist ONLINE (Standardwert) und kann genutzt werden, oder alternativ OFFLINE und daher geschlossen und heruntergefahren. Im Zustand EMERGENCY ist die Datenbank als *READ_ONLY* markiert, Anmeldungen sind nicht möglich und nur Mitglieder der sysadmin-Rolle können sie verwenden.

- Die Datenbank erlaubt nur Lesevorgänge (READ_ONLY) oder sowohl das Lesen und Schreiben von Daten (READ_WRITE, Standardwert).

- Entweder ist nur ein Benutzer (SINGLE_USER) oder sind mehrere Benutzer (MULTI_USER, Standardwert) zugelassen und können sich anmelden. Alternativ können sich nur Benutzer mit den Rollen db_owner, dbcreator und sysadmin anmelden.

Eine sehr große Gruppe kontrolliert, wie SQL genutzt wird. Es lohnt, sich kurz zu überlegen, dass man tatsächlich einiges Standardverhalten von SQL-Anweisungen oder auch SQL-Schreibweisen hier kontrollieren kann. Allerdings muss man sich überlegen, ob man tatsächlich hier Änderungen vornehmen will, denn möglicherweise erwarten MS SQL Server-Entwickler von anderen Systemen gerade die Standardeinstellungen. Diese Optionen lassen sich alle mit OFF oder ON setzen, wobei der Standardwert in allen Fällen OFF ist.

- ANSI_NULL_DEFAULT kontrolliert, ob der Standardwert für Spalten NULL (Wert ON) oder NOT NULL (Standard) ist, wenn eine Spalte definiert wird.

- `ANSI_NULLS` kontrolliert, ob alle Vergleiche mit NULL zum Wert UNKNOWN führen (Wert `ON`). Vergleicht man Nicht-Unicode-Werte mit leeren Werten erhält man TRUE, wenn beide Werte NULL sind (Standard).

- `ANSI_PADDING` kontrolliert, wie führende Leerzeichen bei Zeichenketten behandelt werden, wenn sie varchar oder nvarchar Spalten übertragen werden, und wie führende Nullen in Binärwerten behandelt werden, die in varbinary-Spalten übertragen werden. Bei `ON`, werden diese führenden Zeichen nicht gelöscht und Werte werden nicht bis zur Länge der Spalte aufgefüllt. Bei `OFF` werden diese Zeichen gelöscht, wobei dies nur neue Spalten betrifft und nach einer Änderung dieser Option nicht auch alte Einstellungen.

- `ANSI_WARNINGS` kontrolliert, ob Standard-SQL-Warnungen angezeigt werden (`ON`) oder nicht (`OFF`) wie bei Teilen durch Null oder Null als Rückgabewert in Aggregatfunktionen.

- `ARITHABORT` kontrolliert, ob bei Überlauf oder Teilen durch Null die Abfrage abgebrochen wird (`ON`) oder nicht (`OFF`).

- `CONCAT_NULL_YIELDS_NULL` kontrolliert, ob die Verkettung von NULL mit NULL eine NULL liefert (`ON`) oder eine leere Zeichenkette (`OFF`).

- `QUOTED_IDENTIFIER` kontrolliert, ob doppelte Anführungszeichen als Abgrenzungszeichen für Bezeichner verwenden werden können (`ON`) oder nicht (`OFF`).

- `NUMERIC_ROUNDABORT` kontrolliert, ob eine Ausdruck, der zum Verlust an Genauigkeit führt, einen Fehler liefert (`ON`) oder nicht (`OFF`). Im Standardfall entsteht keine Fehlermeldung, sondern die Rundung für den Datentyp der Spalte/Variable wird automatisch durchgeführt.

- `RECURSIVE_TRIGGERS` kontrolliert, ob rekursive After-Trigger zugelassen sind und ausgeführt werden (`ON`) oder ob nur das direkte Ausführen von rekursiven After-Triggern erlaubt ist (`OFF`).

Schließlich gibt es, wie Sie in der Liste sehen können, noch weitere Optionen, die diverse Spezialsituationen abdecken und auf die wir hier jetzt nicht eingehen (müssen).

→ Dateien und Dateigruppen

Viele Datenbanken können auch nur mit den vorgegebenen Standardstrukturen für die eigentliche Datenspeicherung arbeiten. Eine Primärdatei mit 1GB und auch größer ist für den MS SQL Server kein Problem.

Abbildung 1.15: Dateien und Dateigruppen einer Datenbank

Allerdings empfiehlt es sich, bei großen Datenbanken mehrere Dateien anzulegen, auf die sich dann die Daten (automatisch) verteilen lassen, da Tabellen wiederum auf eine oder mehrere Dateien verteilt werden können. Dies ist insbesondere bei den zentralen Tabellen eines Datenmodells wichtig, auf die viele Benutzer zugreifen bzw. für die viele Transaktionen stattfinden oder die in Relation zur gesamten Datenbank recht groß sind. Da Sicherung und Wiederherstellung auch für einzelne Dateien möglich ist, hat man hier auch bessere und schnellere Backup und Recovery Operationen. Ordnet man die Daten einer sehr großen Tabelle bspw. jährlich, dann ist klar, dass im aktuellen Jahr die meisten Operationen stattfinden und dass im Vorjahr vielleicht noch Korrekturen durchzuführen sind, aber weiter zurück liegende Jahre stellen eine stabile Datenbasis dar. Diese würden dann Backups nur vergrößern und auch in ihrer Durchführung verlangsamen. Hat man dagegen mehrere Dateien für eine solche große Tabelle, lässt sich schneller in ihr suchen, lassen sich Indizes und Statistiken leichter aktualisieren, und auch allgemeine Wartung lässt sich schneller durchführen.

In unserem Beispiel für die AdventureWorks Firma wären das die Tabellen, welche Verkäufe und Einkäufe enthalten und die im Gegensatz zu den Stammdaten (Produkte oder Personal) oder gar Wertelisten (Währung oder Maßeinheiten) überproportional viele Daten enthalten. Hier lohnt es sich, für einzelne Jahre eine individuelle Datei anzulegen und dann später die entsprechenden Tabellen auf sie zu verteilen. Aus Sicht von SQL für die Datenmanipulation ändert sich dabei nichts. Es handelt sich ausschließlich um eine Dateiorganisation, die vor den allgemeinen Benutzern der Datenbank verborgen ist.

Sowohl bei der Erstellung einer Datenbank im Dialog *FILES* wie auch nachträglich im Kontextmenü *PROPERTIES* der Datenbank lassen sich diese Einstellungen vornehmen. Im Beispiel sieht man, dass man zunächst zwei zusätzliche Dateigruppen namens `Sales` und `Production` erstellt hat. Dies geschieht über die Schaltfläche *ADD FILEGROUP*. Für diese Dateigruppen wurden dann einmal zwei und einmal drei Dateien angelegt. Dabei sind die Dateien für die Dateigruppe Sales mit Jahreszahlen nummeriert, während die Dateien für die Produktion einfach nummeriert sind. Insbesondere die zeitliche Organisation ist häufig für Transaktionsdaten, da diese meistens sehr zahlreich sind. Während die Dateigruppen rein virtuell sind und keinen Niederschlag auf der Festplatte finden, kann man später im DATA-Ordner tatsächlich die primäre .mdf-Datei und die zusätzlichen .ndf-Dateien sehen.

1. 3. 2. Datenbanken mit SQL anlegen

Insbesondere die Datenstrukturen wird man eher über die Oberfläche des Management Studios erstellen und weniger direkt in SQL. Allerdings ist es ein häufiges Szenario, das eine Datenbank und ihre Strukturen sowie Änderungen von einem Entwicklungssystem auf ein Test-/Produktivsystem übertragen werden müssen. Dann ist es jedoch notwendig, ein Skript zu erstellen oder auch eines über die Oberfläche zu generieren. Man möchte nicht sämtliche Einstellungen erneut durch Klicks vorgeben und auch sicher stellen, dass man keinen Klick und keine Angabe vergisst. Dies lässt sich aber nur durch ein Skript sicher stellen.

Nachfolgend ist die allgemeine Syntax enthalten, wobei wir sie noch einmal auf die wesentlichen Elemente gekürzt haben. Man sieht vor allen Dingen hier wie auch in den beiden Beispielen, wie die Angaben, welche man in den Formularen trifft, sich hier im Quelltext niederschlagen. Dabei geht es insbesondere um die Namen der DB und der Dateien und Dateigruppen sowie die Größen- und Wachstumsangaben.

```
CREATE DATABASE database_name
[ ON
        [ PRIMARY ] <filespec> [ ,...n ]
        [ , FILEGROUP filegroup name
            <filespec> [ ,...n ]
            [ ,...n ] ]
        [ LOG ON <filespec> [ ,...n ] ]
]
[ COLLATE collation_name ]

<filespec> ::= { (
    NAME = logical_file_name ,
    FILENAME = 'os_file_name'
    [ , SIZE = size [ KB | MB | GB | TB ] ]
    [ , MAXSIZE = { max_size [ KB | MB | GB | TB ] | UNLIMITED } ]
    [ , FILEGROWTH = growth_increment [ KB | MB | GB | TB | % ] ]
) }
```

Das erste Beispiel entspricht einer einfachen Datenbank, wie man sie für ein kleines System oder für allgemeine kleine Projekte oder Szenarien anlegen würde. Man gibt den Namen der Datenbank an und legt nur fest, wie die Primär- und Log-

Dateien heißen sollen und wo sie gespeichert sein sollen. Beide Dateien haben dann auch je eine Angabe für die Start-Größe und für die Wachstumsrate.

```
CREATE DATABASE [AW]
 ON PRIMARY
( NAME = N'AW',
  FILENAME = N'C:\Program Files\Microsoft SQL Server\MSSQL12.
            MSSQLSERVER\MSSQL\DATA\AW.mdf' ,
  SIZE = 3072KB ,
  FILEGROWTH = 1024KB )
 LOG ON
( NAME = N'AW_log',
  FILENAME = N'C:\Program Files\Microsoft SQL Server\MSSQL12.
            MSSQLSERVER\MSSQL\DATA\AW_log.ldf' ,
  SIZE = 1024KB ,
  FILEGROWTH = 10%)
GO
```

132_01.sql: DB mit Standardeinstellungen anlegen

Im nächsten Beispiel ist die Datenbank in mehrere Dateien eingeteilt, und man sieht deutlich, wie über die FILEGROUP-Angabe zunächst der Name einer Dateigruppe vergeben wird, und dann über die einzelnen geklammerten Ausdrücke die verschiedenen Dateien für diese Dateigruppe angelegt werden. Die Pfade sind alle gekürzt, sodass das Skript besser lesbar ist. Beispielhaft wurden auch hier und da andere Größen vergeben, sodass also die Dateien, die später mal die Transaktionsdaten von zahlreichen Verkäufen aufnehmen sollen, mit 5 MB beginnen und daher größer sind als die Dateien für die Produktionsdaten.

```
CREATE DATABASE [AW]
 ON  PRIMARY
( NAME = N'AW', FILENAME = N'C:\...DATA\AW.mdf' , SIZE = 3072KB ,
  FILEGROWTH = 1024KB ),
 FILEGROUP [Production]
( NAME = N'Production-F1',
  FILENAME = N'C:\...\DATA\Production-F1.ndf' , SIZE = 3072KB ,
  FILEGROWTH = 1024KB ),
( NAME = N'Production-F2',
  FILENAME = N'C:\...\DATA\Production-F2.ndf' , SIZE = 3072KB ,
```

```
    FILEGROWTH = 1024KB ),
    FILEGROUP [Sales]
( NAME = N'Sales-2008', FILENAME = N'C:\...\DATA\2008-Sales.ndf' ,
    SIZE = 5120KB , FILEGROWTH = 2048KB ),
( NAME = N'Sales-2009', FILENAME = N'C:\...\DATA\2009-Sales.ndf' ,
    SIZE = 5120KB , FILEGROWTH = 2048KB ),
( NAME = N'Sales-2010', FILENAME = N'C:\...\DATA\2010-Sales.ndf' ,
    SIZE = 5120KB , FILEGROWTH = 2048KB ),
    LOG ON
( NAME = N'AW_log', FILENAME = N'C:\...\DATA\AW_log.ldf' ,
    SIZE = 1024KB , FILEGROWTH = 10%)
GO
```

132_02.sql: Dateigruppen und Dateien anlegen

Die zuvor beschriebenen Optionen, welche man in der grafischen Oberfläche einfach über ein Formular einsehen und entsprechend ändern kann, schließt man nicht direkt in die Erstellungssyntax ein, sondern hängt sie in einzelnen Änderungsanweisungen an. Dies kann man gut sehen, wenn man das Skript über das Management Studio erstellen und die Anweisungen nicht sofort ausführen lässt.

```
ALTER DATABASE [AW] SET ANSI_NULL_DEFAULT OFF
GO
ALTER DATABASE [AW] SET ANSI_NULLS OFF
GO
```

1. 3. 3. Datenbanken mit SQL bearbeiten

Um Datenbanken zu ändern oder zu löschen, kann man entweder die Einträge aus dem Kontextmenü der Datenbank im Management Studio verwenden, oder natürlich auch ein Skript nutzen.

➜ **Allgemeine Syntax**

Die allgemeine Syntax für Änderungen lautet:

```
ALTER DATABASE { database_name | CURRENT }
```

```
{
    MODIFY NAME = new_database_name
  | COLLATE collation_name
  | <file_and_filegroup_options>
  | <set_database_options>
}
```

Im Wesentlichen sind es die vielen Optionen, die man ändern möchte. Hier ist die ALTER-Anweisung ein wenig angepasst, sodass eine Kette von Paaren bestehend aus einer Option und der neuen Einstellung aufgebaut werden kann. Diese endet dann mit einer Angabe, wie mit laufenden Transaktionen umgegangen werden soll, wenn die Datenbank aktuell in Benutzung ist. Solche Änderungen können nur durchgeführt werden, wenn aktuell kein Benutzer mehr angemeldet ist bzw. die Datenbank keine Aktionen durchführt. Daher ist es notwendig anzugeben, wie bestehende Arbeiten beendet werden sollen und Sitzungen abgemeldet werden müssen.

```
ALTER DATABASE { database_name  | CURRENT }
SET {
    <optionspec> [ ,... n ] [ WITH <termination> ]
}
```

Es stehen zahlreiche Optionen zur Verfügung, sodass wir hier nur die zuvor beschriebenen angeben. Im Wesentlichen sind sie aber alle gleich aufgebaut: Sie haben einen Namen und Einstellungen, die in den meisten Fällen auf einen von zwei Werten (Ein und Aus) gesetzt werden können.

```
<optionspec> ::= {
    <auto_option>
  | <cursor_option>
  | <db_state_option>
  | <db_update_option>
  | <db_user_access_option>
}
```

Diese haben also die Namen, welche schon in den vorherigen Tabellen standen, und nun jeweils um die entsprechenden Angaben ON oder OFF ergänzt werden.

```
<auto_option> ::= {
```

```
    AUTO_CLOSE { ON | OFF }
  | AUTO_CREATE_STATISTICS { OFF | ON
                        [ ( INCREMENTAL = { ON | OFF } ) ] } }
  | AUTO_SHRINK { ON | OFF }
  | AUTO_UPDATE_STATISTICS { ON | OFF }
  | AUTO_UPDATE_STATISTICS_ASYNC { ON | OFF }
}
<cursor_option> ::= {
    CURSOR_CLOSE_ON_COMMIT { ON | OFF }
  | CURSOR_DEFAULT { LOCAL | GLOBAL }
}
<db_state_option> ::= { ONLINE | OFFLINE | EMERGENCY }
<db_update_option> ::= { READ_ONLY | READ_WRITE }
<db_user_access_option> ::= { SINGLE_USER | RESTRICTED_USER |
                        MULTI_USER }
```

Schließlich kann man optional noch angeben, wie laufenden Transaktionen beendet werden sollen. Gibt man hier nichts an, dann wartet die Datenbank so lange, bis alle Transaktionen beendet sind. Im Wesentlichen erlaubt diese zusätzliche Angabe, entweder eine bestimmte Anzahl an Sekunden zu warten oder unmittelbar alle Transaktionen zurücksetzt oder eine Fehlermeldung liefert, wenn tatsächlich laufende Transaktionen zurückgesetzt werden müssten.

```
<termination> ::=
{
    ROLLBACK AFTER integer [ SECONDS ]
  | ROLLBACK IMMEDIATE
  | NO_WAIT
}
```

Um eine Datenbank oder gleich mehrere zu löschen, nutzen Sie:

```
DROP DATABASE { database_name | database_snapshot_name } [ ,...n ]
```

➜ **Namen einer Datenbank ändern**

Um den Namen einer Datenbank zu ändern, verwendet man die MODIFY-Option und muss natürlich zunächst zur master-Datenbank wechseln. Wenn die Namen keine Leerzeichen beinhalten, benötigt man bei den Standard-Einstellungen der Datenbank keine eckigen Klammern um den Datenbanknamen. Im Skript ist es daher unterschiedlich gelöst - sollte allerdings besser einheitlich sein.

```
USE [master]
GO
ALTER DATABASE [AW] MODIFY NAME = AdventureWorks
```

133_01.sql: Namen ändern

→ **Dateistrukturen bearbeiten**

Die nächsten drei Beispiele sind alle im Skript *133_02.sql* enthalten und zeigen, wie man in einer bestehenden Datenbank neue Dateien und eine neue Dateigruppe hinzufügt, solche Strukturen ändert und natürlich auch wieder löscht.

Die ADD-Option erwartet entweder FILEGROUP oder FILE und danach den Namen von Datei oder Dateigruppe, die man hinzufügen will. Da eine Dateigruppe nur eine virtuelle Organisationsstruktur darstellt, entfallen weitere Angaben. Bei einer Datei dagegen muss man auch noch den genauen Speicherort sowie die anfängliche Größe sowie den Größenzuwachs angeben.

```
ALTER DATABASE [AW] ADD FILEGROUP [HR]
GO
ALTER DATABASE [AW]
  ADD FILE ( NAME = N'HR',
             FILENAME = N'C:\...\DATA\HR.ndf' ,
             SIZE = 3072KB ,
             FILEGROWTH = 1024KB )
  TO FILEGROUP [HR]
```

Hat man eine Dateigruppe erstellt, möchte man sie bisweilen auch umbenennen, was wiederum mit MODIFY geschieht, wobei man mit FILEGROUP noch angeben muss, dass man eine Dateigruppe ändern will. Wie bei einer Datenbankumbenennung folgt dann der neue Name nach NAME. Hier gelten die gleichen Regeln wie bei anderen Strukturen ebenfalls. Man benötigt keine eckigen Klammern, wenn der Name keine Leerzeichen enthält.

```
ALTER DATABASE [AW]
MODIFY FILEGROUP [HR] NAME = HumanResources
```

Eine Datei kann man über die Option NEWNAME ebenfalls umbenennen und auch über SIZE eine neue Größe vorgeben.

```
ALTER DATABASE AW
MODIFY FILE (
   NAME = HR,
   NEWNAME = HumanResources1,
   SIZE = 10 MB )
```

Schließlich will man eine Datei oder eine Dateigruppen auch löschen, wobei natürlich vorher zu klären wäre, ob die Daten einfach entfernt oder vorher extrahiert und dann in eine andere Datei umgeleitet werden sollen. Um die Strukturen aber einfach zu löschen, nutzt man REMOVE und setzt dann FILEGROUP oder FILE und den Namen dahinter, je nachdem, welche Struktur man entfernen will.

```
ALTER DATABASE [AW]  REMOVE FILE [HR]
GO
ALTER DATABASE [AW] REMOVE FILEGROUP [HR]
```

➜ **Datenbank löschen**

Im nachfolgenden Beispiel löschen wir die erstellte AW-Datenbank. Dabei muss man zunächst zur master-Datenbank wechseln, da man die Datenbank, mit der man selbst oder jemand Anderes eine Verbindung hat, nicht löschen kann. Danach kann man über die System-Prozedur sp_delete_database_backuphistory die für die zu löschende Datenbank existierenden Backup-Dateien ebenfalls entfernen. Danach führt man dann den DROP-Befehl aus.

```
EXEC msdb.dbo.sp_delete_database_backuphistory
              @database_name = N'AW'
ALTER DATABASE [AW] SET SINGLE_USER WITH ROLLBACK IMMEDIATE
GO
DROP DATABASE [AW]
GO
```

133_03.sql: Datenbank löschen1

1. 3. 4. Datenbank-Snapshots

Ein Datenbank-Snapshot (oder auch eine DB-Momentaufnahme) ist eine schreib-geschützte Version der so genannten Quelldatenbank, auf die sich die Moment-aufnahme bezieht. Diese vollständige Kopie wird in einer Datei geringer Dichte ge-speichert, was bedeutet, dass zwar die verwendeten Systemressourcen bei Quelle und Ziel gleich sind, aber der Platz auf einer NTFS-Festplatte durch optimierte Da-tenspeicherung bei der Momentaufnahme geringer ist.

Diese Kopie lässt sich für unterschiedliche Zwecke verwenden. Man kann auf eine Momentaufnahme in Berichten und Abfragen lesend zugreifen und so entweder Benutzern eine schreibgeschützte Kopie der DB zur Verfügung stellen oder auch Daten, die zu einem bestimmten Zeitpunkt vorhanden waren, bereit stellen. Aller-dings sind Volltextkataloge nicht verwendbar. Aus einer Momentaufnahme lässt sich auch eine Wiederherstellung (Recovery) der Datenbank vornehmen, sodass sie eine unabhängige Kopie der DB zu einem bestimmten Zeitpunkt repräsentie-ren. Sie ergänzen daher das sonstige Sicherungskonzept über Backups, können dies aber nicht ersetzen, weil Backups mit der Quell-DB verbunden sind, Moment-aufnahmen aber nicht. Schließlich kann auch während der DB-Entwicklung eine solche Momentaufnahme wichtig sein, die eine komplette DB wieder in einen be-stimmten Zustand zurück versetzt, von dem aus man entwickeln möchte.

Zu berücksichtigen sind noch folgende Aspekte: Die Momentaufnahmen sind nur für Benutzer-DBs erlaubt und können nicht von den Systemdatenbanken wie der master-DB erstellt werden. Die Momentaufnahmen können wiederum nicht ge-sichert oder wiederhergestellt werden, d.h. sie stellen wirklich nur eine einfache Kopie der Quell-DB dar. Dazu lassen sie sich nicht anfügen und trennen, d.h. sie bleiben im Datenbankserver vorhanden, bis sie gelöscht werden. Hier empfiehlt es sich, eine Strategie zu überlegen, bei der die Dauer bis zur nächsten Erstellung und die Anzahl der Momentaufnahmen, die im System vorgehalten werden, defi-niert sein müssen.

Das Skript *134_01.sql* enthält die verschiedenen Arbeiten, die für DB-Moment-aufnahmen wichtig sind. Zunächst muss eine solche DB erstellt werden, wobei hier die veschiedenen Dateigruppen, welche in der DB-Momentaufnahme aufge-nommen werden sollen, aufgelistet werden. Dies bedeutet, dass man entweder sowohl eine Sicherung von der gesamten Datenbank oder auch nur von einzel-nen Dateigruppen vornehmen kann. Im nächsten Beispiel sieht man, dass ein

Snapshot für die gesamte Datenbank um 14 Uhr und dann ein weiterer Snapshot nur für die Produktionsdaten erstellt wird.

```
CREATE DATABASE [AW Snapshot 1400]
   ON  ( NAME = N'AW',
         FILENAME = 'C:\...\Data\AW_data_1400.ss' ),
       ( NAME = N'Production-F1',
         FILENAME = 'C:\...\Data\Production-F1_data_1400.ss' ),
       ( NAME = N'Production-F2',
         FILENAME = 'C:\...\Data\Production-F2_data_1400.ss' ),
       ( NAME = N'Sales-2008',
         FILENAME = 'C:\...\Data\Sales-2008_data_1400.ss' ),
       ( NAME = N'Sales-2009',
         FILENAME = 'C:\...\Data\Sales-2009_data_1400.ss' ),
       ( NAME = N'Sales-2010',
         FILENAME = 'C:\...\Data\Sales-2010_data_1400.ss' )
     AS SNAPSHOT OF [AW]
GO
CREATE DATABASE [AW Snapshot Production 1400]
   ON  ( NAME = N'AW',
         FILENAME = 'C:\...\Data\AW_data_1400.ss' ),
       ( NAME = N'Production-F1',
         FILENAME = 'C:\...\Data\Production-F1_data_1400.ss' ),
       ( NAME = N'Production-F2',
         FILENAME = 'C:\...\Data\Production-F2_data_1400.ss' )
   GO
```

Einen Snapshot löscht man genauso wie eine gewöhnliche Datenbank über DROP, wobei wir im nächsten Beispiel noch eine kleine Variante eingebaut haben. Zunächst testet man, ob die Datenbank überhaupt vorhanden ist, indem man den so genannten Systemkatalog, in dem alle Objekte aufgelistet sind und abgefragt werden können. Ist die DB vorhanden, setzt man den Lösch-Befehl ab.

```
IF EXISTS (SELECT database_id FROM sys.databases
           WHERE NAME='AW Snapshot 1400')
   DROP DATABASE [AW Snapshot 1400]
GO
```

Schließlich kann man auch eine bestehende Datenbank aus einem Snapshot wieder herstellen. Auch wenn wir den entsprechenden T-SQL-Befehl noch nicht vorgestellt haben, nutzen wir ihn hier bereits. Nach RESTORE gibt man an, welche Datenbank man wieder herstellen möchte und schließt dann mit FROM die DB-Momentaufnahme an, welche man als Quelle verwenden will.

```
RESTORE DATABASE [AW] FROM DATABASE_SNAPSHOT = 'AW Snapshot 1400'
```

1. 3. 5. Automatische Skripts

Überall im Management Studio gibt es Möglichkeiten, Skripte zu generieren. Manchmal ist es einfacher, die Aktionen über die grafische Oberfläche einzurichten und dann aber ein Skript zu erstellen. So kann man erstens besser nachvollziehen, welche Aktionen man durchgeführt hat und zweitens kann man sie auch auf einem zweiten System wie bspw. dem Test-/Produktivsystem erneut in der gleichen Art oder mit den notwendigen Anpassungen ausführen. Auch für die gesamte Datenbank ist dies möglich, wobei hier zwei verschiedene Optionen bereit stehen.

➜ Einfaches DB-Skript

Im Kontextmenü der Datenbank kann man den Eintrag *SCRIPT DATABASE AS* wählen und danach unterschiedliche Skripte generieren. Ähnlich wie bei Tabellen kann man sich entscheiden, ob man nur den Befehl für das Erstellen, nur für das Löschen oder die Befehle für beide Aktionen in einem gemeinsamen Skript erstellen will. Um ein Skript wiederholbar zu machen, sollten die zu erstellenden Objekte auch gelöscht werden, sodass die dritte Variante normalerweise die geeignete Wahl darstellt.

Danach kann man festlegen, ob man das Skript in einer neuen Datei, einem neuen Abfragefenster oder einfach nur in der Zwischenablage generieren will.

In der Datei *135_01.sql* finden Sie das Ergebnis. Es besteht aus einer DROP-Anweisung und natürlich der CREATE-Anweisung inkl. der Speicherstrukturen (Dateien und Dateigruppen). Danach folgt eine Reihe an ALTER-Anweisungen, welche die allgemeinen Einstellungen der Datenbank vorgeben.

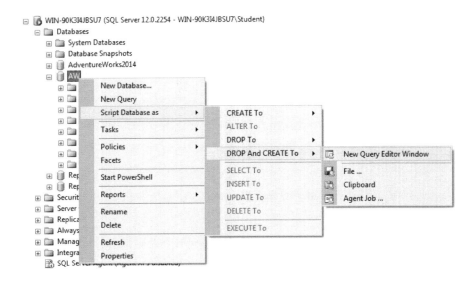

Abbildung 1.16: Skript für eine Datenbank erzeugen

➜ **Skript für DB und Objekte**

Eine komplexe Variante eines Skripts, welches auch sämtliche oder ausgewählte Objekte einer Datenbank enthält, kann man über das Kontextmenü *TASKS* erstellen. Normalerweise genügt es nämlich nicht, einfach nur die eigentliche Datenbank-Erstellung in einem Skript zu haben, weil eigentlich die Tabellen, Sichten oder programmierbare Schema-Objekte wie Prozeduren und Funktionen wichtiger sind als das einfache CREATE DATABASE.

1. Wählen Sie aus dem Kontextmenü der Datenbank *TASKS / GENERATE SCRIPTS*.

2. Es öffnet sich der Assistent, der Sie begleitet, das zu erstellende Skript zu konfigurieren. Verlassen Sie den ersten Dialog mit dem kurzen Hinweistext zu seiner Verwendung über die *NEXT*-Schaltfläche.

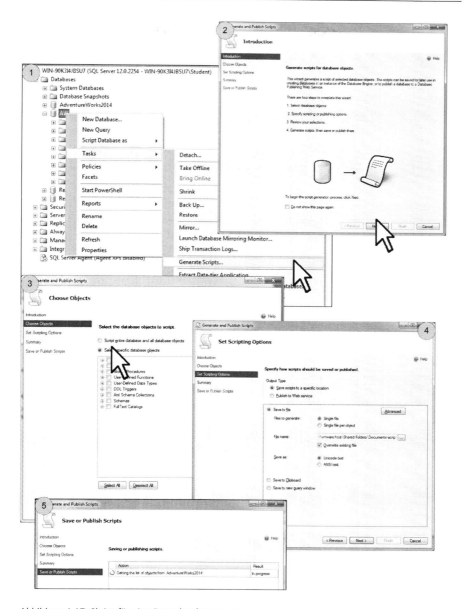

Abbildung 1.17: Skript für eine Datenbank erzeugen

3. Im Dialogfenster *CHOOSE OBJECTS* müssen Sie sich entscheiden, ob Sie ein Skript für die gesamte Datenbank erstellen wollen (oberes Optionsfeld) oder ob Sie stattdessen die Objekte in ihren Gruppen oder sogar einzeln auswählen wollen. Wenn Sie sich dafür entscheiden, die Objekte festzulegen, dann öffnet sich ein Baum, welcher die DB-Objekte in Gruppen einteilt und es ermöglicht, entweder eine ganze Gruppe oder innerhalb der Gruppen individuell die Objekte auszuwählen.

4. In beiden Fällen gelangt man in den Dialog *SET SCRIPTING OPTIONS*. Hier legt man fest, wie das Skript aufgebaut und an welchen Ort es gespeichert sein soll. Insbesondere die Speicher-Optionen entsprechen den Optionen, welche man bei allen Skripten hat: in einer Datei, in einem neuen Abfragefenster oder in der Zwischenablage. Die andere Option erlaubt es zu entscheiden, ob man ein Skript mit allen Objekten (der Standardfall) oder gar für jedes Objekt ein einzelnes Skript erzeugen will. In Ausnahmefällen kann auch die zweite Option sinnvoll sein, aber bei vielen Optionen und Abhängigkeiten zwischen den Objekten ist dann eine Verwendung der vielen Skripte schwierig. Dieses Dialogfenster verlassen Sie auch wieder über *NEXT*.

5. Im Dialogfenster *SUMMARY* zieht man noch einmal die verschiedenen gewählten Optionen, d.h. welche Objekte man gewählt und welche Einstellungen man getroffen hat.

6. Die Schaltfläche *NEXT* bringt einen dann schließlich zur eigentlichen Ausführung und zu einem Dialogfenster, in dem man beobachten kann, welche Objekte gerade verarbeitet werden.

1. 4. Datenstrukturen anlegen

Eine relationale Datenbank zeichnet sich dadurch aus, dass die Daten in Tabellen gespeichert werden. Diese sind meist nach Objekten (Entitäten), welche in der zu abzubildenden Modellwelt auftreten, geordnet, wobei die Entwicklung normalisierter, d. h. gut strukturierter und für eine Weiterentwicklung der Datenbank ohne Datenredundanzen (doppelte Datenspeicherung) und gute Leistungsfähigkeit notwendiger Datenstrukturen eine Tätigkeit darstellt, die sowohl Programmierer als auch Administratoren betrifft. In diesem Fall ist die AdventureWorks-Datenbank bereits vollständig erstellt und zeigt ein sehr umfassendes Bild einer sehr weit normalisierten Datenbank.

Tabellen dienen also im MS SQL Server der Datenspeicherung, wie dies auch in allen anderen relationalen Datenbanken der Fall ist. Zusätzlich weisen sie allerdings noch die Besonderheit auf, dass sie nur temporär angelegt werden können. Eine solche temporäre Tabelle, mit den gleichen SQL-Anweisungen erstellt wie eine dauerhaft gespeicherte, bildet dann Array-Strukturen in T-SQL-Programmen ab. Während die dauerhaft gespeicherten Tabellen sehr gut über die Oberfläche erstellt werden können, ist dies bei den temporären Tabellen nicht möglich, sofern man aus der grafisch modellierten Tabelle nicht einfach das sie beschreibende SQL automatisch generieren lässt, um dieses dann in seinem eigenen Programm zu verwenden.

Neben den Tabellen, die sich mit dem schon hinreichend bekannten `SELECT`-Befehl abfragen lassen, gibt es eine zweite Struktur für die Abbildung von Daten. Dies sind Sichten, die bisweilen in der MS SQL Server-Dokumentation oder in der grafischen Oberfläche als Ansichten bezeichnet werden. Eine solche Sicht oder View, wenn man das weit verbreitete englische Wort verwenden möchte, entspricht einer gespeicherten Abfrage, auf die man genauso wie auf eine Tabelle mit dem `SELECT`-Befehl zugreifen kann. Diese Technik soll ebenfalls in diesem Abschnitt erläutert werden.

1. 4. 1. Tabellen mit Management Studio pflegen

Tabellen werden im MS SQL Server Management Studio im Objekt-Explorer unterhalb des Datenbanken-Knotens aufgelistet, wenn man eine der Datenbanken öffnet. In diesem Fall ist das der Knoten der AdventureWorks-Datenbank. Öffnet man hier wiederum den Ordner Tabellen, dann erhält man eine Liste der Tabellen, sortiert nach dem Schema (übergeordnete Strukturierung), in dem sie angelegt wurden. Dabei gibt es neben den vom Datenbankentwickler der AdventureWorks-DB angelegten Schemata auch das Standardschema `dbo` (database owner), in dem automatisch alle Strukturen erstellt werden, sofern man keine Vorkehrungen trifft, sie in einem neuen oder bereits bestehenden Schema zu speichern.

Es gibt zwei Möglichkeiten, neue Tabellen zu erstellen. Sofern man sehr viele komplexe Einstellungen zu treffen hat, wird man dies sicherlich mithilfe der grafischen Oberfläche erledigen. Möchte man allerdings die Einstellungen in Textform erfassen, um sie besser planen zu können, erweitert man die über die grafische Oberfläche automatisch erstellten SQL-Anweisungen um eigene Angaben.

Diesen Weg muss man ohnehin beschreiten, sobald man etwas anspruchsvollere T-SQL-Programme schreiben möchte.

➜ Tabellen grafisch anlegen

Führen Sie folgende Schritte durch, um eine neue Tabelle anzulegen:

1. Öffnen Sie die Datenbank, in der Sie eine neue Tabelle anlegen wollen. Dies ist im aktuellen Beispiel immer die AdventureWorks-Datenbank.

2. Öffnen Sie das Kontextmenü des Ordners *TABLES* mit der rechten Maustaste und wählen sie den Eintrag *NEW TABLE*.

   Es erscheint eine tabellarische Darstellung, in der Sie im oberen Bereich Spaltenname und Datentyp angegeben bzw. aus einer Auswahlliste auswählen können.

   In der dritten Spalte geben Sie an, ob der Wert NULL in die Spalte eingetragen werden darf, d. h. ob die Zelle leer sein kann (Kontrollkästchen markiert) oder nicht. Dieser leere Wert ist dann nicht etwa die leere Zeichenkette oder irgendein magischer Standardwert, sondern der Wert NULL, den Sie bereits mithilfe des IS [NOT] NULL in einer Abfrage abgeprüft haben.

   Die Datentypen haben neben ihrem Namen, der sie charakterisiert, auch ab und an eine Länge, die sie über die Tastatur vorgeben können, sobald Sie überhaupt einen Datentyp ausgewählt haben.

   In diesem Beispiel handelt es sich um eine Tabelle, welche einige Spalten aus der Employee-Tabelle mit dem Primärschlüsselfeld der Department-Tabelle enthält. Daher gibt es in dieser Tabelle die Spalten ID mit dem Primärschlüsseldatentyp uniqueidentifier. Dieser Datentyp stellt einen komplex aufgebauten eindeutigen Wert für den Datensatz dar und hat bspw. die Form 6F9619FF-8B86-D011-B42D-00C04FC964FF. Ein neuer Wert wird über die NEWID()-Funktion erzeugt.

   Möglich wären auch Ganzzahlen wie int gewesen, die auch als Alternative bei 1 beginnend schrittweise automatisch um 1 erhöht werden könnten.

Die Spalte Name bezieht sich auf den Abteilungsnamen, während `DepID` die Abteilungsnummer enthält. Sie tritt als `smallint`-Wert auf, während der Name in `nvarchar(50)` gespeichert wird. Die nächsten beiden Spalten sind `FirstName` und `LastName` des Mitarbeiters.

3. Um eine Spalte einzufügen oder zu löschen, markieren Sie die zu löschende Spalte bzw. die Spalte, vor der eine andere Spalte einzufügen ist. In diesem Fall zeigt die Abbildung, wie vor der Spalte `FirstName` noch eine Spalte eingefügt werden soll, welche die Anrede speichern soll.

4. Spalten können eine Vielzahl zusätzlicher Eigenschaften neben Namen, Datentyp und der Zulassung oder dem Verbot von `NULL`-Werten haben. Drei wichtige Eigenschaften für den Anfänger sind in jedem Fall die Angabe, ob die Spalte den Primärschlüssel enthält, d. h. die Tabelle eindeutig referenziert, ob die Tabelle den Wert einer anderen Spalte enthält und daher einen Fremdschlüssel abbildet und ob es einen Standardwert gibt.

Diesen Standardwert trägt man unterhalb der tabellarischen Darstellung im Bereich *COLUMN PROPERTIES* ein. Sobald kein Wert für diese Spalte angegeben wird, wenn neue Daten eingetragen werden sollen, würde dieser Standardwert verwendet werden.

In diesem Fall soll in der `Title`-Spalte für die Anrede der Wert `Mr` vorab eingetragen werden, da die meisten Angestellten Herren sind.

Sobald man die Eingabetaste betätigt, wird die Zeichenkette noch als Unicode-Zeichenkette gekennzeichnet, indem ein N vor den Text und einfache Hochkommata zur Begrenzung um den Vorgabewert gesetzt werden.

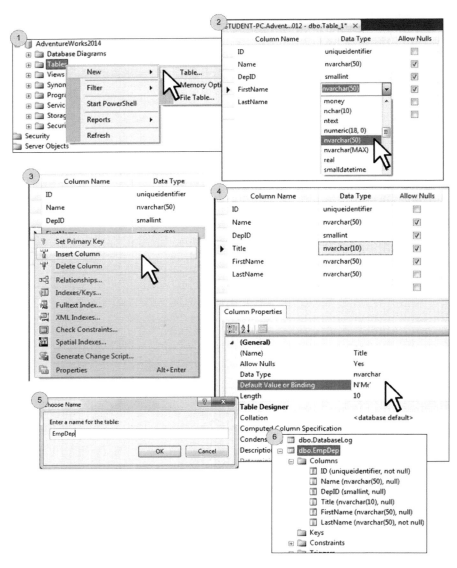

Abbildung 1.18: Tabellen über die grafische Oberfläche erstellen

5. Möglicherweise haben Sie sich gewundert, dass Sie bislang noch gar nicht nach dem Tabellennamen gefragt wurden. Sie müssen über *FILE/SAVE TA-*

BLE_1.SQL das aktuelle Skript und damit auch die Tabelle speichern. Erst in diesem Moment kann man den Namen vergeben. In diesem Fall handelt es sich um `EmpDep` für Employee-Department als Zusammenstellung. Den Wert tragen Sie im sich öffnen Dialogfenster ein. Möchten Sie zusäztlich ein spezielles Schema auswählen, in dem die Tabelle gespeichert werden soll, dann können Sie dieses hier auch eintragen. Ansonsten wird das Standardschema `dbo` verwendet.

6. Schließlich erhalten Sie die neu erstellte Tabelle in der Liste von Tabellen, die für die ausgewählte Datenbank im Objekt-Explorer angezeigt werden.

➡ **Tabellen- und Spalten-Eigenschaften**

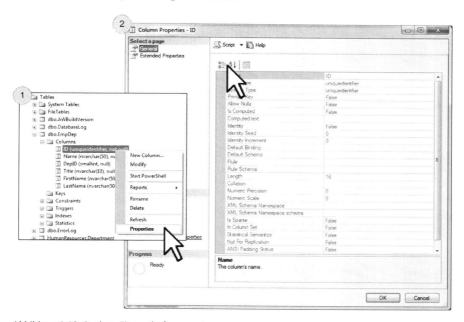

Abbildung 1.19: Spalten-Eigenschaften anzeigen

Die Informationen zu einer Spalte kann man sich in einem umfassenden Dialogfenster anschauen, welches große Gemeinsamkeit mit dem Bereich *COLUMN PRO-*

PERTIES beim Anlegen der Tabelle hat. Wählen Sie hierzu aus dem Kontextmenü der Spalte den Eintrag *PROPERTIES*.

Möglicherweise möchten Sie die Eigenschaften der gesamten Tabelle untersuchen. Dies betrifft im Wesentlichen Einstellungen, die in den Bereich der Administration fallen. Um die Eigenschaften sehen zu können, wählen Sie im Kontextmenü der Tabelle ganz einfach den Eintrag *PROPERTIES*, so wie sie dies auch schon im Kontextmenü für die Spalte gemacht haben, um die Spalteneigenschaften zu sehen. In der Abbildung können Sie erkennen, dass dieses Kontextmenü für die Arbeit mit der Tabelle überhaupt sehr interessant ist. Neben der Anzeige von Eigenschaften kann man auch eine neue Tabelle anlegen, die Daten einer Tabelle anzeigen, d. h. eine Tabelle öffnen, sowie andere Operationen ausführen.

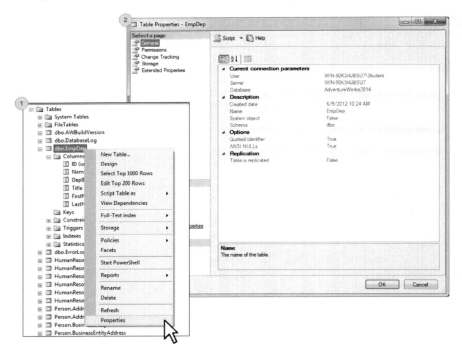

Abbildung 1.20: Tabellen-Eigenschaften anzeigen

➜ Primär- und Fremdschlüssel

Um die Spalteneigenschaften nicht nur zu lesen, sondern auch zu ändern, sind folgende Schritte notwendig, wobei hier ein Primärschlüssel festgelegt wird.

1. Wählen Sie für eine der Tabellenspalten, die im Objekt-Explorer angezeigt werden, aus dem Kontextmenü den Eintrag *MODIFY*.

2. Wählen Sie in der Spalte, in der der Primärschlüssel angelegt werden soll, das Kontextmenü. Wenn Sie andere Änderungen durchführen wollen, können Sie dies genauso in der tabellarischen Aufbereitung der Spalten durchführen, die Sie ja schon vorhin genutzt haben, um die Spalten erstmalig anzulegen.

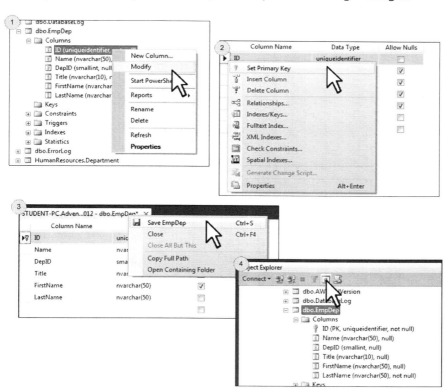

Abbildung 1.21: Spalten-Eigenschaften ändern

3. Um die Änderungen in der Tabelle festzuschreiben, müssen Sie noch die Tabelle speichern. Dies entspricht dem erstmaligen Speichervorgang, wenn man die Tabelle gerade vollständig neu erstellt. Dies können Sie entweder im Menü *FILE* durchführen oder im Kontextmenü des Reiters, unter dem die tabellarische Darstellung angeboten wird.

4. Im Normalfall werden die Änderungen nicht sofort in der Eigenschaftenliste im Objekt-Explorer angezeigt. In diesem Fall wählen Sie aus dem Kontextmenü der Tabelle den Eintrag *REFRESH*.

Eine wichtige Eigenschaft von Tabellen (Relationen) in einem relationalen Datenbanksystem sind die Beziehungen zwischen den Tabellen. So steht bspw. die neu erstellte Tabelle `EmpDep` mit der Tabelle Department in einer 1:n-Beziehung, da n Datensätze der `EmpDep`-Tabelle mit einem Datensatz aus der `Department`-Tabelle in Beziehung stehen. In der abgebildeten Welt bedeutet dieser Umstand, dass n Angestellte in einer Abteilung arbeiten.

Grundsätzlich ist es für die Benutzung der Datenbank und den in ihr gespeicherten Tabellen unwichtig, ob diese Beziehungen tatsächlich auch ausformuliert werden. Man kann sie in der Anwendung oder auch nur im Kopf genauso berücksichtigen.

Es ist allerdings möglich, sie explizit als Eigenschaften der Tabelle zu formulieren und darüber hinaus mit dieser Angabe dafür zu sorgen, dass bspw. nur solche Fremdschlüsselwerte in der `EmpDep`-Tabelle erscheinen, die auch tatsächlich in der `Department`-Tabelle vorhanden sind.

Eine andere Regel lautet, dass nur dann ein Datensatz aus der `Department`-Tabelle gelöscht werden kann, wenn kein Datensatz in der `EmpDep`-Tabelle auf diesen Datensatz verweist.

Aus Sicht der `Department`-Tabelle ist die `EmpDep`-Tabelle eine Kindtabelle der Elterntabelle `Department`, weil die Datensätze der `EmpDep`-Tabelle sich auf Informationen in der `Department`-Tabelle beziehen.

Diese gesamte Technik lässt sich auf verschiedene Arten einstellen und konfigurieren. Dies betrifft bspw. die Frage, was in der Kindtabelle geschehen soll, wenn ein Datensatz doch in der Elterntabelle gelöscht oder aktualisiert wird. Man nennt dies die referenzielle Integrität. Für das aktuelle Beispiel soll nur eine einfache

Verknüpfung angelegt werden, damit auch nachher automatisch ein Datenbank-diagramm erzeugt werden kann.

1. Wählen Sie aus dem Kontextmenü der Tabelle den Eintrag *MODIFY*.

2. Wählen Sie aus dem Kontextmenü der Spaltenliste den Eintrag *RELATIONSHIPS*.

3. Es öffnet sich ein umfangreiches Dialogfenster, in dem die Beziehungen und ihre Eigenschaften angezeigt und verwaltet werden können. Wenn eine Be-ziehung schon vorhanden ist, können Sie sich im rechten Bereich über ihre Eigenschaften informieren. Die für dieses Beispiel interessanten Basisanga-ben sind leider in der Standardansicht ausgeblendet und müssen erst über die zweite Plus-Schaltfläche eingeblendet werden. Wählen Sie dazu die Schaltflä-che *ADD*.

4. Es öffnet sich ein weiteres Dialogfenster, in dem die Eltern- und Kindtabelle sowie die Primärschlüsselspalte der Eltern- und die Fremdschlüsselspalte der Kindtabelle ausgewählt werden. Hier ist unbedingt auf die richtige Zuordnung zu achten. Für das aktuelle Beispiel ist unter dem Auswahlmenü *PRIMARY KEY BASE TABLE* die Schlüsselspalte `DepartmentID` der Tabelle `Department` auszuwählen. Im rechten Bereich wählt man dann als Kindtabelle aus dem Auswahlmenü *FOREIGN KEY BASE TABLE* die `EmpDep`-Tabelle und ihre Fremd-schlüsselspalte `DepID`. Es ist möglich, einen Schlüssel über mehrere Spalten zu verteilen, sodass an dieser Stelle auch mehrere Einträge denkbar sind. Be-stätigen Sie alles mit *OK*.

5. Unter der zweiten Plus-Schaltfläche namens *TABLE AND COLUMN SPECIFICATION* sollten nun die richtigen Zuordnungen von Tabellen und Spalten erscheinen. Dies betrifft insbesondere die korrekte Zuweisung von Eltern- und Kind-Ei-genschaft. Dies ist am besten genauestens zu kontrollieren. Weitere DBA-Tä-tigkeiten schließen sich dann in diesem Bereich an, wie bspw. die erwähnten Regelungen zur referenziellen Integrität.

6. Bestätigen Sie das sich öffnende Dialogfenster mit *OK*.

7. Eigentlich ist nun für das aktuelle Beispiel die Spalte `Name` nicht mehr notwen-dig, denn ihr Wert hängt von der `DepID` ab, welche wiederum eine Fremd-schlüsselbeziehung zur `Department`-Tabelle enthält. Mit Blick auf das Daten-bankdesign würde man feststellen müssen, dass die Tabelle nicht normalisiert

ist, weil eine Spalte von einer anderen direkt abhängt, diese Spalte aber nicht der Primärschlüssel der Tabelle ist. Dies ist ja nicht DepID, sondern vielmehr ID. Um hier keine Fehler bei Aktualisierungen zu riskieren, sollte man eine solche Spalte löschen. Sofern in einem anderen Arbeitsgang eine solche Spalte überhaupt nicht vorhanden ist, sollte man nur aus dem Kontextmenü der Tabelle oder Spalte den Eintrag *REFRESH* wählen, um zu kontrollieren, ob alle Zuordnungen korrekt sind.

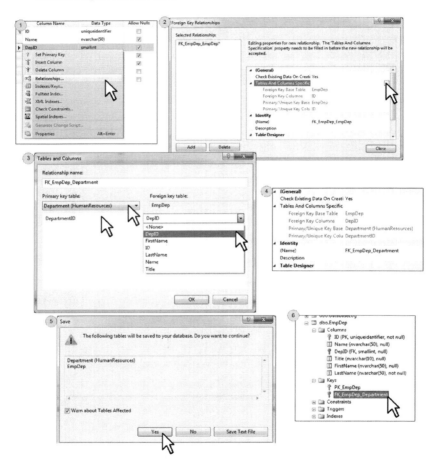

Abbildung 1.22: Beziehung / Fremdschlüssel hinzufügen

➜ Skript-Generierung

Nachdem man mögliche neue Tabellen für eine bestehende DB erstellt hat, möchte man ein SQL-Skript generieren, das genau die gleiche Tabelle wieder einrichten kann.

Hätte man das Skript selbst geschrieben, wäre es in einfacherer Syntax entstanden, doch dies ist bei derartigen Abrufen immer der Fall.

1. Öffnen Sie den Knoten einer Tabelle.

2. Wählen Sie aus dem Kontextmenü *SCRIPT TABLE AS/CREATE TO*. Je nachdem, ob man das SQL-Skript im Abfrage-Editor oder als Datei speichern bzw. in die Zwischenablage kopieren möchte, wählt man den entsprechenden Eintrag.

3. Als Alternative sehen Sie in der Abbildung, dass man die Löschanweisung ebenfalls erstellen kann. Nach der Trennungslinie kann man dann die Operationen abfragen, einfügen, aktualisieren und löschen über die gleiche grafische Oberfläche ausführen, die schon vom Abfrage-Fenster aus abzurufen ist und bereits erklärt wurde.

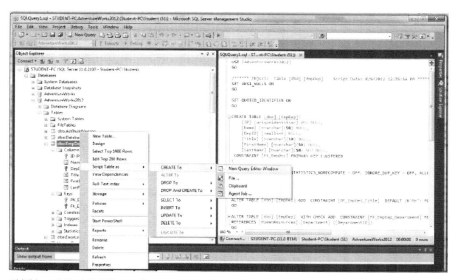

Abbildung 1.23: SQL-DDL erstellen

Man erhält das folgende Skript, dessen Syntax gleich erläutert wird.

```
CREATE TABLE [dbo].[EmpDep](
  [ID] [uniqueidentifier] NOT NULL,
  [Name] [nvarchar](50)
        COLLATE SQL_Latin1_General_CP1_CI_AS NULL,
  [DepID] [smallint] NULL,
  [Title] [nchar](8)
        COLLATE SQL_Latin1_General_CP1_CI_AS NULL
        CONSTRAINT [DF_EmpDep_Title] DEFAULT (N'Mr'),
  [FirstName] [nvarchar](50)
        COLLATE SQL_Latin1_General_CP1_CI_AS NULL,
  [LastName] [nvarchar](50)
          COLLATE SQL_Latin1_General_CP1_CI_AS NULL,
 CONSTRAINT [PK_EmpDep] PRIMARY KEY CLUSTERED
(
  [ID] ASC
)WITH (PAD_INDEX  = OFF, IGNORE_DUP_KEY = OFF) ON [PRIMARY]
) ON [PRIMARY]
```

141_01.sql: Erzeugtes SQL-DDL

1. 4. 2. Tabellen mit SQL pflegen

Neben der grafischen Bearbeitung von DB-Objekten kann man auch alle Operationen zum Erstellen, Ändern und Löschen von Tabellen über SQL erledigen. Dies soll in diesem Abschnitt gezeigt werden.

➜ **Allgemeine Syntax**

Mithilfe von SQL lässt sich unter Einsatz des CREATE-Befehls eine Tabelle anlegen, wobei über CREATE sämtliche so genannte Schema-Objekte, d. h. Objekte in der Datenbank, angelegt werden können. Dazu zählen auch Sichten, also gespeicherte Abfragen, und auch die für diesen Band sehr wichtigen Funktionen und Prozeduren. Der Befehl ist wie der SELECT-Befehl von großem Umfang und bietet eine Vielzahl an Optionen und Angaben, die sehr tief in die Administration und den technischen Aufbau der Datenbank eingreifen können.

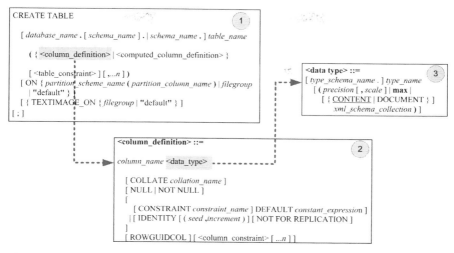

Abbildung 1.24: Basisstruktur für die Tabellenerstellung

Die Abbildung zeigt den grundlegenden Aufbau der CREATE-Anweisung, wie er auch für diesen Band notwendig ist. Er zeigt die allgemeine Syntax der Tabellenerstellung in einer zusammengefassten Darstellung und zwei Erweiterungen, die in der allgemeinen Syntax nur über Ausdrücke in spitzen Klammern wie <column_ definition> notiert werden. Dies ist eine in der Dokumentation oft genutzte Möglichkeit, eine große Syntaxstruktur zu vereinfachen.

So enthält der mit der Nummer 1 versehene Bereich den gesamten CREATE-Befehl in einer sehr stark vereinfachten Fassung. Anstelle der in Nummer 2 angegebenen Spaltendefinition erscheint in Nummer 1 schlichtweg <column_defini- tion>. Gleiches gilt für die in Nummer 2 referenzierte Abkürzung <data_type>. Die Datentypangabe ist wiederum in Nummer 3 angegeben.

Wie man in der Nummer 1 sehen kann, folgt nach CREATE TABLE der Name der Tabelle, wobei dieser auch den Namen der Datenbank und des Schemas, in dem die Tabelle erstellt werden soll, enthalten kann.

Diese drei Bereiche werden jeweils durch einen Punkt getrennt. Im einfachsten Fall genügt allerdings der Tabellenname. Nach der Nennung des Namens folgt in zwei runden Klammern die Angabe der einzelnen Spalten und danach weitere allgemeine Angaben zur Tabelle wie Einschränkungen und Integritätsregeln.

Abbildung 1.25: Berechnete Spalten

Die Erstellung der Spalten ist neben den administrativen Angaben der wesentliche Bereich der gesamten SQL-Anweisung.

Hier gibt es insgesamt zwei Möglichkeiten, welche in den beiden Abbildungen angezeigt werden.

- Unter `<column_definition>` versteht man die Angabe eines Spaltennamens und eines Datentyps für diese Spalte sowie weitere Angaben für die Spalte, die ihre Eigenschaften betreffen: Zulassen von NULL-Werten, Zeichensatz, Standardwertangabe, Angabe der Einzigartigkeit des Wertes für Primärschlüssel.

- Unter `<computed_column_definition>` versteht man die Angabe eines Spaltennamens und des Schlüsselwortes AS, der zu einem Ausdruck führt, der eine so genannte berechnete Spalte erstellt. In diese Spalte lässt sich später kein Wert eintragen, er wird automatisch und dynamisch auf Basis der angegebenen Berechnungsvorschrift ermittelt.

➜ **Tabelle und Spalten erstellen**

Die nachfolgenden Beispiele sollen zeigen, wie man direkt in SQL eine Tabelle erstellen kann. Neben der Speicherung in der Datenbank sind die Beispiele in ihrem grundsätzlichen Aufbau auch relevant für die Erstellung so genannter temporärer Tabellen. Dies sind Tabellen, die in zwei Ausprägungen erscheinen. Die gewöhnliche temporäre Tabelle kennzeichnet man mit einem Rautenzeichen vor ihrem Namen, was angibt, dass sie temporär und nur für die aktuelle Sitzung gespeichert wird. Eine globale temporäre Tabelle dagegen kennzeichnet man durch zwei Rautenzeichen, was wiederum angibt, dass sie zwar nicht fix in der Datenbank gespeichert ist, aber für alle Sitzungen – also global – verfügbar ist.

Um eine Tabelle zu löschen, verwendet man den DROP-Befehl, der nicht nur für Tabellen, sondern für alle Schema-Objekte zur Verfügung steht und vor Nennung des Schema-Objektnamens noch die Art des Schema-Objekts erwartet. In diesem Fall ist das TABLE, im Falle einer Prozedur PROCEDURE und im Falle einer Funktion FUNCTION. Um das Beispiel mehrfach auszuführen, ist es notwendig, die bereits erstellte Tabelle zu löschen. Die beiden Anweisungen DROP und CREATE sind durch GO getrennt, was ankündigt, dass der eine Befehl abgeschlossen ist und ein neuer beginnt.

Auf Basis der schon in der Datenbank vorhandenen Tabelle Address erstellt das nachfolgende Beispiel eine ähnliche Tabelle Address2. Man erkennt sehr gut den Aufbau, mit dem die Spalten erstellt werden: name datentyp [NOT] NULL.

Dabei zeigt bereits die erste Zeile, dass die AddressID-Spalte zusätzlich auch den Primärschlüssel bildet und daher zusätzlich noch das Schlüsselwort PRIMARY KEY enthält. Die Eigenschaft IDENTITY [(seed , increment)] bietet die Möglichkeit, einen automatisch aufsteigenden Schlüssel zu verwenden, der mit jeder neuen Einfügen-Operation bei seed beginnend um den Wert, der in increment angegeben ist, erhöht wird.

Die optionale [NOT] NULL-Angabe legt fest, ob NULL-Werte in der Spalte zulässig sind oder nicht. Auch wenn diese Angabe nicht verpflichtend ist, stellt sie eine sehr wichtige Angabe dar, um die Funktionsweise der Spalte genau anzugeben.

Während der Großteil der Spalten sich nach dem gerade beschriebenen Schema richtet, fällt nur noch die letzte Spalte namens ModifiedDate wieder aus dem Rahmen. Sie enthält zusätzlich noch eine DEFAULT-Angabe mit einem Standardwert. Sollte beim Einfügen kein Wert für diese Spalte angegeben werden, so würde dieser Standardwert verwendet. Im Normalfall ist dieser Standardwert fix vorgegeben, d. h. der wahrscheinlichste und damit häufigste Wert, der für neue Datensätze gilt.

```
IF OBJECT_ID ('Person.Address2', 'U') IS NOT NULL
  DROP TABLE Person.Address2
GO
CREATE TABLE Person.Address2 (
  AddressID        int IDENTITY(1,1) NOT NULL PRIMARY KEY ,
  AddressLine1     nvarchar(60)      NOT NULL,
  AddressLine2     nvarchar(60)      NULL,
  City             nvarchar(30)      NOT NULL,
  StateProvinceID  int               NOT NULL,
  PostalCode       nvarchar(15)      NOT NULL,
  ModifiedDate     datetime          NOT NULL
                                     DEFAULT (getdate()))
GO
```

142_01.sql: Erstellen einer Tabelle

Sobald man die neue `Address2`-Tabelle angelegt hat, sollte sie nach dem Aktualisieren im Objekt-Explorer ebenfalls erscheinen. Da es ja bereits eine ähnliche Tabelle gibt, kann man diese beiden gut vergleichen.

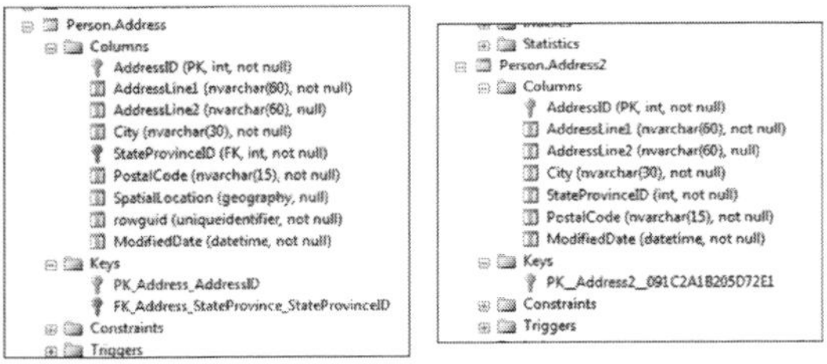

Abbildung 1.26: Tabellen mit automatischen / eigenen Bezeichnern

Die Spalten sind weitestgehend dieselben bzw. nur um wenige abgekürzt. Da allerdings im gerade gezeigten Skript die verschiedenen Einstellungen wie Primärschlüssel und Einschränkungen wie ein Standardwert nicht ausdrücklich einen eigenen Namen erhalten haben, wurden automatische Standardnamen vergeben.

Dies ist bei einer gespeicherten Tabelle keine so gute Lösung, weil in Fehlermeldungen diese Namen wieder erscheinen und man sie dann nicht so leicht zuordnen kann wie selbst definierte, weitestgehend selbst-erklärende und -sprechende Namen. Bei den erwähnten temporären Tabellen ist dies oft nicht so bedeutsam, wenn sie mehr wie eine Array-Struktur genutzt werden und vielleicht auch gar keine solchen Beziehungen zu anderen Tabellen enthalten.

Zusätzlich wurde die `OBJECT_ID()`-Funktion eingesetzt. Sie hat die allgemeine Syntax:

```
OBJECT_ID (
   '[ database_name . [ schema_name ] . | schema_name . ]
   object_name' [ ,'object_type' ] )
```

Sie dient dazu, die so genannte `Objekt-ID` zurückliefern, wie es der Name der Funktion ja schon nahelegt. Ein Ausdruck wie `SELECT OBJECT_ID('Person.Address') AS Tabelle` ermittelt den Wert 53575229 für die im Testsystem vorhandene Datenbankinstallation. Sollte man dagegen ein nicht vorhandenes Schema-Objekt aufrufen, so erhält man den Wert `NULL` zurück, sodass dies ein einfacher Test ist, ob ein Schema-Objekt vorhanden ist oder nicht. Bei einer temporären Tabelle muss man in jedem Fall den Namen der Datenbank für die temporären Objekte vor den Namen des Objekts setzen. Hier ändert sich dann die Abfrage zu `SELECT OBJECT_ID('tempdb..#temptable')`. Mithilfe der Abfrage `SELECT DISTINCT type FROM sys.objects` erhält man die derzeit verfügbaren möglichen Abkürzungen für Schema-Objekte wie bspw.:

AF = Aggregatfunktion (CLR)	SN = Synonym
C = CHECK-Einschränkung	SQ = Dienstwarteschlange
D = DEFAULT (Einschränkung oder eigenständig)	TA = Assembly-DML-Trigger (CLR)
F = FOREIGN KEY-Einschränkung	TR = SQL-DML-Trigger
PK = PRIMARY KEY-Einschränkung	IF = Inline-Tabellenwertfunktion von
P = Gespeicherte SQL-Prozedur	SQL
PC = Gespeicherte Assemblyprozedur (CLR)	TF = Tabellenwertfunktion von SQL
FN = SQL-Skalarfunktion	U = Tabelle (benutzerdefiniert)
FS = Assemblyskalarfunktion (CLR)	UQ = UNIQUE-Einschränkung
FT = Assembly-Tabellenwertfunktion (CLR)	V = Sicht
R = Regel (vom alten Typ, eigenständig)	X = Erweiterte gespeicherte Prozedur
RF = Replikationsfilterprozedur	IT = Interne Tabelle

Im nächsten Beispiel wird die Address2-Tabelle noch einmal abgewandelt. In Ergänzung zum vorherigen Beispiel werden nun sowohl selbst benannte Einschränkungen als auch Angaben zu Zeichensätzen verwendet, die in den Zeichenkettenspalten genutzt werden sollen. Dabei folgt der Name der [NOT] NULL-Angabe nach dem Schlüsselwort CONSTRAINT. Diese Namen erscheinen dann auch im Objekt-Explorer, sobald man die Anzeige aktualisiert und zu den Eigenschaften der erstellten Tabelle navigiert.

```
CREATE TABLE Person.Address2 (
  AddressID        int IDENTITY(1,1) NOT NULL
                   CONSTRAINT PK_Address_AddressID2 PRIMARY KEY ,
  AddressLine1     nvarchar(60)
                   COLLATE SQL_Latin1_General_CP1_CI_AS NOT NULL,
  AddressLine2     nvarchar(60)
                   COLLATE SQL_Latin1_General_CP1_CI_AS NULL,
  City             nvarchar(30)
                   COLLATE SQL_Latin1_General_CP1_CI_AS NOT NULL,
  StateProvinceID int NOT NULL,
  PostalCode       nvarchar(15)
                   COLLATE SQL_Latin1_General_CP1_CI_AS NOT NULL,
  ModifiedDate     datetime NOT NULL
                   CONSTRAINT DF_Address_ModifiedDate2
                   DEFAULT (getdate()))
```

142_02.sql: Erweiterte Tabellendefinition

➡ **Beziehungen und Fremdschlüssel**

Nachdem eine typische Tabelle erzeugt wurde, die als Referenz und damit als Elterntabelle für andere Tabellen dienen kann, erstellt wurde, soll nun im nachfolgenden Beispiel eine Tabelle definiert werden, die neben den üblichen Eigenschaften auch Fremdschlüsselbeziehungen zu anderen Tabellen hat. Dazu eignen sich im Schema der AdventureWorks-Datenbank sehr viele Tabellen, da das Schema für eine Beispieldatenbank durchaus sehr komplex ist und viele Verknüpfungen zwischen den Tabellen besitzt.

Tabellenbeziehungen lassen sich über die FOREIGN KEY-Klausel angeben, die entweder direkt in der Spaltendefinition erscheint oder nach der Spaltendefinition angeschlossen wird. In einem automatisch erzeugten Skript ist auch zu erkennen, dass keine von beiden Varianten, die in den nächsten Beispielen benutzt werden, tatsächlich umgesetzt werden. In einem erzeugten CREATE-Skript wird zunächst die Tabelle erstellt, ehe dann mit diversen ALTER-Anweisungen die Tabelle geändert und weitere Angaben angehängt werden, nachdem die eigentliche Tabelle erstellt wurde. Ein Vorteil dieser Technik besteht darin, dass ein Teil der Anweisungen im Fehlerfall durchaus ausgeführt werden kann, während innerhalb der umfassenden Reihe an zusätzlichen Anweisungen auch bisweilen ein Fehler entstehen kann, der zwar zu einer Fehlermeldung führt, das gesamte Skript aber zunächst nicht beendet.

Im nachfolgenden Beispiel erstellt man eine Variante der Product-Tabelle, die weniger Spalten als die originale Tabelle in der DB besitzt. Der Primärschlüssel wird wiederum automatisch erzeugt, weil die ProductID-Spalte die IDENTITY-Eigenschaft besitzt. Nach einigen im zuvor beschriebenen Verfahren definierten Spalten für die Abbildung von Produkten folgen die Fremdschlüsselverknüpfungen. Sie gelten für die Verknüpfungen zu den beiden Tabellen UnitMeasure, welche Maßeinheiten sammelt, die im Rahmen der Datenbank an verschiedenen Stellen genutzt werden, und ProductSubcategory, welche zusammen mit der von ProductSubcategory aus verknüpften Tabelle ProductCategory die Produkte in Kategorien und Unterkategorien einteilt. Hierbei muss natürlich zunächst die ProductSubcategory für die Zuweisung zu einer Untergruppe verbunden werden, weil die Untergruppen dann wiederum zu wenigen Kategorien zusammengefasst werden.

Es sind zwar nur zwei Tabellen verbunden, dennoch findet man insgesamt drei Fremdschlüsselbeziehungen. Neben der Spalte SizeUnitMeasureCode verknüpft nämlich auch die Spalte WeightUnitMeasureCode die Spalte UnitMeasure bzw. sogar die gleiche Spalte UnitMeasureCode, da die beiden Spalten für Größe und Gewicht eine Maßeinheit benötigen, die in der umfassenden Tabelle mit standardisierten Maßeinheiten gespeichert werden. An anderer Stelle wurde bereits erwähnt, dass es möglich ist, in mehreren Spalten die gleiche Tabelle zu referenzieren. In diesem Fall handelt es sich allerdings nicht um den viel häufigeren Fall eines zusammengesetzten Schlüssels, der aus mehreren Feldern erstellt wird, sondern stattdessen sind tatsächlich verschiedene Datensätze aus der UnitMeasure-Tabelle verbunden.

```
CREATE TABLE Production.Product2 (
  ProductID      int IDENTITY(1,1) NOT NULL PRIMARY KEY,
```

```
Name             varchar(30) NOT NULL,
ProductNumber nvarchar(25) NOT NULL,
ListPrice        money NOT NULL,
Size             nvarchar(5) NULL,
SizeUnitMeasureCode   nchar(3) NULL
  FOREIGN KEY REFERENCES Production.UnitMeasure
                     (UnitMeasureCode),
WeightUnitMeasureCode nchar(3) NULL
  FOREIGN KEY REFERENCES Production.UnitMeasure
                     (UnitMeasureCode),
Weight               decimal(8, 2) NULL,
ProductSubcategoryID   int NULL
  FOREIGN KEY REFERENCES Production.ProductSubcategory
                     (ProductSubcategoryID),
ModifiedDate           datetime NOT NULL
  CONSTRAINT DF_Product_ModifiedDate2 DEFAULT (getdate()))
```

142_03.sql: Anlegen von Fremdschlüsseln

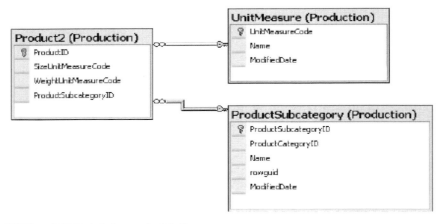

Abbildung 1.27: Verknüpfungen der Tabelle

Erstellt man ein Diagramm oder wirft einen Blick in das Schema der Datenbank erkennt man deutlich, wie die Tabelle `Product` und damit auch die hier erstellte Tabelle `Product2` mit zwei Tabellen verbunden ist.

Neben der Möglichkeit, die Fremdschlüssel direkt bei der Spaltendefinition anzugeben, besteht – wie schon erwähnt – ebenfalls die Möglichkeit, sie nach der gesamten Spaltenliste gesammelt anzugeben oder sie über den ALTER-Befehl nachträglich anzuhängen.

In allen drei Varianten ist es möglich, für die Verknüpfung einen Namen anzugeben, wie dies schon bei den vorherigen Beispielen vorgeführt wurde. Daher folgt ein SQL-Skript, in dem gerade nach der verkürzten Spaltenliste zwei der Verknüpfungen angegeben werden, während eine benannte Verknüpfung unter Angabe des CONSTRAINT-Schlüsselworts weiterhin in der Spaltenliste zu finden ist. In diesem Fall ist die Angabe allerdings um den Namen der Verknüpfung erweitert.

```
DROP TABLE Production.Product2
GO
CREATE TABLE Production.Product2 (
 ProductID     int IDENTITY(1,1) NOT NULL PRIMARY KEY,
 ...,
 ProductSubcategoryID  int NULL
  CONSTRAINT FK_Product_ProductSubcategory_
        ProductSubcategoryID2
   FOREIGN KEY(ProductSubcategoryID)
   REFERENCES Production.ProductSubcategory
        (ProductSubcategoryID),
 ...,
CONSTRAINT FK_Product_UnitMeasure_SizeUnitMeasureCode2
 FOREIGN KEY(SizeUnitMeasureCode)
 REFERENCES Production.UnitMeasure (UnitMeasureCode),
CONSTRAINT FK_Product_UnitMeasure_WeightUnitMeasureCode2
 FOREIGN KEY(WeightUnitMeasureCode)
 REFERENCES Production.UnitMeasure (UnitMeasureCode))
```

142_04.sql: Benannte Fremdschlüsselverknüpfungen

Die Selbstverknüpfung ist bereits im Rahmen der verschiedenen Verknüpfungsarten aus Sicht von Abfragen vorgeführt worden. An dieser Stelle sei auf dieses Thema noch einmal verwiesen.

Eine FOREIGN KEY-Klausel kann selbstverständlich auch auf die gleiche Tabelle verweisen. Das klassische Schulbeispiel einer Selbstverknüpfung befindet sich in der Employee-Tabelle der AdventureWorks DB 2005/8, in der einige Mitarbeiter als Manager erscheinen, da ihre EmployeeID in der ManagerID-Spalte genannt wird. Dies führt dazu, dass die EmployeeID weiterhin der Primärschlüssel ist und dass die ManagerID-Spalte den Fremdschlüssel enthält.

Dies ist dann eine selbstbezügliche Verknüpfung, wo die gleiche Tabelle einmal in der Rolle der Kind- und ein anderes Mal in der Rolle der Eltern-Tabelle auftritt.

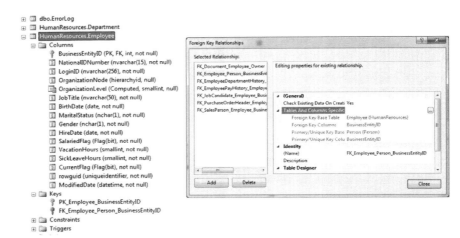

Abbildung 1.28: Aufbau einer Selbstverknüpfung

→ **Änderung von Tabellen-/Spalten-Eigenschaften**

Nach der Erstellung einer Tabelle kann es bisweilen schon einmal geschehen, dass die Strukturen einer Tabelle geändert werden sollen.

Dies betrifft die Veränderung der Datentypangabe wie bspw. die Veränderung des Wertebereichs, das Hinzufügen eines Fremdschlüsselwerts oder einer ganzen Tabelle sowie eines Standardwerts wie auch die Umbenennung einer Spalte.

Während die ersten Beispiele gerade durch den ALTER-Befehl durchgeführt werden können, gibt es für die Umbenennung von Spalten keine Möglichkeit, dies mit SQL direkt durchzuführen.

```
ALTER TABLE [ database_name . [ schema_name ] . | schema_name . ] table_name
{
  ALTER COLUMN column_name
  {
    [ type_schema_name . ] type_name [ ( { precision [ , scale ]
      | max | xml_schema_collection } ) ]
    [ NULL | NOT NULL ]
    [ COLLATE collation_name ]
  | { ADD | DROP } { ROWGUIDCOL | PERSISTED }
  }
| [ WITH { CHECK | NOCHECK } ] ADD
  {
    <column_definition>
  | <computed_column_definition>
  | <table_constraint>
  } [ ,...n ]
```

```
DROP
{
  [ CONSTRAINT ] constraint_name
  [ WITH ( <drop_clustered_constraint_option> [ ,...n ] ) ]
  | COLUMN column_name
} [ ,...n ]
| { WITH { CHECK | NOCHECK } } { CHECK | NOCHECK } CONSTRAINT
  { ALL | constraint_name [ ,...n ] }
| { ENABLE | DISABLE } TRIGGER
  { ALL | trigger_name [ ,...n ] }
| SWITCH [ PARTITION source_partition_number_expression ]
  TO [ schema_name . ] target_
  [ PARTITION target_partition_number_expression ]
}
```

Abbildung 1.29: Ändern von Eigenschaften

Die vorherige Abbildung zeigt die beiden Teile der allgemeinen Syntax. Innerhalb des ALTER-Befehls gibt es die Möglichkeit, eine Spalte zu ändern oder sie bzw. ihre Einstellungen zu löschen. Dies geschieht jeweils mit einem weiteren ALTER-Befehl oder dem auch für die Schema-Objekte verfügbaren DROP-Befehl.

Die nachfolgenden Beispiele zeigen kurz, wie man typische Anwendungsfälle direkt in SQL umsetzt. In den meisten Fällen dürfte es ausreichen, die Änderungen direkt in der grafischen Oberfläche auszuführen.

Die Tabelle Address2 soll zunächst ihre Einschränkung, die die Fremdschlüsselverknüpfung zur Tabelle StateProvince enthält, verlieren, wenn diese bereits existiert. Ansonsten soll später genau diese Einschränkung eingerichtet, eine neue Spalte eingefügt, diese vom Datentyp geändert und schließlich gelöscht werden.

```
IF OBJECT_ID ('FK_Address_StateProvince_StateProvinceID2',
              'C') IS NOT NULL
ALTER TABLE Person.Address2
DROP CONSTRAINT FK_Address_StateProvince_StateProvinceID2
GO
ALTER TABLE Person.Address2 WITH CHECK
```

```
ADD CONSTRAINT FK_Address_StateProvince_StateProvinceID2
FOREIGN KEY (StateProvinceID)
REFERENCES Person.StateProvince (StateProvinceID)
GO
ALTER TABLE Person.Address2 ADD AddressLine3 nvarchar(30) NULL
GO
ALTER TABLE Person.Address2 ALTER COLUMN nvarchar(50)
GO
ALTER TABLE Person.Address2 DROP COLUMN AddressLine3
GO
```

142_05.sql: Beispiele von Änderungen

Wie oben schon erwähnt, ist es nicht möglich, mit einfachen SQL-Anweisungen ein Objekt umzubenennen. Es gibt zwar grundsätzlich in anderen Datenbanken auch eine RENAME-Option innerhalb von ALTER, doch natürlich muss man darauf hinweisen, dass gerade das Umbenennen von Schema-Objekten eine deutlich gefährlichere Aktion darstellt als das einfache Ändern. Hier können abhängige Objekte wie Funktionen, Prozeduren sowie andere Tabellen ungültig werden, was die ganze DB-Struktur zerstören kann. Daher vermutlich gibt es für die MS SQL Server-DB eine System-Prozedur, mit deren Hilfe eine solche Umbenennung möglich ist. Sie hat folgende allgemeine Syntax:

```
sp_rename [ @objname = ] 'object_name' ,
          [ @newname = ] 'new_name'
          [ , [ @objtype = ] 'object_type' ]
```

Folgende Werte sind für den Objekttyp möglich:

- COLUMN für Spalte (benutzerdefiniert)

- DATABASE für Datenbank (benutzerdefiniert)

- INDEX für Index

- OBJECT für Objekt aus sys.objects wie bspw. Einschränkungen (CHECK, FOREIGN KEY, PRIMARY/UNIQUE KEY), Benutzertabellen und Regeln

- USERDATATYPE für Benutzerdefinierter Aliasdatentyp (CREATE TYPE) oder CLR-benutzerdefinierter Typ (sp_addtype) aus .NET.

Im nachfolgenden Beispiel benennt man zunächst eine Tabelle um. Danach ändert man in der neu benannten Tabelle einen Spaltennamen ab. Im Kommentar steht zusätzlich, wie die gleiche Operation über Namensnotation (Nennung der Parameternamen) im Gegensatz zur Positionsnotation erfolgt.

```
EXEC sp_rename `Person.Address2', `Person.AddressNew'
GO
EXEC sp_rename `Person.AddressNew.City',
               `Person.AddressNew.CityNew', `COLUMN'
/*
EXEC sp_rename @objname = `Person.AddressNew.City',
               @newname = `Person.AddressNew.CityNew',
               @objtype = `COLUMN';
*/
GO
```

142_06.sql: Umbenennen von Spalten und Tabellen

1. 5. Sichten

Neben den Tabellen, die für die Erstellung von Abfragen mehr innerhalb von Transact SQL-Programmen als Array-Struktur von der anvisierten Zielgruppe dieses Buchs genutzt werden dürften, sind zusätzlich noch Sichten eine interessante Lösung für die Erstellung von Abfragen.

1. 5. 1. Grundprinzip von Sichten

Sie stellen gespeicherte Abfragen dar, die mit einer SELECT-Anweisung gebildet werden wie eine gewöhnliche Abfrage und zusätzlich unter einem Namen als Schema-Objekt in der Datenbank gespeichert werden. Als besonderer Clou wirken sie in ihrer Funktionsweise und Benutzung wie gewöhnliche Tabellen, d. h. als Benutzer muss man nicht unterscheiden, ob man eine Sicht oder eine Tabelle abfragt bzw. kann es auch nicht in jeder Situation oder mit jeder Berechtigung herausfinden. Dabei speichert man bei der Sicht tatsächlich nur das Relationenschema, d. h. die Regel, welche Daten zu beschaffen sind, und gerade nicht die

Daten selbst. Diese werden dynamisch und aktuell aus den vorhandenen Tabellen abgerufen.

Für Administratoren ist diese Technik interessant, weil so im tatsächlichen Sinne des Wortes eine zusätzliche Sicht auf die Datenstrukturen und auf die Daten erstellt werden kann, welche als Schutzschild für die in Wirklichkeit vorhandenen Strukturen und Daten dienen. Die beiden Aspekte lassen sich getrennt betrachten:

- *Strukturen*: Durch die Erstellung einer Sicht ist es möglich, bspw. mehrere Tabellen zu verknüpfen und dadurch die Komplexität von sehr weit und damit sehr gut normalisierten Datenmodellen wieder zu vereinfachen. Der Benutzer, der SQL für die Bearbeitung der Daten eingibt, ist nicht gezwungen, selbst mehrere Tabellen miteinander zu verbinden und damit möglicherweise zusätzlich zu berücksichtigen, dass mehrere Schlüsselfelder sich zu einem Schlüssel zusammensetzen. Dadurch können Fehler und falsch erzeugte Daten verhindert werden.

- *Daten*: Durch die Erstellung einer Sicht ist es möglich, die Daten bereits so weit zu filtern, dass ein Benutzer gerade nicht alle Daten sehen kann, sondern nur einen Teil. Dies betrifft teilweise auch wiederum die Strukturen, da man nicht nur einzelne Zeilen, sondern ganz einfach auch ganze Spalten verbergen kann, indem sie in der Sicht nicht erscheinen. Der Fall, an den man möglicherweise sofort denkt, wenn man Datensicherheit über eine Sicht herstellen möchte, ist die Verwendung geeigneter Bedingungen in der WHERE-Klausel, um geheime Daten auszublenden.

Die allgemeine Syntax zur Erstellung einer Sicht ist relativ einfach, da ein Großteil der Arbeit natürlich von der SELECT-Anweisung ausgeführt wird und die restliche Syntax nur für die Erstellung der Sicht als solche existiert. Wie eine Tabelle kann man sie über CREATE erstellen, wobei hier anstelle von TABLE das Schlüsselwort VIEW steht. Eine Sicht kann ebenfalls in einem speziellen Datenbankschema oder im Standardschema dbo liegen. Danach folgt eine optionale Spaltenliste, mit der direkt die Spaltennamen angegeben werden können, welche von der Sicht nach außen angeboten werden sollen. Als Alternative werden einfach die Spalten(alias) namen der Abfrage verwendet. Dies ist die einfachste Lösung und dürfte auch am häufigsten zum Einsatz kommen. Vor der eigentlichen Abfrage folgt dann noch die WITH-Klausel, während nach der Abfrage die Anweisung WITH CHECK OPTION folgen kann.

Folgende allgemeine Syntax ist für die Erstellung einer Sicht verfügbar:

```
CREATE VIEW [ schema_name . ] view_name
[ (column [ ,...n ] ) ]
[ WITH [ ENCRYPTION | SCHEMABINDING  | VIEW_METADATA ]
[ ,...n ] ]
AS select_statement [ ; ]
[ WITH CHECK OPTION ]
```

1.5.2. Beispiel

Die Abbildung zeigt die Funktionsweise einer Sicht. Sie würde in fast der gleichen Weise auch die Funktionsweise einer Abfrage darstellen, wenn man die SQL-Anweisung im Textkasten um CREATE VIEW kürzt und sich vorstellt, dass die Abfrage als solche nicht in der Datenbank gespeichert wird.

Aus den Tabellen Employee, Person, Address und BusinessEntityAddress, wobei die vierte Tabelle nur eine Beziehungstabelle zwischen Person und Address darstellt, um Mitarbeitern einen Kontakt aus allen möglichen Kontakten zuzuordnen. Aus diesen Tabellen ruft man nicht alle Spalten ab, sondern nur solche wie BusinessEntityID, die Namensbestandteile sowie die Kontaktdaten für Stadt und PLZ.

Dies wäre dann ein Beispiel für die Struktursicherheit oder die Strukturänderung und -vereinfachung, die durch eine Sicht realisiert werden können. Die Vereinfachung liegt darin, dass man bei der Verwendung der Sicht die Beziehungstabelle nicht mehr einsetzen muss, um die Daten abzurufen. Die Sicherheit könnte darin liegen, dass zusätzlich auf Zeilenebene noch ein weiterer Teil der Daten ausgeblendet wird.

Dies ist im aktuellen Beispiel nicht gegeben und wäre mit Blick auf das reine Datenmodell nicht sichtbar, da hier schließlich nur die Spalten zu erkennen sind. Eine WHERE-Klausel könnte allerdings die Daten für bestimmte Benutzergruppen filtern.

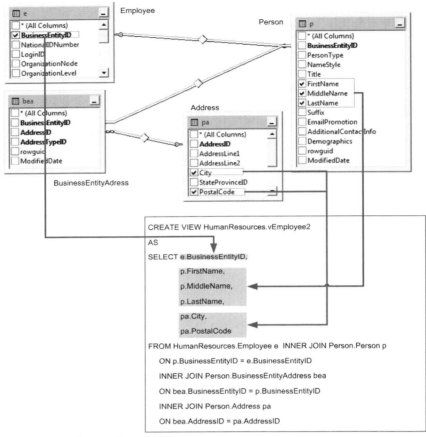

Abbildung 1.30: Spaltenzuordnung in Sicht

Die in der Abbildung gezeigte Syntax folgt noch einmal im nachfolgenden Beispiel. Die Spalten, welche durch die Sicht angeboten werden, tragen die Namen der abgerufenen Spalten, wie man auch später in der der ausgeführten SQL-Anweisung sehen kann. Diese soll auch verdeutlichen, dass die Sicht wie eine Tabelle innerhalb der FROM-Klausel verwendet werden kann und alle Abrufoptionen bietet wie eine Tabelle.

```
-- Spaltennamen entsprechen Abfragespaltennamen
```

```
IF OBJECT_ID ('HumanResources.vEmployee2', 'V') IS NOT NULL
 DROP VIEW HumanResources.vEmployee2
GO
CREATE VIEW HumanResources.vEmployee2
AS
SELECT e.BusinessEntityID,
       p.FirstName,
       p.MiddleName,
       p.LastName,
       pa.City,
       pa.PostalCode
FROM HumanResources.Employee e
     INNER JOIN Person.Person p
     ON p.BusinessEntityID = e.BusinessEntityID
     INNER JOIN Person.BusinessEntityAddress bea
     ON bea.BusinessEntityID = p.BusinessEntityID
     INNER JOIN Person.Address pa
     ON bea.AddressID = pa.AddressID
GO
-- Sicht abfragen
SELECT FirstName, LastName, City
  FROM HumanResources.vEmployee2
 WHERE BusinessEntityID < 4
```

152_01.sql: Sicht erstellen (Spaltennamen der Abfrage)

Man erhält als Ergebnis der Abfrage eine Ergebnismenge, welche die Daten aus der Abfrage aktuell anzeigt und zusätzlich die Spaltennamen der Abfrage und damit die zugrunde liegenden Spaltennamen verwendet.

```
FirstName        LastName          City
-------------    ---------------   --------------
Ken              Sánchez           Newport Hills
Terri            Duffy             Renton
Roberto          Tamburello        Redmond
```

Als Alternative für die vorherige Lösung bietet sich an, die Spaltennamen als Aliasnamen anzugeben. Dies zeigt das nachfolgende Beispiel, in dem Spalten wie die `BusinessEntityID` aus der Tabelle `Employee` als `ID` angegeben wird, wozu lediglich der Aliasname benötigt wird. In der Abfrage dieser Sicht kann man dann sehen, wie die entsprechenden Spaltennamen der Sicht, welche die Aliasnamen aus der zugrunde liegenden Abfrage darstellen, für den Datenabruf aus der Sicht genutzt werden.

```
CREATE VIEW HumanResources.vEmployee2
AS
SELECT e.BusinessEntityID            AS ID,
       p.FirstName + ' ' + p.LastName  AS Name,
       pa.City + ', ' +  pa.PostalCode AS AddressLine
FROM HumanResources.Employee e
    INNER JOIN Person.Person p
    ON p.BusinessEntityID = e.BusinessEntityID
    INNER JOIN Person.BusinessEntityAddress bea
    ON bea.BusinessEntityID = p.BusinessEntityID
    INNER JOIN Person.Address pa
    ON bea.AddressID = pa.AddressID
GO
-- Sicht abfragen
SELECT Name, AddressLine
  FROM HumanResources.vEmployee2
 WHERE ID < 4
```

152_02.sql: Spaltennamen aus Aliasnamen

Schließlich kann man sich auch noch dafür entscheiden, die Spaltennamen der Abfrage oder sogar die Aliasnamen der Spalten durch einen Klammerausdruck zu überschreiben. Dieser folgt dem Namen der Sicht und enthält die richtige Anzahl und in der richtigen Reihenfolge die Spaltennamen, welche von der Sicht zurückgeliefert werden sollen. Während die korrekte und damit inhaltlich sinnvolle Zuordnung nicht automatisch kontrolliert werden kann, muss die Anzahl der Spaltennamen im Klammerausdruck mit der Spaltenanzahl in der `SELECT`-Anweisung übereinstimmen.

```
CREATE VIEW HumanResources.vEmployee2
  (ID, Name, AddressLine)
AS
SELECT e.BusinessEntityID ,
```

```
        p.FirstName + ' ' + p.LastName,
        pa.City + ', ' + pa.PostalCode
FROM ...
```

152_03.sql: Spaltennamen aus Spaltenliste

Sichten sind eine hervorragende Möglichkeit, komplexe Datenstrukturen für den Abruf zu vereinfachen, in dem die Sichtdefinition bereits benötigte Umrechnungen, Funktionsaufrufe und natürlich Verknüpfungen sowie Filter enthält. Insbesondere durch die Auswahl von Daten durch einen Filter und die Anzeige von Daten, welche durch die Spaltenauswahl bereits eingeschränkt werden, ist es möglich, verschiedene Vereinfachungen und Sicherheitsstrategien umzusetzen.

Datenmanipulation

2. Datenmanipulation

SQL und die MS SQL Server-Variante T-SQL bietet nicht nur Anweisungen, um Datnbanken und Tabellen zu erstellen, sondern auch Daten abzufragen und zu manipulieren. Die gesamte Abfragetechnik erläutern wir im ersten Band dieser Reihe.

Sind die Datenstrukturen also erstellt, besteht die nächste Aufgabe daraus, wie Sie Daten in bestehende oder neue Tabellen eintragen, aus ihnen löschen oder Daten aktualisieren. Dies sind Standardanweisungen aus SQL, welche in T-SQL genutzt werden können und die in ähnlicher Weise auch in anderen relationalen Datenbanken zum Einsatz kommen können. Auch wenn wohl eher eigene Anwendungen entwickelt werden, welche die Daten über Formulare bearbeitbar machen, so würden wenigstens in T-SQL-Prozeduren und auch in diesen Anwendungen eingebettete SQL-Anweisungen enthalten sein.

2. 1. Daten einfügen

Datenbearbeitung und in diesem Falle insbesondere das Einfügen von Daten dürfte im Normalfall durch eine Anwendung geschehen, welche entsprechende Formulare bereitstellt, kann allerdings auch gerade dann notwendig werden, wenn größere Teile der Software direkt in der Datenbank realisiert werden oder wenn für die Bearbeitung/Weiterentwicklung der Datenbank auch solche Arbeiten anfallen.

2. 1. 1. SQL und seine Sprachbestandteile

SQL bedeutet „Structured Query Language" (Strukturierte Abfragesprache) und wird von allen relationalen Datenbanksystemen unterstützt. Drei verschiedene Sprachbereiche sind zu unterscheiden, wobei wir in diesem Kapitel nach den DDL-Anweisungen des ersten Kapitels nun die DML-Befehle darstellen. SQL wird in die drei folgenden Sprachbestandteile untergliedert:

- *Datendefinitionssprache* (DDL – Data Definition Language): Bei der Entwicklung eines neuen DB-Projekts stellen diese Sprachelemente die ersten Befehle dar, die von einem DB-Entwickler ausgeführt werden. Sie erzeugen die DB mit ihren Tabellen und den zugehörigen Datentypen. Ergänzt werden diese Befehle um Kontrollmechanismen, was z. B. den zugelassenen Wertebereich eines Feldes anbelangt.

- *Datenmanipulationssprache* (DML – Data Manipulation Language): Mithilfe einfacher Befehle können Datensätze in eine Tabelle eingetragen, gelöscht oder inhaltlich geändert werden. Zusätzlich stellt dieses Sprachsegment von *SQL* sämtliche Abfragewerkzeuge zur Verfügung, die insbesondere auf die Besonderheiten relationaler Datenbanken eingehen. Hierzu zählt bspw. die Verknüpfung von Tabellen, um die über die Fremdschlüssel eingerichteten Beziehungen zu nutzen.

- *Datenkontrollsprache* (DCL – Data Control Language): In diesem Bereich stellt *SQL* Befehle zur Verfügung, mit denen man die in der Datenbank enthaltenen Daten schützen kann. Die am häufigsten benutzten DCL-Befehle sind GRANT und DENY.

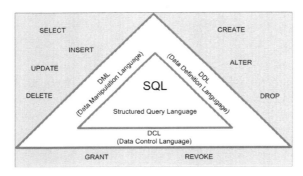

Abbildung 2.01: Sprachbestandteile von SQL

Die SQL-Anweisungen, mit deren Hilfe Datenmanipulationen durchgeführt werden können, gehören nun zu dem Teil von SQL, der mit dem Akronym DML beschrieben wird und zu dem auch der SELECT-Befehl für Abfragen gehört.

2. 1. 2. Vorbereitung für die Beispiele

In den meisten Fällen, in denen die drei genannten Anweisungen auftreten, handelt es sich um eine Standardanweisung, welche die vielen Möglichkeiten und Alternativen, welche die jeweilige Syntax bietet, gar nicht nutzt. Dies liegt nicht zuletzt daran, dass eine entsprechende Schichtung in der Software genutzt wird, welche nicht nur einen Großteil der auftretenden Abfragen völlig vereinfacht und daher ohne besondere Raffinesse abbildet, sondern die auch das Einfügen, Löschen und Bearbeiten von Datensätzen derart einfach abbildet, dass die gleiche Methode für alle möglichen im Rahmen der Anwendung auftretenden Situationen die gleiche ist. Daher begrenzt dieser Abschnitt zu Beginn die Komplexität und die verschiedenen Anweisungsmöglichkeiten, welche sich durch INSERT, UPDATE und DELETE ergeben, auf möglichst eingängige Beispiele.

Leider setzen die verschiedenen fortgeschritteneren Beispiele auch schon einmal T-SQL-Sprachstrukturen ein, die erst später erklärt werden. Da hier allerdings das Huhn-und-Ei-Problem mit unterschiedlichen Vor- und Nachteilen nur gelöst werden kann, dürfte es wohl so sein, dass die entsprechenden Beispiele erst später vollständig verstanden werden und an dieser Stelle die Beispiele eher der Vollständigkeit halber aufgenommen werden und bei einer ersten Lektüre des Buchs noch nicht so genutzt werden können wie bei einem wiederholten Aufruf.

Um die Beispiele möglichst kurz zu halten, sollen zwei neue Tabellen erstellt werden, mit denen man leicht experimentieren kann, ohne befürchten zu müssen, die bestehende DB zu zerstören. Es handelt sich in beiden Fällen um eine Tabelle für Produkte, wobei Product2 allerdings eine berechnete Spalte und verschiedene Standardwerte besitzt. Eine weitere Spalte mit einem automatischen Wert stellt der Primärschlüssel dar, welcher die so genannte IDENTITY-Eigenschaft und daher einen automatischen Zählwert besitzt.

Zusätzlich gibt es für diese Tabelle auch noch einen Trigger. Auch wenn Trigger erst später in diesem Buch dargestellt werden sollen, soll der Einsatz eines Triggers auch jetzt schon zeigen, wie neben einer berechneten Spalte über einen Trigger automatische Wertaktualisierungen durchgeführt werden können.

Ein Trigger ist darüber hinaus in diesem Fall notwendig, weil der Wert der Profit-Spalte sich aus der Differenz der beiden Spalten ListPrice und StandardCost ermittelt. Es ist nicht möglich, eine berechnete Spalte zu erzeugen, deren Wert sich auf die beschriebene Art aus zwei anderen Spalten zusammensetzt. Daher

2

ist ein Trigger notwendig. Der Trigger ist nicht sonderlich lang, sodass er schnell erklärt ist.

Ein Trigger ist ein in der Datenbank gespeichertes Modul, welches darauf lauert, dass eine Anwendung/der Benutzer eine bestimmte Operation (AFTER INSERT, UPDATE) an einer Tabelle (ON Production.Product2) durchführt. Dies löst den Trigger aus, was wiederum bedeutet, dass sein Inhalt/seine Anweisungen ausgeführt werden. In diesem Fall setzt man einen UPDATE-Befehl für die Aktualisierung ab. Diese Aktualisierung trägt in die Spalte Profit genau die Differenz aus ListPrice und StandardCost ein. Um die geänderten Produkte zu ermitteln, nutzt man die Tabelle inserted, in der alle eingetragenen bzw. geänderten Datensätze enthalten sind. Mithilfe einer Unterabfrage kann man die ProductID aus dieser Tabelle abrufen und im IN-Operator mit den ProductID-Werten der Product2-Tabelle vergleichen, um die richtigen Werte zu aktualisieren.

Der qualifizierte Spaltenname in der Unterabfrage ist für die Funktionsweise wesentlich und führt bei Vergessen dazu, dass gar keine Spalte aktualisiert wird.

```
-- Erstellen einer Tabelle
IF OBJECT_ID ('Production.Product2', 'T') IS NOT NULL
DROP TABLE Production.Product2
GO
CREATE TABLE Production.Product2 (
 ProductID     int IDENTITY(1,1) NOT NULL PRIMARY KEY,
 Name          varchar(30)  NOT NULL,
 ProductNumber nvarchar(25) NOT NULL,
 ListPrice     money        NOT NULL DEFAULT 0,
 StandardCost  money        NOT NULL DEFAULT 0,
 Profit        money        NULL,
 ModifiedDate  datetime     NOT NULL
  CONSTRAINT DF_Product_ModifiedDate2 DEFAULT (getdate()))
GO
-- Erstellen eines Triggers
IF OBJECT_ID ('Production.ProfitCalc','TR') IS NOT NULL
   DROP TRIGGER Production.ProfitCalc
GO
CREATE TRIGGER Production.ProfitCalc ON Production.Product2
AFTER INSERT, UPDATE
AS
```

```
UPDATE Production.Product2
   SET Profit = ListPrice - StandardCost
 WHERE ProductID IN (SELECT i.ProductID FROM inserted AS i)
GO
```

212_01.sql: Erstellen einer Tabelle und eines Triggers

Dann erstellt man noch eine sehr viel einfachere Tabelle, in der weder eine Spalte mit IDENTITY-Eigenschaft, noch eine berechnete Spalte und nicht einmal Standardwerte vorhanden sind. Es gibt darüber hinaus auch keinen Trigger, der auf Operationen an dieser Tabelle prüft und Korrekturen oder Kontrollen vornimmt.

```
-- Erstellen einer Tabelle
IF OBJECT_ID ('Production.Product3', 'T') IS NOT NULL
DROP TABLE Production.Product3
GO
CREATE TABLE Production.Product3 (
 Name          varchar(30)  NOT NULL,
 ProductNumber nvarchar(25) NOT NULL,
 ListPrice     money        NOT NULL,
 StandardCost  money        NULL)
GO
```

212_02.sql: Erstellen einer sehr einfachen Tabelle

2. 1. 3. Allgemeine Syntax

Der Befehl für das Einfügen von Datensätzen ist – wie schon an anderer Stelle erwähnt – sehr komplex und besteht aus verschiedenen Bestandteilen, die auch in ähnlicher oder sogar gleicher Form in den anderen DML-Befehlen auftauchen. Nicht alle Möglichkeiten sind häufig im Einsatz, sodass zunächst der Standardfall beschrieben wird, gefolgt von weiteren Optionen. Der Befehl für das Einfügen von Datensätzen ist INSERT.

Der Standardfall von INSERT ruft über die INTO-Klausel einen Tabellennamen auf. Dieser kann von einer Spaltenliste in runden Klammern gefolgt werden, die allerdings nur dann angegeben sein muss, wenn nicht in alle Spalten der Tabelle nicht in der richtigen Reihenfolge geschrieben wird. Ansonsten nennt diese Spaltenliste die verschiedenen Spalten, in die Werte geschrieben werden sollen, in der Reihen-folge, wie die Werte in der darauf folgenden VALUES-Klausel erscheinen.

Die Zuordnung zwischen Spalten und Werten erfolgt also ganz einfach und prag-matisch über die Position.

Wenn in der VALUES-Klausel die Werte angegeben werden, dann kann man Zah-len ohne Hochkommata, Zeichenketten und Datumswerte mit Hochkommata, weitere Ausdrücke wie Funktionen und Berechnungen, Variablen oder auch den Wert NULL bzw. DEFAULT für den Standardwert der Spalte benutzen. Dies alles kann bunt gemischt werden.

Die Werte können allerdings anstelle einer direkten Wertvorgabe über VALUES, was sicherlich der häufigste Fall ist, aus einer Abfrage (abgeleitete Tabelle, d. h. eine einfache SELECT-Anweisung) oder aus einem Prozeduraufruf stammen, wo-bei diese Prozedur dann genauso eine Ergebnismenge zurückliefern muss wie eine gewöhnliche Abfrage.

Dies ist eine sehr schöne Lösung, wenn Daten aus der einen Tabelle in eine andere übertragen werden sollen. Typische Szenarien sind in diesem Bereich Datenberei-nigung, Normalisierung, Datenstrukturveränderung.

Sofern die Anweisung im Rahmen eines T-SQL-Programms genutzt wird und nicht nur eine einfache Anweisung darstellt, dann können über die OUTPUT-Klausel Wer-te, die man gerade in die Tabelle eingetragen hat, zurückgegeben werden. Dies ist insbesondere für berechnete Spalten, IDENTITY-Spalten oder Werte aus Triggern interessant.

Wenn man anstelle von festen Wertvorgaben eine Abfrage oder Prozedur einsetzt, welche die einzufügenden Werte ermittelt, dann kann man die Werte, die diese zurückgibt, über eine TOP n-Klausel mit statischen oder dynamischen Werten für n begrenzen.

Die allgemeine Syntax hat die Form:

```
[ WITH <common_table_expression> [ ,...n ] ]
INSERT
    [ TOP ( expression ) [ PERCENT ] ]
    [ INTO]
```

```
{ <object> | rowset_function_limited
  [ WITH ( <Table_Hint_Limited> [ ...n ] ) ]
}
{

  [ ( column_list ) ]
  [ <OUTPUT Clause> ]
  { VALUES ( { DEFAULT | NULL | expression } [ ,...n ] )
          | derived_table
          | execute_statement

  }
}
  | DEFAULT VALUES
[; ]
```

In den drei relevanten Befehlen befinden sich einige Syntaxinseln, die wenigstens zwei Anweisungen auftreten und daher an dieser Stelle gesammelt angegeben werden:

Anstelle des referenzierten `<object>` kann die Nennung eines Schema-Objekts stehen, wobei dieses auf unterschiedliche Weise adressiert werden kann. Es handelt sich dabei um die Möglichkeit, eine Tabelle oder ein Schema mit zusätzlicher Nennung von Schema und/oder Datenbank sowie Servernamen aufzurufen.

```
<object> ::=
{

    [ server_name . database_name . schema_name .
      | database_name .[ schema_name ] .
      | schema_name .

    ]

        table_or_view_name

}
```

Die `<output_clause>` liefert Daten aus einzelnen Zeilen zurück, die von einer DML-Anweisung betroffen waren. Diese Daten stehen dann außerhalb der Anweisung für Kontrollen, Bestätigungen und Validierungen zur Verfügung, ohne dass eine eigene, das Netzwerk und die DB belastende Abfrage zur Kontrolle formuliert werden müsste. Insbesondere für berechnete Spalten, Spaltenwerte aus Triggeraktionen oder natürlich automatischen Zählungen (`IDENTITY`) von Primärschlüssel-werten ist dies von Bedeutung.

```
<OUTPUT_CLAUSE> ::=
{
    [ OUTPUT <dml_select_list> INTO {
        @table_variable | output_table } [ ( column_list ) ] ]
    [ OUTPUT <dml_select_list> ]
}
```

Innerhalb der `<output_clause>` ruft man Spaltennamen oder Ausdrücke (Kombination von Spaltennamen, Aufruf von zusätzlichen Funktionen etc.) auf, um die abzurufenden und interessanten Spalten zu bezeichnen.

```
<dml_select_list> ::=
{ <column_name> | scalar_expression } [
                [AS] column_alias_identifier ]
    [ ,...n ]
```

Unter einem Spaltennamen in einer `<output_clause>` versteht man in einem Trigger dabei nicht nur ihren tatsächlichen Namen, sondern auch die Angabe, ob man sich auf die gelöschten oder eingefügten Daten bezieht. Dazu stehen die beiden Tabellenaliasnamen DELETED und INSERTED zur Verfügung, welche solche Verweise auflösen. Ansonsten lässt sich natürlich in anderen Zusammenhängen auch der gewöhnliche Tabellenname verwenden.

```
<column_name> ::=
{ DELETED | INSERTED | from_table_name } . { * | column_name }
```

2. 1. 4. Standardfälle

Die möglichen Formen der INSERT-Anweisung kann man am besten anhand von typischen Beispielen lernen.

➜ Einfaches Einfügen

Im ersten Beispiel folgen zwei typische Standardfälle. In der ersten Anweisung wird zunächst die Tabelle Product3 komplett gelöscht. Dies ist dann notwendig, wenn man das Beispiel mehrfach durchführen möchte und nicht alle Zeilen mehrfach in der Tabelle speichern möchte bzw. wenn der Primärschlüsselwert bereits in der Tabelle vorhanden ist.

Der erste Standardfall fügt in die Tabelle `Product3`, die keine berechneten Spalten hat und sich daher für diesen Fall besonders eignet, in jeder Zeile einen Wert ein. Da die Reihenfolge der Werte mit der Reihenfolge der Spalten (Datentypen) und insgesamt mit der Anzahl der benötigten Werte/vorhandenen Spalten übereinstimmt, kann hier die Auflistung der Spaltennamen entfallen.

Der zweite Standardfall fügt in die Tabelle `Product2` nur in eine Auswahl von Spalten Werte ein. Da hier sowohl die Anzahl der Werte nicht mit der Anzahl der Spalten übereinstimmt und auch die Reihenfolge anders sein kann, ist die der Tabelle folgende Spaltenliste in Klammern notwendig. Sie ordnet die Werte in der `VALUES`-Klausel den richtigen Spalten zu.

```
-- Standardfall „alle Spalten"
DELETE FROM Production.Product3
GO
INSERT INTO Production.Product3
VALUES ('LL Mountain Seat Assembly', 'SA-M198', 133.34, 98.77)
GO
INSERT INTO Production.Product3
VALUES ('ML Mountain Seat Assembly', 'SA-M237', 147.14, 108.99)
GO
-- Standardfall „Spaltenauswahl"
INSERT INTO Production.Product3
(Name, ProductNumber, ListPrice, StandardCost)
VALUES ('HL Mountain Seat Assembly', 'SA-M687', 196.92, 145.87)
GO
INSERT INTO Production.Product2
(Name, ProductNumber, ListPrice, StandardCost)
VALUES ('LL Road Seat Assembly', 'SA-R127', 133.34, 98.77)
GO
-- Überprüfung
SELECT ProductID, ProductNumber, Profit, ModifiedDate
  FROM Production.Product2
```

214_01.sql: Standardfälle des Einfügens

103

Die Überprüfung dieser kleinen Tests lässt sich insbesondere einfach durch die vorher genannte Abfrage durchführen. Dabei sind besonders die Spalten interessant, die berechnet oder deren Werte über einen Trigger eingefügt werden.

```
ProductID    ProductNumber    Profit    ModifiedDate
----------   ----------------  ---------- --------------------
1            SA-R127          34,57     2005-09-05 22:04:48
```

➡ **Erfassung aus Abfrage**

Eine besonders schöne Variante, Daten von einer Tabelle zu anderen zu transportieren, stellt die INSERT-Anweisung bereit, wenn sie mit einer Abfrage kombiniert wird. Nützlich ist dieses Vorgehen, wenn bspw. aus mehreren Tabellen eine Tabelle erzeugt werden soll, oder wenn aus einer Tabelle mehrere andere Tabellen im Rahmen einer Normalisierung über SQL erreicht werden sollen. Interessant ist dies für temporäre Tabellen, die als Wertespeicher ähnlich eines Arrays genutzt werden, und die Daten aus einer oder mehreren Tabellen enthalten sollen.

Das nächste Beispiel zeigt dieses Vorgehen. In die Tabelle Product2 fügt die Anweisung Daten aus der Tabelle Product3 ein, wobei solch eine Abfrage genutzt wird.

```
INSERT INTO Production.Product2
(Name, ProductNumber, ListPrice, StandardCost)
SELECT * FROM Production.Product3
```

214_02.sql: Einfügen über eine Abfrage

➡ **Standard- und NULL-Werte**

Als weitere Möglichkeiten, Werte in eine Spalte einzutragen, kann man noch NULL für einen nicht vorhandenen Wert, DEFAULT für den Standardwert und jeden beliebigen Ausdruck, der zu einem geeigneten Wert führt, verwenden. Insbesondere der beliebige Ausdruck erscheint oftmals in Form einer Rechnung oder eines Funktionsaufrufs, wobei dann die Funktion als Rückgabewert einen geeigneten Ausdruck zurückliefert. Im nachfolgenden Beispiel ist auch noch angegeben, wie in jede Spalte Standardwerte eingefügt werden. Dies ist allerdings sehr selten, da nicht viele Tabellen einfach nur aus Spalten mit Standardwerten bestehen.

```
INSERT INTO Production.Product2
(Name, ProductNumber, ListPrice, StandardCost, Profit)
VALUES ('LL Road ' + 'Seat Assembly', 'SA-R127', DEFAULT,
       DEFAULT, NULL)
GO
-- INSERT INTO tabelle DEFAULT VALUES
```

214_03.sql: Einfügen von Standardwerten

2. 1. 5. Sonderfälle beim Einfügen

Der umfangreiche INSERT-Befehl bietet noch mehr Varianten an, um komplexe Einfügenvorgänge zu realisieren, die nun vorgeführt werden sollen.

➡ **Rückgabewerte**

Interessant ist die Möglichkeit, eingetragene Daten unmittelbar nach dem Eintrag wieder zurückzuholen, ohne dabei ausdrücklich eine neue, die DB belastende Abfrage zu formulieren. Darüber hinaus gelingt die Rückgabe sehr einfach und kurz. Die Syntax der OUTPUT-Klausel wird hier noch einmal wiederholt, weil es viele Optionen gibt, sie einzusetzen, welche allerdings letztendlich alle sehr ähnlich sind und daher nicht unbedingt ein eigenes Beispiel erfordern.

Zunächst ruft man die OUTPUT-Klausel nach der möglichen Spaltenliste, welche die Zuordnung der Werte vornimmt, auf. Es folgt eine Liste mit Spaltennamen, wobei diese im Normalfall zur Identifizierung/Qualifizierung der Spalten bei Einfüge-/Aktualisierungsvorgängen mit INSERTED und bei Löschvorgängen mit DELETED qualifiziert werden. Bei INSERT ist die Verwendung der mit einem Aliasnamen umbenannten FROM-Tabelle nicht möglich, da es keine FROM-Klausel und damit auch keine FROM-Tabelle gibt. Dies ist nur bei DELETE der Fall. Es sind auch Spaltenaliase möglich, welche bei Einsatz von Funktionsaufrufen/Berechnungen zum Einsatz kommen können. Nach der bereits in der gewöhnlichen INSERT-Klausel bekannten INTO-Klausel, die allerdings hier nicht optional ist, folgt das Zuweisungsziel. Bei diesem handelt es sich entweder um eine Tabellenvariable oder eine tatsächliche Ausgabetabelle. Die Ausgabetabelle ist eine in der Datenbank tatsächlich vorhandene Tabelle oder nur eine temporäre Tabelle. Da diese oftmals gar nicht vorhanden ist und teilweise sogar die Definition einer temporären Tabelle zu umständlich ist, kann man eine Tabellenvariable verwenden. Sie nutzt eine bislang noch nicht aufgetretene Technik, ein Array-ähnliches Konstrukt zu erzeugen, das mehrere Spalten und Reihen enthalten kann.

Die allgemeine Syntax hat zur Wiederholung folgenden Aufbau:

```
<OUTPUT_CLAUSE> ::=
{
    [ OUTPUT <dml_select_list> INTO { @table_variable
                                    | output_table }
                                    [ ( column_list ) ] ]
    [ OUTPUT <dml_select_list> ]
}
<dml_select_list> ::=
{ <column_name> | scalar_expression }
    [ [AS] column_alias_identifier ]
    [ ,...n ]
<column_name> ::=
{ DELETED | INSERTED | from_table_name } . { * | column_name }
```

Im ersten Beispiel befindet sich die Grundform der zuvor beschriebenen allgemeinen Technik. Als Ziel der nach einem Einfügevorgang gespeicherten Zeile dient die erwähnte Tabellenvariable, welche mit dem Schlüsselwort table und der üblichen Auflistung von Spalten und ihren Datentypen erzeugt wird. Den Eintrag der einen Zeile, welcher zu verschiedenen automatisch erzeugten Werten führt, lenkt man mit OUTPUT in diese Variable. Dabei ruft man die eingefügten Werte über die INSERTED-Tabelle ab und weist sie mit INTO tabellenvariablenname den Spalten der Tabellenvariable zu. Wie man sich vorstellen kann, ist dabei jede beliebige Reihenfolge möglich. Schließlich kontrolliert man sowohl die Tabellenvariable als auch die tatsächliche Tabelle.

```
-- Variablen erstellen
DECLARE @outputTable table(ProductID     int,
                           Profit         money,
                           ModifiedDate  datetime)
-- Daten löschen
```

```
DELETE FROM Production.Product2
-- Eintragen und abrufen
INSERT INTO Production.Product2
(Name, ProductNumber, ListPrice, StandardCost)
OUTPUT INSERTED.ProductID,
       INSERTED.Profit,
       INSERTED.ModifiedDate AS Date
  INTO @outputTable (ProductID,
                     Profit,
                     ModifiedDate)
VALUES ('LL Road Seat Assembly', 'SA-R127', 133.34, 98.77)
-- Überprüfung
SELECT * FROM @outputTable
SELECT ProductID, Profit FROM Production.Product2
```

215_01.sql: Abruf mehrerer eingefügter Zeilen

Wie ein allgemeiner Tabellenausdruck im Rahmen von INSERT zu verwenden ist, zeigt der Abschnitt, in dem die CTE (common table expressions) präsentiert werden. Daher entfällt hier eine Erklärung zur in eckigen Klammern angegebenen WITH-Klausel vor dem INSERT-Befehl.

➡ Zufällige Werte aus Abfragen

Schließlich besteht noch die Möglichkeit, im Rahmen einer Abfrage, deren Ergebnisse in eine andere Tabelle eingefügt werden sollen, die ausgewählten und damit eingefügten Datensätze zu begrenzen. Dabei setzt man die schon bekannte TOP n-Klausel ein. Hierbei bestehen folgende Möglichkeiten: Entweder gibt man einen numerischen Wert an, der genutzt wird, oder man beschränkt sich auf eine Prozentangabe, indem noch das Schlüsselwort PERCENT angehängt wird. In beiden Fällen kann man entweder feste und damit genaue Werte vorgeben oder einen dynamischen Ausdruck verwenden. Im Normalfall dürfte diese einen Variablenaufruf enthalten. Im nächsten Beispiel ist dies allerdings eine Unterabfrage, welche die Anzahl der Produkte in der originalen Product-Tabelle ermittelt und diese Zahl halbiert.

Das nächste Beispiel führt zwar nur die gerade beschriebene dynamische Verwendung ausdrücklich aus, doch zeigt es auch, wie man einen festen absoluten und prozentualen Wert vorgibt.

```
-- Einfügen über Abfrage
DELETE FROM Production.Product3
GO
-- INSERT TOP (5) INTO Production.Product3
-- INSERT TOP (10) PERCENT INTO Production.Product3
INSERT TOP (
            (SELECT COUNT(*)
              FROM Production.Product)
                / 2) INTO Production.Product3
(Name, ProductNumber, ListPrice, StandardCost)
SELECT Name, ProductNumber, ListPrice, StandardCost
  FROM Production.Product
GO
-- Überprüfung
SELECT COUNT(*) AS Products
  FROM Production.Product3
```

215_02.sql: Zufälliges Einfügen

Man erhält als Information, dass 252 Produkte eingefügt worden sind, wenn man die Hälfte ermittelt, wie gerade angegeben. Ansonsten werden genau fünf oder fünf Prozent der Daten aus der originalen Product-Tabelle eingefügt.

2. 2. Aktualisieren

Sind die Daten erst einmal in der Datenbank gespeichert, dauert es nicht lange, ehe man sie wieder ändern muss. Dies gelingt über den UPDATE-Befehl.

2. 2. 1. Allgemeine Syntax

Er besitzt ebenfalls eine sehr umfangreiche allgemeine Syntax mit folgenden wesentlichen Merkmalen:

- Der Standardfall ruft die UPDATE-Anweisung mit einem Tabellen- oder Sicht-namen auf und setzt neue Werte über die SET-Klausel, wobei auch mehrere Spalten aktualisiert werden können. Zusätzlich können die Zeilen, die aktualisiert werden sollen, über die WHERE-Klausel begrenzt werden.

- Wenn die Werte, die in eine angegebene Spalte neu gespeichert werden sollen, um bestehende Werte zu überschreiben, nicht fest als Zeichenketten oder Zahlen vorgegeben sind, können folgende andere Optionen gewählt werden: das Schlüsselwort DEFAULT für den Standardwert, das Schlüsselwort NULL für den NULL-Wert, ein beliebiger Ausdruck wie ein Funktionsaufruf, eine Berechnung oder eine Variable und schließlich natürlich auch eine Eigenschaft, ein Methodenrückgabewert eines benutzerdefinierten Typs aus .NET.

- Um geänderte Werte wieder für Kontrolle oder Ausgabe zurückzugeben, kann man die OUTPUT-Klausel verwenden. Sie erlaubt die Speicherung einzelner oder aller Spalten einer bearbeiteten Tabelle in eine Tabellenvariable.

- Sofern die Aktualisierung und damit die Anwendung von UPDATE in einem Cursor vorgenommen wird, um den aktuell abgerufenen Datensatz des Cursors zu bearbeiten, kann man anstelle des Primärschlüssels in der WHERE-Klausel auch WHERE CURRENT OF mit Namen des Cursors bzw. der Cursorvariable verwenden. Dies vereinfacht die Adressierung des gerade abgerufenen Datensatzes. Ansonsten ist die WHERE-Klausel wie bei einer SELECT-Anweisung als Filter zu verwenden.

- Soll nur eine bestimmte Menge an Datensätzen, die absolut oder prozentual vorgegeben sein kann, bearbeitet werden, kann man auch noch die TOP n-Klausel unmittelbar nach UPDATE verwenden. Sie begrenzt die bearbeiteten Zeilen auf die statisch oder dynamisch angegebene Menge.

- Die zusätzliche FROM-Klausel, welche der OUTPUT-Klausel folgt, kann genauer angeben, in welcher Tabelle die Daten aktualisiert werden sollen. Dies ist interessant, wenn die Daten bspw. aus einer Verknüpfung gelöscht werden sollen und nicht nur auf Basis einer einzigen Tabelle.

Die vollständige allgemeine Syntax lautet:

```
[ WITH <common_table_expression> [...n] ]
UPDATE
```

```
[ TOP ( expression ) [ PERCENT ] ]
{ <object> | rowset_function_limited
  [ WITH ( <Table_Hint_Limited> [ ...n ] ) ]
}
SET
    { column_name = { expression | DEFAULT | NULL }
    | { udt_column_name.{ { property_name = expression
                          | field_name = expression }
                          | method_name ( argument [
                                          ,...n ] )
                        }
      }
    | column_name { .WRITE ( expression , @Offset ,
                             @Length ) }
    | @variable = expression
    | @variable = column = expression [ ,...n ]
    } [ ,...n ]
[ <OUTPUT Clause> ]
[ FROM{ <table_source> } [ ,...n ] ]
[ WHERE { <search_condition>
        | { [ CURRENT OF
              { { [ GLOBAL ] cursor_name }
              | cursor_variable_name
              }
            ]
          }
        }
      ]
[ OPTION ( <query_hint> [ ,...n ] ) ]
[ ; ]
```

2. 2. 2. Standardfall

Das nächste Beispiel setzt die von Skript *215_02.sql* gefüllte `Product3`-Tabelle voraus. Sie enthält 252 Produkte, d. h. die Hälfte der in `Product` gespeicherten Produkte. Um die Daten von `Prodcut3` nicht dauerhaft zu verändern, sondern um das Beispiel auch variieren zu können, wird eine Transaktion um die Bearbeitungen gesetzt. Über die Anweisung `BEGIN TRANSACTION` kündigt man an, dass die nachfolgenden Anweisungen einen Verbund bilden und nur als Ganzes ausgeführt werden. Die Anweisung ROLLBACK setzt daher die gesamten Anweisungen wieder zurück.

Das Beispiel enthält drei Standardfälle: eine einfache Aktualisierung, bei der ein Filter zum Einsatz kommt und ein statischer Wert gespeichert wird, eine dynamische Aktualisierung, bei der neben dem statischen Filter nun eine dynamische Aktualisierung stattfindet und schließlich eine mehrfache Aktualisierung, bei der mehrere Spalten betroffen sind. Insbesondere der zweite Standardfall ist interessant, denn er zeigt, wie die Adressierung einer Spalte in der Zuweisung durch SET die aktuelle Zeile nutzt. Eine andere dynamische Aktualisierung lässt sich denken, wenn man eine Funktion oder eine Berechnung verwendet.

```
-- Standardfälle der Aktualisierung
BEGIN TRANSACTION
-- Einfache Aktualisierung mit Filter
UPDATE Production.Product3
    SET ListPrice = 1
  WHERE ListPrice = 0
-- Dynamische Aktualisierung mit Filter
UPDATE Production.Product3
    SET ListPrice = ListPrice * 1.1
  WHERE ListPrice != 1
-- Mehrfache Aktualisierung
UPDATE Production.Product3
     SET ListPrice = ListPrice * 1.1,
         StandardCost = StandardCost * 1.1
GO
ROLLBACK
```

222_01.sql: Standardfälle der Aktualisierung

Als Ergebnis liefern die drei Aktualisierungen: (200 Zeile(n) betroffen), (52 Zeile(n) betroffen), (252 Zeile(n) betroffen). Insgesamt sind in der Product3-Tabelle also 200 Produkte mit Preis 0, deren Preis auf einen Euro erhöht wird. Da dann insgesamt 52 Produkte einen Preis ungleich 1 haben, werden diese in der nächsten Anweisung bearbeitet. Schließlich gibt es noch eine Preis- und Kostensteigerung von 10%, die alle 252 Produkte betrifft.

2. 2. 3. Ausgabe von Änderungen

Um die interessanten Effekte und den Nutzen zu sehen, wenn man die aktualisierten Werte über die OUTPUT-Klausel wieder abruft, müssen Sie zunächst das Skript *215_03.sql* ausführen. Es überträgt die Hälfte aller Werte aus der Product-Tabelle in die Product2-Tabelle und funktioniert damit ähnlich wie *215_02.sql*. So haben Sie genügend Daten, mit denen Sie spielen können und die Sie zerstören können.

Um die Werte abzurufen, benötigt man wieder eine tatsächlich in der Datenbank permanent oder temporäre vorhandene Tabelle oder eine Tabellenvariable. Da diese schneller zu erstellen ist und zudem in solchen Fällen üblicher, erstellt man zunächst eine solche Tabelle, welche insbesondere die durch Wertvorgaben oder Automatismen (berechnete Spalten, Trigger) geänderten Spalten enthalten soll. Für die Aktualisierungsanweisung enthält dieses Beispiel einen komplexen Ausdruck in Form von CASE auf der Wertzuweisungsseite von SET. Dadurch ist es möglich, die Preise mit dem Wert 0 auf einen Euro und die Preise ungleich 0 um 10% zu erhöhen. Unabhängig von diesem Schmankerl setzt die Anweisung auch die OUTPUT-Klausel ein, welche die geänderten Werte zusätzlich noch in die Tabellenvariable speichert, die später zu Kontrollzwecken ausgegeben wird.

```
-- Variablen erstellen
DECLARE @outputTable table(ProductID     int,
                           ListPrice      money,
                           Profit         money,
                           ModifiedDate   datetime)
-- Daten ändern und abrufen
BEGIN TRANSACTION
UPDATE Production.Product2
   SET ListPrice = (CASE ListPrice
                      WHEN 0 THEN 1
                      ELSE ListPrice * 1.1
                    END)
OUTPUT INSERTED.ProductID,
       INSERTED.Profit,
       INSERTED.ListPrice,
       INSERTED.ModifiedDate AS Date
  INTO @outputTable (ProductID,
                     Profit,
```

```
                   ListPrice,
                   ModifiedDate)
-- Überprüfung
SELECT TOP (3) * FROM @outputTable
SELECT TOP (3) * FROM Production.Product2
ROLLBACK
```

223_01.sql: Einsatz von OUTPUT

Bei der Überprüfung ergibt sich das gleiche Bild, das man zuvor schon bei der INSERT-Anweisung und der Verwendung von OUTPUT gesehen hat. In der Tabellenvariable befinden sich die durch Wertvorgabe oder Ausdrücke vorgegebenen sowie die durch berechnete Spalten ermittelten neuen oder alten Werte, aber leider nicht die Werte, die durch Trigger erzeugt wurden. Diese sind jedoch sehr wohl in der Tabelle enthalten, wie die Abfrage der bearbeiteten Tabelle zeigt.

```
(252 Zeile(n) betroffen)
(252 Zeile(n) betroffen)
ProductID    ListPrice    Profit      ModifiedDate
-----------  -----------  ----------  ---------------
14           1,00         0,00        2005-09-10
15           1,00         0,00        2005-09-10
16           1,00         0,00        2005-09-10
(3 Zeile(n) betroffen)
Name             ListPrice  StandardCost  Profit   ModifiedDate
---------------  ---------  ------------  -------  ------------
Adjustable Race  1,00       0,00          1,00     2005-09-10
Bearing Ball     1,00       0,00          1,00     2005-09-10
BB Ball Bearing  1,00       0,00          1,00     2005-09-10
(3 Zeile(n) betroffen)
```

Ändert man nur eine Zeile wie bspw. im Rahmen einer Cursor-Verarbeitung, dann steht auch nur eine weitere Möglichkeit bereit, gerade geänderte Werte direkt in Variablen abzurufen. Die Einschränkung, dass dies nur bei einer einzigen Zeile erlaubt ist, weil eine Variable nur einen Wert und nicht eine Liste/Spalte von Werten empfangen kann, grenzt den Nutzen dieser Technik etwas ein, bedeutet allerdings eine deutlich kürzere Syntax als bei einem Einsatz der OUTPUT-Klausel.

Im folgenden Beispiel führt man die gleiche Aktualisierung wie in einem vorherigen Beispiel durch, d.h. Preis und Standardkosten erfahren eine zehnprozentige Preiserhöhung, welche vor und nach der Durchführung in Form eine SELECT-Anweisung überprüft wird. Um nur eine einzige Zeile zu ändern, filtert die WHERE-Klausel anhand der Produktnummer genau einen Datensatz heraus. Den geänderten Wert speichert man dann in die vorangestellte Variable, die man für Kontrollen etc. weiterhin benutzen kann.

```
-- Deklaration
DECLARE @listPrice money, @standardCost money
-- Kontrolle vorher
SELECT ListPrice, StandardCost
  FROM Production.Product3
 WHERE ProductNumber = 'FR-R38B-44'
-- Daten ändern und abrufen
BEGIN TRANSACTION
UPDATE Production.Product3
   SET @listPrice = ListPrice = ListPrice * 1.1,
       @standardCost = StandardCost = StandardCost * 1.1
 WHERE ProductNumber = 'FR-R38B-44'
-- Kontrolle
SELECT @listPrice, @standardCost
ROLLBACK
```

223_02.sql: Abruf einzelner Spalten in Variablen

Als Ergebnis erhält man zunächst die ursprünglichen und dann die neuen Werte.

```
ListPrice               StandardCost
--------------------    --------------------
337,22                  204,6251
(1 Zeile(n) betroffen)
(1 Zeile(n) betroffen)
--------------------    --------------------
370,942                 225,0876
(1 Zeile(n) betroffen)
```

2. 2. 4. Aktualisierung auf Basis anderer Tabellendaten

In vielen Fällen ist es gar nicht damit getan, einfach nur einen statischen oder einen dynamischen Wert vorzugeben, der aus einer Berechnung mit der zu verändernden Spalte oder einer sonstigen Datensituation herrührt. Stattdessen sollen Tabellendaten angeglichen werden. Insbesondere bei Datenbereinigungsoperationen im Rahmen von Import-/Export-Schnittstellen ist dies ein wesentliches Unterfangen. Damit ist gemeint, dass der Wert in einer Spalte von Tabelle A mit dem Wert einer Spalte in Tabelle B aktualisiert werden soll.

Dazu ist zunächst die FROM-Klausel in der UPDATE-Anweisung nötig, welche zusätzlich um eine korrelierte Unterabfrage in der SET-Klausel ergänzt wird.

Das nachfolgende Beispiel führt folgende Regel aus: Setze für jedes Produkt die Werte von ListPrice aus Product in ListPrice von Product2. In der FROM-Klausel ruft man noch einmal die zu bearbeitende Tabelle auf und gibt ihr einen Aliasnamen, der für die korrelierte Unterabfrage notwendig ist.

Diese Unterabfrage befindet sich in der Zuweisung der SET-Klausel. Hier ruft man aus der zu vergleichenden Tabelle Product ebenfalls die ListPrice-Spalte ab, wobei der Filter den Datensatz heraussucht, dessen Produktnummer der inneren Tabelle mit der Produktnummer aus der äußeren Tabelle übereinstimmt.

```
UPDATE Production.Product2
   SET ListPrice = (SELECT ListPrice
                      FROM Production.Product AS p
                     WHERE p2.ProductNumber = p.ProductNumber)
  FROM Production.Product2 AS p2
```

224_01.sql: Aktualisierung gemäß anderer Tabelle

2. 2. 5. Zufällige Änderungen

Auch bei der Aktualisierung kann man die Änderungen mit Hilfe einer TOP n-Klausel auf eine zufällige Auswahl an Datensätzen begrenzen. Dabei gibt es wiederum die Möglichkeiten, einen festen oder dynamischen Wert anzugeben, wobei dies zusätzlich absolut oder unter Angabe von PERCENT prozentual verstanden wird. Als dynamische Wertvorgaben kommt jeder Ausdruck in Betracht, sei es eine Variable, eine skalare Unterabfrage oder eine Berechnung. Wichtig ist lediglich, dass sie zu einem numerischen Wert führen.

Das nächste Beispiel zeigt die verschiedenen Varianten für die TOP n-Klausel in UPDATE. Die erste wählt genau fünf, die zweite fünf Prozent und die dritte die Hälfte aus, wobei diese Zahl in einer Variable gespeichert ist.

```
-- Variable erstellen
DECLARE @rowCount int
SET @rowCount = 5
-- Daten ändern
BEGIN TRANSACTION
-- UPDATE TOP (5) Production.Product2
-- UPDATE TOP (5) PERCENT Production.Product2
UPDATE TOP (@rowCount) Production.Product2
   SET ListPrice = 10000
ROLLBACK
```

225_01.sql: Zufällige Änderung

2. 2. 6. Bearbeiten großer Datentypen

Spalten, deren Werte durch die Datentypen varchar(max), nvarchar(max) und varbinary(max) beschrieben werden, haben eine eigene Methode, mit denen Inhalte in die Spalte geschrieben oder bestehende Inhalte ersetzt werden können. Es handelt sich um eine Methode und keine (Spalten-)Funktion, was auch daran zu erkennen ist, dass sie mit dem Punkt-Operator an den Spaltennamen angeschlossen wird und dieser Spaltennamen nicht als Parameter im Funktionsaufruf übergeben wird. Die allgemeine Syntax dieser Funktion lautet:

```
WRITE (expression, @Offset, @Length)
```

In expression steht im Normalfall eine Zeichenkette, ansonsten kann es ein beliebiger Ausdruck sein, der schließlich in der bestehenden Zeichenkette gespeichert werden oder sie ersetzen soll. In @Offset befindet sich die Position, an der die neue Zeichenkette platziert werden soll, während in @Length die Länge des zu ersetzenden Bereichs enthalten ist. Sofern der neue Text nur eingefügt und ansonsten der bestehende Text nicht ersetzt werden soll, ist hier der Wert 0 richtig. Ein NULL-Wert kann und braucht auch als neuer Inhalt nicht vorgegeben werden.

Das nachfolgende Beispiel bearbeitet in den Produktkommentaren einen Kommentar so, dass die verfügbaren Größen des Fahrrades, das hier diskutiert wird, in Zukunft in Parenthese ebenfalls angegeben sind. Dazu setzt man Comments. WRITE (N'(Sizes: 38-44, 48) ',15, 0) ein, da der neue Text an Stelle 15 eingefügt werden und nicht ersetzen soll. Das vorgeschaltete N kennzeichnet die Zeichenkette als Unicode-Zeichenfolge. Da man die ursprüngliche ProductReview-Tabelle unangetastet lassen möchte und zudem hier auch in der Comments-Spalte der falsche Datentyp enthalten ist, müssen die Daten zunächst in eine Spiel-Tabelle übertragen werden, deren Comments-Spalte den nvarchar(max)-Datentyp aufweist.

```
-- Tabelle mit nvarchchar(max) anlegen
CREATE TABLE Production.ProductReview2 (
 ProductReviewID int NOT NULL PRIMARY KEY,
 Comments nvarchar(max) NULL
)
-- Daten übernehmen
INSERT INTO Production.ProductReview2
SELECT ProductReviewID, Comments
  FROM Production.ProductReview
GO
-- Tabellenvariable anlegen
DECLARE @review table (
    ProductReviewID int NOT NULL,
    CommentsBefore nvarchar(max),
    CommentsAfter  nvarchar(max))
-- Daten aktualisieren
BEGIN TRANSACTION
UPDATE Production.ProductReview2
   SET Comments.WRITE (N'(Sizes: 38-44, 48) ',15, 0)
OUTPUT INSERTED.ProductReviewID,
       DELETED.Comments,
       INSERTED.Comments
    INTO @review
WHERE ProductReviewID = 4
ROLLBACK
```

```
-- Kontrolle
SELECT SUBSTRING(CommentsBefore, 1, 20),
       SUBSTRING(CommentsAfter, 1, 30)
FROM @review
```

226_01.sql: Ändern großer Datentypen

Als Ergebnis erhält man die Bestätigung der Änderung, da sich nun der korrigierte Kommentar in der Tabelle befindet.

```
(1 Zeile(n) betroffen)
---------------------- --------------------------------
The Road-550-W from    The Road-550-W (Sizes: 38-44,
(1 Zeile(n) betroffen)
```

Sofern keine Spalte, die durch einen der Datentypen von varchar(max)-, nvarchar(max)- und varbinary(max) beschrieben wird, bearbeitet werden soll, muss man dann die verschiedenen Zeichenkettenfunktionen verwenden. Für die gleiche Ersetzung wie zuvor könnte dies mit der STUFF()-Funktion geschehen.

```
UPDATE Production.ProductReview2
   SET Comments = STUFF (Comments,16,0,N'(Sizes: 38-44, 48) ')
WHERE ProductReviewID = 4
```

225_02.sql: Ändern großer Datentypen

Man erhält als Ergebnis auch in diesem Fall die Bestätigung der Änderung.

```
The Road-550-W from   The Road-550-W (Sizes: 38-44, 48) from A
(1 Zeile(n) betroffen)
```

2. 2. 7. Zusätzliche FROM-Klausel

Es ist möglich, neben der Angabe einer Tabelle direkt nach der UPDATE-Klausel noch eine weitere Tabelle bzw. vielmehr eine Tabellenverknüpfung in einer FROM-Klausel zwischen der OUTPUT-Klausel und der WHERE-Klausel zu verwenden. Diese wirkt im Grunde genommen wie ein weiterer Filter, da hier festgelegt wird, auf Basis welcher Daten die Daten in der nach UPDATE angegebenen Tabelle aktualisiert werden sollen. Im Falle einer inneren Verknüpfung würden also daher nur solche Daten der UPDATE-Tabelle aktualisiert werden, die genau an dieser Verknüpfung teilnehmen. Weitere Angaben in der WHERE-Klausel schränken natürlich die möglicherweise zu aktualisierende Datenmenge weiter ein. Ein typischer Einsatz für diese zusätzliche FROM-Klausel kann ein Datenabgleich zwischen Tabellen sein, d.h. wenn Daten in eine Tabelle eingetragen/aktualisiert werden, wobei die Werte aus einer Tabelle übernommen werden sollen. Dies ist ein häufiges Szenario im Fall von SQL-basierten Datenbereinigungen und -korrekturen.

Das nachfolgende Beispiel zeigt die Technik der zusätzlichen FROM-Klausel, wobei darüber hinaus noch die erweiterte Variante vorgeführt wird, denn es nutzt ebenfalls die OUTPUT-Klausel. Dies ist insoweit interessant, als dass man die geänderten Daten der Tabelle, die direkt nach UPDATE benannt wird, aus der INSERTED-Tabelle abruft, während andere Daten aus verknüpften Tabellen gerade aus den Aliasnamen dieser verknüpften Tabellen stammen, da sie ja nicht verändert wurden.

Die Preise der Tabelle Product2 sollen erneut um 10% erhöht werden, sofern die Preise ungleich 0 sind. Dies ist allerdings nicht die einzige Einschränkung. Stattdessen verknüpft die FROM-Klausel auch noch die Daten der Product2-Tabelle mit den Produkten, welche in der ProductInventory-Tabelle referenziert werden. Das sind also gerade die Produkte, die sich auf Lager befinden, was bedeutet, dass innerhalb dieser Menge die Produkte mit einem Preis ungleich 0 eine 10-prozentige Preiserhöhung erfahren. Zur Kontrolle überträgt man die aktualisierten Produkte und ihre LocationID (Lagerplatz) in die vorher erzeugte Tabellenvariable, wobei die Felder aus der aktualisierten Product2-Tabelle aus INSERTED und die Spalte LocationID aus der ProductInventory-Tabelle über den Tabellenalias aufgerufen werden.

```
-- Variable erstellen
DECLARE @outputTable table(ProductID      int,
                           ListPrice      money,
                           ModifiedDate   datetime,
                           LocationID     int)
-- Daten ändern und abrufen
UPDATE Production.Product2
   SET ListPrice = ListPrice * 1.1
OUTPUT INSERTED.ProductID,
```

```
        INSERTED.ListPrice,
        INSERTED.ModifiedDate,
        pinv.LocationID
    INTO @outputTable (ProductID,
                       ListPrice,
                       ModifiedDate,
                       LocationID)
FROM Production.Product2 AS p2
    INNER JOIN Production.ProductInventory AS pinv
    ON p2.ProductID = pinv.ProductID
WHERE ListPrice > 0
-- Überprüfung
SELECT TOP (3) * FROM @outputTable
```

227_01.sql: Zusätzliche FROM-Klausel

In der Kontrolle ergibt sich, dass nur insgesamt 46 Produkte die Bedingung erfüllen, auf Lager zu sein und einen Preis ungleich 0 zu besitzen.

```
(46 Zeile(n) betroffen)
ProductID   ListPrice                ModifiedDate         LocationID
----------  ----------------------   ------------------   ---------
452         146,674                  2005-09-11           1
453         161,854                  2005-09-11           1
454         216,612                  2005-09-11           1
(3 Zeile(n) betroffen)
```

2. 3. Löschen

Schließlich gibt es auch noch eine weitere Situation eines Datensatzes, die unter den Begriff der Datenmanipulation fällt. Nachdem er eingefügt, abgefragt und ggf. sogar geändert wurde, kann es ihm passieren, dass er aus der Datenbank gelöscht wird. Dies gelingt über die DELETE-Anweisung.

2. 3. 1. Allgemeine Syntax

Sie ist in vielfältiger Weise der Syntax der anderen beiden vorgestellten Anweisungen ähnlich:

- Es gibt zwei Standardfälle, von denen der eine nur aus DELETE FROM tabellenname besteht und den gesamten Datenbestand der Tabelle löscht, ohne allerdings die Tabelle selbst zu löschen. Der zweite ergänzt diese Anweisung noch um eine WHERE-Klausel, sodass auch hier ein Filter zum Einsatz kommen kann, welcher die zu löschenden Daten weiter einschränkt.

- Es können wiederum zufällige Datensätze gelöscht werden, indem die TOP n-Klausel benutzt wird. Dabei kann die Menge der zu löschenden Datensätze absolut oder bei zusätzlicher Verwendung von PERCENT auch relativ angegeben werden. Die Mengenvorgabe ist im Normalfall eine direkt vorgegebene Zahl; man kann allerdings auch einen beliebigen Ausdruck verwenden, der sich schließlich zu einem Zahlwert auflöst.

- Im Rahmen der Cursor-Verarbeitung (nicht in diesem Kapitel) kann man innerhalb von WHERE nicht nur einen üblichen Filter angeben, sondern über die Klausel WHERE CURRENT OF cursor den aktuell abgerufenen Datensatz eines Cursors löschen.

- Die gelöschten Werte können über die OUTPUT-Klausel aus der DELETED-Tabelle nach außen zurückgegeben werden.

- Die zusätzliche FROM-Klausel, welche der OUTPUT-Klausel folgt, kann genauer angeben, aus welcher Tabelle die Daten gelöscht werden sollen. Dies ist insbesondere interessant, wenn die Daten bspw. aus einer Verknüpfung gelöscht werden sollen und nicht nur auf Basis einer einzigen Tabelle.

Die allgemeine Syntax hat die Form:

```
[ WITH <common_table_expression> [ ,...n ] ]
DELETE
    [ TOP ( expression ) [ PERCENT ] ]
    [ FROM ]
    { <object> | rowset_function_limited
        [ WITH ( <table_hint_limited> [ ...n ] ) ]
```

```
        }
    [ <OUTPUT Clause> ]
    [ FROM <table_source> [ ,...n ] ]
    [ WHERE { <search_condition>
              | { [ CURRENT OF
                    { { [ GLOBAL ] cursor_name }
                      | cursor_variable_name
                    }
                  ]
                }
              }
    ]
    [ OPTION ( <Query Hint> [ ,...n ] ) ]
[; ]
```

2. 3. 2. Standardfälle

Um die Funktionsweise von DELETE zu sehen, müssen Sie zunächst das Skript *215_03.sql* ausführen. Es überträgt auch für diesen Abschnitt die Hälfte der Produkte aus Product in Product2, um die Datensätze problemlos löschen zu können.

Das nachfolgende Beispiel zeigt die Standardfälle, welche im Rahmen von Löschvorgängen auftreten und daher auch die häufigsten Anweisungen bilden. Der erste Standardfall wählt wie eine SELECT-Anweisung über einen in WHERE angegebenen Filter Datensätze aus einer Tabelle aus und löscht diese. Dies ist sicherlich die häufigste Form des DELETE-Befehls. Die zweite Anweisung löscht ganz einfach den gesamten Datenbestand, wobei die Tabelle an sich allerdings bestehen bleibt.

Dies ist in jedem SQL-Buch immer ein wichtiges Beispiel, da ja dafür der DROP TABLE tabelle-Befehl existiert und man als Anfänger Gefahr läuft, dies zu verwechseln.

```
-- Löschen mit Filter
DELETE FROM Production.Product2
  WHERE ListPrice = 0
-- Vollständiges Löschen
DELETE FROM Production.Product2
```

232_01.sql: Standardfälle des Löschens

Als Ergebnis erhält man Zunächst (200 Zeile(n) betroffen), da 200 Produkte einen Preis von 0 haben, und dann (52 Zeile(n) betroffen), da nur noch 52 Produkte in der Tabelle übrig sind und – wie schon bekannt sein sollte – insgesamt 252 Produkte in der Tabelle enthalten waren.

2. 3. 3. Zufällige Löschung

Über die bekannten Formen der TOP n-Klausel, die schon in den anderen Anweisungen der Datenmanipulationssprache von SQL vorgestellt wurden, lässt sich eine zufällig ausgewählte Menge an Datensätzen löschen. Dabei zeigen die drei Zeilen, von denen zwei als Kommentar im Quelltext stehen, wie die Menge der zu löschenden Zeilen absolut oder prozentual mit PERCENT angegeben werden kann. Neben einem direkten numerischen Wert kann man auch jeden beliebigen Ausdruck einsetzen, der zu einem Zahlwert führt. In diesem Fall handelt es sich mal nicht um die schon bekannte Abfrage zur halben Zeilenzahl, sondern um eine Variable, deren Wert aus einer Abfrage stammt.

```
-- Variable erstellen
DECLARE @rowCount int
SET @rowCount = 5
-- Daten löschen
-- DELETE TOP (5) FROM Production.Product2
-- DELETE TOP (5) PERCENT Production.Product2
DELETE TOP (@rowCount) FROM Production.Product2
    WHERE ListPrice = 0
```

233_01.sql: Zufällige Löschung

2. 3. 4. Löschen mit Rückgabe

Auch DELETE bietet über die OUTPUT-Klausel an, die gerade gelöschten Werte abzurufen und für Kontrollen und Validierungen in eine Tabellenvariable oder eine (temporäre) Tabelle zu speichern. Dabei kann es keine Überlegungen hinsichtlich berechneter Spalten oder Trigger-Werte geben, da exakt die gelöschten Werte, die ja bereits durch Berechnungen oder Trigger in die Tabelle gebracht worden sind, auch wieder abgespeichert werden.

Im nächsten Beispiel erstellt man zunächst die benötigte Tabellenvariable mit vier Spalten für Produktnummern, Listenpreis, Profit und Änderungsdatum. In der Lösch-Anweisung ruft man genau die Werte für diese Spalten aus der DELETED-Tabelle ab, welche die gelöschten Werte speichert (im Gegensatz zur INSERTED-Tabelle, welche die gerade eingefügten/geänderten Werte enthält).

```
-- Variablen erstellen
DECLARE @outputTable table(ProductID     int,
                           ListPrice      money,
                           Profit         money,
                           ModifiedDate   datetime)
-- Daten löschen und abrufen
DELETE FROM Production.Product2
OUTPUT DELETED.ProductID,
       DELETED.Profit,
       DELETED.ListPrice,
       DELETED.ModifiedDate AS Date
  INTO @outputTable (ProductID,
                     Profit,
                     ListPrice,
                     ModifiedDate)
WHERE ListPrice = 0
```

234_01.sql:Löschen mit Rückgabe

Das Ergebnis muss nicht ausgegeben werden, da in diesem Fall keine Besonderheiten hinsichtlich Trigger oder berechneten Spalten und damit automatisch generierten Werten bestehen. In der ursprünglichen Tabelle fehlen genau die Datensätze, die in der Tabellenvariable noch abgerufen und genutzt werden können.

2. 3. 5. Löschen mit zusätzlicher FROM-Anweisung

Es besteht, wie die allgemeine Syntax auch für die DELETE-Anweisung gezeigt hat, auch hier die Option, noch eine weitere FROM-Klausel einzufügen. Dabei gibt die erste FROM-Klausel die Tabelle an, aus welcher man tatsächlich löschen will, während die zweite FROM-Klausel den Datenbestand angibt, der für diesen Löschvorgang zu Rate gezogen werden soll. Dies muss man sich so vorstellen, dass auf Basis der über diese zweite FROM-Klausel abgerufenen und durch die optionale WHERE-

Klausel gefilterten Daten wie bei einer Abfrage diejenigen identifiziert werden, die zu löschen sind.

Das folgende Beispiel zeigt bereits die fortgeschrittene Verwendung dieser Technik. Auf der einen Seite sollen aus der Production.Product-Tabelle Produkte entfernt werden. Auf der anderen Seite sollen dies nur Produkte sein, die keinen Lagerplatz besitzen. Diesen erkennt man daran, dass sie an der Verknüpfung mit der Tabelle Production.ProductInventory nicht teilnehmen, also in der äußeren Abfrage einen NULL-Wert in der Spalte LocationID aufweisen. Dieser NULL-Wert dient als Filter, während die Verknüpfung in der zweiten FROM-Klausel überhaupt den Datenbestand beschreibt, auf den dieser Filter Anwendung finden soll.

Neben der Tatsache, dass man auf diese Art und Weise einen Datenbestand angeben kann, der für den Löschvorgang als Vergleich und damit auch als zusätzlicher Filter genutzt werden kann, wobei eine WHERE-Klausel hinzutritt, zeigt das Beispiel auch, wie die OUTPUT-Klausel hier zu nutzen ist. In der Tabellenvariable ist in diesem Beispiel aus Kontrollgründen auch noch eine LocationID-Spalte, in der aufgrund der Löschanweisung nur NULL-Werte zu finden sein sollten.

Da allerdings diese LocationID gar nicht in der Product2-Tabelle enthalten ist, können diese Werte auch nicht aus der der DELETED-Tabelle stammen, da diese Werte nicht aus der bearbeiteten Tabelle stammen. Es handelt sich um eine zusätzliche Spalte aus einer nicht durch den Löschvorgang betroffenen Tabelle. Für die Referenzierung dieser Spalte ist in diesem Fall der Aliasname aus der FROM-Klausel zu benutzen.

```
-- Variable erstellen
DECLARE @outputTable table(ProductID    int,
                           ListPrice     money,
                           LocationID    int)
-- Daten löschen und abrufen
DELETE FROM Production.Product2
OUTPUT DELETED.ProductID,
       DELETED.ListPrice,
       pinv.LocationID
  INTO @outputTable (ProductID,
                     ListPrice,
                     LocationID)
```

```
    FROM Production.Product2 AS p2 LEFT OUTER JOIN
        Production.ProductInventory AS pinv
    ON p2.ProductID = pinv.ProductID
WHERE pinv.LocationID IS NULL
-- Überprüfung
SELECT COUNT(*) AS Deleted FROM @outputTable
```

235_01.sql: Zusätzliche FROM-Klausel

Das Beispiel liefert den Wert von 66. Führt man eine einfache Abfrage mit der äußeren Verknüpfung und dem Filter auf den Datensätze aus, die gerade an der Verknüpfung nicht teilnehmen, dann findet man als Antwort die gleichen 66 Datensätze.

2. 3. 6. Vereinfachtes Löschen

Als grundsätzliche Alternative zu DELETE gibt es noch die Anweisung TRUNCA-TE. Sie funktioniert grundsätzlich wie DELETE FROM tabelle, d. h. wie eine DELETE-Anweisung ohne WHERE-Klausel und löscht daher ebenfalls alle Zeilen. Die Anweisung löscht die Zeilen einer Tabelle, wobei sie allerdings die verschiedenen Löschoperationen nicht protokolliert. Sie ist schneller als DELETE und verbraucht weniger (System-)Ressourcen für die Transaktionsprotokollierung. Während IDENTITY-Spaltenwerte bei DELETE ihren Zählerstand behalten, wird er bei TRUNCATE wieder auf den Standardwert oder 1 zurückgesetzt. Darüber hinaus aktiviert TRUNCATE auch keinen Trigger, da ja gerade die Löschoperationen für die einzelnen Zeilen nicht protokolliert/bemerkt werden.

Allerdings kann TRUNCATE nicht für alle Tabellen eingesetzt werden. Die folgenden Einschränkungen sind zu beachten: Tabellen, die Ziel einer FOREIGN KEY-Referenz sind, können nicht geleert werden (aufgrund der IDENTITY-Rücksetzung). Zu leerende Tabellen dürfen an keiner indizierten Sicht teilnehmen. Die Tabelle wird durch Transaktionsreplikation oder Mergereplikation veröffentlicht.

Die Anweisung hat die allgemeine Syntax:

```
TRUNCATE TABLE
    [ { database_name.[ schema_name ]. | schema_name . } ]
    table_name
```

[;]

2. 4. Datenmanipulation bei CTEs

Schließlich ist es auch noch möglich, eine CTE im Rahmen von DML-Anweisungen als Datenquelle für Vergleiche oder Datenabrufe zu verwenden. Dies hat zwar nichts mit Analysen und Abfragen zu tun, kann allerdings bei der in diesem Kapitel vorgenommenen Vorstellung von CTEs besonders gut untergebracht werden. Als Beispiel wird wiederum die schon zuvor verwendete Tabelle `Product3` mit allen Produktdaten verwendet.

```
CREATE TABLE Production.Product3 (
   Name            varchar(50)   NOT NULL,
   ProductNumber nvarchar(25)   NOT NULL,
   ListPrice       money         NOT NULL,
   StandardCost   money          NULL)
```

241_01.sql: Beispieltabelle für CTE und DML

2. 4. 1. INSERT

Beim `INSERT`-Befehl kann man die Daten nicht nur aus einer Tabelle, Sicht, Prozedur oder Tabellenwertfunktion abrufen, sondern auch aus einer direkt zuvor und damit innerhalb der `INSERT`-Anweisung erstellten CTE. So wird die Tabelle `Product3` mit Daten aus der `Product`-Tabelle gefüllt, wobei diese zunächst in der CTE `ProductTemp` abgerufen werden.

```
WITH ProductTemp AS (
  SELECT Name, ProductNumber, ListPrice, StandardCost
    FROM Production.Product
)
INSERT INTO Production.Product3
(Name, ProductNumber, ListPrice, StandardCost)
SELECT * FROM ProductTemp
```

241_01.sql: Einfügen aus CTE

2. 4. 2. UPDATE

Im Rahmen einer Aktualisierung lässt sich eine CTE als Vergleichsziel und damit ebenfalls als Datenquelle nutzen. Im nächsten Beispiel ruft man zunächst in der `ProductTemp`-CTE die Produktdaten mit erhöhten Preisen und Standardkosten ab, um sie dann im Rahmen der Aktualisierung als neue Daten zu verwenden.

```
WITH ProductTemp (Name, ProductNumber,
                  ListPrice, StandardCost) AS (
  SELECT Name, ProductNumber,
         ListPrice * 1.1, StandardCost * 1.05
    FROM Production.Product
)
UPDATE Production.Product3
   SET ListPrice = pt.ListPrice,
       StandardCost = pt.StandardCost
    FROM Production.Product3 AS p INNER JOIN ProductTemp AS pt
      ON p.ProductNumber = pt.ProductNumber
```

241_02.sql: Aktualisieren mit CTE

2. 4. 3. DELETE

Analog zu Update kann man schließlich auch den `DELETE`-Befehl mit Hilfe einer CTE erweitern. Auch hier dienen diese Daten dem Vergleich, um die Datensätze zu ermitteln, die tatsächlich zu löschen sind. Hierbei kann man eine Unterabfrage genauso verwenden wie eine Tabellenverknüpfung. Die CTE ruft alle Produkte mit einem Preis von 0 ab, welche dann durch die Verknüpfung in der `FROM`-Klausel der `DELETE`-Anweisung verwendet werden, um die zu löschenden Datensätze zu ermitteln.

```
WITH ProductTemp AS (
  SELECT ProductNumber
    FROM Production.Product
   WHERE ListPrice = 0
)
DELETE Production.Product3
    FROM Production.Product3 AS p INNER JOIN ProductTemp AS pt
```

```
ON p.ProductNumber = pt.ProductNumber
```

241_03.sql: Löschen mit CTE

2. 5. Partitionierung von Daten

Möchte man große Datenmengen speichern, genügt es nicht nur, bei der Datenbank schon darauf zu achten, dass die Dateien von Anfang an eine entsprechende Größe haben und auch die automatische Vergrößerung groß eingestellt ist. Dies ist dann insbesondere wichtig, wenn große Importdateien in einem einzigen Vorgang große Datenmengen speichern. Nein, um allgemeine Ziele wie Skalierbarkeit und gute Verwaltung von großen Tabellen zu erreichen, muss man Tabellen partitionieren und damit in mehrere Teile aufteilen, die dann auch getrennt voneinander verwaltet werden können.

2. 5. 1. Einführung

Datenbanken können nahezu beliebigen Größen haben, und Untersuchungen, welche Größen typischerweise eine MS SQL Server-Datenbank in der Praxis hat, sind selten und vermutlich auch nicht repräsentativ. Man kann allerdings davon ausgehen, dass die Vorteile von Partitionierung nicht nur im Bereich von DBs, die mehrere TBs groß sind, bereits greifen, sondern auch schon bei kleineren Datenbanken, deren Größe vielleicht nur einige GBs betrifft. Datenbanken mit mehreren 100 MB profitieren möglicherweise nur in Ausnahmefällen davon, wären aber für die Zukunft gerüstet, wenn die besonders großen Tabellen partitioniert wären.

➡ Bewertung der Größe von Datenbanken

Die Größe der Datenbank ist nur ein Hinweis darauf, dass man als Administrator oder DB-Entwickler typische Probleme, die mit solchen Größen verbunden sind, bemerken wird und dann auch lösen muss. Das wichtigste Problem in diesem Zusammenhang ist dann die Leistung - sowohl die Geschwindigkeit einer Abfrage wie auch bei Wartungsarbeiten. Die konkrete Arbeit mit den Daten kann länger als erwartet oder geplant dauern, und auch solche Wartungsarbeiten wie die tägliche Sicherung kann so lange dauern, dass im schlimmsten Fall die Nutzung der Datenbank eingeschränkt ist.

Wenn aber die Größe der Datenbank als solche nur ein Hinweis ist, was sind dann weitere Merkmale, die man berücksichtigen muss? Eine Datenbank mit vielen Tabellen kann genauso groß sein wie eine andere Datenbank mit weniger Tabellen, aber einigen sehr großen Tabellen. Während hier Abfragen oder allgemein Operationen auf den kleineren Tabellen vergleichsweise schnell ablaufen, könnten ähnliche Aktionen auf den großen Tabellen unverhältnismäßig lange dauern, weil man ganz einfach in anderen Datenbeständen mit völlig unterschiedlicher Größe arbeitet.

Partitionierung betrifft Tabellen oder Indizes, sodass direkt große Tabellen in mehrere Dateien (Partitionen) aufgeteilt werden und indirekt dadurch die DB als solche ebenfalls in Partitionen zerfällt. Allgemein kann man hier erwarten, dass wenn man große Tabellen partitioniert, sowohl Abfragen wie auch Wartungsarbeiten auf kleineren Datenbeständen ausgeführt werden (können) und dadurch die Leistung der DB sich verbessert.

Neben der Größe ist noch zu berücksichtigen, welche Zugriffsmuster auf einer Tabelle bestehen. Bei einer Tabellen für Verkaufstransaktionen kann man sich dies gut vorstellen und auch gut mit einer Wertelistentabelle für Verkaufsregionen vergleichen.

In einer Tabelle mit Transaktionsdaten kann sich bei einer OLTP (OnLine Transaction Processing) Tabelle vorstellen, dass es in Abhängigkeit von der Zeit verschiedene Muster gibt, sie zu benutzen. Aktuelle Transaktionen werden permanent eingetragen und auch bisweilen aktualisiert, ergänzt oder auch abhängig von den darüber liegenden Geschäftsprozessen gelöscht. Daten der letzten Woche oder des letzten Monats werden zu einem geringen Prozentanteil ebenfalls aktualisiert, abgefragt oder gelöscht. Je weiter in die Vergangenheit man geht, umso weniger werden Daten noch bearbeitet. Sie werden dagegen nur noch für Analysen abgefragt, bis aber sogar sehr weit zurückliegende Daten nur noch für sehr wenige Berichte genutzt werden. Ein Vergleich der Verkaufsdaten zwischen dem aktuellen Monat oder dem aktuellen Quartal und ihren Vorjahreswerten ist interessant, aber ein direkter Vergleich von zwei und mehr Jahren noch seltener und nur in einem Zeitreihenbericht von Bedeutung. Nutzt man die Datenbank bereits sehr lange, kann man sich sogar vorstellen, von archivierten Daten zu sprechen, wenn sie länger als fünf Jahre zurückliegen.

In einer Tabelle mit Wertelistendaten wie für Verkaufsregionen oder Währungsnamen lässt sich das Konzept der Fristigkeit oder ganz allgemein das Datum, wann die

Daten erstmalig erfasst wurden, schlecht verwenden. Zwar dürften auch hier nach etlichen Jahren alte Verkaufsgebiete gespeichert sein, die mittlerweile zusammen gelegt oder aufgeteilt wurden, aber Währungen kommen und gehen doch in noch größeren Abständen. Bearbeitungen und Aktualisierungen sind selten und schon gar nicht täglich. Anders sähe es mit den Tageskursen für Währungen aus. Doch die Namen und Abkürzungen der Währungen oder die Namen von Verkaufsgebieten bleiben doch eher stabil. Solche Wertelisten liest man dagegen ständig, da bspw. jede Transaktion, die man abruft, auch mit einer Währung und einem Verkaufsgebiet verknüpft ist. Da jedoch nur wenige 100 Währungen gespeichert sein könnten, wenn man alle Währungen sammeln würde, und in Wirklichkeit nur vielleicht in weniger als 20 Währungen verkauft würde, fällt hier die Verknüpfung der Tabelle und das Lesen von einigen Feldern bei einer Abfrage nicht viel ins Gewicht. Ähnlich kann man sich dies bei den Verkaufsgebieten vorstellen. Selbst wenn jedes Postleitzahlgebiet auch ein Verkaufsgebiet wäre, dann hätte man ungefähr 28.000 Werte. Dies wäre dann der Spezialfall einer sehr langen Dimension im Data Warehouse. Doch typischerweise würde man natürlich die Kundenadressen sehr genau speichern, bei den Verkaufsgebieten aber doch große Gebiete zusammenfassen, sodass auch hier nur wenige Dutzend Datensätze in der Tabelle enthalten wären.

Die Nutzung von Daten - als Zugriffsmuster bezeichnet - kann von Tabelle zu Tabelle aufgrund der Tabellenfunktion und sogar wegen des Alters der Datensätze innerhalb der Tabelle sehr variieren. Diese Variation in den Zugriffsmustern macht sich Partitionierung nun zunutze. Allerdings ist eine Variation in den Zugriffsmustern keine Voraussetzung für Partitionierung, sondern erklärt, warum man manchmal in kleineren Bereichen arbeitet und diese Bereiche auch für einige Anfragen völlig ausreichend sind, auch wenn die Tabelle eigentlich sehr viel umfangreicher ist.

➜ Funktionsweise von Partitionierung

Das Grundprinzip der Partitionierung besteht daraus, Tabellen und Indizes in kleinere Segmente aufzuteilen, die leichter genutzt werden können. Dabei gehen wir von so genannter horizontaler Partitionierung aus, bei denen gleich aufgebaute Spaltengruppe in mehrere Partitionen geteilt werden, als würde man die Tabelle einfach nach einem Kriterium wie das Jahr des Bestelldatums oder Intervallen im Primärschlüssel zerschneiden.

Wartungsarbeiten wie das tägliche Backup könnten auf einer Dateigruppe ausgeführt werden, die dann wiederum einer Partition entspricht. Dieses gängige Szenario eignet sich, wenn man in einer Partition / Dateigruppe die aktuellen Daten des Jahres speichert und daher immer wieder Änderungen an diesen Daten vornimmt. Quasi archivierte Daten, die nicht mehr geändert werden, müssten dann aber nicht täglich gesichert werden, um Zeit bei den Wartungsarbeiten zu sparen. Oder man sichert diese Daten zwar täglich, aber zu Zeiten mit viel Leerlauf wie nachts, da ja in diesen Backups kaum oder gar keine Änderungen enthalten sind.

In einem System mit mehreren CPUs werden Operationen parallel ausgeführt, sodass mehrere Untermengen der Daten parallel verarbeitet werden, wenn sie in Partitionen eingeteilt sind. Der MS SQL Server ist dabei sogar in der Lage, bspw. Aggregate in einzelnen Partitionen zu ermitteln und dann Gesamtaggregate auf Basis dieser einzeln ermittelten zu erstellen. Dies liegt daran, weil die Partitionen dann unabhängig voneinander verarbeitet werden. Ähnlich sieht es bei über Fremdschlüssel verbundene Tabellen aus. Speichert man hier solche Tabellen in der gleichen Partition ab, dann würde die JOIN-Operation erst in einer Partition erfolgen und würden dann die einzelnen Mengen kombiniert werden.

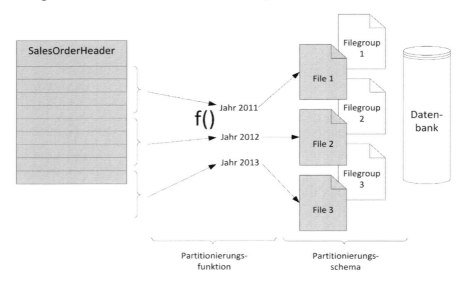

Abbildung 2.02: Funktionsweise von Partitionierung

Die Partitionierung geht normalerweise einher mit der Bildung von Dateigruppen, obwohl sie sich auch mit nur einer Datei realisieren lässt. Entweder platziert man dann große Tabellen oder sogar nur eine einzelne große Tabelle in einer Datei(gruppe) oder man erstellt mehrere Dateien bzw. Dateigruppen für die einzelnen Partitionen. Dies ist auch in der Abbildung dargestellt: Da die Verkäufe jährlich besonders gut verwaltet werden können, weil im aktuellen Jahr die meisten Zugriffe erfolgen und bei weiter zurück liegenden Daten immer weniger Zugriffe notwendig sind, erstellt man einzelne Dateigruppen für die Jahre und platziert jeweils eine Datei in dieser Dateigruppe. Eine weitere Variante wäre, die Dateigruppen noch weiter in mehrere Dateien aufzuteilen.

In einem so genannten *Partitionierungsschema* legt man dann fest, dass diese Dateigruppe einen Verbund bilden, den man bei der Definition, wie die Tabellendaten physisch gespeichert werden sollen, dann benennen kann. Dazu setzt man die ON-Klausel vom CREATE TABLE-Befehl ein, welche entweder den Namen einer Dateigruppe wie ON [PRIMARY] oder den Namen eines Partitionierungsschemas erwartet.

In einer so genannten *Partitionierungsfunktion* legt man dann fest, wie die Werte anhand eines Partitionierungsschlüssels auf die einzelnen Partitionen verteilt werden sollen. Hier kommt häufig eine Datumsspalte oder einfach der Primärschlüssel mit aufsteigenden Werten zum Einsatz. Mit Hilfe eines Datums wie dem Bestelldatum kann man dann jahres- oder quartalsweise Abschnitte definieren, während der Primärschlüssel bspw. jeweils 100.000 oder eine Million Datensätze in eine Partition speichert, was leicht am Primärschlüssel erkannt werden kann.

Eine Besonderheit stellen in einem solchen Szenario durch eine Primärschlüssel-/ Fremdschlüssel-Beziehung verbundene Tabellen dar. Hier ist es eine gute Vorgehensweise, die abhängigen Kinddatensätze in einer Struktur wie z.B. Bestellkopfdaten und Bestelldetaildaten, bei denen also die Kinder nur von einem Elterndatensatz abhängen, nach dem gleichen Muster gefiltert auf die Partitionen zu verteilen. In der Abbildung sieht man, dass weiterhin jahresbezogene Partitionen und Dateigruppen existieren, diese aber sowohl die Kopfdaten wie auch die Detaildaten einer Bestellung enthalten. So nutzt man in einer solchen Konstruktion, dass ein typischer Verbund zwischen beiden Tabellen über die gleiche Partition beantwortet werden kann. Nimmt man dagegen die abhängige Tabelle mit den Verkaufsregionen, die wir zuvor als Beispiel erwähnt hatten, dann lohnt sich diese Konstruktion nicht, weil diese Tabelle von allen Bestellungen referenziert wird.

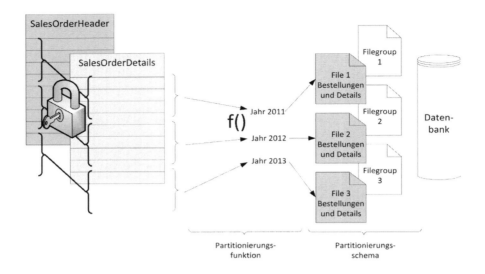

Abbildung 2.03: Funktionsweise von Partitionierung

➜ Ausblick: Partitionierung im Data Warehouse

Gerade auch bei einem Data Warehouse ist dieses Thema aufgrund der meistens sehr großen Datenmengen wichtig. Hier kann man sich vorstellen, dass in der so genannten Basisdatenbank, also der relationalen Datenbank, die dem eigentlichen Data Warehouse zugrunde liegt, bereits verschiedene Faktentabellen partitioniert sind.

Eine Faktentabelle speichert Daten wie diejenigen, welche wir gleich in unserem Beispiel verwenden, nämlich meistens Transaktionsdaten, über die unter verschiedenen Gesichtspunkten Analysen stattfinden sollen. Aus den Tabellen für Verkauf und Einkauf in der hier verwendeten Adventure Works-Datenbank werden in der DW-Variante Faktentabellen, wobei Tabellen für die Kundendaten oder Produktinformationen sowie Verkaufsgebiete oder auch die Zeit Dimensionstabellen sind. Leitet man dann aus diesen Tabellen OLAP (OnLine Analytical Processing) Würfel ab, entstehen neue für Abfragen und Analysen optimierte Datenstrukturen. Sie speichern in der Variante MOLAP (Multidimensionales OLAP) alle aus der Basisdatenbank abgerufenen Daten und auch Aggregate, d.h. Summe, Durchschnitte oder

Anzahlen, da der Lesevorgang viel schneller ist, als wenn diese Werte erst noch für eine Abfrage berechnet werden müssten.

In diesem Szenario entsprechen dann typischerweise die Partitionen in der Basisdatenbank denjenigen für die Faktentabellen im OLAP-Würfel. Die Einrichtung dieser Partitionen für Faktentabellen erfolgt zwar mit einer anderen Syntax und Vorgehensweise, weil ja auch die Technik der OLAP-Würfel (MS SQL Server Analysis Services) eine ganz andere ist, aber die wesentlichen Prinzipien sind bei beiden Ansätzen dieselben.

2. 5. 2. Partitionierung definieren und nutzen

In einem umfangreichen Beispiel, zeigen wir, wie eine Datenbank mit Dateigruppen und eine partitionierte Tabelle angelegt werden, füllen diese Tabelle mit Daten und sehen, wie die Daten sich auf die einzelnen Partitionen verteilen. Um überhaupt eine partitionierte Tabelle anlegen zu können, benötigt man ein Partitionierungsschema, welches die Partitionen und die zu verwendeten Dateigruppen auflistet, und eine Partitionierungsfunktion, welche die Verteilung der Daten auf die einzelnen Partitionen festlegt.

➔ **Datenbank und Dateigruppen**

Zunächst erstellen wir eine neue Datenbank namens AW, welche für die Jahre 2011 bis 2014 einzelne Dateigruppen enthält, die jeweils ein Datei besitzen. Wie oben schon erwähnt, gibt es noch weitere Optionen an dieser Stelle: man könnnte eine Partitionierung auch in einer einzelnen Dateigruppe vornehmen und/oder mehr Dateien in den Dateigruppen platzieren.

```
CREATE DATABASE AW
 CONTAINMENT = NONE
 ON  PRIMARY
( NAME = N'AW',
  FILENAME = N'C:\Program Files\...\MSSQL\DATA\AW.mdf' ,
  SIZE = 3072KB , FILEGROWTH = 1024KB ),
 FILEGROUP [Sales2012]
( NAME = N'Sales2012',
  FILENAME = N'C:\Program Files\...\MSSQL\DATA\Sales2012.ndf' ,
```

```
    SIZE = 5120KB , FILEGROWTH = 1024KB ),
  FILEGROUP [Sales2013]
( NAME = N'Sales2013',
    FILENAME = N'C:\Program Files\...\MSSQL\DATA\Sales2013.ndf' ,
    SIZE = 3072KB , FILEGROWTH = 1024KB ),
  ...
  LOG ON
( NAME = N'AW_log',
    FILENAME = N'C:\Program Files\...\MSSQL\DATA\AW_log.ldf' ,
    SIZE = 1024KB , FILEGROWTH = 10%)
```

252_01.sql: Datenbank und Dateiverwaltung

Danach definieren wir eine Tabelle, welche partitioniert werden soll. Hier bietet es sich an, aus der Beispiel-DB eine sehr vereinfachte Form der SalesOrderHeader-Tabelle nachzubauen. Diese enthält im Original viel mehr Spalten für weitere Details von Auftragskopfdaten. Die Detaildaten befinden sich dann wiederum in einer anderen Tabelle, nämlich SalesOrderDetails, welche wir für unser Beispiel allerdings nicht benötigen. Sie liegt wie die Original-Tabelle in einem Schema namens Sales. Dieses muss noch vor der Tabelle erstellt werden. Die Tabelle und auch der Primärschlüssel als geclusterter Index liegen beide zu Anfang in der primären Dateigruppe.

```
-- Schema anlegen
CREATE SCHEMA Sales AUTHORIZATION dbo
GO
-- Tabelle anlegen
CREATE TABLE Sales.SalesOrderHeader(
    SalesOrderID int IDENTITY(1,1) NOT NULL,
    OrderDate    datetime          NOT NULL,
    CustomerID   int               NOT NULL,
    TotalDue     money             NOT NULL
  CONSTRAINT PK_SalesOrderHeader_SalesOrderID
          PRIMARY KEY CLUSTERED ( SalesOrderID ASC )
  ON [PRIMARY]
) ON [PRIMARY]
```

252_02.sql: Schema und Tabelle anlegen

Diese Tabelle kann sich auch unmittelbar auf die Partitionierung beziehen, wie man in der gleichen Beispieldatei sehen kann. Dazu müssen allerdings das Partitionierungsschema, welches in der ON-Klausel benannt wird, und die Partitionierungsfunktion, welche vom Schema referenziert wird, existieren. Man sieht, dass das Partitionierungsschema die Spalte OrderDate aufruft. Sie fungiert als Partitioierungsschlüssel, dessen Werte an die Funktion übergeben werden, um nach den darin verfügbaren Werteinteilungen die passende Partition auswählen zu können.

```
CREATE TABLE Sales.SalesOrderHeader(
    SalesOrderID int IDENTITY(1,1) NOT NULL,
    OrderDate    datetime       NOT NULL,
    CustomerID   int            NOT NULL,
    TotalDue     money          NOT NULL
 CONSTRAINT PK_SalesOrderHeader2_SalesOrderID
 PRIMARY KEY CLUSTERED ( OrderDate, SalesOrderID ASC )
 ON ps_OrderYear(OrderDate)
) ON ps_OrderYear(OrderDate)
```

252_02.sql: Partitionierung bei Tabellendefinition festlegen

➡ Partitionierungsfunktion und -schema

Der erste Schritt besteht daraus, eine Partitionierungsfunktion zu definieren. Man unterscheidet zwischen links- und rechtsseitigen Bereichen. In unserem Fall möchten wir für jedes Jahr eine neue Partition erstellen, weswegen wir bei einem linksseitigen Intervall den 31. Dezember jeden Jahres und bei einer rechtsseitigen Intervall den 1. Januar wählen würden. Links und rechts bedeutet dann jeweils, dass die Werte für eine Partition links oder rechts von diesem Wert liegen müssen, also kleiner oder größer als der angegebene Wert sein müssen.

Die allgemeine Syntax lautet:

```
CREATE PARTITION FUNCTION partition_function_name (
                               input_parameter_type )
AS RANGE [ LEFT | RIGHT ]
FOR VALUES ( [ boundary_value [ ,...n ] ] )
```

Wie eine tatsächliche Funktion gibt es einen Übergabeparameter, der unbenant ist und der ausschließlich über seinen Datentyp definiert wird. In diesem Fall ist es ein `datetime`-Wert, weil die definierten Werte und die für den Partitionierungsschlüssel verwendete Spalte `OrderDate` ebenfalls ein `datetime`-Feld ist. Es ist `RANGE LEFT` angegeben, da wir hier linksseitige Intervalle aufbauen, sodass also die Jahre 2011 und 2012 in die erste Partition fallen, dann eine Partition nur für die Jahre 2013 und 2014 aufgebaut werden. Werte die dann wiederum aus dem Jahre 2015 und später stammen, können in einer eigenen Partition gesammelt werden.

Wie man sehen kann, ist die angegebene Grenze jeweils im Intervall eingeschlossen, d.h. es gilt <= bei linksseitigen und >= bei rechtsseitigen Intervallen.

Möchte man nicht ein Datum verwenden, sondern bspw. den Primärschlüssel und damit ein `int`-Feld, dann könnte man Schritte mit einer Länge von 100.000 Datensätzen so definieren: `RANGE LEFT FOR VALUES (100000, 200000, 300000)`. Sobald man extrem viele Werte in einzelnen Intervallen auflisten müsste, müsste man in einer Schleife die Werte erstellen, als Zeichenkettenvariable den gesamten Befehl zusammensetzen und dann über die schon vorhandene T-SQL-Prozedur `sp_executesql` ausführen. Dies ist dann ein Anwendungsfall von dynamischen SQL bzw. T-SQL und wird im Kapitel zu T-SQL-Programmierung erläutert.

Will man dagegen die Daten nach Buchstaben einteilen, könnte man einen Zeichenkettenvariable für den Parameter verwenden und dann Buchstaben vorgeben, die als Grenzen verwendet werden. Ein Beispiel könnte sein, dass man eine Partition für jeden Buchstaben des Alphabets aufbaut, ähnlich einem klassischen Ordner mit Kunden, die nach ihrem ersten Buchstaben sortiert abgeheftet werden.

```
CREATE PARTITION FUNCTION pf_OrderYear(datetime)
AS RANGE LEFT
FOR VALUES (N'2012-12-31T00:00:00',
            N'2013-12-31T00:00:00',
            N'2014-12-31T00:00:00')
```

252_03.sql: Partitionierungsfunktion erstellen

Der zweite Schritte ist dann, das Partitionierungsschema zu erstellen, welches sich wiederum auf eine Partitionierungsfunktion bezieht. So könnte man also die gleiche Funktion in mehreren Schemata nutzen. In unserem Beispiel kann dies sogar Sinn ergeben, denn neben den vielen Verkäufen gibt es in der Adventure Works-DB auch noch eine umfangreiche Tabelle für die Einkäufe. Für sie gelten die gleichen Regeln wie auch für die Verkäufe, denn auch hier werden je nach Alter der Datensätze unterschiedlich viele Operationen auf ihnen durchgeführt. Daher könnte man sich überlegen, natürlich andere Dateigruppen bzw. Partitionen zu verwenden, aber ebenfalls nach dem Datum des Einkaufsvorgangs zu partitionieren. Dann nutzte man die Funktion in zwei Schemata.

Nach der Angabe, wie dieses Schema heißen soll, referenziert man nach AS PARTITION die Partitionierungsfunktion. Entweder bezieht man sich dann auf nur eine Dateigruppe oder auf mehrere. Dann werden zwar Partitionen erstellt, aber im einfachsten Fall nur in einer einzigen Dateigruppe, welche dann natürlich wieder auf mehrere Dateien aufgeteilt sein kann. In diesem speziellen Fall kann man das optionale Schlüsselwort ALL noch verwenden, welches kontrolliert, dass man auch nur eine Dateigruppe angibt. Der zweite Fall ist etwas komplexer, denn hier listet man die zu verwendeten Dateigruppen auf, wobei für Überlaufdaten, welche nicht durch die verwendete Partitionierungsfunktion abgedeckt werden, wenigstens eine weitere Dateigruppe angegeben wird.

Die allgemeine Syntax lautet:

```
CREATE PARTITION SCHEME partition_scheme_name
AS PARTITION partition_function_name
[ ALL ] TO ( { file_group_name | [ PRIMARY ] } [ ,...n ] )
```

In unserem Beispiel definieren wir nach und nach alle zuvor erstellten Dateigruppen und fügen auch die Dateigruppe für das Jahr 2015 ein, obwohl wir in der referenzierten Funktion nur drei Intervalle definiert haben.

```
CREATE PARTITION SCHEME ps_OrderYear
AS PARTITION pf_OrderYear
TO (Sales2012, Sales2013, Sales2014, Sales2015)
```

252_03.sql: Partitionierungsschema erstellen

Änderungen an beiden Objekten kann man über die ALTER-Anweisung vornehmen, welche die gesamte Neudefinition erwartet und keine Syntax bietet, nur einzelne Teile zu nennen. Löschen kann man beide Objekte natürlich über DROP.

Hätten wir erst die Funktion und das Schema erstellt, dann hätten wir schon gleich das Partitionierungsschema nutzen können, als wir die Tabelle für die Verkäufe definierten. So existiert diese Tabelle allerdings schon, und wir müssen sie nachträglich zu einer partitionierten Tabelle definieren. Dies erfordert Einiges an Aufwand: Zunächst muss man den Primärschlüssel entfernen und dann als nicht geclusterten Index wieder erstellen, um dann schließlich einen weiteren Index zu erstellen, der dann geclustert ist und für die OrderDate-Spalte erstellt wird. Diese Definition dann enthält auch in der zweiten ON-Klausel die Angabe, dass das gerade erstellte Partitionierungsschema verwendet werden soll.

```
-- Primärschlüssel löschen
ALTER TABLE Sales.SalesOrderHeader
DROP CONSTRAINT PK_SalesOrderHeader_SalesOrderID
-- Primärschlüssel als nicht geclusterten Index erstellen
ALTER TABLE Sales.SalesOrderHeader
ADD CONSTRAINT PK_SalesOrderHeader_SalesOrderID
PRIMARY KEY NONCLUSTERED ( SalesOrderID ASC )
-- Clustered Index mit Partitionierung erstellen
CREATE CLUSTERED INDEX ClusteredIndex_on_ps_OrderYear
ON Sales.SalesOrderHeader ( OrderDate )
ON ps_OrderYear( OrderDate )
```

252_03.sql: | Partitionierung auf Tabelle anwenden

➜ **Daten partitioniert verwalten**

Schließlich bleibt nur noch, die Tabelle auch tatsächlich zu verwenden. Dabei übertragen wir Daten aus der schon vorhandenen Adventure Works-DB in unsere eigene und greifen dabei auf die SalesOrderHeader-Tabelle im Original zurück.

Zunächst testen wir, wie viele Daten überhaupt jeweils in den einzelnen Jahren in der SalesOrderHeader-Tabelle gespeichert sind. Diese sollen dann ja sowohl in der neuen Tabelle und vor allen Dingen zu diesen Anzahlen in der partitionierten Tabelle erscheinen.

```
SELECT year(OrderDate)     AS [Year],
       COUNT(SalesOrderID) AS Orders
  FROM AdventureWorks2014.Sales.SalesOrderHeader
```

```
GROUP BY year(OrderDate)
ORDER BY [Year]
```

252_04.sql: Daten zählen für spätere Kontrolle

Man sieht, dass die Bestellungen erst im Jahr 2011 beginnen und stetig steigen.

```
Year          Orders
----------    ----------
2011          1607
2012          3915
2013          14182
2014          11761
```

Über eine einfache Abfrage, welche nur die für die neu erstellte Tabelle relevante Spalten verwendet, kann man aus der bestehenden `SalesOrderHeader`-Tabelle Daten in die neue Tabelle übertragen.

```
INSERT INTO AW.Sales.SalesOrderHeader
   (OrderDate, CustomerID, TotalDue)
SELECT OrderDate, CustomerID, TotalDue
   FROM AdventureWorks2014.Sales.SalesOrderHeader
```

252_04.sql:: Daten übertragen

Man prüft dann über verschiedene Wege, ob die Partitionen angelegt sind. Dazu kann man in den Systemsichten nachschauen, welche Partitionierungsfunktionen existieren bzw. welche Informationen über die gerade erstellte Funktion gespeichert sind. Dazu verwendet man die Systemsicht `sys.partition_functions`, aus der man alle Spalten abruft, und ergänzt diese Informationen noch um die Werte der in dieser Funktion definierten Bereiche, welche aus der Sicht `sys.partition_range_values` abgerufen werden können.

```
SELECT r.value, f.*
  FROM sys.partition_functions AS f
       INNER JOIN sys.partition_range_values AS r
    ON f.function_id = r.function_id
 WHERE f.name = 'pf_OrderYear'
```

Man erhält als Ergebnis für jedes Intervall eine Zeile. In der Spalte `fanout` steht die Anzahl der Bereichsgrenzen, welche die Funktion besitzt.

```
value         name          function_id  type  type_desc  fanout
----------    -----------   ------------  ----  ---------  ------
2012-12-31    pf_OrderYear  65539         R     RANGE      4
2013-12-31    pf_OrderYear  65539         R     RANGE      4
2014-12-31    pf_OrderYear  65539         R     RANGE      4
```

In der Sicht `sys.partitions` findet man dann Informationen über die Partitionen, welche dann über die `object_id`-Spalte auch mit den Tabellen in `sys.tables` verknüpft werden können. In der CTE erstellen wir zunächst die Verknüpfung und stellen die Spalten bereit, damit wir dann in der eigentlichen Abfrage die Informationen über die Partitionen zusammen mit den kumulierten Reihenanzahlen ausgeben können.

```sql
WITH partitionCount AS (
  SELECT t.object_id,
         t.name,
         p.partition_id,
         p.partition_number,
         p.rows
    FROM sys.partitions AS p INNER JOIN sys.tables AS t
      ON p.object_id = t.object_id
   WHERE p.partition_id IS NOT NULL
     AND t.name = 'SalesOrderHeader'
)
SELECT *,
       SUM(rows) OVER (ORDER BY partition_id) AS Total
  FROM partitionCount
 ORDER BY partition_number
```

252_04.sql: Partitionierung testen (1)

Man erhält eine Aufstellung der vier Partitionen und der Anzahl der in ihnen enthaltenen Datensätze, welche mit den zuvor überprüften Angaben übereinstimmen. Die Jahre 2011 und 2012 wurden wie geplant in der gleichen Partition gespeichert, sodass hier die Gesamtsumme die Addition aus den beiden einzelnen Jahren darstellt. Auch die Gesamtsumme stimmt mit dem Original überein.

object_id	name	partition _id	partition _number	rows	Total
501576825	SalesOrderHeader	7205759404...	1	5522	5522
501576825	SalesOrderHeader	7205759404...	2	14182	19704
501576825	SalesOrderHeader	7205759404...	3	11761	31465
501576825	SalesOrderHeader	7205759404...	4	0	31465
501576825	SalesOrderHeader	7205759404...	1	31465	62930

Schließlich kann man auch noch ohne die Systemsichten arbeiten und auf die Funktion $partition zurückgreifen, welche die Partitionsnummer für eine angehängte Partitionsfunktion liefert. Dies ist nicht die Überprüfung, ob die Daten auch in dieser Partition enthalten sind, sondern lediglich die Anweisung der angehängten Funktion auf einen übergebenen Wert bzw. eine Spalte.

```
[ database_name. ] $PARTITION.partition_function_name(expression)
```

Die nachfolgende Abfrage ermittelt also zunächst, in welchen Partition die Daten der SalesOrderHeader-Tabelle fielen und gruppiert sie dann nach diesen Partitionen, sodass man die Anzahl und das minimale und maximale Bestelldatum für die Partition ausgeben kann.

```
SELECT $partition.pf_OrderYear(so.OrderDate) AS [Partition Number],
       MIN(so.OrderDate)                     AS [Min Order Date],
       MAX(so.OrderDate)                     AS [Max Order Date],
       COUNT(*)                              AS [Rows In Partition]
  FROM Sales.SalesOrderHeader AS so
 GROUP BY $partition.pf_OrderYear(so.OrderDate)
 ORDER BY [Partition Number]
```

252_04.sql: Partitionierung testen (2)

Als Ergebnis erhält man dann die entsprechende Aufstellung der Partitionen und ihrer Anzahlen, sowie sie sich bereits für die tatsächliche Verteilung ergeben haben. Interessant ist hier dann noch, die Datumswerte zu vergleichen. Sind die jeweiligen Grenzen (1.1 und 31.12.) vorhanden, dann bilden diese auch die Extremwerte der Partitionen, ansonsten natürlich der jeweils kleinste und größte Wert.

```
Partition Number Min Order Date Max Order Date Rows In Partition
```

```
-----------------  ---------------  ---------------  ------------------
1                  2011-05-31       2012-12-31       5522
2                  2013-01-01       2013-12-31       14182
3                  2014-01-01       2014-06-30       11761
```

2. 5. 3. Partitionierung grafisch verwalten

Für die Erstellung von Partitionen bzw. die Erstellung des dazugehörigen Schemas und der benötigen Funktion gibt es auch einen Assistenten im Management Studio, den Sie wie folgt benutzen:

1. Wählen Sie aus dem Kontextmenü einer Tabelle STORAGE/CREATE PARTITION.

2. Bestätigen Sie das erste Fenster des Assistenten.

3. Wählen Sie dann eine Spalte für die Partitionierung aus.

4. Benennen Sie die Partitionierungsfunktion oder wählen Sie eine aus.

5. Benennen Sie das Partitionierungsschema oder wählen Sie eines aus.

6. Entscheiden Sie, ob Sie links- oder rechtsseitige Intervalle verwenden wollen und definieren Sie dann die Grenzen für jedes Intervall. Ordnen Sie es auch jeweils einer Dateigruppe zu.

7. Entscheiden Sie dann, ob Sie ein Skript erzeugen, die Aktion sofort oder zeitversetzt starten wollen und wie Sie das Skript speichern wollen.

8. Es folgt noch eine Zusammenfassung der zu erzeugenden oder gewählten Objekte.

9. Zum Schluss sieht man im Ordner Storage das neu erzeugte Schema oder die neu erstellte Funktion.

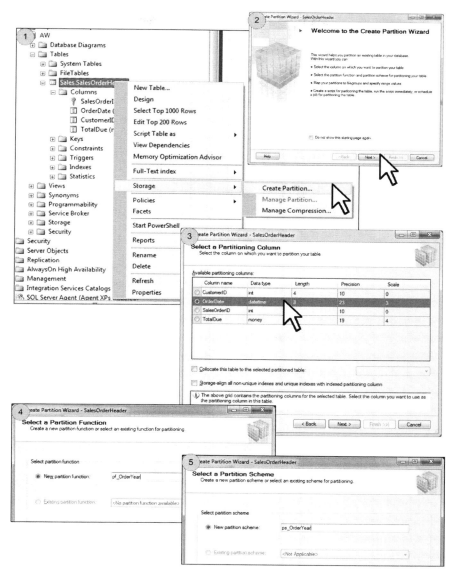

Abbildung 2.04: Grafische Verwaltung der Partitionierung (1)

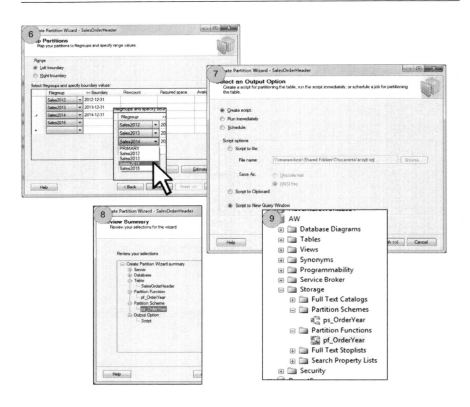

Abbildung 2.05: Grafische Verwaltung der Partitionierung (2)

2. 5. 4. Verwalten von Partitionen

Hat man eine Tabelle erst partitioniert, kann man die Partitionen auch von einer Tabelle zu einer anderen schieben, ohne dies über SQL und INSERT-Anweisungen zu machen. T-SQL bietet die Möglichkeit, Partitionen ein- und auszuhängen und damit eine Partition zu einer anderen partitionierten Tabelle zu schieben oder eine neue Tabelle aufzubauen, welche die umgehängte Partition enthalten soll. Bei diesen Aktionen ist die Partition immer die kleinste Einheit. In unserem Beispiel bedeutet das, dass immer die Daten von einem ganzen Jahr oder in den Randbereichen (erstes und aktuelles Geschäftsjahr) die in der jeweiligen Partition vorhandenen Daten übertragen werden. Für feinere Datenbewegungen sollte man dann doch wiederum besser auf INSERT INTO...SELECT setzen und entsprechend feine Filter einbauen, muss dann allerdings auch die übertragenen Daten mit dem gleichen Filter aus der Quelle entfernen, wenn in der DB keine Duplikate existieren sollen.

➡ **Voraussetzungen und Grundprinzip**

Es gibt einige Voraussetzungen, die gelten müssen, bevor man den eigentlichen ALTER TABLE...SWITCH-Befehl ausführt.

- *Existenz von Quelle und Ziel*: Da man in diesem Befehl Tabellen als Quelle und Ziel referenziert, müssen beide Tabelle bereits vorher existieren.

- *Existenz der Partition*: Auch muss eine Partition, welche Daten aus einer anderen Partition erhält, bereits vorher existieren und leer sein. Daten werden nicht überschrieben oder angehängt, sondern man verschiebt tatsächlich ausschließlich ganze Partitionen.

- *Gleiche Strukturen*: Nur gleich strukturierte Partitionen können bewegt werden, d.h. man muss die Partitionierung auf der gleichen Spalte definiert haben und ansonsten müssen die Spalten und ihre Datentypen natürlich auch übereinstimmen. Diese Anforderung wirkt sich auch auf berechnete Spalten aus, welche die gleiche Syntax aufweisen müssen, oder XML-Spalten, welche das gleiche XML Schema referenzieren müssen. Insbesondere müssen Quelle und Ziel die gleichen geclusterten Indizes besitzen. Auch die Fremdschlüssel, die von der Quelle oder Ziel ausgehen, müssen gleich definiert sein.

- *Fremdschlüssel-Einschränkungen*: Da beim Umhängen einer Partition ja die Tabelle gewechselt wird, kann die Quelle nicht das Ziel von Fremdschlüsseln sein. Auch darf zwischen Quelle und Ziel keine Fremdschlüssel-Beziehung bestehen.

- *Eingeschränkte Indizierung*: Es sind auf der Ziel-Tabelle keine XML-Indizes und auf beiden Tabellen keine Volltext-Indizes erlaubt.

- *Passende Einschränkungen*: Einschränkungen müssen nicht exakt gleich sein, sondern das Ziel muss die Quelldaten akzeptieren können. CHECK-Bedingungen müssen entweder gleich sein oder die Daten der Quelle akzeptieren.

Einschränkungen bei `int`-Spalten müssen entweder gleich sein oder eine Untermenge abbilden. Grenzen für die Quell-Partition müssen in die Grenzen der Ziel-Partition passen.

- *Gleiche Dateigruppe*: Schließlich ist eine Voraussetzung, dass Quelle und Ziel die gleiche Dateigruppe benutzen müssen.

Auch wenn die Liste der Voraussetzungen sehr lang ist, erschließen sich die meisten Regeln sehr einfach. Da Daten von einer Tabelle zu einer anderen gewechselt werden, braucht man sich nur vorzustellen, wie man dies über SQL erledigen würde. Auch hier müssen natürlich Datentypen, Einschränkungen oder ganz einfach die Spaltenstrukturen übereinstimmen, denn sonst würde der `INSERT`-Befehl nicht funktionieren können.

Eine auch vom Management Studio gut unterstützte Vorgehensweise besteht darin, die Ziel-Tabelle im Rahmen der über den Assistenten eingerichteten Wechselvorgang auch erstellen zu lassen. Diese ist dann natürlich einfach nur eine Kopie der Quell-Tabelle, wobei die Namen von Tabelle und Einschränkungen angepasst werden.

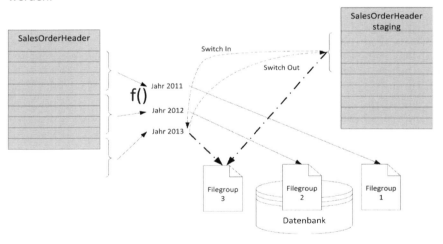

Abbildung 2.06: Umhängen von Partitionen

Die Abbildung zeigt, was bei einem solchen Wechsel passiert. Die Quelle befindet sich auf der linken Seite, und das Ziel - wie vom Assistenten auch hier als staging-Tabelle bezeichnet, da Daten für die Weiterverarbeitung geladen werden sollen - auf der rechten Seite. Es sind wie schon in den Abbildungen zuvor in der Datenbank drei Dateigruppen vorhanden, wobei jeweils ein Jahr der Verkäufe in einer Dateigruppe und in einer Partition gespeichert werden. Die Daten für das Geschäftsjahr 2013 befinden sich in der Dateigruppe bzw. Partition 3, welche von der Quelle zum Ziel umgehangen werden sollen. Zunächst erfolgt der Switch-Out-Schritt, bei dem die Partition aus der Quelle zum Ziel übertragen wird. Danach könnte in einer anderen Tabelle ein Switch-In-Schritt erfolgen, bei dem diese Partition wiederum umgehangen wird. Beide gehören natürlich zusammen, da ein Abhängen in der Quelle gleichzeitig ein Anhängen im Ziel bedeutet. Die Abbildung zeigt auch, dass die Dateigruppe dieselbe bleibt und wirklich nur ein Umhängen der Partition stattfindet. Bei einem `INSERT`-Befehl würden man dagegen tatsächlich Daten bewegen und kann man sich vorstellen, dass man diese vielleicht in die gleiche Dateigruppe schreibt, aber spätestens auf der Festplatte andere Speicherbereiche beschrieben werden und auch Duplikate entstehen. Ein Umhängen dagegen entfernt die Daten aus der Quelle, hängt sie im Original und in ihrer Gesamtheit an das Ziel.

→ **Ladetabelle erstellen**

Geht man davon aus, dass man zunächst noch keine Tabelle hat, welche als Ziel für den Partitionswechsel zum Einsatz kommen kann, muss man sie zunächst erstellen. Hier lohnt es sich, den Assistenten vom Management Studio zu verwenden, da die Skripte doch länger sind als nur eine einfache Anweisung. Sind die Voraussetzung gegeben, dann ist der eigentliche Wechsel allerdings schnell gemacht. Daher zeigen wir in diesem Abschnitt, wie man eine Ladetabelle (oder staging-Tabelle) erstellen kann, die im Wesentlichen eine Kopie der Quelle darstellt oder sich von ihr im Rahmen der zuvor beschriebenen Regeln unterscheiden kann.

Die Quelltabelle muss für den Partitionierungsschlüssel und den Primärschlüssel der Tabelle einen geclusterten Index aufweisen. Hat man die Partitionierungsfunktion und das Partitionierungsschema erstellt, bevor man die Tabelle erstellt hat, dann hat man wie in Skript *252_02.sql* gezeigt, die Möglichkeit, sofort bei der Erstellung der Tabelle die Partitionierung einzurichten und dementsprechend auch sofort diesen geclusterten Index zu erstellen. Wir haben allerdings in unseren Ausführungen erst die Tabelle erstellt, dann die Partitionierung eingerichtet und getestet. Sollten Sie also alle Beispiele ausgeführt haben, besitzen Sie nun eine `SalesOrderHeader`-Tabelle in der DB, welche einen ungeeigneten Primärschlüssel besitzt. Dies zeigt auch der Assistent der Partitionsverwaltung als Meldung an. Um hier also die geeigneten Voraussetzungen zu schaffen, müssen wir zunächst den bestehenden Primärschlüssel löschen und einen neuen als geclusterten Schlüssel erstellen, welcher die Spalten `OrderDate` (den Partitionierungsschlüssel) und `SalesOrderID` enthält.

```
-- Primärschlüssel löschen
ALTER TABLE Sales.SalesOrderHeader
DROP CONSTRAINT PK_SalesOrderHeader_SalesOrderID
-- Primärschlüssel geclustert erstellen
ALTER TABLE Sales.SalesOrderHeader
ADD CONSTRAINT PK_SalesOrderHeader_SalesOrderID
    PRIMARY KEY CLUSTERED ( OrderDate, SalesOrderID ASC )
    ON ps_OrderYear(OrderDate)
```

254_01.sql: Geclusterten Schlüssel erstellen

Danach erstellen wir die eigentliche Ladetabelle. Das nachfolgende Skript ist die Ausgabe des Assistenten, wobei dieser noch sämtliche Aktionen in eine eigene Transaktion fasst. Wir haben die eckigen Klammern um alle Bezeichner so belassen, wie sie ausgegeben wurden. Der Name der Tabelle, welche dann auch in den Einschränkungen wieder erscheint, setzt sich aus Datum und Uhrzeit zusammen und könnte natürlich auch im Assistenten geändert werden.

```
-- Tabelle erstellen als Kopie der Quelle
CREATE TABLE [Sales].[staging_SalesOrderHeader_20150129-183002](
    [SalesOrderID] [int]      NOT NULL,
    [OrderDate]    [datetime] NOT NULL,
    [CustomerID]   [int]      NOT NULL,
    [TotalDue]     [money]    NOT NULL
) ON [Sales2014]
-- Geclusterten Primärschlüssel wie in Quelle erstellen
ALTER TABLE [Sales].[staging_SalesOrderHeader_20150129-183002]
    ADD  CONSTRAINT [staging_SalesOrderHeader_20150129-183002_PK_
                     SalesOrderHeader_SalesOrderID]
    PRIMARY KEY CLUSTERED ( [OrderDate] ASC, [SalesOrderID] ASC )
ON [Sales2014]
```

```
-- CHECK-Bedingungen für Datenprüfung einfügen
ALTER TABLE [Sales].[staging_SalesOrderHeader_20150129-183002]
WITH CHECK
ADD  CONSTRAINT [chk_staging_SalesOrderHeader_20150129-
               183002_partition_3]
    CHECK  ([OrderDate]>N'2013-12-31T00:00:00'
           AND [OrderDate]<=N'2014-12-31T00:00:00')
ALTER TABLE [Sales].[staging_SalesOrderHeader_20150129-183002]
CHECK CONSTRAINT [chk_staging_SalesOrderHeader_20150129-
               183002_partition_3]
```

254_02.sql: Ladetabelle erstellen und Schlüssel definieren

Wie gerade schon erwähnt, ist dieses Skript das Ergebnis des Assistenten, den Sie im Management Studio wie folgt benutzen können:

1. Wählen Sie aus dem Kontextmenü der Tabelle STORAGE / MANAGE PARTITION.

2. Es öffnet sich die Willkommensseite des Assistenten mit einer kurzen Erläuterung. Gehen Sie mit NEXT weiter.

3. Wählen Sie eine der vier Aktionen auf der nächsten Seite. In diesem Fall wählen Sie den ersten Eintrag, um eine Ladetabelle zu erstellen. Die nächsten beiden Möglichkeiten bieten dann die Möglichkeit, eine Partition abzuhängen oder in eine Tabelle einzuhängen. Verlassen Sie das Dialogfenster über NEXT.

4. Es öffnet sich das eigentliche Fenster, in dem man die Einstellungen für die gewählte Aktion vorgeben kann. In diesem Fall wählen Sie einen Namen für die zu erstellende Tabelle, und wählen die Intervallgrenze für die abzuhängende Partition und damit gleichzeitig die Partition. Die Dateigruppe wird automatisch ausgewählt und im unteren Eingabefeld angezeigt. Wählen Sie NEXT.

5. Entscheiden Sie, ob Sie die Aktionen gleich ausführen wollen oder ein Skript erstellen wollen. Im letzten Fall kann man noch wählen, wo das Skript gespeichert bzw. geöffnet werden soll. Wählen Sie NEXT.

6. Bestätigen Sie die Liste der zu erstellenden oder berücksichtigenden Objekte und starten Sie die Aktionen mit FINISH.

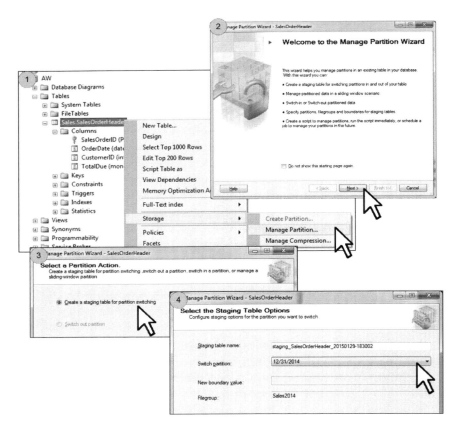

Abbildung 2.07: Ladetabelle mit Assistent erzeugen

Das entstehende Skript enthält dann sowohl die gerade gedruckten Anweisungen, aber auch zusätzlich den angegebenen Partitionswechsel. Benötigt man nur die Ladetabelle, dann genügt es natürlich, nur den ersten Teil des Skripts auszuführen.

➜ Partitionen wechseln

Hat man eine Zieltabelle gemäß den Anforderungen für den Partitionswechsel oder plant man, direkt beim Wechsel eine solche Tabelle zu erstellen, dann kann

man mit Hilfe des Assistenten jeweils Partitionen aushängen (switch out) oder einhängen (switch in). Die Abbildungen zeigen nur die jeweilige Wahl auf der ersten
Seite des Assistenten und den entscheidenden Schritt.

Um eine Partition abzuhängen, wählt man die Ziel-Tabelle in *SWITCH OUT TABLE*
entweder als neu zu erstellende Tabelle oder als vorhandene Tabelle. Die Partition, die man abhängen möchte, wählt man oben aus der Tabelle, wobei nur eine
Partition gewählt werden kann, da man eh immer nur eine einzelne Partition in
einem Schritt bewegen kann.

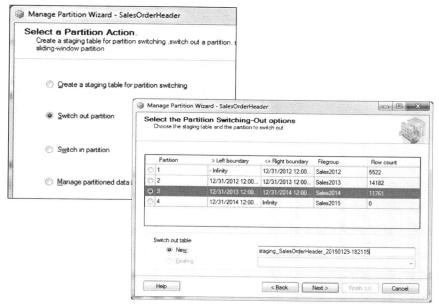

Abbildung 2.08: Partition abhängen

Um eine Partition einzuhängen, wählt man dagegen den dritten Eintrag in der Aus-
wahlseite des Assistenten und gelangt dann in ein Dialogfenster, in dem man nun
die Quelltabelle in der Auswahlliste *SWITCH IN TABLE* auswählt. Wiederum kann
man dann im oberen Bereich aus der Tabelle eine Partition wählen, wobei es sich
in diesem Fall natürlich um die Partition handelt, welche in die Zieltabelle eingefügt werden soll.

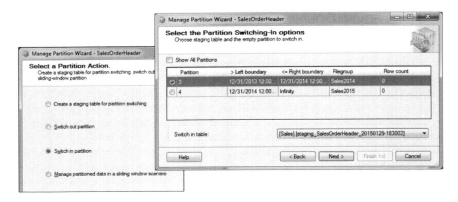

Abbildung 2.09: Partition einhängen

Alles dies lässt sich natürlich auch über T-SQL erledigen, und im einfachsten Fall generiert man jeweils über den Assistenten das passende Skript zu den gewünschten Aktionen. Die allgemeine Syntax ist eine Ergänzung zum ALTER TABLE-Befehl und enthält die SWITCH-Klausel, welche Quelle und Ziel referenziert.

```
ALTER TABLE [ database_name . [ schema_name ] . | schema_name . ]
        table_name
SWITCH [ PARTITION source_partition_number_expression ]
TO target_table [ PARTITION target_partition_number_expression ]
```

In den Skripten *254_02.sql* und *254_03.sql* ist jeweils enthalten, wie man aus der SalesOrderHeader-Tabelle die Partition 3 abhängt, wobei sich nur die Tabellennamen des Ziels unterscheiden.

```
ALTER TABLE [AW].[Sales].[SalesOrderHeader]
SWITCH PARTITION 3
TO [AW].[Sales].[staging_SalesOrderHeader_20150129-183002]
WITH (WAIT_AT_LOW_PRIORITY
        (MAX_DURATION = 0 MINUTES, ABORT_AFTER_WAIT = NONE))
```
254_03.sql: Abhängen einer Partition und Übertragen in eine andere Tabelle

Ist dann die Partition in der Ladetabelle eingefügt, kann man über eine einfache Abfrage überprüfen, wie viele und auch welche Reihen (Datumswerte) in den bei-

den Tabellen nun jeweils vorhanden sind. Dazu muss man nur die beiden Systemsichten `sys.partitions` und `sys.tables` verknüpfen und nach den beiden
Tabellennamen filtern. In der Spalte `rows` kann man dann die Anzahl der Datenreihen und in der Spalte `partition_number` kann man die Partitionsnummer
ablesen.

```sql
SELECT t.name,
       p.partition_id,
       p.partition_number,
       p.rows
  FROM sys.partitions AS p INNER JOIN sys.tables AS t
    ON p.object_id = t.object_id
 WHERE p.partition_id IS NOT NULL
   AND t.name IN('staging_SalesOrderHeader_20150129-182115',
                 'SalesOrderHeader')
 ORDER BY t.name
```

254_03.sql: Überprüfung des Füllstandes von Quelle und Ziel

Und tatsächlich: insgesamt sind alle Datensätze noch in der Datenbank vorhanden, aber in der Quelle `SalesOrderHeader` fehlen genau diejenigen 11761 Datensätze, die nun in der zweiten Tabelle in der ersten Partition vorhanden sind.

name	partition_id	partition _number	rows
SalesOrderHeader	72057594044416000	1	5522
SalesOrderHeader	72057594044481536	2	14182
SalesOrderHeader	72057594044612608	4	0
SalesOrderHeader	72057594044874752	3	0
staging_SalesOrderHeader _20150129-182115	72057594044547072	1	11761

Will man dann wieder die Daten aus der gerade befüllten Zieltabelle zurückspielen oder in eine andere Tabelle übertragen, kann man dies mit dem folgenden
vom Assistenten erzeugten Skript bewerkstelligen. Es handelt sich um das gleiche
Skript wie zuvor. Allerdings sind jetzt Quelle und Ziel vertauscht.

```sql
ALTER TABLE [AW].[Sales].[staging_SalesOrderHeader_20150129-183002]
```

```
SWITCH   TO [AW].[Sales].[SalesOrderHeader] PARTITION 3
WITH (WAIT_AT_LOW_PRIORITY
     (MAX_DURATION = 0 MINUTES, ABORT_AFTER_WAIT = NONE))
```

254_03.sql: : Übertragung aus Ladetabelle

2

2

Optimierung und Tuning

3. Optimierung und Tuning

Ist die Datenbank erst einmal aufgebaut, soll sie auch benutzt werden. Im Fall einer Datenbank wie der MS SQL Server, welche auch extrem große Datenmengen und auch extrem große Strukturen, was Anzahl von Tabellen und Spalten betrifft, verwalten kann, stellt natürlich die Größe der entstandenen Lösung automatisch eine Herausforderung dar. Eine hohe Anzahl an Benutzern, komplexe Abfragen bzw. allgemein Operationen (programmierbare Objekte wie Prozeduren) machen es notwendig, Datenstrukturen zu optimieren. Dazu gehören solche Themen wie die schon vorgestellte Partitionierung genauso wie die in diesem Kapitel folgenden Themen: die Abfragen über Ausführungspläne analysieren, Indizierung für geeignete Spalten einführen oder Anfragen protokollieren und die Datenbank ihrer Nutzung anpassen.

3. 1. Ausführungspläne

Fast jede Datenbank und so auch der MS SQL Server bietet es an, Ausführungspläne zu schätzen und die tatsächliche Ausführung zum Vergleich darzustellen. Man kann über die entstehenden Grafiken, den Text und theoretisch auch über die XML-Darstellung analysieren, welche Techniken für den Datenzugriff der Abfrageoptimierer verwendet. Je nach Komplexität der Abfrage entsprechen die im Ausführungsplan enthaltenen Knoten den angegebenen Operationen. Weil aber SQL nicht die Logik angibt, mit der Daten abgerufen, zusammengefasst, konsolidiert oder gefiltert werden, ist es vielfach interessant zu sehen, wie der Optimierer eine komplexe Abfrage zerlegt oder welche Kosten (bspw. CPU-Zeit) eine einzelne Abfrage in einer Kette von Abfragen verursacht.

3. 1. 1. Vereinfachte Beispiel-DB

Für die Analyse von Ausführungsplänen und auch für andere Themen dieses Kapitels haben wir die AdventureWorks-DB noch einmal sehr stark verkleinert und vereinfacht. In einer neuen Datenbank AW-Tuning, die in den Download-Dateien als Backup bereitsteht, befinden sich die drei Tabellen für den Produktkatalog (Kategorie, Unterkategorie und Produkt) sowie die großen Tabellen für die Verkäufe (Bestellkopf- und Bestelldetaildaten). Die Tabellen sind jeweils etwas vereinfacht, damit nicht zu viele Fremdschlüsselwerte ins Leere zeigen, weil diese Tabellen aus der großen Datenbank herausgenommen wurden.

Abbildung 3.01: Verkleinerte Beispiel-DB

Des Weiteren befinden sich im Skript *311_01.sql* Befehle, mit denen man im Produktkatalog Primär- und Fremdschlüssel erstellen und löschen kann.

```
-- Primärschlüssel erstellen
ALTER TABLE [Production].[Product]
ADD  CONSTRAINT [PK_Product] PRIMARY KEY CLUSTERED
( [ProductID] ASC )
GO
...


-- Fremdschlüssel erstellen
ALTER TABLE [Production].[Product]  WITH CHECK
ADD  CONSTRAINT [FK_Product_ProductSubcategory]
FOREIGN KEY([ProductSubcategoryID])
REFERENCES [Production].[ProductSubcategory]
                ([ProductSubcategoryID])
GO
...
```

311_01.sql: Primär- und Fremdschlüssel erstellen und löschen

Mit diesen Befehlen können Sie nachvollziehen, welche Auswirkungen es hat, wenn man eine Datenbank ohne Schlüssel verwendet und dennoch Abfragen ausführt, die sich über mehrere Tabellen erstrecken. Der erste Ausführungsplan (Datei *31_01.sqlplan*) ist dann derjenige, der angezeigt wird, wenn man die drei Tabellen aus dem Produktkatalog verknüft, diese aber weder einen Primärschlüssel besitzen noch über Fremdschlüsselbeziehungen miteinander verbunden sind. Der zweite Ausführungsplan (Datei *31_02.sqlplan*) ist dann derjenige, den man erhält, wenn sehr wohl Schlüssel in der Datenbank vorhanden sind. Wie man sich leicht denken kann, ist die zweite Variante besser.

3. 1. 2. Arbeiten mit Ausführungsplänen

Folgende Aktionen sind bei Ausführungsplänen möglich:

- Um einen geschätzten und damit den wahrscheinlichen benutzen Ausführungsplan anzuzeigen, markieren Sie eine oder mehrere Abfragen und wählen Sie aus dem Kontextmenü *DISPLAY ESTIMATED EXECUTION PLAN*. Im *QUERY*-Menü und auch in der Symbolleiste befindet sich der gleiche Befehl.

- Um den tatsächlichen Ausführungsplan anzuzeigen, wenn die Abfrage ausgeführt wird, markieren Sie die Abfrage(n) und wählen Sie aus dem Kontextmenü *INCLUDE ACTUAL EXECUTION PLAN* (auch *QUERY*-Menü und Symbolleiste).

- Um einen Ausführungsplan zu speichern, wählen Sie aus dem Kontextmenü des Ausführungsplan *SAVE EXECUTION PLAN AS*. Es entsteht eine XML-Datei, die man wieder im Management Studio öffnen kann. Sie wird automatisch als Grafik angezeigt.

- Um sich die XML-Darstellung anzusehen, wählen Sie aus dem Kontextmenü den Eintrag *SHOW EXECUTION PLAN XML*.

- Details zu den einzelnen Knoten und zu den Kanten blenden Sie ein, wenn Sie den Mauszeiger über diese Elemente bewegen. Alternativ können Sie auch die Elemente durch einen Klick aktivieren und öffnen dann die Eigenschaften im *PROPERTIES*-Fenster.

- Bei sehr großen Ausführungsplänen lohnt sich möglicherweise auch ein Zoom. Im Kontextmenü sind geeignete Befehle.

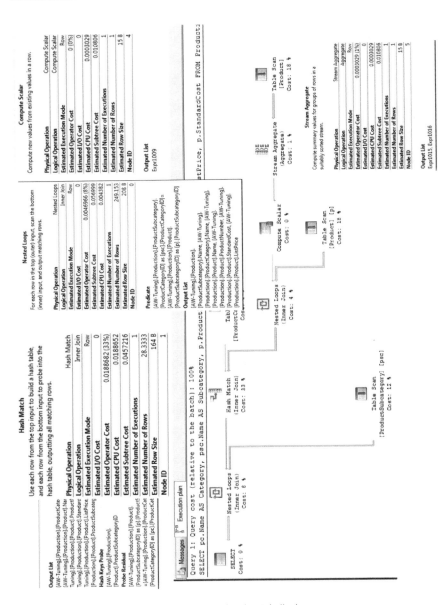

Abbildung 3.02: Ausführungsplan (ohne Schlüssel in den Tabellen)

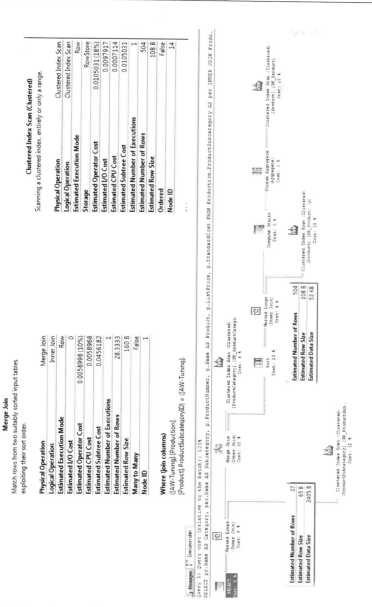

Merge Join

Match rows from two suitably sorted input tables exploiting their sort order.

Physical Operation	Merge Join
Logical Operation	Inner Join
Estimated Execution Mode	Row
Estimated I/O Cost	0
Estimated Operator Cost	0.0058998 (10%)
Estimated CPU Cost	0.0058968
Estimated Subtree Cost	0.0456182
Estimated Number of Executions	1
Estimated Number of Rows	28.3333
Estimated Row Size	160 B
Many to Many	False
Node ID	1

Where (join columns)

([AW-Tuning].[Production].
[Product].ProductSubcategoryID) = ([AW-Tuning].

Clustered Index Scan (Clustered)

Scanning a clustered index, entirely or only a range.

Physical Operation	Clustered Index Scan
Logical Operation	Clustered Index Scan
Estimated Execution Mode	Row
Storage	RowStore
Estimated Operator Cost	0.0105031 (18%)
Estimated I/O Cost	0.0097917
Estimated CPU Cost	0.0007114
Estimated Subtree Cost	0.0105031
Estimated Number of Executions	1
Estimated Number of Rows	504
Estimated Row Size	108 B
Ordered	False
Node ID	14

Abbildung 3.03: Ausführungsplan (mit Schlüssel in den Tabellen)

165

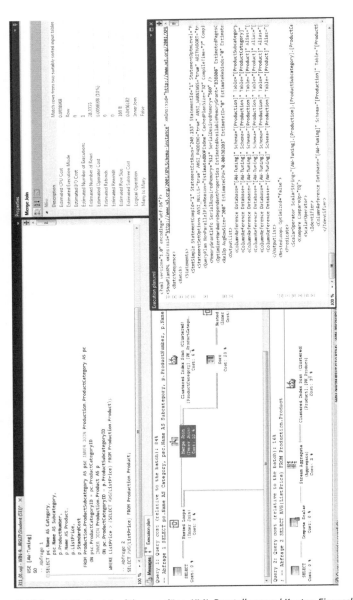

Abbildung 3.04: Zwei Ausführungspläne, XML-Darstellung und Knoten-Eigenschaften

In der Datei *312_01.sql* finden Sie die nachfolgende Abfrage, welche die drei Tabellen des Produktktalogs verknüpft und dann über eine Unterabfrage nach denjenigen Produkten filtert, welche teurer als der Durchschnitt sind.

```
SELECT pc.Name AS Category,
       psc.Name AS Subcategory,
       p.ProductNumber,
       p.Name AS Product,
       p.ListPrice,
       p.StandardCost
  FROM Production.ProductSubcategory AS psc
       INNER JOIN Production.ProductCategory AS pc
    ON psc.ProductCategoryID = pc.ProductCategoryID
       INNER JOIN Production.Product AS p
    ON pc.ProductCategoryID = p.ProductSubcategoryID
 WHERE ListPrice > (SELECT AVG(ListPrice) FROM Production.Product)
```

312_01.sql: Abfrage für die Analyse von Ausführungsplänen

Die Symbole in den Ausführungsplänen sind sehr zahlreich. Eine Übersicht mit sämtlichen Symbolen und ihren Erklärungen findet man unter https://technet. microsoft.com/en-us/library/ms175913%28v=sql.105%29.aspx. Die beiden nachfolgenden Seiten enthalten Bildschirmfotos dieser Webseite. Eine der beiden Klassifikationen der Symbole besteht aus folgenden beiden Gruppen:

- *Logische Operatoren*: Sie stellen grafisch dar, welche Operationen im Bereich der Mengen-Algebra in einer SQL-Anweisung verwendet werden.

- *Physische Operatoren*: Während die logischen Operatoren die auf einer höheren konzeptionellen Ebene gemeinten Operationen darstellen, bilden die physischen Operatoren die tatsächlichen Operationen ab, welchen vom MS SQL Server ausgeführt werden. Ein typisches Beispiel ist ein Filter, da dieser hier über eine komplette Suche in einer Tabelle oder durch die Nutzung eines Index durchgeführt werden kann, wobei dann die konkrete Verwendung des Index auch wieder unterschiedlich erfolgen kann.

Der Optimierer erstellt zunächst einen Baum, welchen logischen Operatoren enthält, die dann auf physische Operatoren abgebildet werden, mit denen das Konzept der Abfrage kostenoptimiert (CPU, I/O) umgesetzt werden kann.

Abbildung 3.05: Symbole im Ausführungsplan (1)

Abbildung 3.06: Symbole im Ausführungsplan (2)

Neben der Einteilung in logische und physische Operatoren, lassen sich die Symbole in einem Ausführungsplan auch in die folgenden Gruppen einteilen:

- Symbole für logische und physische Operationen in SELECT-Abfragen

- Symbole für Operationen und Aktionen für die Verwendung eines Cursors

- Symbole für die Darstellung von Parallelisierung

- Symbole für Operationen und Deklarationen in T-SQL-Skripten

Wie man sich denken kann, sind nicht alle Symbole täglich anzutreffen, sodass wir die Erklärung auf einige sehr häufige begrenzen wollen. Dabei stehen insbesondere diejenigen Operatoren im Fokus, welche man bei der Analyse von SQL-Abfragen finden kann.

Verschiedene Operatoren beschreiben die Nutzung von gruppierten Indizes (engl. clustered indexes). Sie sortieren auf- oder absteigend die Schlüsselwerte von Tabellen oder Sichten und speichern die Zellen dann in dieser Struktur. Ein solcher

Index kann nur einmal pro Tabelle vergeben werden, da er die Reihenfolge der Datenzeilen direkt beeinflusst. Ein nicht-gruppierter Index (engl. unclustered index) wird zusätzlich zu den Datenzeilen in einer eigenen Speicherstruktur aufgebaut. Er ist damit mit einem Index wie bei einem Buch gut zu vergleichen. Spalten, die indiziert werden, führen zu einer Liste mit den verschiedenen Werte dieser Spalte und einem Datensatzzeiger, wo dieser Wert in der Tabelle zu finden ist.

Folgende Operatoren können auftauchen,wenn ein solcher Index (gruppiert oder nicht-gruppiert) benutzt wird:

- (Non)Clustered Index Delete: löschen von (optional auch gefilterten) Reihen eines Index bei Löschen von Datenzeilen.

- (Non) Clustered Index Insert: einfügen von Reihen in einen Index bei Einfügen von Datenzeilen.

- (Non) Clustered Index Scan: vollständige Suche in einem Index, wobei auch ein zusätzlicher Filter (WHERE-Klausel) oder eine Sortierung (ORDER BY-Klausel) genutzt werden könnte.

- (Non) Clustered Index Seek: gezielte Suche in einem Index, wobei nur die angegebenen Index-Werte genutzt werden. Filter und Sortierung auch möglich.

- (Non) Clustered Index Update: aktualisieren von Index-Werten bei Änderung der Datenzeilen.

Folgende Operatoren repräsentieren Operationen, die auf Tabellen angewandt werden:

- Table Delete: löschen von Datenzeilen.

- Table Insert: einfügen von Datenzeilen.

- Table Scan: auswählen von Datenzeilen ohne Verwendung eines Index und mit möglicher WHERE-Klausel.

- Table Spool: übertragen von Daten in eine Kopie in der tempdb-DB für mehrfache Verwendung dieser Daten im Rahmen der Abfrage.

- Table Update: aktualisieren von Datenzeilen.

- Top: ausführen der TOP(n)-Klausel, um die n-obersten Datenzeilen zu filtern

Weitere Operatoren beschreiben, wie mit einzelnen Datenzeilen bzw. deren Werte umgegangen wird:

- Collapse: optimieren eines Aktualisierungsvorgangs, wobei bspw. benachbarte Zeilen bei gleicher Operation als Gruppe und damit schneller bearbeitet werden.

- Compute Scalar: auswerten eines Ausdrucks, um einen skalaren Wert zurückzuliefern, welcher dann später in der Abfrage verwendet oder ausgegeben wird.

- Concatenation: nimmt verschiedene Eingaben entgegen wie bspw. bei `UNION ALL` und liefert dann eine gemeinsame Ausgabe, nachdem jede Zeile analysiert wurde.

- Sort: sortieren von Eingabedaten.

- Split: aufteilen von Aktualisierungsoperationen in eine Lösch- und eine Einfüge-Operation.

- Stream Aggregate: berechnen von Aggregatwerten für eine oder mehrere Spalten, welche später in der Abfrage genutzt oder ausgegeben werden.

Der MS SQL Server kennt drei verschiedene Arten von Verknüpfungsoperationen, für die jeweils auch eigene Symbole vorhanden sind:

- Hash Match: kommt zum Einsatz, wenn Daten verknüpft werden sollen (Hash Join) oder Duplikate mit `DISTINCT` ausgeblendet, Aggregate ermittelt werden sollen oder der `UNION`-Operator verwendet wird. In allen Fällen erstellt der Operator eine Hash-Tabelle, welcher einen Hash-Wert für jede Zeile der Eingabe enthält und welche als Vergleichstabelle für Zeilenwerte dient. Speziell bei Verknüpfungen kommt der Hash Join zum Einsatz, wenn die Eingabespalten groß, nicht sortiert und nicht indiziert sind.

- Merge Join: ausführen von inneren, äußeren Verknüpfungen, wobei die Geschwindigkeit sinkt, wenn keine explizite Sortierung notwendig ist, sondern ein vorhandener Index verwendet werden kann. Der Merge Join wird genutzt, wenn beide Eingaben in den Verknüpfungsspalten bereits sortiert sind, wie dies bei der häufigen Primärschlüssel-Fremdschlüssel-Verknüpfung der Fall wäre.

- Nested Loop: ausführen von inneren, äußeren Verknüpfungen, wobei eine Suche in der inneren Tabelle stattfindet und je nach Bedarf auch eine Sortierung der äußeren Tabelle vorgenommen wird. Der Nested Loop kommt zum Einsatz, wenn eine Eingabe besonders wenige Zeilen besitzt und der andere dazu im Vergleich besonders viele.

Bei der gewählten Beispielabfrage für diesen Abschnitt kann man ja zwei Szenarien durchspielen: im ersten Fall gibt es keine Schlüssel, und im zweiten Fall sind sie sehr wohl vorhanden. Wie man sich denken kann, sieht eine Abfrage, welche Verknüpfungen einsetzt, unterschiedlich aus, je nachdem, welche vorhandenen Strukturen und Daten der Abfrageoptimierer einsetzen kann. Öffnet man beide in den Download-Dateien vorhandenen Ausführungspläne oder erstellt sie selbst, sieht man die Unterschiede sofort an den verschiedenen Varianten, wie die Verknüpfungen umgesetzt werden. In der Datenbank ohne Schlüssel(verknüpfungen) erfolgen zunächst nur Table Scan-Operationen, deren Ausgangsdaten später erst zu Nested Loops (Inner Join) führen. Sind aber gruppierte Indizes vorhanden, werden diese auch entsprechen genutzt. Aus einem Hash Match wird dann zusätzlich auch ein Merge Join.

Die prozentuale Verteilung der Kosten ändert sich allerdings nicht sehr dramatisch. In einigen Fällen ist es relativ gesehen unerheblich, welche Technik verwendet wird. So entstehen also für die Verknüpfung mit der Unterkategorie in beiden Fällen 12% der Kosten.

Aufgrund der geringen Datenmenge muss man konkrete Unterschiede in den CPU-Kosten durch einzelne Vergleiche suchen und wird nur wenig finden. Ein Beispiel gibt es jedoch: während der Hash Match in Variante 1 (ohne Schlüssel) 33% der Gesamtkosten verursacht und hier 0.0188 CPU Kosten geschätzt werden, sinkt dieser Anteil relativ auf 10% in Variante 2. Noch wichtiger allerdings ist die Reduktion auf 0.0058 CPU-Kosten. Viele andere Operatoren/Operationen sind jedoch in beiden Varianten gleich teuer.

3. 1. 3. Alternative Darstellungen

StmtText	StmtId	NodeId	Parent	PhysicalOp	LogicalOp	Argument	DefinedValues
Abfrage 1 SELECT pc.Name AS Category...	1	1	0	NULL	NULL	1	NULL
I--Nested Loops(Inner Join, WHERE:([AW-Tuning]	1	2	1	Nested Loops	Inner Join	1	NULL
I--Merge Join(Inner Join, MERGE:([pc].[Produc...	1	3	2	Merge Join	Inner Join	MERGE:([pc].[ProductCategoryID])=([p].[ProductSubcateg...	NULL
I--Clustered Index Scan(OBJECT:([AW-Tun...	1	4	3	Clustered Index Scan	Clustered Index Scan	OBJECT:([AW-Tuning].[Production].[ProductCategory].[PK...	[pc].[ProductCategoryID], [pc].[Name]
I--Sort(ORDER BY:([p].[ProductSubcategor...	1	5	3	Sort	Sort	ORDER BY:([p].[ProductSubcategoryID] ASC)	NULL
I--Nested Loops(Inner Join, WHERE:([A...	1	6	5	Nested Loops	Inner Join	WHERE:([AW-Tuning].[Production].[Product].[ListPrice] a	NULL
I--Compute Scalar(DEFINE:([Expr100...	1	7	6	Compute Scalar	Compute Scalar	DEFINE:([Expr1005]=CASE WHEN [Expr1011]=0 THEN...	[Expr1005]=CASE WHEN [Expr1011]=0 THEN NULL EL...
I--Stream Aggregate(DEFINE:([Exp...	1	8	7	Stream Aggregate	Aggregate	NULL	[Expr1011]=Count(*), [Expr1012]=SUM([AW-Tuning].[Produ...
I--Clustered Index Scan(OBJECT:([A...	1	9	8	Clustered Index Scan	Clustered Index Scan	OBJECT:([AW-Tuning].[Production].[Product].[PK_Product]	[AW-Tuning].[Production].[Product].[ListPrice]
I--Clustered Index Scan(OBJECT:([A...	1	16	6	Clustered Index Scan	Clustered Index Scan	OBJECT:([AW-Tuning].[Production].[Product].[PK_Produc...	[p].[Name], [p].[ProductNumber], [p].[StandardCost], [p].[Us...
I--Clustered Index Scan(OBJECT:([AW-Tuning]	1	19	2	Clustered Index Scan	Clustered Index Scan	OBJECT:([AW-Tuning].[Production].[Product].[ProductSubcategory]	[psc].[ProductCategoryID], [psc].[Name]

StmtText	EstimateRows	EstimateIO	EstimateCPU	AvgRowSize	TotalSubtreeCost	OutputList	Warnings	Type	Parallel	EstimateExecutions
Abfrage 1 SELECT pc.Name AS Category...	249.1534	NULL	NULL	NULL	0.0568956	NULL	NULL	SELECT	0	NULL
I--Nested Loops(Inner Join, WHERE:([AW-Tuning	249.1534	0	0.004382033	208	0.0568956	[psc].[Name], [pc].[Name], [p].[Name], [p].[Produ...	NULL	PLAN_ROW	0	1
I--Merge Join(Inner Join, MERGE:([pc].[Produc...	28.33333	0	0.005896633	65	0.04561023	[pc].[ProductCategoryID], [pc].[Name], [p].[ProductNumber], [p]	NULL	PLAN_ROW	0	1
I--Clustered Index Scan(OBJECT:([AW-Tun...	4	0.003125	0.0001614	160	0.0032864	[pc].[ProductCategoryID], [pc].[Name]	NULL	PLAN_ROW	0	1
I--Sort(ORDER BY:([p].[ProductSubcategor...	136	0.01126126	0.001603784	65	0.036432	[p].[Name], [p].[ProductNumber], [p].[StandardCo...	NULL	PLAN_ROW	0	1
I--Nested Loops(Inner Join, WHERE:([A...	136	0	0.00210672	108	0.02256695	[p].[Name], [p].[ProductNumber], [p].[StandardCo...	NULL	PLAN_ROW	0	1
I--Compute Scalar(DEFINE:([Expr100...	1	0	0.0003029	15	0.01080597	[Expr1005]	NULL	PLAN_ROW	0	1
I--Stream Aggregate(DEFINE:([Exp...	1	0	0.0003029	15	0.01080597	[Expr1011], [Expr1012]	NULL	PLAN_ROW	0	1
I--Clustered Index Scan(OBJEC...	504	0.005791667	0.0007714	15	0.01050207	[AW-Tuning].[Production].[Product].[ListPrice]	NULL	PLAN_ROW	0	1
I--Clustered Index Scan(OBJECT:([A...	504	0.005791667	0.0007714	108	0.01050207	[p].[Name], [p].[ProductNumber], [p].[StandardCost],...	NULL	PLAN_ROW	0	1
I--Clustered Index Scan(OBJECT:([AW-Tuning]	37	0.0032035	0.0001192	65	0.006580833	[psc].[ProductCategoryID], [psc].[Name]	NULL	PLAN_ROW	0	28.33333

Abbildung 3.07: Darstellung in Grid / Text

Die grafische Anzeige des Ausführungsplanes ist sicherlich die häufigste Variante. Allerdings kann der direkte Vergleich von zwei Ausführungsplänen wie in dem hier gewählten Beispiel, wenn Schlüssel vorhanden oder nicht vorhanden sind, einfacher sein, sobald man die Text- bzw. Grid-Darstellung wählt. Hier entsteht eine recht breite Tabelle, in der die Detailinformationen der verschiedenen Operatoren tabellarisch aufgebaut werden.

Die verschiedenen Anweisungen in T-SQL gelten für die Sitzung und solange, bis sie wieder geändert werden. Beim Wert ON werden also Anweisungen nicht ausgeführt, sondern zeigt das Management Studio die Ausführungspläne in ihren verschiedenen Varianten an. Die Anweisungen kann man nicht in einer Prozedur verwenden, sondern müssen einzelne Anweisungen in einem Batch sein.

SET SHOWPLAN_ALL { ON | OFF } schaltet ein oder aus, ob umfangreiche Informationen eines Ausführungsplans angezeigt werden sollen. Es entsteht eine Tabelle, welche die Informationen aus dem grafischen Ausführungsplan tabellarisch auflistet.

SET SHOWPLAN_TEXT { ON | OFF } schaltet die Erstellung von Ausführungsplänen in Textform ein oder aus.

SET SHOWPLAN_XML { ON | OFF } schaltet die Erstellung von Ausführungsplänen in XML-Form ein oder aus. Die XML-Darstellung kann auch grafisch angefordert werden, wenn man im Kontextmenü des grafischen Ausführungsplanes die XML-Anzeige wählt. Die XML-Datei ist über ein XML Schema beschrieben, welches im Internet unter http://schemas.microsoft.com/sqlserver/ (Übersicht aller XML Schemata) oder direkt unter http://schemas.microsoft.com/sqlserver/2004/07/showplan/ zu finden ist.

Die Informationen aus Tabelle, XML und der grafischen Darstellung lassen sich gut an den Spaltennamen ablesen:

- StmtText enthält für Reihen vom Typ PLAN_ROW eine Beschribund der Operation als physischer oder logischer Operator und ansonsten den T-SQL-Anweisungstext.

- StmtId enthält die Nummer der Anweisungen im aktuellen Batch.

- NodeId enthält die Nummer des Knoten in der aktuellen Abfrage.

- `Parent` enthält die ID des Eltern-Knotens.

- `PhysicalOp` enthält für Reihen vom Typ PLAN_ROWS die physische Umsetzung dieses Knotens.

- `LogicalOp` enthält für Reihen vom Typ PLAN_ROWS den Operator in relationaler Algebra, welcher die Anweisung umsetzt.

- `Argument` enthält weitere Informationen bzgl. der Operation.

- `DefinedValues` enthält für Reihen vom Typ PLAN_ROWS eine komma-getrennte Liste mit Werten (entweder Ausdrücke aus der Abfrage oder interne Werte) für diesen Operator.

- `EstimateRows` gibt für Reihen vom Typ PLAN_ROWS die Schätzung an, wie viele Reihen von diesem Operator ausgegeben werden.

- `EstimateIO` gibt für Reihen vom Typ PLAN_ROWS die Input-Output-Kosten für diesen Operator an.

- `EstimateCPU` gibt für Reihen vom Typ PLAN_ROWS die geschätzten CPU-Kosten an.

- `AvgRowSize` gibt die geschätzte Durchschnittsgröße einer Reihe, die durch diesen Operator verarbeitet wird, in Bytes an.

- `TotalSubtreeCost` gibt die geschätzte kumulierte Summe dieser Operation an, wobei hier sämtliche Kind-Knoten hinzugerechnet werden.

- `OutputList` listet komma-getrennt die Spalten auf, welche von dieser Operation ausgegeben werden.

- `Warnings` enthält eine komma-getrennte Liste an Warnungen, welche sich auf diese Operation beziehen.

- `Type` gibt die Art des Knotens an. Bei Eltern-Knoten ist dies der ursprüngliche T-SQL-Typ (SELECT, INSERT, EXECUTE usw.), und für Kinder immer PLAN_ROW.

- `Parallel` zeigt an, ob die Operation parallel (Wert 0) oder nicht (Wert 1) abläuft.

- `EstimateExecutions` enthält die geschätzte Anzahl der Ausführungen dieser Operation in der aktuellen Abfrage.

Die verschiedenen Anweisungen kann man wie im folgenden Beispiel nutzen:

```
-- Ausführungsplan erzeugen
SET SHOWPLAN_ALL ON
GO
-- Abfrage
SELECT TOP 10 * FROM Production.Product
WHERE [Color] = 'Black'
GO
-- Ausführungsplan nicht erzeugen
SET SHOWPLAN_ALL OFF
GO
```

313_01.sql: Ausführungspläne über T-SQL erzeugen

3. 2. Protokollierung mit SQL Server Profiler

Unter Protokollierung oder Ablaufverfolgung (engl. trace) versteht man die Aufzeichnung von Ereignissen in der Datenbank, um nach einer entsprechenden Analyse von Ereignissen und der Dauer ihrer Ausführung Schlussfolgerungen über die Optimierung der Datenbank zu ziehen. Andere Gründe, eine Ablaufverfolgung einzurichten, sind die allgemeine Überwachung der Datenbank und Nachverfolgung von Benutzeraktionen, Dokumentation von Systemereignissen oder die automatisierte Kontrolle von insbesondere T-SQL-Anweisungen, die ausgeführt werden. Der MS SQL Server 2014 hat wie die Version zuvor ein eigenes grafisches Werkzeug, den SQL Server Profiler. Man kann ihn nicht nur für das Datenbankmodul, sondern auch für Analysis Services nutzen, um die Abfrage von OLAP-Würfeln bzw. Analysis Services-Datenbanken zu messen und zu optimieren.

In diesem Abschnitt zeigen wir, wie Sie den SQL Server Profiler nutzen, um die AW-Tuning-Datenbank zu analysieren. Die gemessenen Daten kann man dann selbst über Abfragen analysieren oder mit einem anderen Werkzeug, dem Database Engine Tuning Advisor, verwenden, um so zu zielgerichteten Aktionen zu kommen, mit denen die Abfrageleistung verbessert werden kann.

3. 2. 1. Einrichten einer Ablaufverfolgung

Um eine Ablaufverfolgung (oder auch: einen Trace) einzurichten, gehen Sie die folgenden Schritte durch, wobei man an verschiedenen Stellen unterschiedliche Detailentscheidungen nutzen kann.

1. Starten Sie den SQL Server Profiler, indem Sie aus *START / PROGRAMS / MICROSOFT SQL SERVER 2014* den Ordner *PERFORMANCE TOOLS* öffnen und das zweite Programm starten. Beide hier enthaltenen Programme dienen der Leistungsanalyse und Leistungssteigerung.

2. Es öffnet sich ein eigenständiges Programm. Man kann eine vorhandene Ablaufverfolgung öffnen, um sie bspw. in ihren Eigenschaften zu ändern oder zu starten/stoppen. Hier wählen Sie aber *FILE / NEW TRACE*.

3. Verbinden Sie sich mit dem Datenbankserver in dem gleichen Fenster, das sich auch beim Management Studio öffnet.

4. Die Einrichtung einer neuen Ablaufverfolgung erfolgt in dem sich danach öffnenden Dialog. Er besteht aus zwei Registerkarten: In *GENERAL* geben Sie den Namen der Ablaufverfolgung, den Speicherort (Datei oder Tabelle) oder den automatischen Stopp der Ablaufverfolgung an. In *EVENTS SELECTION* wählen Sie aus einer sehr großen Anzahl an Ereignissen die Sie interessierenden Ereignisse. Sobald Sie eintreten, werden sie protokolliert.

5. Wenn man plant, die gesammelten Daten selbst auszuwerten, ist es einfacher, eine Tabelle als Speicherort zu verwenden. Allerdings bietet eine Datei den Vorteil, dass diese unabhängig von der Datenbank genutzt werden kann und die Datenbank nicht zusätzlich durch Einfügeoperationen belastet. Hier erstellen wir eine neue Tabelle namens `QueryLog` in der zu untersuchenden Datenbank.

6. Die Ereignisse kann man zwar sehr fein bestimmen, aber für eine allgemeine Analyse lohnt es sich, eine vorhandene Vorlage zu verwenden. Wählen Sie die Vorlage für das DB-Tuning.

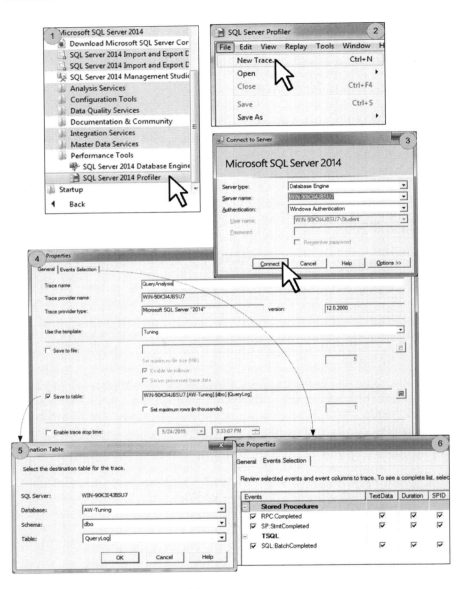

Abbildung 3.08: Anlegen einer Ablaufverfolgung

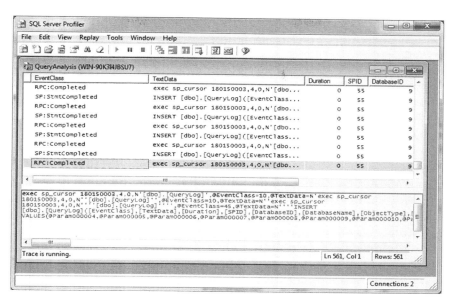

Abbildung 3.09: Öffnen der Trace-Tabelle

7. Um zu sehen, welche Ereignisse in der gewählten Vorlage protokolliert werden, können Sie zur Registerkarte *EVENTS SELECTION* wechseln und sehen, dass hier für programmierbare Objekte (Ereignisgruppe *STORED PROCEDURES*) und für T-SQL-Anweisungen insbesondere Ereignisse gewählt sind, welche den Abschluss der Anweisung messen. In den weiteren Spalten kann man dann sehen, welche Informationen gespeichert werden und könnte hier Detailanpassungen vornehmen.

8. Die eigentliche Ablaufverfolgung starten Sie mit der Schaltfläche *RUN*, wobei Sie auch den Dialog verlassen und sehen, welche Ereignisse von der gewählten Vorlage oder ihrer eigenen Auswahl erkannt und entsprechend in die Log-Tabelle oder Log-Datei geschrieben werden.

9. Um dann schließlich zu sehen, welche Informationen sich nun tatsächlich in der Datenbanktabelle befinden, wählen Sie aus der Symbolleiste entweder *OPEN TRACE TABLE* oder öffnen Sie die Tabelle einfach direkt im Management Studio.

3. 2. 2. Allgemeine Verwaltungsarbeiten im Profiler

Der SQL Server Profiler bietet eine Reihe an Aktionen, die mit der Definition einer Ablaufverfolgung oder den gesammelten Daten zu tun haben. Wir stellen sie in diesem Abschnitt kurz vor.

➜ **Export der Trace-Definition**

Auch eine Ablaufverfolgung lässt sich über T-SQL erstellen, wobei der hier eingeschlagene Weg sicherlich der häufigere und auch viel einfachere ist. Nachdem man also grafisch eine Trace-Definition vorgenommen und diese auch entsprechend getestet hat, kann man sie in T-SQL exportieren. So ist es dann möglich, sie auf einem anderen Server exakt so ebenfalls zu nutzen oder bestehende Definitionen zu vergleichen, anzupassen oder sonstwie mit ihnen umzugehen.

1. Wählen Sie *FILE / EXPORT / SCRIPT TRACE DEFINITION* und entscheiden Sie, welche Version Sie benötigen. Das hier vorgestellte Beispiel gilt für das Datenbankmodul und nicht für Analysis Services. Daher wählen Sie den ersten Eintrag.

2. Es öffnet sich ein Dialog, mit dem man die exportierte Definition in einer Datei speichern kann. Sie finden die Definition von diesem Beispiel in der Datei *322_ExportTraceDefinition.sql*.

Das hier entstandene Skript zeigt, wie zunächst einige Variablen definiert werden und dann insbesondere die Prozedur `sp_trace_create` verwendet wird, um die Ablaufverfolgung zu erstellen. Die Nummer des Trace liefert der Output-Parameter. Die Ereignisse werden über die Prozedur sp_trace_setevent, welche die gerade ermittelte Trace-ID, die Nummer des Ereignisses und die Informationsspalte sowie in einem Bit-Wert die Aktivierung erwartet. Der Trace wird dann schließlich über die Prozedur sp_trace_setstatus gestartet, wobei hier der Statuswert von 1 übergeben wird. Das Skript an sich ist nicht schwierig, da es im Wesentlichen nur aus der Auflistung der interessierenden Ereignisse besteht. Diese wiederum stammt aus der Vorlage. Die Problematik besteht eher darin, dass man die verschiedenen Ereignisse sowie die Spalten der Tabelle und deren jeweiligen Nummern kennen bzw. aus der Dokumentation entnehmen muss. Es ist daher empfehlenswert, die Oberfläche zu verwenden.

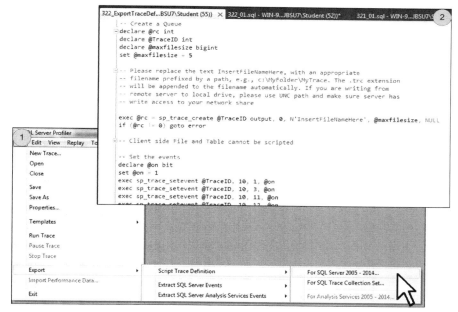

Abbildung 3.10: Exportieren einer Trace-Definition

➡ **Export der Ereignisse**

Die gespeicherten Ereignisse sind zwar auch in der Log-Tabelle gut zu finden, aber einfacher ist es, sie über den Export-Mechanismus in eine T-SQL-Datei zu überführen und diese Datei dann weiter zu verwenden.

1. Wählen Sie *File / Export / Extract SQL Server Events* oder wählen Sie den Export von Analysis Services-Ereignissen, wenn Sie für OLAP-Abfragen eine Trace-Datei definiert haben. Das hier vorgestellte Beispiel gilt für das Datenbankmodul und nicht für Analysis Services. Daher wählen Sie diesen Eintrag.

2. Es öffnet sich ein Dialog, mit dem man die exportierte Definition in einer Datei speichern kann. Sie finden die Definition von diesem Beispiel in der Datei *322_ExportEvents.sql*.

Die Datei besteht aus der Liste der gesammelten T-SQL-Anweisungen, wobei die neueste Anweisung die oberste ist. Mit dieser Datei kann man bspw. die einzelnen Anweisungen noch einmal durchlaufen lassen oder anpassen, analysieren usw.

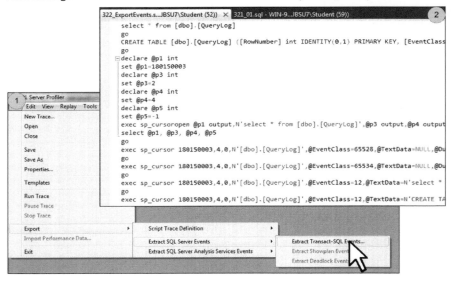

Abbildung 3.11: Exportieren der gesammelten Ereignisse

→ **Arbeiten mit Trace-Vorlagen**

Im SQL Server Profiler sind ja bereits einige Vorlagen enthalten, die man entweder so verwenden kann, wie sie bereitgestellt werden, oder die man sich mit weiteren Ereignissen, die protokolliert werden sollen, anpassen könnte. Es besteht allerdings auch die Möglichkeit, eigene Vorlagen zu erstellen oder bestehende (eigene) Vorlagen zu bearbeiten. Auch hier könnte man dann schon im Server verfügbare Vorlagen öffnen und deren Anpassungen als neue eigene Vorlage speichern.

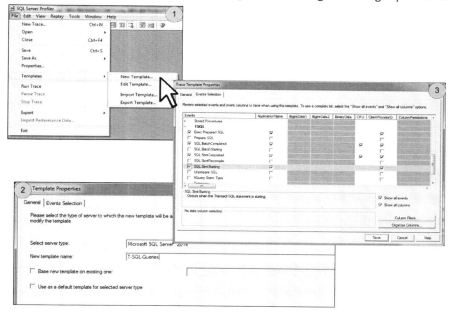

Abbildung 3.12: Arbeiten mit eigenen Vorlagen

Im Menü *FILE* befinden sich die folgenden Aktionen im Eintrag *TEMPLATES*. Da schon die Namen der Menüeinträge helfen, auf die jeweiligen Aktionen schließen zu lassen, die mit ihnen möglich sind, belassen wir es bei einer einfachen Auflistung der verschiedenen Optionen.

- *NEW TEMPLATE*: Eine neue Vorlage erstellen, wobei auch bestehende Vorlagen als Vorlagen für Vorlagen ausgewählt werden können.

- *EDIT TEMPLATE*: Eine bestehende Vorlage anpassen.

- *IMPORT TEMPLATES*: Bestehenden Vorlagen importieren.

- *EXPORT TEMPLATES*: In diesem Server vorhandene Vorlagen exportieren. Der Export ist notwendig, um überhaupt Vorlagen von Server A nach B übertragen zu können.

In der Datei *322_TemplateExport.tdf* befindet sich die in der Abbildung erstellte Vorlage. Sie wurde über den Export-Mechanismus exportiert und als Datei gespeichert.

➡ **Starten und Stoppen**

Eine Ablaufverfolgung wird nicht permanent laufen, sondern es wird Fälle geben, in denen gewisse Server-Ereignisse immer protokolliert werden sollen, während bei der Erstellung von Berichten oder der Optimierung von Abfragen ganz gezielt für einen begrenzten Zeitraum ein Trace erstellt wird. Daher ist es möglich, eine einzelne Ablaufverfolgung über die Befehle im Menü *FILE* sowie über die entsprechenden Symbole in der Symbolleiste zu starten, zu stoppen oder zu pausieren.

Ein leicht einzusehendes Problem besteht darin, dass man möglicherweise viel zu viele Daten sammelt, die Trace-Dateien oder die Tabellen recht groß werden können und dann selbst zu einem Problem für die Datenbank oder den Server werden könnten. Daher ist es notwendig, sich zu fragen, welche Ereignisse wirklich von Interesse sind, für welchen Zeitraum sie protokolliert werden können und welche Minimaldefinition einer Ablaufverfolgung immer noch interessante Ergebnisse liefert.

3. 3. Optimierung mit Database Engine Tuning Advisor

Eine allgemeine Analyse der Abfragegeschwindigkeit oder überhaupt der Leistung der Datenbank sollte man mit einer Anpassung oder Optimierung von Strukturen (oder auch der Abfragen selbst) abschließen, wenn das Ergebnis der Analyse ist, dass die Leistung vermutlich verbesserungswürdig ist. Der MS SQL Server stellt ein Werkzeug bereit, mit dem man die Ergebnisse des SQL Server Profilers als Eingangsdaten verwenden kann, um Vorschläge zu generieren, welche DB-Strukturen angepasst oder neu erstellt werden sollten. In diesem Abschnitt zeigen wir dieses Werkzeug anhand eines Beispiels.

3. 3. 1. Durchführen einer Analyse-Sitzung

Der Database Engine Tuning Advisor ist am leichtesten zu lernen, wenn man seine Funktionen sofort an einem Beispiel präsentiert. Daher folgt nun eine kleine Fallstudie, die auf der schon zuvor verwendeten vereinfachten Adventure Works-Datenbank beruht, wobei zwischen den Tabellen keine Fremdschlüsselbeziehungen und in den Tabellen auch weder Primärschlüssel noch Indizes bestehen. Es ist vielmehr zu erwarten, dass der Tuning Advisor genau diese Strukturen vorschlägt, wenn die Beispielabfragen, für die er die DB optimieren soll, auch tatsächlich von diesen Strukturen profitieren könnten.

In dieser Datenbank gibt es eine Tabelle namens `TuningAdvisor`. Diese enthält Protokolldaten, welche durch mehrfaches Ausführen der SQL-Datei *323_01. sql* gefüllt wurde. Dazu muss man vorher eine SQL Server Profiler-Sitzung, wie im vorherigen Abschnitt beschrieben, eingerichtet haben. Diese Daten wurden allerdings in einer eigenen Tabelle nur für diese Sitzung gespeichert. Sie heißt `TuningAdvisor`. Einige Abfragen verknüpfen die beiden Tabellen `SalesOrderHeader` und `SalesOrderDetail`, um Summen und Anzahlen für Verkäufe auszurechnen, d.h. Aggregate zu bilden. Andere Abfragen verknüpfen die drei Tabellen, in denen der Produktkatalog gespeichert ist, und filtern nach Farben der Produkte und Namen der Produktkategorien. Hier würde man also erwarten, dass für die Felder, die in den Verknüpfungen genutzt werden, Schlüssel und für die gefilterten Spalten Indizes vorgeschlagen werden.

1. Starten Sie den Tuning Advisor, indem Sie *START / PROGRAMS / MS SQL SERVER 2014* und dann aus dem Ordner *PERFORMANCE TOOLS* den Eintrag *DATABASE ENGINE TUNING ADVISOR* wählen.

2. Erstellen Sie eine neue Sitzung, indem Sie entweder aus der Menüleiste *NEW SESSION* oder *FILE / NEW SESSION* wählen.

3. Es öffnet sich ein umfangreicher Dialog, mit dem die Sitzung konfiguriert werden kann. In der Registerkarte *GENERAL* vergeben Sie zunächst einen Namen für die Sitzung, wählen die Daten für die Analyse aus und entscheiden, welche Datenbank(en) und welche Tabelle(n) analysiert werden sollen. In diesem

Beispiel hier nutzen wir die vereinfachte AW-Datenbank namens `AW-Tuning`, die keine Schlüssel oder Indizes besitzt. Daten für die Analyse sind dann wiederum in der Tabelle `TuningAdvisor` gespeichert, die wir als Arbeitsdaten auswählen. Hätten wir dagegen eine Datei mit Analysewerten aufgefüllt, dann würde man jetzt hier diese Datei wählen.

4. In der Mitte der Registerkarte können Sie also die Datenbanken wählen, die Sie für die Analyse verwenden wollen. Im Regelfall ist dies eine einzige Datenbank, und in diesem Beispiel ist es nun die `AW-Tuning` Datenbank. In der Spalte neben dem Datenbanknamen können Sie dann die zu analysierenden Tabellen wählen. Dies können natürlich pauschal alle Tabellen der DB sein, aber sollten Sie nur für einen bestimmten Bereich an Tabellen Daten erhoben haben, würden Sie natürlich nur für diesen Bereich auch die entsprechenden Tabellen wählen. In unserem Beispiel müssen Sie nur darauf achten, alle Tabellen bis auf die Log-Tabellen zu wählen.

5. In der Registerkarte *Tuning Options* lassen sich weitere Angaben treffen, wie der Optimierungsprozess genau verlaufen soll. Hier ist insbesondere wichtig, den Suchraum der Empfehlungen, welche der Tuning Advisor ja erzeugen soll, festzulegen. Die Optionen unter *Physical Design Structures* legen fest, welche Objekte er überhaupt empfehlen soll. Hier kann man so festlegen, dass nur mögliche Indizes oder nur indizierte Sichten usw. betrachtet werden sollen. Es ist darüber auch möglich, nur eine Bewertung der vorhandenen Strukturen zu erhalten. Die Optionen unten *Partitioning* legt fest, welche Partitionierungsstrategie berücksichtigt werden soll. Hier kann man wählen, keine Partitionierung zu erwägen oder die Partitionierung an den vorhandenen Datenträgern auszurichten (Option *Aligned Partitioning*) oder die Partitionierung völlig frei zu empfehlen (Option *Full Partitioning*). Im unteren Bereich schließlich kann man noch festlegen, welche Strukturen in der Datenbank in jedem Fall beibehalten werden sollen. Die Einträge erlauben hier, einige Strukturen wie vorhandene Indizes oder Partitionierung beizubehalten. Oder man entscheidet sich, dem Tuning Advisor völlig freie Hand zu lassen.

6. Schließlich gibt es noch weitere Optionen, die man unter *Advanced Options* finden kann. Hier kann man den maximalen Speicherplatz für die empfohlenen Änderungen oder die höchste Anzahl an Spalten für empfohlene Indizes festlegen.

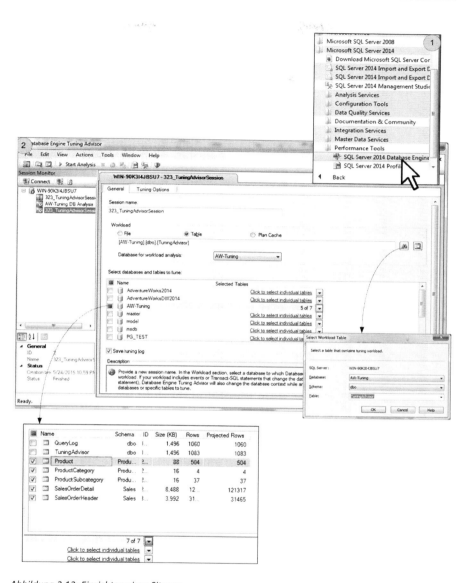

Abbildung 3.13: Einrichten einer Sitzung

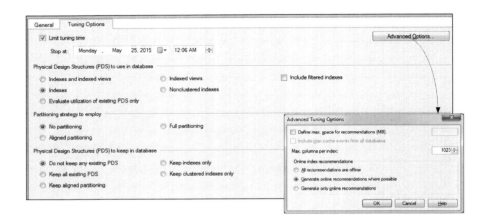

Abbildung 3.14: Fein-Einstellungen der Tuning-Sitzung

7. Etwas wichtigere Einstellungen in *ADVANCED TUNING OPTIONS* sind die Vorgaben, ob die Empfehlungsliste auch solche Empfehlungen enthalten soll, die es erfordern, dass der Server bei ihrer Einführung online bleiben kann oder erst offline gesetzt werden muss. Die erste Option erstellt Empfehlungen, die aber solche ausschließen, bei denen neue Objekte online und damit im laufenden Server-Betrieb erstellt werden. Die dritte Option legt dagegen fest, dass nur Objekte vorgeschlagen werden sollen, bei deren Erstellung der Server online bleiben kann. Die zweite Option ist dann ein Kompromiss.

8. Die eigentliche Analyse wird dann schließlich über die Schaltfläche *START ANALYSIS* in der Menüleiste gestartet. Im Menü *ACTION* befinden sich dann zusätzlich noch zwei Varianten, um den Vorgang zu stoppen, wobei man hier entweder einfach alles stoppt oder auch Empfehlungen erhält. In diesem Beispiel starten wir die Analyse und warten, bis wir alle Ergebnisse erhalten.

9. Hat man die Analyse gestartet, kann man im Reiter *PROGRESS* den - wie der Name schon sagt - Fortschritt sehen: die Optionen werden übertragen, die zu analysierenden Daten werden gelesen, die Analyse wird durchgeführt und schließlich erst diverse Berichte und dann Empfehlungen generiert. Die Empfehlungen findet man schließlich in der Registerkarte *RECOMMENDATIONS*.

10. Speichern Sie die Empfehlungen über *ACTION / SAVE RECOMMENDATIONS*, um sie vor ihrer Anwendung anpassen zu können.

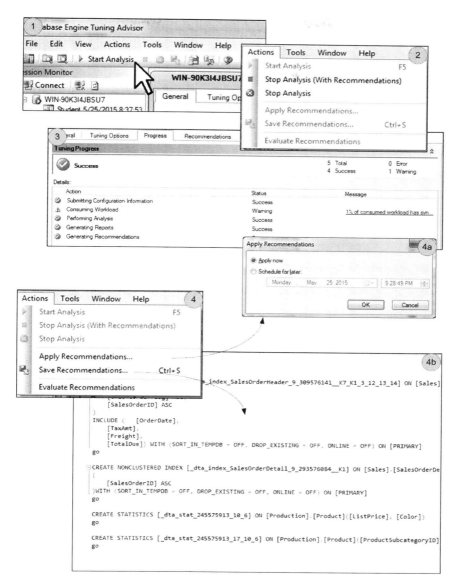

Abbildung 3.15: Durchführen der Analyse+

3. 3. 2. Empfehlungen des Tuning Advisors

Sinn und Zweck des Tuning Advisors ist es, Empfehlungen zu generieren, mit denen sich die analysierten Abfragen und ähnlich strukturierte Abfragen schneller ausführen ließen.

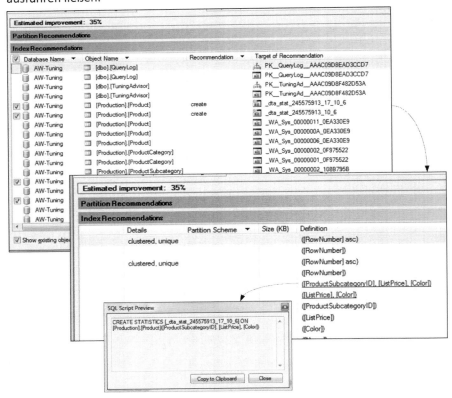

Abbildung 3.16: Empfehlungen

Natürlich muss man sich die Empfehlungen näher anschauen, und nur in seltenen Fällen möchte man sie vollständig oder ohne Änderungen übernehmen. Allein schon weil man vielleicht die gleichen Aktionen nicht nur auf dem Test-System, sondern vielmehr auch auf dem Produktivserver vornehmen möchte, wird man sie gerade nicht einfach anwenden (Befehl *APPLY RECOMMENDATION* im Menü *AC-*

TION), sondern ein Skript generieren, in dem sie alle enthalten sind (Befehl *SAVE RECOMMENDATIONS* im Menü *ACTION*). Die in dieser Sitzung generierten Empfehlungen finden Sie in der Datei *323_01_TuningRecommendations.sql*.

Vergleicht man die mehrfach ausgeführten Abfragen und die Empfehlungen, kann man leicht erkennen, warum der Tuning Advisor genau diese Indizes und Statistiken empfiehlt, denn es handelt sich jeweils um genau die Spalten, welche mit einem Index oder einer Statistik versehen werden sollen, die auch in diesen Abfragen mit Aggregatfunktionen verarbeitet oder in der WHERE-Klausel gefiltert wurden. Ob es bei einer Spalte wie dem Listenpreis wirklich sinnvoll ist, ihn in einer Statistik auf die Anzahl der unterschiedlichen Werte zu untersuchen oder dies auch noch in Kombination mit der Farbe eines Produktes durchzuführen, ist fraglich. Hier würde man doch auf lange Sicht so viele Kombinationsmöglichkeiten erwarten, dass wenig Nutzen in einer solchen Statistik bestünde, aber da nur 504 Produkte vorhanden sind und viele Preise mehrfach auftreten, ist auch diese Entscheidung nachvollziehbar. Man sieht aber, dass man durchaus noch einmal jede Empfehlung kritisch hinterfragen müsste. Neben dieser inhaltlichen Analyse gibt es noch einen anderen sehr auffälligen Punkt: die Namen für die vorgeschlagenen Objekte sind nicht gerade das, was man bspw. vom Management Studio erwartet, sondern sie sind jeweils auch noch mit einer Nummer ausgestattet und fast gar nicht sprechend und verständlich. Allein also um hier gute Namen zu erhalten, muss man das Skript bearbeiten, ehe man es ausführt.

Man kann nun entweder nur mit der generierten Datei die Arbeit fortsetzen oder einen Blick in die Empfehlungen werfen, die in der Registerkarte *RECOMMENDATIONS* enthalten sind. Hier befinden sich nun zwei Abschnitte: ein leerer Abschnitt für empfohlene Partitionen, die wir aber ausgeschlossen haben, und ein weiterer für die empfohlenen Indizes. In der ersten Spalte steht der Name der Datenbank, dann folgt das untersuchte Objekt und schließlich eine Empfehlung für dieses Objekt. Die empfohlenen Objekte kann man dann noch in der Spalte links vom DB-Namen aus-/abwählen, während in der ganz rechten Spalte das SQL-Quelltext in einem eigenen Fenster eingeblendet werden kann, wenn man den Hyperlink aktiviert. Über diesen beiden Bereichen wiederum ist die geschätzte Verbesserung bei den untersuchten Abfragen angegeben: immerhin 35%.

Die evtl. individuell ausgewählten Objekte können dann - wie zuvor erwähnt - unmittelbar erstellt oder erst in einem SQL-Skript gespeichert werden.

3. 3. 3. Berichte des Tuning Advisors

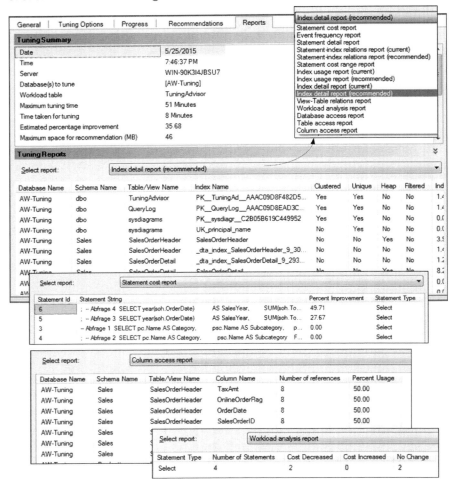

Abbildung 3.17: Empfehlungen anwenden

Die allerletzte Registerkarte heißt *REPORTS*, und enthält tatsächlich eine beeindruckende Menge an Berichten über die Abfragen, den Zugriff auf Datenbank und ihre Objekte (Tabellen und Spalten) sowie dann auch weitere Informationen über die Empfehlungen (Verwendung der empfohlenen Indizes oder die Kosten pro analysierter Abfrage).

Im oberen Bereich gibt es eine allgemeine Zusammenfassung der Tuning-Sitzung mit Datum, Uhrzeit, analysierter Datenbank und anderen Details. Darunter kann man dann die verschiedenen Berichte einblenden, wobei man den gewünschten Berichten aus der Auswahlliste *SELECT REPORT* auswählen kann. In der Abbildung haben wir eine kleine Auswahl an Berichten eingefügt: Informationen zu den empfohlenen Indizes, die Abfragen und ihre Kosten, die verschiedenen in den Abfragen benutzten Spalten und ihr jeweiliger Zugriff sowie ein Bericht über die Arbeitsdaten.

Ganz unabhängig von den Empfehlungen und möglichen Änderungen der Datenbank sind einige dieser Berichte auch dann sehr interessant, wenn man den Tuning Advisor nur nutzen würde, um protokollierte Abfragen an sich oder die von ihnen genutzten Objekte zu untersuchen. So kann man leicht herausfinden, wie oft Tabellen oder Spalten genutzt wurden und wie viel (relative) Kosten dies auf dem Server verursacht hat. Die meisten Spalten der Berichte ergeben sich von ihrer Bedeutung her durch ihre Namen, sodass ihre Verwendung recht einfach ist.

3. 4. Indizierung

Indizierung ist ein zentrales Thema, wenn man eine Datenbank mit komplexer Tabellenstruktur, großer Datenmenge und/oder langwierigen und anspruchsvollen Abfragen hat. In diesem Abschnitt stellen wir zunächst vor, welche Arten von Indizierung man einrichten kann und welche grundsätzlichen Überlegungen man anstellen sollte. Danach zeigen wir an verschiedenen Beispielen, wie man einen Index einrichtet und ihn auch verwaltet.

3. 4. 1. Einführung

Im Regelfall kann man davon ausgehen, dass fehlende Indizierung keine gute Abfrageleistung bringt. Dies hatten wir bereits im vorherigen Abschnitt gesehen, als wir den Database Engine Tuning Advisor vorgestellt hatten, ohne aber konkret auf die verschiedenen Arten von Indizes einzugehen. Eine nicht indizierte Tabellenstruktur konnte bei vorab testweise ausgeführten Abfragen durch einige wenige Indizes um 35% verbessert werden. Dies beeindruckt und überzeugt schnell, dass man Indizierung einführen und intensiv nutzen sollte. Allerdings stellt ein Index auch wieder ein eigenes DB-Objekt dar, welches aktualisiert werden muss, sobald sich Änderungen an den Daten ergeben, da der Index und seine Einträge sich natürlich aus den Daten ergibt. Dadurch kann es passieren, dass schlecht eingerichtete Indizes zwar die Abfrageleistung erhöhen, an anderen Stellen wie bei Einfüge- und Aktualisierungsoperationen aber einen Geschwindigkeitsnachteil bedeuten.

➜ Definition

Ein Index ist eine Datenstruktur, die neben den Tabellendaten auch auf der Festplatte gespeichert wird, und die zusätzlich für eine Tabelle oder eine Sicht angelegt und verwaltet wird. Verwendet man Indizes für Tabellen oder Sichten, erhöht sich im Regelfall die Geschwindigkeit von SELECT-Abfragen, weil zur Adressierung der Datensätze der Index verwendet wird. Sollten mehrere Indizes für eine Tabelle oder eine Sicht existieren, die unterschiedliche Spalten oder Kombinationen von Spalten indizieren, dann wählt der Abfrageoptimierer den passenden Index oder die passenden Indizes aus, was man dann wiederum im Ausführungsplan sehen kann.

In einem Index werden in einer so genannten B-Baum-Struktur Schlüssel verwaltet, die für eine oder mehrere Spalten der Tabelle/Sicht aufgebaut werden. Ob das B in einem B-Baum (engl. B-tree) für "balanciert" steht, wurde von den Erfindern im Jahre 1972 nie angegeben, ist aber eine gute Eselsbrücke, denn ein B-Baum ist ein vollständig balancierter Baum und hat die folgenden Eigenschaften:

- Ein Knoten enthält eine Sammlung von Schlüsseln und optional ein diesem Schlüssel zugeordnetes Datenelement.

- Ein Knoten enthält eine Markierung, mit der zwischen Blatt und Zweig unterschieden wird. Als Zweig (innerer Knoten) speichert er zusätzlich auch noch die Verweise auf die Kindknoten.

- Die Blätter befinden sich alle auf der gleichen Ebene, wobei diese Tiefe die Höhe des Baumes angibt.

- Es existieren diverse Sortierungsregeln, wie Elemente auf die Zweige und Blätter verteilt werden, mit denen wiederum die Suche nach einem Element im Regelfall schneller sein sollte, als wenn man eine Liste komplett durchsucht.

Wesentlich ist, dass der Geschwindigkeitsvorteil bei der Suche sich dadurch ergibt, dass man durch die Sortierregeln den Bereich des Baumes, in dem man überhaupt noch suchen muss, eingrenzen kann. Die Größe dieses Bereichs hängt wie die Größe vom gesamten Baum von der Anzahl der zu speichernden Schlüssel und referenzierten Datenelemente sowie dem Verhältnis dieser Werte zueinander ab. Es ist notwendig, dass der Baum bei Änderungen in den Daten aktualisiert wird, was aber nicht nur bedeutet, dass einzelne Indexwerte gelöscht und neue bspw. am Ende hinzugefügt werden, sondern dass durch die Sortierregeln neue Indexwerte typischerweise zwischen anderen Werten eingefügt und dadurch auch eine Reorganisation des gesamten Baumes notwendig wird. Diese Reorganisation kann nun bei häufigen Änderungen in den Daten wiederum einen Geschwindigkeitsnachteil bedeuten. Man könnte sich also vorstellen, dass zwar die Suche schnell, aber die anderen DML-Operationen langsam sind.

➡ **Allgemeine Design-Prinzipien**

Wie man sich schon leicht vorstellen kann, lassen sich zwar pauschal durchaus einige Designprinzipien angeben, aber zur Abschätzung der genauen Wirkung ist entweder ein sehr genaues Verständnis vom Aufbau und der Wirkungsweise des Index oder wenigstens Zeit für ein paar Testläufe notwendig. Ganz allgemein kann man aber folgende Punkte als grundsätzliche Design-Überlegungen zusammenfassen:

- Einige Datenbanken wie eine typische OLTP-Datenbank sind stark normalisiert und sind daher optimal für beliebigen Zugriff eingerichtet. Hier ist also eine reine Ausrichtung auf hohe Abfrageleistung kritisch, wenn Datenänderungen vernachlässigt werden. Bei einem OLAP-/Data Warehouse-System, das erstens meist weniger stark normalisisert ist und zweitens eher für Abfragen genutzt wird, wird man viel eher die Leistung von SELECT-Anweisungen optimieren und mit langsameren Massenimports durchaus leben können.

- Man sollte sich die zentralen und wichtigen Abfragen anschauen. Hat man hier diverse Standardberichte, die bspw. über die Reporting Services bereitgestellt werden, dann kann man sogar im Testlabor die Abfrageleistung erhöhen, weil man die Geschwindigkeit mit dem SQL Server Profiler selbst messen kann. Hat man dagegen viele Benutzer, die mit SQL direkt oder Abfragewerkzeugen und viel Flexibilität auf die Daten zugreifen, dann sollte man immer mal wieder häufige und langsamere Abfragen ermitteln und ggf. die Indizierung anpassen.

- Auch wenn viele Abfragen von Anwendern formuliert werden oder über grafische Werkzeuge zur DB gesendet werden und sie sich nicht gleichen, so haben sie dennoch möglicherweise Überlappungen, was die Nutzung von Spalten anbetrifft. Spalten, nach denen in verschiedenen Abfragen gefiltert wird oder die einzeln oder auch in Kombination häufig ausgewählt, sortiert, gruppiert werden oder die auch in Berechnungen vorkommen, sind gute Index-Kandidaten.

- So genannte nicht gruppierte Indizes (nonclustered indexes) können sowohl in der gleichen Dateigruppe wie aber auch an anderer Stelle gespeichert werden. Durch getrennte Speicherorte kann sich auch die Leseleistung verbessern, weil die Festplatten-I/O-Leistung verbessert wurde.

Allgemeine Design-Strategien lassen sich dann für die verschiedenen Themenbereichen Datenbank, Abfragen und Spalten ableiten.

Berücksichtigen Sie folgende Prinzipien für die Datenbank:

- Da ein Index bei Datenänderungen aktualisiert werden muss, können viele Indizes bei einer Tabelle auch entsprechend zu Änderungen bei all diesen Indizes führen. Daher kann man auch zu viele Indizes erstellt haben und entsprechend eine kontraproduktive Design-Strategie gewählt haben.

- Eine große Tabelle mit geringen Datenänderungen kann durchaus viele Indizes aufweisen, denn so kann der Abfrageoptimierer automatisch aus verschiedenen Indizes den passenden wählen.

- Eine kleine Tabelle dagegen kann auch bei Indizierung keinen nennenswert schnelleren Zugriff bieten, wenn die Suche im Index (fast) genauso lange dauert wie die Suche in der Tabelle. Der Abfrageoptimierer könnte sie sogar selten oder nie nutzen, obwohl sie dennoch aktualisiert werden muss.

- Indizierte Sichten sind zu empfehlen, wenn man Aggregate berechnet und/oder Tabellen verknüpft.

Bei Abfragen sollte man die folgenden Prinzipien in Erwägung ziehen:

- Nicht gruppierte Indizes eignen sich für solche Spalten, welche in Abfragen gefiltert oder in Verknüpfungen verwendet werden. Hier ist allerdings die richtige Menge an Spalten im Index herauszufinden.

- Verwendet man mehrere Spalten in einem Index, kann der Fall eintreten, dass die Abfrage nur mit Hilfe des Index beantwortet werden kann und die Tabellendaten als solche gar nicht benutzt werden.

- Einzelne Anweisungen für mehrere aufeinander folgende Datenänderungen dauern meistens länger als Anweisungen, die mehrere Reihen auf einmal betreffen. Kann man Schleifen und andere Konstrukte vermeiden, die Einzeldatensatzänderungen bewirken, ist es der Datenbank möglich, den Index schneller zu aktualisieren.

Schließlich kann man noch auf die Spaltenebene gehen, um Faustregeln für die Index-Erstellung zu benennen:

- Die Datentypen ntext, text, image, varchar(max), nvarchar(max) und varbinary(max) können nicht als Schlüssel in einem Index auftreten.

- Die Datentypen varchar(max), nvarchar(max), varbinary(max) und xml können als zusätzliche Spalten in einem nicht gruppierten Index auftreten.

- Der Datentyp xml kann nur in einem XML Index als Schlüssel auftreten. Für XML-Spalten kann man zusätzlich einen speziellen XML-Index erstellen: Selective XML Indexes (SXI).

- Ein Index für eine Spalte mit eindeutigen Werten, auch wenn sie nicht als Schlüssel für die Tabelle genutzt wird, sollte man auch als UNIQUE-Index angeben, um die Leistung zu optimieren.

- Die Datenverteilung bzw. die Unterschiedlichkeit der Werte und damit das Verhältnis zwischen den Indexwerten und den Werten in der Tabelle sollte berücksichtigt werden, bevor man einen Index erstellt. Zusätzlich kann man so genannte Statistiken erstellen und pflegen, mit denen der Abfrageoptimierer dann entscheiden kann, ob es sich lohnt, den Index zu nutzen. Sind in einer lange Spalte nur wenige verschiedene Werte, sind die Teilbereiche, in denen auch nach Verwenden des Index noch gesucht werden muss, immer noch sehr groß.

- Ein Index kann auch eine WHERE-Klausel beinhalten, sodass ein gefilterter Index entsteht. Diese Filter können nützlich sein, wenn in einer sinnvollen Teilmenge der Daten ein Index erstellt werden soll.

- Für die Reihenfolge der Spalten in einem Index gilt: Spalten, die häufig mit den Operatoren =, >, < oder BETWEEN..AND gefiltert werden, sowie Verknüpfungsspalten sollten die ersten Spalten sein. Danach sollten die Spalten so sortiert sein, dass die Spalten weiter vorne stehen, die möglichst viele unterschiedliche Werte haben. Als Sortierreihenfolge gilt also: absteigende Unterschiedlichkeit.

3. 4. 2. Indizes und ihre Einstellungen

Nach den allgemeinen Ausführungen folgen nun Beispiele zu den verschiedenen Index-Arten. Wir verwenden dabei wie schon zuvor in diesem Kapitel die vereinfachte Datenbank AW Tuning, welche nur die drei Tabellen für den Produktkatalog und zwei Tabellen für die Bestellungen enthält.

➜ **Index-Typologie**

Man unterscheidet zwei Arten von Indizes, die beide über die gleichen Optionen verfügen und daher verschiedene weitere Typologien erlauben. Die einfachste Einteilung ist diejenige nach der grundsätzlichen Art des Index:

- Gruppierter Index (engl. clustered index): Ein gruppierter Index sortiert und speichert die Daten in einer Tabelle gemäß des Indexschlüssels. Da die physische Datenorganisation der Tabelle geändert wird, kann jede Tabelle nur einen gruppierten Index haben. Hat man einen Primärschlüssel erstellt, dann wird auch automatisch ein UNIQUE-Index erstellt, der standardmäßig gruppiert ist und die im Primärschlüssel enthaltenen Spalten enthält. Man kann hier allerdings auch einen nicht gruppierten Index verwenden. Fehlt die UNIQUE-Angabe, dann wird intern ein 4-Byte-Schlüssel der Tabelle hinzugefügt. Die Baumblätter in einem gruppierten Index sind die Datenseiten (engl. data pages) der Tabelle.

- Nicht gruppierter Index (engl. nonclustered index): Ein nicht gruppierter Index entspricht dem Index, wie man ihn aus einem Buch kennt. Es wird eine eigene Datenstruktur für jeden erstellten Index aufgebaut, die getrennt von der Tabelle verwaltet werden. Sie enthalten Schlüsselwerte und Zeiger auf die Datenzeilen. Der Index kommt zum Einsatz, wenn die indizierten Spalten in einer Abfrage vorkommen. Dann werden die zugehörigen Datenzeilen über den Index gesucht und adressiert. Die Baumblätter eines nicht gruppierten Index sind die Indexseiten (engl. index pages).

Eine zweite Einteilung ergibt sich dann aufgrund der verschiedenen Optionen:

- Ein- oder mehrspaltiger Index: Indizes können sich auf eine oder auf mehrere Spalten beziehen, d.h. Schlüsselwerte für die Kombination von Werten in den Spalten besitzen.

- Auf- und absteigender Index: Die Sortierreihenfolge eines Index kann auf- und absteigend sein, wobei sie standardmäßig aufsteigend ist.

- Gefilterter oder nicht gefilterter Index: Ein Index kann sich nur auf einen gefilterten Bereich der Daten beziehen.

→ **Allgemeine Syntax**

Die allgemeine Syntax für die Erstellung eines Index lautet:

```
CREATE [ UNIQUE ] [ CLUSTERED | NONCLUSTERED ] INDEX index_name
    ON <object> ( column [ ASC | DESC ] [ ,...n ] )
    [ INCLUDE ( column_name [ ,...n ] ) ]
    [ WHERE <filter_predicate> ]
    [ WITH ( <relational_index_option> [ ,...n ] ) ]
    [ ON { partition_scheme_name ( column_name )
        | filegroup_name
        | default
        }
    ]
    [ FILESTREAM_ON { filestream_filegroup_name
                    | partition_scheme_name | "NULL" } ]

[ ; ]
```

Als Objekt gibt man eine Tabelle oder eine Sicht an, wobei natürlich auch die vollständige Adressierung über Schema und Datenbank angeben.

```
<object> ::=
{
    [ database_name. [ schema_name ] . | schema_name. ]
    table_or_view_name
}
```

In der ON-Klausel kann man festlegen, ob der Index in einer anderen Dateigruppe liegen soll oder Partitionierung verwenden soll.

Standardmäßig wird er natürlich in der gleichen Dateigruppe wie die Tabelle erstellt. Erstellt man einen nicht gruppierten Index auf einer anderen Dateigruppe, kann man einen Leistungsgewinn erwarten, wenn diese andere Dateigruppe auch physisch auf einer anderen Festplatte liegt. Hier können dann Index und Daten getrennt voneinander und parallel gelesen werden.

Eine alternative Variante ist die Partitionierung von Tabellen auf verschiedenen Dateigruppen, welche wiederum auf verschiedenen Platten liegen könnten. Hier kann dann der Index auch in der gleichen Partition bzw. in der gleichen Dateigruppe liegen, aber es würden dennoch die Vorteile der Partitionierung genutzt. Dabei gibt man aber nicht die Dateigruppe an, sondern bezieht sich auf das Partitionierungsschema, welches typischerweise das gleiche wäre wie für die Tabelle. Auch hier entsteht der Geschwindigkeitsvorteil durch paralleles Lesen in verschiedenen Bereichen.

Um einen Index zu erstellen, der nur für einen bestimmten Bereich der Daten erzeugt werden sollen, kann man in der WHERE-Klausel einen Filter angeben. Die Untermenge sollte hier natürlich auch inhaltlich relevant sein und daher in Abfragen häufig so gefiltert werden, damit in diesen Fällen der Index zum Einsatz kommen kann.

Neben den Schlüsselspalten kann man noch weitere Spalten in den Index aufnehmen. Man listet sie in der INCLUDE-Klausel auf. Typischerweise sind dies Spalten mit Datentypen, welche ohnehin nicht als Schlüsselspalten genutzt werden könnten, und deren Werte dann aber auch noch im Index gespeichert werden. Wie man sich vorstellen kann, ist hier eine sinnvolle Auswahl zu treffen bzw. ist diese Konstruktion nur in gut überlegten Fällen anzuwenden. Der Vorteil, einige ausgewählte Spalten extra zu speichern, besteht darin, dass dann Abfragen, welche genau diese Spalten nutzen, nur mit Hilfe des Index beantwortet werden können, denn es sind ja bereits alle Daten im Index vorhanden.

Weitere Optionen, die man an die `WITH`-Klausel anschließen kann, sind in der folgenden Liste zusammengefasst. Ihre Namen geben teilweise schon Auskunft darüber, was ihre jeweilige Bedeutung ist.

```
<relational_index_option> ::=
{
    PAD_INDEX = { ON | OFF }
  | FILLFACTOR = fillfactor
  | SORT_IN_TEMPDB = { ON | OFF }
  | IGNORE_DUP_KEY = { ON | OFF }
  | STATISTICS_NORECOMPUTE = { ON | OFF }
  | STATISTICS_INCREMENTAL = { ON | OFF }
  | DROP_EXISTING = { ON | OFF }
  | ONLINE = { ON | OFF }
  | ALLOW_ROW_LOCKS = { ON | OFF }
  | ALLOW_PAGE_LOCKS = { ON | OFF }
  | MAXDOP = max_degree_of_parallelism
  | DATA_COMPRESSION = { NONE | ROW | PAGE}
    [ ON PARTITIONS ( { <partition_number_expression> | <range> }
```

Folgende Optionen kann man angeben bzw. ändern:

- Auffüllung: Man schaltet mit `PAD_INDEX = { ON | OFF }` ein und aus, ob der in `FILLFACTOR = fillfactor` angegebene Füllfaktor verwendet werden soll. Dieser Füllfaktor ist ein Prozentsatz, wie die Blätter (unterste Ebene) und damit die Seiten des Index gefüllt werden sollen. Mehr freier Raum (d.h. Füllfaktor deutlich kleiner 100) bedeutet, dass mehr Werte ohne große Baumänderungen eingefügt werden können. Es handelt sich um keinen dynamischen Wert, da er nur bei (Neu-)Erstellung des Index zum Einsatz kommt, aber nicht dynamisch kontrolliert und eingerichtet wird. Bei der Einstellung `OFF` oder nicht angegebenem Füllfaktor sind die Seiten fast vollständig gefüllt, aber wenigstens eine Zeile kann immer noch eingefügt werden.

- `SORT_IN_TEMPDB = { ON | OFF }` mit dem Standardwert `OFF` gibt an, ob temporäre Sortierergebnisse in der tempdb gespeichert werden sollen. Die

Einstellung ON kann die Erstellungszeit verkürzen, erhöht aber den Speicherplatz während der Indexerstellung.

- IGNORE_DUP_KEY = { ON | OFF } mit Standardwert OFF gilt für Einfügeoperationen nach (Neu-)Erstellung und liefert bei ON eine Warnung, wenn Duplikate in einen eindeutigen Index eingefügt werden sollen und rollen diese einzelnen Einfügeoperationen zurück. Bei OFF wird der gesamte Einfügevorgang zurückgesetzt.

- STATISTICS_NORECOMPUTE = { ON | OFF} mit dem Standardwert OFF legt fest, ob die Statistiken automatisch neu berechnet werden sollen, wenn der Index sich ändert, nachdem Datenänderungen folgt sind.

- STATISTICS_INCREMENTAL = { ON | OFF } mit dem Standardwert OFF legt fest, ob Statistiken pro Partition erstellt werden soll (ON) oder nicht.

- DROP_EXISTING = { ON | OFF } mit Standardwert OFF legt fest, ob der vorhandene Index gelöscht und neu erstellt wird (ON).

- ONLINE = { ON | OFF } mit Standardwert OFF legt fest, ob die Tabelle während der Indizierung zur Verfügung stehen oder nicht, d.h. ob die Tabelle online bleibt.

- ALLOW_ROW_LOCKS = { ON | OFF } und ALLOW_PAGE_LOCKS = { ON | OFF } mit dem Standardwert ON legt fest, ob Zeilen- oder Seitensperren zulässig sind, wenn auf den Index zugegriffen wird.

- DATA_COMPRESSION legt fest, wie die Datenkomprimierung des Index erfolgen soll. Es stehen die Werte NONE (keine Komprimierung), ROW (Komprimierung der Zeile) und PAGE (Komprimierung der Seiten) zur Verfügung. Die zusätzliche Klausel ON PARTITIONS ({ <partition_number_expression> | <range> } [,...n]) erlaubt die unterschiedliche Behandlung einzelner Partitionen.

3. 4. 3. Indizes erstellen

In diesem Abschnitt zeigen wir nun einige Beispiele, wie Indizes für die vereinfachte Beispiel-DB erstellt werden können.

➜ **Indizes für Tabellen**

Für die Tabelle `Product` kann man einen gruppierten und eindeutigen Index für die Spalte `ProductNumber` erstellen. Während in der Spalte `ProductID` ein einfacher aufsteigender Wert enthalten ist, für den man in einem späteren Beispiel einen Primärschlüssel definieren kann, ist die Produktnummer eine sprechende Nummer, die aber auch eindeutig ist. Da zurzeit die gesamte Datenbank nur auf `PRIMARY` gespeichert ist, ist dies auch die richtige Dateigruppe für diesen Index. Die verschiedenen zusätzlichen Optionen in der `WITH`-Klausel entsprechen den Standardeinstellungen.

```
CREATE UNIQUE CLUSTERED INDEX [ix_ProductNumber]
    ON [Production].[Product]
  ( [ProductNumber] ASC )
WITH (PAD_INDEX = OFF, STATISTICS_NORECOMPUTE = OFF,
    SORT_IN_TEMPDB = OFF, IGNORE_DUP_KEY = OFF,
    DROP_EXISTING = OFF, ONLINE = OFF,
    ALLOW_ROW_LOCKS = ON, ALLOW_PAGE_LOCKS = ON)
 ON [PRIMARY]
```

343_01.sql Gruppierter und eindeutiger Index

Im nächsten Beispiel erstellt man über den Schlüssel auch einen gruppierten Index. Sobald also der Schlüssel namens `PK_Product` erstellt wurde, ist auch ein Index gleichen Namens vorhanden, der eindeutig und gruppiert ist.

```
ALTER TABLE [Production].[Product]
ADD  CONSTRAINT [PK_Product] PRIMARY KEY NONCLUSTERED
( [ProductID] ASC )
ON [PRIMARY]
```

343_01.sql Primärschlüssel, der einen gruppierten und eindeutigen Index erstellt

Die dritte Variante ist nun, einen nicht gruppierten Index einzufügen. Dabei könnte man sich vorstellen, dass Spalten wie Farbe, Größe und die Produktlinie häufig in Abfragen erscheinen. Dies weiß man, weil man einen Standardbericht oder Export erstellt hat, der häufig aufgerufen wird, oder weil man im SQL Server Profiler die Abfragen kontrolliert hat und genau diese Kombination als häufige Spalten in Abfragen gefunden hat. Man listet sie einfach als weitere Schlüsselspalten für den

Index auf und erstellt so einen Index, der diese Kombination als Spalten als Schlüssel besitzt. Die Reihenfolge der Spalten sollte dann von der unterschiedlichsten zu der am wenigsten unterschiedlichen führen. Dies könnte man über einzelne SELECT DISTINCT-Abfragen herausfinden.

Zusätzlich hat dieser Index auch noch einen Filter, der in der WHERE-Klausel angegeben ist. Dies bedeutet, dass der Index nur für die gefilterten Datensätze erstellt wird. In diesem Beispiel schließt man also alle Produkte aus, die keiner Unterkategorie zugeordnet sind. Ein anderes Beispiel könnte sein, alle Produkte ohne Preisangabe oder mit Preis 0 auszuschließen. Man könnte auch einen Filter erstellen, der nur lieferbare Produkte findet, da historische Produkte eh nicht im Webshop angezeigt werden und nur noch in der Tabelle enthalten sind, damit Referenzen von alten Bestellungen für diese Produkte korrekt sind.

```
CREATE NONCLUSTERED INDEX [ix_ProductDetails]
      ON [Production].[Product]
( [Color]        ASC,
  [Size]         ASC,
  [ProductLine] ASC )
WHERE ( [ProductSubcategoryID] IS NOT NULL )
ON [PRIMARY]
```

343_01.sql: Nicht gruppierter gefilterter Index mit mehreren Spalten

Eine weitere Option ist es, weitere Spalten einzuschließen. Dies ist nur sinnvoll, wenn die Spalten Text enthalten, den man nicht indizieren könnte, weil der Datentyp nicht geeignet ist, oder wenn man alle Daten für eine Suche auch gleich in einem Index speichern möchte. Diese letzte Idee setzt das nächste Beispiel um. Hier sind sehr viele Spalten im Index vorhanden, sodass man sich vorstellen kann, wie die eine oder andere Abfrage genau nach diesen Spalten sowie der zusätzlichen Comment-Spalte fragt. Eine solche zusätzliche Spalte stellt also ganz konkreten Ballast für einen Index dar. Und je mehr von dieser Art Spalte im Index vorhanden ist, umso größer wird er und umso kleiner könnte der Unterschied zwischen Tabelle und Index werden, was dann die Wirkung des Index natürlich entsprechend reduziert. In diesem Beispiel ist dann auch noch zur Abwechselung die Reihenfolge der OrderDate Spalte auf DESC gesetzt, da man sich vorstellt, dass bei einem Bestelldatum tatsächlich eine umgekehrte Sortierung häufiger sein könnte.

```
CREATE UNIQUE NONCLUSTERED INDEX [ix_OrderDetails]
```

```
ON [Sales].[SalesOrderHeader]
(
    [SalesOrderNumber]  ASC,
    [OrderDate]         DESC,
    [AccountNumber]     ASC,
    [TotalDue]          ASC
)
INCLUDE ( [Comment] )
```

343_01.sql: Index mit eingeschlossener Spalte

➜ **Indizes grafisch erstellen**

Im Management Studio gibt es natürlich auch eine Möglichkeit, Indizes über die grafische Benutzeroberfläche zu erstellen und zu verwalten. Bei den Ordnern, die unterhalb einer Tabelle eingeblendet werden können, gibt es einen Ordner na- mens Indexes. Im Kontextmenü dieses Ordners sieht man diverse Operationen, die man für die Verarbeitung von allen Indizes nutzen kann, und den Eintrag für die Neu-Erstellung.

1. Wählen Sie von einer Tabelle *INDEXES / NEW INDEX* und entscheiden Sie sich dann für eine Index-Art.

2. Es öffnet sich ein Formular, in dem alle Einstellungen für einen neuen Index (oder für eine Änderung) vorgenommen werden können. Bei *INDEX NAME* ver- geben Sie zunächst einen Namen.

3. Bei *INDEX KEY COLUMNS* wählen Sie über *ADD* neue Schlüsselspalten für den Index und können Sie auch in ihrer Reihenfolge ändern und entfernen.

4. Über den Baum-Eintrag *STORAGE* kommen Sie in das Formular, in dem Sie Da- teigruppe (Option *FILEGROUP*) Partitionsschema (Option *PARTITION SCHEME*) wählen. Die Dateigruppe sowie das Partitionsschema wählen Sie aus den je- weiligen Auswahllisten. Bei einem partitionierten Index müssen Sie aber zu- sätzlich noch die Spalte wählen, für welche die Partitionsfunktion die passen- de Partition bestimmen soll.

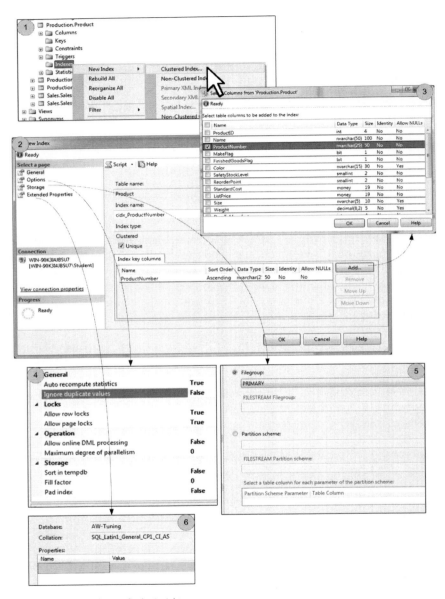

Abbildung 3.18: Index grafisch einrichten

5. Weitere Eigenschaften für die WITH-Klausel finden Sie dann im Eintrag *OP-TIONS*. Hier sind die verschiedenen Optionen übersichtlich nach Themen gegliedert aufgelistet und haben bereits ihre jeweiligen Standardwerte. Weitere Eigenschaften lassen sich dann sogar noch über den Eintrag *EXTENDED PRO-PERTIES* vergeben.

6. Hat man alle Einstellungen vorgenommen, kann man sich auch hier entscheiden, ob man über *OK* das Formular verlässt und den Index erstellt, oder ob man stattdessen ein Skript erzeugen will.

Für nicht gruppierte Indizes befinden sich noch weitere Einträge im Baum auf der linken Seite wie bspw. für den Filter oder für die Fragmentierung eines Indizes.

➡ **Indizes für Sichten**

Auch indizierte Sichten sind im MS SQL Server möglich. Im nächsten Beispiel wird also zunächst eine Sicht erstellt, die Ober- und Unterkategorie zu den Produkten hinzufügt und so einen vollständigen Produktkatalog erzeugt. Sichten, für die später Indizes erstellt werden sollen, müssen mit der Option SCHEMABINDING erstellt werden. Mit dieser Angabe verknüpft man die Sicht und die darunter liegenden Objekte, sodass Änderungen an diesen Objekten (Tabellen und ihre Spalten) nicht möglich sind, wenn die Sicht dadurch nicht mehr funktionieren würde, d.h. ungültig werden würde.

```
CREATE VIEW [dbo].[v_ProductCatalog]
WITH SCHEMABINDING -- Voraussetzung
AS
SELECT pc.Name  AS Category,
       psc.Name AS Subcategory,
       p.Name   AS Product,
       p.ProductID,
       p.ProductNumber,
       p.Color,
       p.ListPrice,
       p.Size,
       p.Weight
  FROM Production.Product AS p
```

```
        INNER JOIN Production.ProductSubcategory AS psc
    ON p.ProductSubcategoryID = psc.ProductSubcategoryID
        INNER JOIN Production.ProductCategory AS pc
    ON psc.ProductCategoryID = pc.ProductCategoryID
```

343_02.sql: Sicht mit Schemabindung für Indizierung

Hat man eine solche Sicht erstellt, muss man zunächst einen gruppierten Index erstellen, damit die Sicht eine eindeutige Sortierung besitzt. Danach ist es möglich, weitere Indizes zu erstellen. Im konkreten Beispiel kann man die Datensätze der Sicht eindeutig anhand der `ProductID`-Spalte erkennen, sodass man für diese Spalte einen gruppierten Index erstellt. Weitere Spalten wie bspw. eine Kombination aus Oberkategorie, Unterkategorie und Produkt bilden dann einen weiteren nicht gruppierten Index. Die Reihenfolge dieser Spalten folgt dann nicht der Hierarchie, sondern nach der Unterschiedlichkeit der Werte in diesen Spalten.

```
-- Gruppierter Index (Voraussetzung für weitere Indizes)
CREATE UNIQUE CLUSTERED INDEX [ix_ProductID]
        ON [dbo].[v_ProductCatalog]
( [ProductID] )
GO
-- Index für Sicht
CREATE NONCLUSTERED INDEX [ix_Categories]
        ON [dbo].[v_ProductCatalog]
( [Product], [Subcategory], [Category] )
GO
```

343_02.sql: Indizierung für Sichten

In den Download-Beispielen finden Sie dann noch ein Beispiel, welches Partitionierung nutzt. Es ist allerdings etwas umfangreich, da ja wenigstens eine Dateigruppe, ein Partitionsschema und eine Partitionsfunktion eingerichtet werden müsse, ehe man überhaupt den Index erstellen kann. Datei: *343_03.sql*.

3. 4. 4. Indizierung verwalten

Sind dann Indizes erstellt, möchte man sie wie jedes andere DB-Objekt bearbeiten (ändern und löschen). Zusätzlich ist es aber auch möglich, sie zu deaktivieren und nach einer Deaktivierung wieder neu aufzubauen.

➡ Löschen

Auch für einen Index lautet die Grundsyntax zum Löschen DROP, gefolgt von der Art des zu erstellenden Objektes und seinem Namen. Bei einem nicht gruppierten Index handelt es sich wirklich nur um ein Objekt, das ohne weitere Überlegungen gelöscht werden kann. Lediglich Abfragen, die dieser Index möglicherweise beschleunigt hat, könnten nun wieder langsamer sein.

Bei einem gruppierten Index jedoch gibt es noch weitere Optionen. Hier wurde ja die Speicherung der Daten durch die Sortierung beeinflusst, sodass man noch in der MOVE TO-Klausel angeben kann, auf welches Partitionsschema oder welche Dateigruppe die Daten nun verschoben werden sollen. Die Option ONLINE = { ON | OFF } mit dem Standardwert OFF legt fest, ob die Tabellen und anderen Indizes während der Löschoperation (des sogenannten Indexvorgangs) weiterhin für Abfragen und Änderungen genutzt werden können, d.h. ob der Vorgang online abläuft. Die Option MAXDOP steht für den maximalen Grad an Parallelisierung ei mehreren Prozessoren, wobei der Wert 1 keine parallele Ausführung erlaubt und Werte größer 1 die maximale Anzahl von zu verwendenden Prozessoren angeben. Der Standardwert ist 0, wobei automatisch eine passende Anzahl an Prozessoren gewählt wird.

```
DROP INDEX
{ index_name
   ON [ database_name. [ schema_name ] . | schema_name. ]
      table_or_view_name
   [ WITH ( <drop_clustered_index_option> [ ,...n ] ) ]
}

<drop_clustered_index_option> ::=
{
   MAXDOP = max_degree_of_parallelism
 | ONLINE = { ON | OFF }
```

```
    | MOVE TO { partition_scheme_name ( column_name )
             | filegroup_name
             | "default"
             }
    [ FILESTREAM_ON { partition_scheme_name
                    | filestream_filegroup_name
                    | "default" } ]
}
```

Der Befehl DROP INDEX ist nicht für Indizes geeignet, eindeutig (UNIQUE-Option) oder ein Primärschlüssel sind. Hier muss man dagegen die Anweisung ALTER TABLE nutzen und den Index (Schlüssel) mit der DROP CONSTRAINT-Klausel entfernen.

Im nachfolgenden Beispiel werden einige der zuvor erstellten Indizes wieder entfernt. Der gruppierte Index wird mit ALTER TABLE gelöscht, beim gruppierten Index wird noch die dort mögliche Option ONLINE = ON angegeben, und schließlich entfernt man einen nicht gruppierten Index. Hier ist auch angedeutet, wie man mehrere Indizes auf einmal entfernen würde.

```
-- Löschen eines gruppierten Index (und Primärschlüssels)
ALTER TABLE [Production].[Product]
DROP CONSTRAINT [PK_Product]
WITH (ONLINE = ON)
GO
DROP INDEX [ix_ProductNumber] ON [Production].[Product]
WITH (ONLINE = ON, MAXDOP = 2)
-- Löschen eines nicht gruppierten Index
DROP INDEX [ix_ProductDetails] ON [Production].[Product]
GO
-- Löschen mehrerer Indizes
DROP INDEX
 --[ix_ProductDetails] ON [Production].[Product],
 [ix_OrderDetails] ON [Sales].[SalesOrderHeader]
GO
```

344_01.sql: Löschen von Indizes

→ **Fragmentierung**

Da ein Index extra Speicherplatz benötigt und dazu auch noch Datenänderungen weitere Änderungen im Index nach sich ziehen können, kann es auch bei einem Index zu Fragmentierung kommen. Diese wiederum kann die Geschwindigkeit der Abfrage wieder reduzieren, weil der Index nicht optimal genutzt werden kann oder Änderungen am Index länger dauern als notwendig. Häufige Verwaltungsarbeiten bei Indizierung bestehen also daraus, Indizes neu zu organisieren oder sie sogar neu aufzubauen.

In einem ersten Schritt vor solchen Verwaltungsarbeiten interessiert man sich aber natürlich dafür, ob überhaupt der Index fragmentiert ist. Dazu bietet der MS SQL Server eine Tabellenwertfunktion, mit der man die Größen- und Fragmentierungsinformationen für die Daten und Indizes einer Tabelle oder Sicht abrufen kann. Die Funktion erwartet in den ersten vier Parametern den Datenbanknamen, die Objekt-ID der zu untersuchenden Tabelle oder Sicht, die ID des zu untersuchenden Index und die Partitionsnummer. Die Funktion erlaubt es auch, Informationen zu Indizes aus mehreren Datenbanken und Tabellen oder zu allen Indizes einer Tabelle (jeweils Wert NULL) abzurufen. Die Parameter überschneiden sich, sodass die Funktion über die Parameter mehr Optionen suggeriert als tatsächlich vorhanden sind.

```
sys.dm_db_index_physical_stats (
    { database_id | NULL | 0 | DEFAULT }
  , { object_id | NULL | 0 | DEFAULT }
  , { index_id | NULL | 0 | -1 | DEFAULT }
  , { partition_number | NULL | 0 | DEFAULT }
  , { mode | NULL | DEFAULT }
)
```

Die Spalten sind weitestgehend selbst erklärend: Zunächst gibt es Informationen zu dem untersuchten Objekt, d.h. die Datenbank-ID (Spalte database_id), die Objekt-ID der Tabelle (Spalte object_id), die Index-ID (Spalte index_id) sowie die Partitionsnummer (Spalte partition_number) und den Typ des Index (Spalte index_type_desc). Danach folgen Informationen zur Indextiefe bzw. zur Anzahl der Indexebenen (Spalte index_depth) oder zur aktuellen Ebene des Index (Spalte index_level). Ist mode = DETAILED angegeben, dann gibt es neben anderen Zusatzinformationen in anderen Spalten auch Informationen zu Nichtblattebenen.

Nach diesen eher allgemeinen Spalten folgen die interessanten Spalten bzgl. der Fragmentierung: Die Spalte `avg_fragmentation_in_percent` zeigt den Grad der Fragmentierung in Prozent. Die Spalte `avg_fragment_size_in_pages` gibt die durchschnittliche Seitenanzahl in einem Fragment an oder `NULL`, wenn es eine Nichtblattebene ist. Der durchschnittliche Prozentanteil des auf allen Seiten verwendeten Speicherplatzes im Vergleich zum verfügbaren Platz liefert `avg_page_space_used_in_percent`. Die Gesamtanzahl von Index- oder Datenseiten erfährt man aus der Spalte `page_count`, während `record_count` die Anzahl der Datensätze im Index enthält. Weitere Spalten liefern Werten zu den einzelnen Datensätzen wie die minimale, durchschnittliche und maximale Größe eines in Bytes (Spalten `min/max/avg_record_size_in_bytes`). Die Anzahl von inaktiven Datensätzen enthält die Spalte `ghost_record_count`, wobei diese beim nächsten Aufräumen entfernt werden (können).

Allgemeine Informationen zu Indizes finden Sie in der Sicht Systemsicht `sys.indexes`. Einige Spalten sehen Sie in der Abbildung, welche für diese und die nächste Abfrage auch das Ergebnis enthält. Diese Sicht ist nützlich, wenn man die Objekt-ID der Tabelle der Indizes und ihre interne Nummer sowie ihre Daten und weitere allgemeine Informationen über sie abrufen möchte.

```
SELECT *
  FROM sys.indexes
 WHERE object_id = OBJECT_ID('[Production].[Product]')
```
344_01.sql: Allgemeine Informationen über Indizes abrufen

Das nächste Beispiel setzt diese Sicht und die zuvor erwähnte Funktion ein.

```
SELECT DB_Name(database_id)        AS [DB Name],
       Object_Name(ips.object_id)  AS [Table Name],
       ips.index_id                AS [Index ID],
       i.name                      AS [Index Name],
       index_type_desc             AS [Type],
       avg_fragmentation_in_percent AS Fragmentation,
       avg_fragment_size_in_pages  AS [Avg pages in a fragment],
       page_count                  AS [Pages in total],
       record_count                AS [Records in total]
  FROM sys.dm_db_index_physical_stats(0,0,-1,0, 'detailed') AS ips
       INNER JOIN sys.indexes AS i
```

```
    ON ips.object_id = i.object_id
 WHERE avg_fragmentation_in_percent > 0
   AND database_id  = DB_ID('AW-Tuning')
```

344_01.sql: Informationen zu Fragmentierung abrufen

Alle Indizes einer Tabelle

	object_id	name	index_id	type	type_desc	is_unique	data_space_id	ignore_dup_key	is_primary_key
1	245575913	ix_ProductNumber	1	1	CLUSTERED	1	1	0	0
2	245575913	PK_Product	4	2	NONCLUSTERED	1	1	0	1
3	245575913	ix_ProductDetails	5	2	NONCLUSTERED	0	1	0	0

Fragmentierung von Indizes

	DB Name	Table Name	Index ID	Index Name	Type	Fragmentation	Avg pages in a fragment	Pages in total	Records in total
1	AW-Tuning	Product	1	ix_ProductNumber	CLUSTERED INDEX	25	3	12	504
2	AW-Tuning	Product	1	PK_Product	CLUSTERED INDEX	25	3	12	504
3	AW-Tuning	Product	1	ix_ProductDetails	CLUSTERED INDEX	25	3	12	504
4	AW-Tuning	Product	4	ix_ProductNumber	NONCLUSTERED INDEX	66.6666666666667	1	3	504
5	AW-Tuning	Product	4	PK_Product	NONCLUSTERED INDEX	66.6666666666667	1	3	504
6	AW-Tuning	Product	4	ix_ProductDetails	NONCLUSTERED INDEX	66.6666666666667	1	3	504
7	AW-Tuning	Product	5	ix_ProductNumber	NONCLUSTERED INDEX	66.6666666666667	1	3	295
8	AW-Tuning	Product	5	PK_Product	NONCLUSTERED INDEX	66.6666666666667	1	3	295
9	AW-Tuning	Product	5	ix_ProductDetails	NONCLUSTERED INDEX	66.6666666666667	1	3	295
10	AW-Tuning	SalesOrderDetail	0	NULL	HEAP	7.2992700729927	58.8888888888889	1060	121317
11	AW-Tuning	SalesOrderHeader	0	NULL	HEAP	8.95522388059701	49.8	498	31465
12	AW-Tuning	SalesOrderHeader	0	ix_OrderDetails	HEAP	8.95522388059701	49.8	498	31465

Informationen zu Fragmentierung im Kontextmenü eines Index

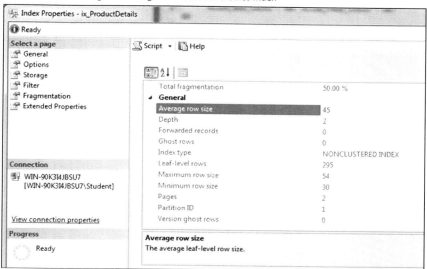

Abbildung 3.19: Informationen über Indizes und Fragmentierung abrufen

Diese Abfrage erstellt eine Übersicht, in welcher zunächst die allgemeinen Objektinformationen wie der Name der Datenbank, der Tabellenname und Indexnummer sowie der Indexname und sein Typ enthalten sind. In dieser Übersicht sieht man, dass die Tabellen, welche keinen Primärschlüssel und auch keinen gruppierten Index haben, als HEAP angezeigt werden. Die nachfolgenden Spalten zeigen die benötigten Informationen zur Fragmentierung an. Zunächst gibt man den Prozentgrad der Fragmentierung an, dann die durchschnittliche Anzahl seiten in einem Fragment und danach die Anzahl der Seiten und Datensätze. Diese sehr detaillierten Informationen erhält man nur, wenn man tatsächlich als Modus diese Details anfordert. Man merkt auch, dass die Abfrage deutlich länger läuft, wenn man auf diese Details verzichtet. Weitere Modus-Angaben sind LIMITED (der Standardwert) und SAMPLED für eine Stichprobenziehung.

Die gleichen Informationen erhält man auch für jeden Index einzeln, wenn man bei einem Index im Management Studio nach einem Doppelklick die Index-Eigenschaften öffnet. Im Baum befindet sich der Eintrag Fragmentation, welcher Zugang zu den gleichen Informationen bietet.

Eine weitere Variante für die Analyse zeigt das nächste Beispiel. Hier greifen wir auf dieselbe Funktion zurück, allerdings verknüpfen wir die Information über den Grad der Fragmentierung noch mit einer einfachen Angabe bzgl. der Aktion, die man unternehmen sollte. Bei einem prozentualen Grad der Fragmentierung zwischen 5 und 30 empfiehlt es sich, den Index neu zu organisieren. Bei mehr als 30% ist es dagegen besser, den Index neu aufzubauen. Bei Werten unterhalb von 5% besteht kein Handlungsbedarf. Diese beiden Aktionen werden im nächsten Abschnitt beschrieben.

```
WITH fragmentation AS (
SELECT a.index_id              AS [Index-ID],
       name                    AS [Index],
       avg_fragmentation_in_percent AS [Fragmentation %]
  FROM sys.dm_db_index_physical_stats (
          DB_ID(N'AW-Tuning'),
          OBJECT_ID(N'Production.Product'),
          NULL, NULL, NULL) AS a
       INNER JOIN sys.indexes AS b
    ON a.object_id = b.object_id
   AND a.index_id = b.index_id
)
```

```
SELECT *,
       CASE
           WHEN [Fragmentation %] BETWEEN 5 AND 30
               THEN 'REORGANIZE'
           WHEN [Fragmentation %] > 30
               THEN 'REBUILD'
           ELSE '---'
       END AS ToDo
  FROM fragmentation
```

344_01.sql: Verknüpfung von Fragmentierungsgrad mit Handlungsempfehlung

Man erhält also einen übersichtlichen Bericht mit den Indizes, ihrem Fragmentierungsgrad und einer Handlungsempfehlung.

```
Index-ID    Index                   Fragmentation %     ToDo
----------  ----------------        -------------------   -------------
1           ix_ProductNumber  25                          REORGANIZE
4           PK_Product        66.6666666666667            REBUILD
5           ix_ProductDetails 66.6666666666667            REBUILD
```

➜ **Allgemeine Syntax für Arbeiten am Index**

Man unterscheidet vier Indexvorgänge oder Indexoperationen, die man an einem Index durchführen kann. Sie werden alle über ALTER INDEX ausgeführt.

- Deaktivieren (Klausel DISABLE): Ein Index wird deaktiviert, d.h. er ist weiterhin vorhanden, wird aber nicht verwendet und stünde bereit, wieder neu aufgebaut zu werden.

- Neu organisieren (Klausel REORGANIZE): Eine Neuorganisation ist die sparsamste Variante, da hier nur minimale Ressourcen verbraucht werden. Die Seiten auf der Blatt-Ebene werden neu sortiert und der Baum so kompakter und in seiner ursprünglich geplanten Weise wieder physisch eingerichtet.

- Neu aufbauen (Klausel REBUILD): Der Index wird dabei gelöscht und neu erstellt, d.h. daher von Grund auf neu angelegt. Dies ist die erste Operation, wenn der Index zuvor deaktiviert wurde.

- Indexoptionen setzen, d.h. in ihren Werten anpassen.

Die Anweisung `ALTER INDEX` gibt zunächst den Index mit seinem Namen an oder bezieht sich mit `ALL` auf alle Indizes der danach angegebenen Tabelle. Danach folgt eine der vier Optionen, wobei `DISABLE` keine weiteren speziellen Optionen besitzt.

```
ALTER INDEX { index_name | ALL }
    ON [ database_name. [ schema_name ] . | schema_name. ]
        table_or_view_name
    DISABLE
```

Bei `REBUILD` und `REORGANIZE` dagegen kann man noch weitere Details für den Neuaufbau und die Neuorganisation angeben. Baut man den Index neu auf, dann kann man entweder alle Partitionen oder nur eine bestimmte Partition angeben oder einen Bereich an Partitionen bestimmen, für welchen die Indizes neu aufgebaut werden sollen.

```
ALTER INDEX { index_name | ALL }
    ON [ database_name. [ schema_name ] . | schema_name. ]
        table_or_view_name
    REBUILD
        [ PARTITION = ALL ]
        [ WITH ( <rebuild_index_option> [ ,...n ] ) ]
        | [ PARTITION = partition_number
            [ WITH ( <single_partition_rebuild_index_option> )
                [ ,...n ] ]
```

Wie schon bei der erstmaligen Erstellung eines Index gesehen, so kann man auch bei der Neuerstellung die üblichen Optionen neu setzen bzw. ändern. Man setzt sie einfach in einer Folge mit den gewünschten Werten aneinander, sofern man die Standardwerte oder die vorherigen Werte überschrieben werden sollen.

```
<rebuild_index_option > ::=
{
    PAD_INDEX = { ON | OFF }
    | FILLFACTOR = fillfactor
    | SORT_IN_TEMPDB = { ON | OFF }
    | IGNORE_DUP_KEY = { ON | OFF }
```

```
| STATISTICS_NORECOMPUTE = { ON | OFF }
| STATISTICS_INCREMENTAL = { ON | OFF }
| ONLINE = { ON [ ( <low_priority_lock_wait> ) ] | OFF }
| ALLOW_ROW_LOCKS = { ON | OFF }
| ALLOW_PAGE_LOCKS = { ON | OFF }
| MAXDOP = max_degree_of_parallelism
| DATA_COMPRESSION = { NONE | ROW | PAGE | COLUMNSTORE
                       | COLUMNSTORE_ARCHIVE }
   [ ON PARTITIONS ( { <partition_number_expression> | <range> }
   [ , ...n ] ) ]
}
```

Um anzugeben, für welche Partitionen der Index neu aufgebaut werden soll, kann man auch einen Bereich angeben, welcher ganz einfach die Partitionsnummern enthält.

```
<range> ::=
<partition_number_expression> TO <partition_number_expression>
```

Bei einer einzelnen Partition ist es dazu noch möglich, partitionsbezogene Optionen zu setzen wie die Komprimierung oder den Grad der Parallelität.

```
<single_partition_rebuild_index_option> ::=
{
    SORT_IN_TEMPDB = { ON | OFF }
  | MAXDOP = max_degree_of_parallelism
  | DATA_COMPRESSION = { NONE | ROW | PAGE | COLUMNSTORE
                         | COLUMNSTORE_ARCHIVE} }
  | ONLINE = { ON [ ( <low_priority_lock_wait> ) ] | OFF }
}
```

Organisiert man den Index neu, dann kann man zusätzlich noch die Partition angeben, für die man den Index neu organisieren will. Des Weiteren kann man noch eine Komprimierung für LOB-Datentypen (image, text, ntext, varchar(max), nvarchar(max), varbinary(max) und xml) angeben, wobei der Standardwert hier ON ist.

```
ALTER INDEX { index_name | ALL }
   ON [ database_name. [ schema_name ] . | schema_name. ]
```

```
      table_or_view_name
  REORGANIZE
      [ PARTITION = partition_number ]
      [ WITH ( LOB_COMPACTION = { ON | OFF } ) ]
```

Die vierte Indexaktion besteht daraus, Optionen zu setzen, wie man sie auch setzen würde, wenn man den Index neu erstellt.

```
ALTER INDEX { index_name | ALL }
    ON [ database_name. [ schema_name ] . | schema_name. ]
        table_or_view_name
    SET ( ALLOW_ROW_LOCKS = { ON | OFF }
          | ALLOW_PAGE_LOCKS = { ON | OFF }
          | IGNORE_DUP_KEY = { ON | OFF }
          | STATISTICS_NORECOMPUTE = { ON | OFF }  [ ,...n ]
```

Gibt man an, dass die Indexaktion online stattfinden soll, dann kann man noch festlegen, wie lange die Operation warten soll, wenn sie in einer niedrigen Priorität abläuft. Als Optionen kann man eine maximale Wartezeit bestimmen und angeben, wie der Abbruch erfolgen soll. Bei NONE wird weiterhin gewartet, während bei SELF ein Abbruch erfolgt, und bei BLOCKERS dagegen die blockierenden Vorgänge abgebrochen werden.

```
<low_priority_lock_wait>::=
{
    WAIT_AT_LOW_PRIORITY ( MAX_DURATION = <time> [ MINUTES ] ,
                           ABORT_AFTER_WAIT = { NONE | SELF |
                                                BLOCKERS } )
}
```

➜ **Indizes über das Management Studio verwalten**

Die einfachste Technik für die Basisaktionen besteht darin, das Management Studio zu verwenden. Man kann entweder die einzelnen Aktionen an allen Indizes einer Tabelle ausführen oder die gewünschte Aktion an einem einzelnen Index auswählen. Es öffnet sich jeweils das zu erwartende Aktionsfenster, in dem man entweder die Aktion bestätigen oder als Skript exportieren kann. Allerdings lassen sich die vielen zuvor beschriebenen Varianten nur über T-SQL ausführen.

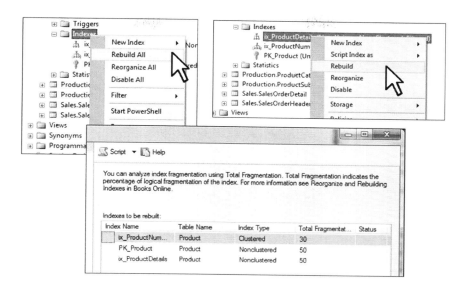

Abbildung 3.20: Arbeiten an Indizes grafisch ausführen

➡ **Indizes neu aufbauen**

In der Einführung zum Thema Indizierung haben wir schon darauf hingewiesen, dass man im Normalfall natürlich im Wesentlichen die Vorteile betrachten solle, wenn man Indizierung einführt. Aber während sie Abfragen beschleunigen können, so können sie auch Datenänderungen verlangsamen, wenn die Indizes selbst aktualisiert werden müssen. Hier kann es manchmal eine Strategie sein, zunächst alle Indizes zu deaktivieren, bevor wie bspw. bei einem Massendatenimport mit vielen Änderungen, Neu-Eintragungen oder Lösch-Operationen neben den eigentlichen Datenänderungen auch die Indizes bearbeitet werden. Sind dann alle Datenänderungen abgeschlossen, kann man sämtliche Indizes neu aufbauen. Dieser Vorgang kann dann insgesamt schneller ablaufen, als wenn bei jeder einzelnen Datenänderung oder nach jeder zusammenhängenden Transaktion auch die Indizes aktualisiert würden.

Aber auch in anderen Fällen kann es notwendig sein, Indizes zu deaktivieren oder wieder neu aufzubauen. Dies ist entweder alles über das Kontextmenü eines Index für einen einzelnen Index möglich, oder man bearbeitet alle Indizes einer Tabelle auf einmal. Im nächsten Beispiel sieht man aber zunächst, wie man auf verschiedene Weise Indizes neu aufbauen kann. In der ersten Variante wird der Index für alle Partitionen (obwohl es eh in der DB nur eine gibt) aufgebaut und folgen in der Anweisung auch noch einige weitere Optionen. In der zweiten Variante folgt die kürzeste Anweisung, mit der man einen einzelnen Index neu aufbauen kann und dabei alle vorhandenen Optionen beibehält und auch ansonsten alle Vorgabewerte nutzt. Dies wird einmal für den gruppierten Index, der vom Primärschlüssel aufgebaut wird, genutzt, und einmal für einen nicht gruppierten Index. Zum Schluss dann folgt dann die Variante, mit der man alle Indizes einer Tabelle neu aufbauen kann, wobei hier zusätzlich auch noch einige Optionen gegeben werden kann, die tatsächlich häufiger vorkommen könnten. Man setzt den Füllfaktor neu, lässt zur Erhöhung der Geschwindigkeit die Sortierung in der temp_db kurzfristig speichern und berechnet auch die Statistiken für die Spalten neu. Das letzte Thema - Statistiken - folgt im nächsten Abschnitt detaillierter. Sie enthalten Informationen über die verschiedenen Werte einer Spalte und versorgen den Abfrageoptimierer mit einer Entscheidungsgrundlage, ob der Index benutzt werden sollte.

```sql
-- Einzelnen Index neu aufbauen
ALTER INDEX [ix_ProductNumber] ON [Production].[Product]
REBUILD PARTITION = ALL
WITH (PAD_INDEX = OFF, STATISTICS_NORECOMPUTE = OFF,
      SORT_IN_TEMPDB = OFF, IGNORE_DUP_KEY = OFF, ONLINE = OFF,
      ALLOW_ROW_LOCKS = ON, ALLOW_PAGE_LOCKS = ON)
GO
-- Einzelnen Index neu aufbauen (ohne Optionen)
ALTER INDEX [PK_Product] ON [Production].[Product] REBUILD
GO
ALTER INDEX [ix_ProductDetails] ON [Production].[Product] REBUILD
GO
-- Alle Indizes einer Tabelle neu aufbauen
ALTER INDEX ALL ON [Production].[Product]
REBUILD WITH (FILLFACTOR = 80, SORT_IN_TEMPDB = ON,
             STATISTICS_NORECOMPUTE = ON)
```

344_03.sql: Indizes neu aufbauen

➜ Indizes reorganisieren

Organisiert man einen Index neu, handelt es sich nicht um ein Löschen und Neu-
erstellen, sondern ausschließlich um eine neue Sortierung und Reorganisation.
Daher ist dies die schnellste Variante und möglicherweise auch die häufigste Anweisung. Man kann, wie Sie in der Beispieldatei sehen können, zusätzlich auch
noch mit PARTITION = nr die Nummer einer Partition angeben, für die allein
der Index neu organisiert werden soll.

```sql
-- Index einzeln neu organisieren
ALTER INDEX [ix_ProductDetails] ON [Production].[Product]
REORGANIZE WITH ( LOB_COMPACTION = ON )
GO
-- Alle Indizes neu organisieren
ALTER INDEX ALL ON [Production].[Product] REORGANIZE
```

344_04.sql: Indizes neu organisieren

➜ Indizes deaktivieren

Möchte man - wie schon zuvor erwähnt - vor einem großen Import- oder Ände-
rungsvorgang verhindern, dass in der ablaufenden ohnehin schon länger dauern-
den Transaktion auch noch eine Zeitverzögerung durch eine permanente Indexak-
tualisierung eintritt, kann man Indizes auch deaktivieren. Ansonsten würde man
sie deaktivieren oder gleich löschen, wenn der Nutzen nicht mehr gegeben ist.
In allen Fällen ist diese Anweisung besonders simpel, da keine weitere Optionen
möglich sind. Das nächste Beispiel zeigt, wie man einen einzelnen Index und dann
alle Indizes einer Tabelle deaktiviert.

```sql
-- Index einzeln deaktivieren
ALTER INDEX [ix_ProductNumber] ON [Production].[Product] DISABLE
GO
-- Alle Indizes deaktivieren
ALTER INDEX ALL ON [Production].[Product] DISABLE
```

344_05.sql: Indizes deaktivieren

→ **Index-Optionen ändern**

Man kann über `ALTER INDEX` auch einige wenige Index-Optionen ändern. Dazu gehört, Sperren von Zeilen oder ganzen Seiten zu (de)aktivieren, Statistiken automatisch neu berechnen zu lassen sowie doppelte Schlüsselwerte zu ignorieren.

```
ALTER INDEX [ix_ProductDetails] ON [Production].[Product]
SET ( ALLOW_ROW_LOCKS = ON, STATISTICS_NORECOMPUTE = ON )
```

344_06.sql: Index-Optionen ändern

3. 5. Statistiken

Statistiken waren in den zurückliegenden Abschnitten bereits immer mal wieder ein kurzes Thema, da die einzelnen Bestandteile der Abfrageoptimierung bestehend aus den Ausführungsplänen, der Indizierung und auch der Statistiken zusammen gehalten werden vom Abfrageoptimierer. In diesem Abschnitt nun soll der Fokus alleine auf den Statistiken liegen, da auch sie als eigene DB-Objekte mit `CREATE` eingerichtet und `ALTER` bearbeitet werden können.

3. 5. 1. Einführung und allgemeine Syntax

Der gerade erwähnte Abfrageoptimierer (engl. query optimizer) kontrolliert in den Statistiken, ob es sich lohnt, für eine Spalte einen möglicherweise vorhandenen Index zu verwenden oder nicht. Er verwendet Statistiken ohnehin, und er generiert auch selbst solche Statistiken, um einen guten Ausführungsplan für eine durchzuführende Abfrage einrichten zu können. Dies geschieht, wenn für eine Tabelle oder Sicht Indizes erstellt werden. Er generiert auch für einzelne Spalten Statistiken, wenn die DB-Option `AUTO_CREATE_STATISTICS` den Wert `ON` hat.

Man kann allerdings auch selbst Statistiken einrichten, um für optimale Information zu sorgen. Auch wenn dieser Fall sicherlich nicht der häufigste ist, so lohnt es sich natürlich dennoch, dass man weiß, was sich im *STATISTICS*-Ordner unterhalb einer Tabelle verbirgt und inwieweit man hier auch aktiv ins Geschehen eingreifen kann.

Dabei sind Statistiken Datenbank-Objekte, die - wie der Name schon vermuten lässt - tatsächlich statistische Informationen über die Wertverteilung in den Spalten enthalten. Im Wesentlichen muss man sich nur vorstellen, dass eine Statistik eine ausgeführte `SELECT DISTINCT`-Abfrage darstellt oder eine Abfrage mit der `COUNT(*)`-Funktion und einer Gruppierung nach den verschiedenen Werten in einer Spalte. Die Unterschiedlichkeit der Werte und damit die Verteilung von verschiedenen Werten in einer einzigen Spalte oder auch über mehrere Spalten hinweg liefert dann nützliche Informationen, ob es sich lohnen würde, einen Index zu verwenden oder nicht. In einem etwas detaillierteren Schritt könnte der Abfrageoptimierer auch entscheiden, dass nicht nur der Index zu verwenden sei, sondern dass als Zugriffstechnik der Operator Index-Seek und nicht der etwas langsamere Index-Scan eingesetzt werden sollte.

Die allgemeine Syntax, um manuell Statistiken einzurichten, ist nicht besonders umfangreich und erinnert bei den verschiedenen Optionen an die Erstellung eines Index.

```
CREATE STATISTICS statistics_name
ON { table_or_indexed_view_name } ( column [ ,...n ] )
    [ WHERE <filter_predicate> ]
    [ WITH
        [ [ FULLSCAN
          | SAMPLE number { PERCENT | ROWS }
          | STATS_STREAM = stats_stream ] ]
        [ [ , ] NORECOMPUTE ]
        [ [ , ] INCREMENTAL = { ON | OFF } ]
    ] ;
```

Grundsätzlich nennt man die Tabelle oder die Sicht, für die ein Statistik-Objekt erzeugt werden soll, und listet dann im einfachsten Fall nur eine oder eine Gruppe von Spalten auf, für die man die Verteilung der Werte ermitteln lassen möchte. Hier würden dann typischerweise auch die Spalten und vor allen Dingen auch Kombinationen von Spalten erscheinen, die schon in den Indizes für eine Tabelle verwendet wurden.

Folgende Möglichkeiten sind ebenfalls möglich:

- Mit der `WHERE`-Klausel kann man eine Filterbedingung angeben, die eine sinnvolle und damit eine häufig durch Filter abgegrenzte Untermenge von Daten definiert. Nur für diese richtet man dann die Statistiken ein.

- In der WITH-Klausel lässt sich angeben, ob die Statistiken basierend auf der gesamten Tabelle (Option FULLSCAN) oder nur für eine prozentuale oder reihenbezogene Stichprobe (Option SAMPLE) ermittelt werden sollen.

- Mit NORECOMPUTE gibt man in der WITH-Klausel an, dass eine Neuberechnung der Statistiken nicht gewünscht ist, da man dies manuell anstoßen will.

- Mit INCREMENTAL kann man angeben, dass Statistiken für jede Partition einzeln erstellt werden. Die Angabe in der WITH-Klausel überschreibt die gleichnamige DB-Einstellung. Es lohnt sich, Statistiken pro Partition zu erstellen, da im günstigsten Fall auch nur für eine Partition Statistiken erstellt werden müssen, da vielleicht Daten anderer Partitionen gleich geblieben sind.

3. 5. 2. Statistiken einrichten

Statistiken lassen sich sowohl über T-SQL wie auch über die Oberfläche im Management Studio einrichten. Darüber hinaus kann man sie auch automatisch erstellen lassen. Alle Varianten zeigen wir in diesem Abschnitt.

➜ DB-Einstellungen für Statistiken

Die einfachste Möglichkeit besteht, darin die DB-Einstellungen für die Erstellung von Statistiken und ihre automatische Neu-Erstellung / Aktualisierung automatisch vornehmen zu lassen. Dies sind Einstellungen der Datenbank, wobei die Voreinstellungen auch sicherlich diejenigen Einstellungen sind, die man in fast allen Fällen benötigt.

1. Wählen Sie im Kontextmenü der Datenbank den Eintrag *PROPERTIES*.

2. Es öffnen sich die DB-Einstellungen. Wählen Sie hier den Eintrag *OPTIONS*, um die DB-Optionen zu öffnen. Da es sich um Einstellungen zu automatischen Aktionen handelt, sind die Einstellungen für die Statistiken auch unmittelber im oberen Bereich unter der Überschrift *AUTOMATIC* zu finden.

3. Nehmen Sie ggf. Änderungen an diesen Einstellungen vor und bestätigen Sie diese Änderungen über *OK*.

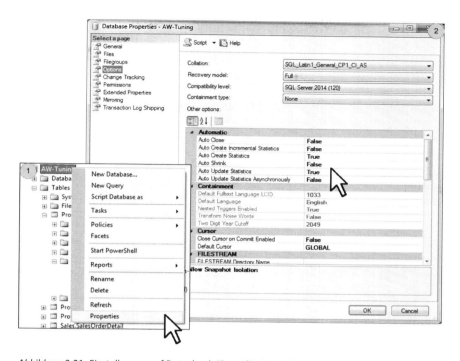

Abbildung 3.21: Einstellungen auf Datenbank-Ebene für Statistiken

Die folgenden Einstellungen kann man auf DB-Ebene vorgeben:

- *AUTO CREATE STATISTICS* (Standardwert TRUE) legt fest, dass der Abfrageoptimierer automatisch Statistiken erstellt, wenn bspw. einzelne Spalten in einer
Bedingung erscheinen und noch keine Statistiken existieren. Die Namen dieser Statistiken enthalten den Spaltennamen, die Objekt-ID in hexadezimalen
Format: _WA_Sys_<column_name>_<XXXX>.

- *AUTO UPDATE STATISTICS* (Standardwert TRUE) legt fest, dass Statistiken, welche
vor der Kompilierung einer Abfrage oder vor der Ausführung eines gespeicherten Ausführungsplans als veraltet erkannt wurden, aktualisiert werden.
Je nachdem, welche zusätzlichen Einstellungen für synchrone oder asynchrone Aktualisierung gewählt wurden, werden erst die Statistiken aktualisiert,
bevor die Abfrage ausgeführt werden, oder nicht.

- *AUTO CREATE INCREMENTAL STATISTICS* (Vorgabewert *FALSE*) legt fest, dass inkrementelle Statistiken, d.h. Statistiken für einzelnen Partitionen, automatisch erstellt werden. Diese Einstellung verhindert bei TRUE, dass die gesamte Tabelle untersucht und für die Indexerstellung genutzt wird.

- *AUTO UPDATE STATISTICS ASYNCHRONOUSLY* (Vorgabewert *FALSE*) legt als zusätzliche Option zur automatischen Index-Erstellung fest, dass die Aktualisierung asynchron erfolgt. Bei synchroner Aktualisierung werden die Abfragen immer mit aktuellen Statistiken kompiliert und ausgeführt. Der Abfrageoptimierer muss daher also warten, bis die Statistiken aktualisiert sind. Bei asynchroner Aktualisierung wird die Abfrage mit den bestehenden und veralteten Statistiken ausgeführt, bevor dann nach der Abfrage die Statistiken aktualisiert werden. Der Vorgabewert ist FALSE, sodass also die Standardeinstellung ist, die Statistiken synchron zu aktualisieren, also immer mit aktuellen Statistiken zu arbeiten. Synchrone Statistiken sind bei Abfragen geeignet, die viele Daten ändern wie Massenimport oder umfangreiches Löschen. Bei vielen ähnlichen oder sogar gleichen Abfragen sind asynchrone Statistiken möglicherweise besser. In beiden Fällen sind Tests notwendig und empfehlenswert.

Diese DB-Einstellungen lassen sich natürlich auch über T-SQL ändern, wobei hier der gewöhnliche ALTER DATABASE-Befehl zum Einsatz kommt, über den man die meisten DB-Einstellungen ändern kann und der im nachfolgenden stark verkürzt gezeigt wird.

```
ALTER DATABASE { database_name  | CURRENT }
SET {
    AUTO_CREATE_STATISTICS { OFF | ON
                           [ ( INCREMENTAL = { ON | OFF } ) ] }
    | AUTO_UPDATE_STATISTICS { ON | OFF }
    | AUTO_UPDATE_STATISTICS_ASYNC { ON | OFF } [ ,... n ]
    [ WITH  {  ROLLBACK AFTER integer [ SECONDS ]
             | ROLLBACK IMMEDIATE
             | NO_WAIT }
    ]
}
```

Man sieht, dass die Einstellung, inkrementelle Statistiken zu erstellen eine Zusatzoption der allgemeinen automatischen Erstellung ist. In der WITH-Klausel legt man fest, was im Fehlerfall passieren soll. Entweder gibt es einen sofortigen Rollback, oder erst nach einer gewissen Wartezeit. Bei `NO_WAIT` soll die Anweisung sofort fehlschlagen, wenn sie nicht sofort ohne Warten ausgeführt werden kann.

Ein möglicher Befehl hat dann den folgenden Aufbau:

```
ALTER DATABASE [AW-Tuning]
SET AUTO_UPDATE_STATISTICS OFF WITH NO_WAIT
```

➡ **Inhalt von Statistiken**

Da ja die Standardeinstellungen bereits vorsehen, dass Statistiken automatisch erstellt und auch aktualisiert werden, sobald sie als veraltet erkannt werden, werden in der Datenbank, die Sie zum Üben verwendet haben, bereits Statistiken vorhanden sein. Wir haben daher in der Abbildung die `Product`-Tabelle geöffnet und zeigen, welche Indizes vorhanden sind und welche Statistiken man finden kann. Man findet also in diesem Beispiel Statistiken für die einzelnen Indizes, welche den Namen des jeweiligen Index tragen. Zusätzlich sind auch automatisch benannte Statistiken für einzelne Spalten zu sehen.

Man muss nur den Ordner *STATISTICS* öffnen und eine Statistik über Doppelklick öffnen, um in den üblichen Dialog für DB-Objekte zu kommen.

- Die Seite *GENERAL* zeigt den Namen der Statistik an, informiert darüber, wann die Statistik das letzte Mal aktualisiert wurde und erlaubt in einem Kontrollkästchen festzulegen, dass die Statistik bei Verlassen über *OK* aktualisiert wird.

- Insbesondere die Seite *DETAILS* ist interessant, weil man hier die tatsächliche Statistik für diese Spalte sehen kann. Man erfährt also hier, welche Werte in der Statistik in welchen Anzahlen vorhanden sind. Der zentrale Inhalt ist das so genannte Histogramm, welches aus bis zu 200 Werten einer gegebenen Spalten besteht und in 199 (meist ungleich breite) Intervalle aufgeteilt wird. Dieses Histogramm ist eine Tabelle mit fünf Spalten: die obere Grenze (ein Schlüsselwert) eines Histogramm-Schritts (RANGE_HI_KEY), die Anzahl der Reihen in diesem Bereich (RANGE_ROWS), die exakte Anzahl Reihen mit diesem Wert (EQ_ROWS), die durchschnittliche Anzahl Datensätze pro Wert innerhalb dieses Bereichs (AVG_RANGE_ROWS) und wie viele Schlüsselwerte in diesem Bereich sind (DISTINCT_RANGE_ROWS).

- In der Seite *FILTER* sieht man die optionalen Filter, die man für eine Statistik definiert hat, wenn sie nur für die gefilterten Werte erstellt werden soll.

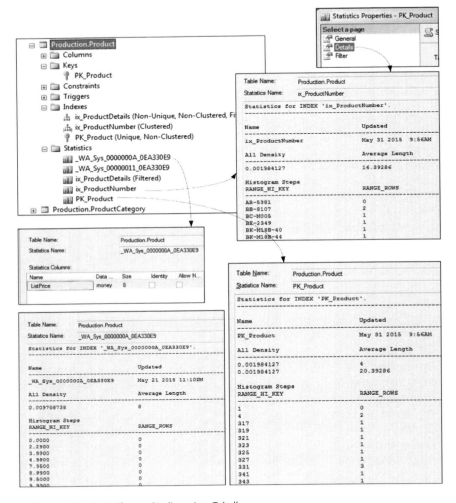

Abbildung 3.22: Statistiken und Indizes einer Tabelle

➜ Statistiken grafisch einrichten

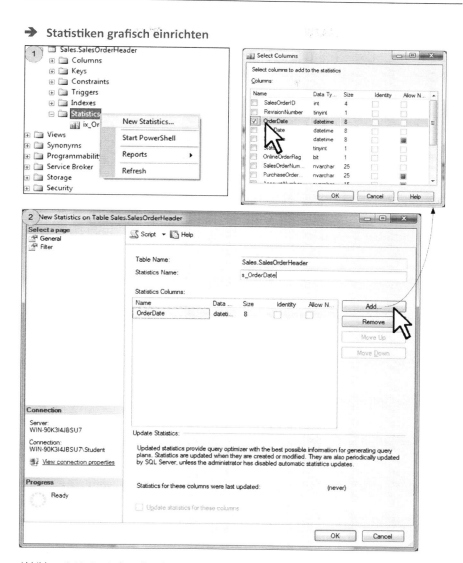

Abbildung 3.23: Statistiken über das Management Studio einrichten

Auch wenn es eine eher seltene Aufgabe ist, so wollen wir wenigstens kurz zeigen, wie man eine Statistik auch grafisch und über T-SQL einrichten kann. In der ersten Variante nutzt man die folgenden Schritte:

1. Wählen Sie aus dem Kontextmenü des *STATISTICS*-Ordners einer Tabelle den Eintrag *NEW STATISTICS*.

2. Geben Sie in der Seite *GENERAL* einen Namen für die Statistik an.

3. Wählen Sie über *ADD* die Spalten des Index. Achten Sie darauf, dass die Reihenfolge der Spalten wie bei einem Index von der Selektivität der Spalten abhängt. Die Spalte, welche am unterschiedlichsten ist, sollte bei einem Index mit mehreren Spalten die erste sein. Es wird nur ein Histogramm für diese Spalte erzeugt, sodass also nur konkrete Schlüsselwerte diese Spalte im Histogramm erscheinen können. Lediglich die weiteren Spalten wie die Anzahl der in dem von diesen Schlüssel definierten Bereich enthaltenen Reihe liefern einen Anhaltspunkt auf die dahinter befindlichen tatsächlichen Reihen anderer Spalten, deren Werte man allerdings nicht sehen kann.

4. Geben Sie in der Seite *FILTER* einen optionalen Filter an, wenn die Statistik nur für diese Untermenge erstellt werden soll.

5. Verlässt man den Dialog über *OK*, wird der Index auch sofort erstellt.

→ **Statistiken automatisch erstellen**

Das nachfolgende Beispiel finden Sie in der Datei *352_02.sql*. Es erlaubt zu simulieren, wie automatisch Statistiken erstellt werden. Dazu muss man zunächst kontrollieren, welche Statistiken überhaupt für eine Tabelle vorhanden sind. Neben einer visuellen Kontrolle im Management Studio kann man auch die Prozedur `sp_helpstats` einsetzen. Sie hat die nachfolgende allgemeine Syntax:

```
sp_helpstats[ @objname = ] 'object_name'
    [ , [ @results = ] 'value' ]
```

- Der Parameter `objname` erwartet den Tabellennamen, für welche die Statistiken ermittelt werden sollen. Wie üblich kann man hier auch einen qualifizierten Objektnamen bestehend aus Schema und Tabelle angeben.

- Der Parameter `results` hat die beiden möglichen Werte `ALL` und `STATS`. Mit `ALL` erhält man alle Statistiken, die sowohl für Indizes und Spalten generiert wurden, während man mit `STATS` (Standardwert) nur diejenigen Statistiken ermittelt werden, die zu keinem Index gehören.

Das nachfolgende Skript zeigt den Einsatz dieser Prozedur und liefert alle Statistiken der `ProductCategory`-Tabelle, in der derzeit nur für die Spalte `CategoryID` eine automatisch erstellte Statistik enthalten ist.

```
-- Test: Welche Statistiken sind vorhanden?
sp_helpstats N'Production.ProductCategory', 'ALL'
-- Ergebnis
statistics_name                 statistics_keys
------------------------------- -----------------
_WA_Sys_00000001_0F975522  ProductCategoryID
```

Um nun zu sehen, wie tatsächlich automatisch ein neuer Index erstellt wird, füllt man die Spalte Name mit mehr Werten, nutzt sie dann in der `WHERE`-Klausel verschiedener Abfragen und kontrolliert erneut, ob Statistiken vorhanden sind.

```
-- Eintragen neuer Daten
INSERT INTO Production.ProductCategory VALUES (5, 'Motor Bikes');
INSERT INTO Production.ProductCategory
VALUES (6, 'Casual Clothing');
INSERT INTO Production.ProductCategory VALUES (7, 'Books');
GO
-- Abfrage und Filter für die Name-Spalte
SELECT *
  FROM Production.ProductCategory
 WHERE Name = 'Motor Bikes';
SELECT *
  FROM Production.ProductCategory
 WHERE Name = 'Books';
GO
-- Test: Statistik für Spalte "Name" vorhanden
sp_helpstats N'Production.ProductCategory', 'ALL'
GO
```

Tatsächlich wurde eine neue Statistik genau für die `Name`-Spalte gebildet. In der Abbildung sieht man, dass sie mit fortlaufender Nummer im *STATISTICS*-Ordner zu finden ist. Da nur sehr wenige Werte und damit nicht einmal die maximale Anzahl von möglichen Werten (200) in einer Statistik erreicht ist, ist die gesamte Spalte mit ihren Werten in der Statistik vertreten und gibt es auch keine weiteren Reihen zwischen diesen Schlüsselwerten.

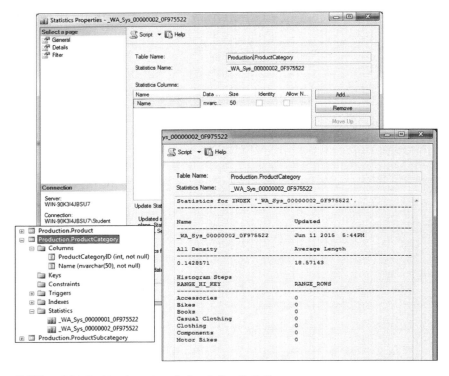

Abbildung 3.24: Struktur der automatisch erstellten Statistik

➡ **Statistiken für Indizes**

Ein weiteres Beispiel lässt sich konstruieren, wenn man einen Index erstellt und dann darauf achtet, dass für diesen Index ebenfalls automatisch eine Statistik erstellt wird. So erstellt man also für die `ShipDate`-Spalte der `SalesOrderHeader`-Tabelle einen nicht gruppierten Index, was sofort die Erstellung einer Statistik für diese Spalte nach sich zieht.

```
-- Erstellung eines Index
CREATE NONCLUSTERED INDEX ix_ShipDate
    ON Sales.SalesOrderHeader(ShipDate)
GO
-- Test: Erstellung einer Statistik für den Index
sp_helpstats N'Sales.SalesOrderHeader', 'ALL'
```

352_03.sql: Automatische Erstellung einer Statistik für einen Index

Die Prozedur `sp_helpstats` zeigt die vorhandenen Statistiken mit ihren Spalten - darunter auch eine Statistik für die indizierte `ShipDate`-Spalte.

```
statistics_name        statistics_keys
------------------     ------------------------------------------------
ix_OrderDetails        SalesOrderNumber, OrderDate, AccountNumber,
                       TotalDue
ix_ShipDate            ShipDate
s_OrderDate            OrderDate
```

➜ **Statistiken über T-SQL einrichten**

In den meisten Fällen dürfte es völlig ausreichend sein, die Funktionsweise von Statistiken zu verstehen und ggf. auch zu kontrollieren, welche Statistiken vorhanden sind und zu verstehen, welche ungewöhnlich benannten Objekte sich im *STATISTICS*-Ordner befinden. In einigen selten Fällen kann es jedoch auch schon einmal nötig sein, selbst eine Statistik zu erstellen, auch wenn man für dieselbe Spalte gar keinen Index generiert.

Im nächsten Beispiel erzeugt man eine mehrspaltige Statistik für die beiden Spalten `OrderDate` und `DueDate`, wobei nur 50 Prozent der Daten für ihre Erstellung herangezogen werden sollen. Hierbei ist `OrderDate` die erste Spalte, sodass also auch nur ihr Histogramm in der Detailanzeige erscheinen würde. Hinweis: Diese Statistik würde man normalerweise nicht erstellen, da diese Spalte bereits in einer Statistik erscheint und zudem auch indiziert ist.

```
CREATE STATISTICS s_OrderDueDate
ON Sales.SalesOrderHeader(OrderDate, DueDate)
WITH SAMPLE 50 PERCENT
```

353_04.sql: Statistik über T-SQL erstellen

3. 5. 3. Statistiken verwalten

Da Statistiken ebenfalls DB-Objekte sind, müssen sie auch entsprechend verwaltet werden, wobei sich dies darauf beschränkt, sie zu aktualisieren und zu löschen. Zusätzlich gibt es neben der schon verwendeten Prozedur sp_helpstats auch noch einen weiteren Befehl, um ausführliche Informationen zu einer Statistik anzeigen zu können.

➜ **Löschen**

Um eine Statistik zu löschen, verwendet man den DROP-Befehl, ergänzt STATIS-TICS und den Namen der Statistik, die für eine Sicht oder Tabelle vorhanden ist.

```
DROP STATISTICS table.statistics_name
             | view.statistics_name [ ,...n ]
```

➜ **Eigenschaften abrufen**

Ausführliche Eigenschaften, die man ansonsten in der grafische Oberfläche findet, wenn man eine Statistik öffnet, lassen sich über die Anweisung DBCC SHOW_STA-TISTICS abrufen. Dabei handelt es sich um keine Prozedur, sondern um eine DB-CC-Anweisung: Datenbankkonsolenbefehle (Database Console Commands). Sie existieren für verschiedene Kategorien wie verschiedenen Verwaltungsaufgaben von Datenbanken, Indizes und Dateigruppen oder den Abruf von Informationen und die Durchführung von Überprüfung von Schema-Objekten.

Sie hat die nachfolgende allgemeine Syntax:

```
DBCC SHOW_STATISTICS ( table_or_indexed_view_name , target )
[ WITH [ NO_INFOMSGS ] < option > [ , n ] ]
```

```
< option > :: =
    STAT_HEADER | DENSITY_VECTOR | HISTOGRAM | STATS_STREAM
    [ , ...n ] ) ]
}
```

Die Parameter haben folgende Bedeutungen:

- Die Anweisung SHOW_STATISTICS erwartet zunächst den Namen einer Tabelle oder indizierten Sicht, für die man Informationen zu Statistiken abrufen will.

- Im Parameter target gibt man den Namen von Index, Statistik oder Spalte an, für die man Statistik-Informationen anzeigen will. Man kann nur Informationen zu automatisch erstellten Statistiken abrufen und erhält die Fehlermeldung 2767, wenn man versucht, Statistik-Informationen von nicht automatisch erstellten Statistiken abzurufen.

- Mit NO_INFOMSGS unterdrückt man die Anzeige von Informationsmeldungen mit einem Schweregrad zwischen 0 und 10.

- Alle weiteren Parameter, die unter option zusammengefasst sind, beschränken die Ausgabe, d.h. gibt man keine Optionen an, erhält man sämtliche Informationen bzw. Abschnitte.

Der Aufruf für vollständige Informationen ist also daher sehr kurz:

```
DBCC SHOW_STATISTICS (N'Production.ProductCategory', Name)
```

Man erhält verschiedene Ergebnismengen zu unterschiedlichen Themen, die man auch einzeln aufrufen kann, wenn man die verschiedenen Optionen angibt.

- Im Ergebnis von STAT_HEADER befinden sich allgemeine Informationen zur Statistik wie der Name, der Zeitpunkt der letzten Aktualisierung sowie die verschiedenen Angaben zur Gesamtanzahl der Reihen, der Stichprobengröße, der Dichte (berechnet aus 1 / unterschiedliche Werte), zum verwendeten Filter usw.

- Im Ergebnis von DENSITY_VECTOR erhält man Informationen zur Dichte der Statistik oder die Namen der Spalten in der Statistik und die durchschnittlichen Länge einer Liste von Spaltenwerten in Bytes.

- Im Ergebnis von HISTOGRAM erhält man die Histogramm-Informationen in einer umfangreichen Tabelle, welche derjenigen der grafischen Ausgabe entspricht.

Die Abbildung zeigt das Ergebnis der Anweisung und die verschiedenen ausgegebenen Tabellen.

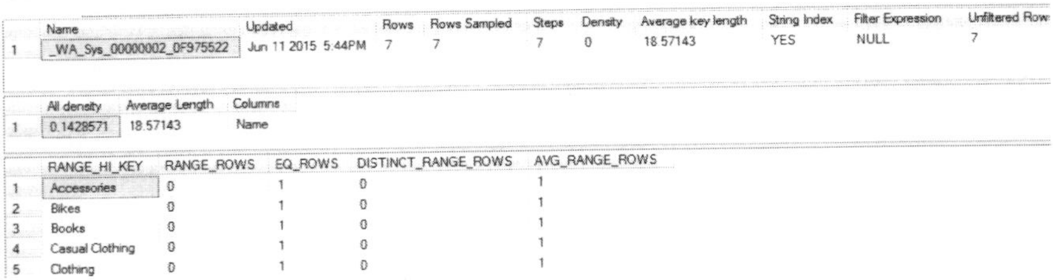

	Name	Updated	Rows	Rows Sampled	Steps	Density	Average key length	String Index	Filter Expression	Unfiltered Row
1	_WA_Sys_00000002_0F975522	Jun 11 2015 5:44PM	7	7	7	0	18.57143	YES	NULL	7

	All density	Average Length	Columns
1	0.1428571	18.57143	Name

	RANGE_HI_KEY	RANGE_ROWS	EQ_ROWS	DISTINCT_RANGE_ROWS	AVG_RANGE_ROWS
1	Accessories	0	1	0	1
2	Bikes	0	1	0	1
3	Books	0	1	0	1
4	Casual Clothing	0	1	0	1
5	Clothing	0	1	0	1

Abbildung 3.25: Struktur der automatisch erstellten Statistik

➜ **Aktualisieren**

Man kann über T-SQL auch anstoßen, dass eine spezielle Statistik oder alle Statistiken einer Tabelle oder indizierten Sicht aktualisiert werden sollen. Dabei ist die UPDATE STATISTICS-Anweisung sehr ähnlich wie die Neu-Erstellung, da sich hier viele Optionen erneut finden lassen.

```
UPDATE STATISTICS table_or_indexed_view_name
    [
        {
            { index_or_statistics__name }
          | ( { index_or_statistics_name } [ ,...n ] )
            }
    ]
    [    WITH
        [
```

```
FULLSCAN
    | SAMPLE number { PERCENT | ROWS }
    | RESAMPLE
        [ ON PARTITIONS ( { <partition_number> | <range> }
          [, ...n] ) ]
    ]
    [ [ , ] [ ALL | COLUMNS | INDEX ]
    [ [ , ] NORECOMPUTE ]
    [ [ , ] INCREMENTAL = { ON | OFF } ]
] ;
```

So kann man einen vollständigen Scan von Tabelle/Sicht oder auch nur eine Stichprobe mit neuen Angaben oder den vorherige Stichprobeneinstellungen durchführen. Da man häufig nicht nur eine einzelne Statistik aktualisieren will, kann
man sich sogar entscheiden, ob man den Namen einer Statistik angibt, eine Liste
von Namen angibt oder auch alle Statistiken oder nur diejenigen für Spalten oder
Indizes aktualisiert.

Eine Vereinfachung, um Statistiken für alle benutzerdefinierten und internen Tabellen der aktuellen Datenbank zu aktualisieren, bietet die folgende Prozedur:

```
sp_updatestats [ [ @resample = ] 'resample']
```

Intern führt diese Prozedur eine gewöhnliche UPDATE STATISTICS-Anweisung
aus, wobei die Option ALL verwendet wird, um tatsächliche alle Statistiken zu aktualisieren. Informationen über den Status der Statistiken kann mit der Funktion
STATS_DATE (object_id , stats_id) und der Sicht sys.stats erhalten.

3. 5. 4. Standardberichte zur Datenbank

Das Management Studio bietet eine Reihe von nützlichen Berichten an, die man
zu höchst unterschiedlichen Themen abrufen kann: einfache Aufstellungen zum
Speicherplatzverbrauch von Tabellen oder Partitionen bis hin zu diversen Hitpa-
raden wie den wichtigsten Transaktionen. Es ist sogar möglich, eigene Berichte
zu definieren und in Form einer RDL-Datei (Report Definition Language, ein XML-
Format) hochzuladen. Da die Titel der meisten Berichte völlig selbsterklärend sind,
möchten wir hier nur auf sie aufmerksam machen und zeigen, wie man die Standardberichte aufruft.

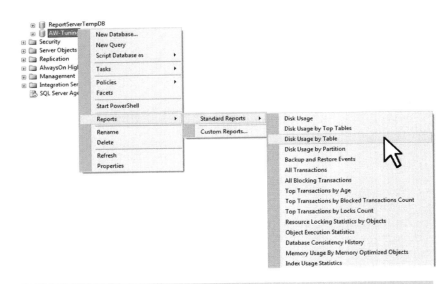

Abbildung 3.26: Standardberichte zur Datenbank aufrufen

1. Wählen Sie aus dem Kontextmenü einer Datenbank den Befehl REPORTS / STANDARD REPORTS und entscheiden Sie sich dann für einen Bericht aus der Liste der verfügbaren Standardberichte. Im Beispiel haben wir einen einfachen Berichten gewählt, welcher den Speicherplatzverbrauch pro Tabelle angibt.

2. Der Bericht öffnet sich im Design-Bereich. Viele bieten noch die Möglichkeit an, sich in den Detaildaten zu bewegen und für einzelne gruppierende Ele-

mente weitere Informationen aufzuklappen.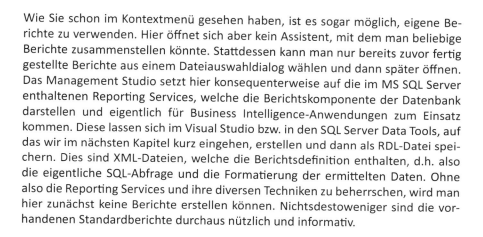

Wie Sie schon im Kontextmenü gesehen haben, ist es sogar möglich, eigene Berichte zu verwenden. Hier öffnet sich aber kein Assistent, mit dem man beliebige Berichte zusammenstellen könnte. Stattdessen kann man nur bereits zuvor fertig gestellte Berichte aus einem Dateiauswahldialog wählen und dann später öffnen. Das Management Studio setzt hier konsequenterweise auf die im MS SQL Server enthaltenen Reporting Services, welche die Berichtskomponente der Datenbank darstellen und eigentlich für Business Intelligence-Anwendungen zum Einsatz kommen. Diese lassen sich im Visual Studio bzw. in den SQL Server Data Tools, auf das wir im nächsten Kapitel kurz eingehen, erstellen und dann als RDL-Datei speichern. Dies sind XML-Dateien, welche die Berichtsdefinition enthalten, d.h. also die eigentliche SQL-Abfrage und die Formatierung der ermittelten Daten. Ohne also die Reporting Services und ihre diversen Techniken zu beherrschen, wird man hier zunächst keine Berichte erstellen können. Nichtsdestoweniger sind die vorhandenen Standardberichte durchaus nützlich und informativ.

Administration

4. Administration

Ist eine Datenbank auf Ebene der Datenstrukturen eingerichtet, folgt danach die Einrichtung auf Sicherheitsebene, d.h. Benutzer und Anmeldungen sowie Berechtigungen müssen organisiert werden. Ist auch dies erledigt, befindet sich die Datenbank vorrangig im gewöhnlichen Tagesbetrieb, in dem insbesondere die Zurverfügungstellung der Datenbank und damit ihre Wartung und die Aufrechterhaltung wichtige Aspekte der täglichen Arbeit sind. Dieses Kapitel zeigt wichtige administrative Aufgaben und zeigt, wie auch diese mit SQL oder dem Management Studio umgesetzt werden können. Diese Aufgaben entfernen sich nun vom DB-Entwickler und gehören vielmehr zu den Aufgaben eines DB-Administrators, der normalerweise nicht die Anwendungsentwicklung oder Weiterentwicklung der Datenbank an sich betreut.

4. 1. Sicherheit

Sicherheitsüberlegungen betreffen die Fragestellung, wie Daten vor unberechtigtem Zugriff geschützt werden können. Dies lässt sich über verschiedene Verfahren einrichten, wobei hier natürlich die Einrichtung von Benutzern in der Datenbank und die Verwaltung ihrer Berechtigungsstruktur im Vordergrund stehen. Es sind allerdings auch viele zusätzliche und typische Sicherheitsmaßnahmen denkbar und auch im Normalfall erforderlich. Diese jedoch stehen in engem Zusammenhang mit der Konfiguration und Verwaltung der umgebenden Netzwerk-Ressourcen. Sie bauen zwar auf allgemeinen Konzepten auf (Benutzer, Rollen, Gruppen), setzen auch auf den gleichen technischen Standards und Protokollen (TCP/IP, HTTP(S)) auf, sind aber auch wiederum eng an konkrete Produkte wie bspw. MS Windows Server mit dem Verzeichnisdienst gebunden.

4. 1. 1. Einführung

Im Wesentlichen besteht die Sicherheitsarchitektur aus drei Teilen: man benötigt eine Anmeldung, um sich überhaupt mit dem DB-Server und der Datenbank verbinden zu können. Dann muss man selbst als Benutzer oder die Rolle, die man einnimmt, in der Datenbank bekannt sein. Und schließlich müssen dieser Benutzer oder diese Rolle auch Berechtigungen für DB-Aktionen haben.

→ **Allgemeine Überlegungen zur Sicherheit**

Sicherheit hat unterschiedliche Aspekte, die auch in vielfältiger Weise miteinander verknüpft sind. Einige der wichtigsten haben wir in einer Abbildung zusammengefasst.

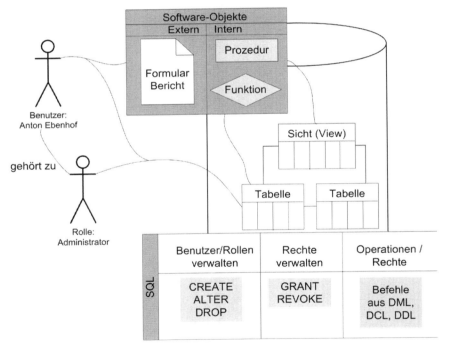

Abbildung 4.1: Aspekte im Thema Sicherheit

- Benutzer sind eigene Objekte der Datenbank. Sie können einem tatsächlich existierenden Benutzer entsprechen wie Anton Ebenhof oder einem virtuellen Benutzer wie Außendienst-Mitarbeiter oder Webshop-Besucher.

- Für die Abbildung von Rechtestrukturen, die sich mehrere Benutzer teilen, kann man Rollen verwenden. Sie stellen Rechtebündel dar, sodass Rechte gemeinsam erstellt, verwaltet und auch zugewiesen werden können.

- Tabellen enthalten direkt die Daten, welche von einer Abfrage in einem Bericht oder einem Programm sowie weiteren Datenbank-Objekten wie Prozeduren, Funktionen und Sichten genutzt werden. Diese verschiedenen Objekte könnten jeweils für sich ebenfalls einen Sicherheitsmechanismus abbilden. Dies liegt daran, dass sie den Zugriff auf die Daten über die in ihr enthaltenen Abfragen zunächst beschränken und ggf. durch Programmlogik noch weiter einschränken, indem weitere Filter angewandt oder Aggregate und Umklassifizierungen von Daten durchgeführt werden. Darüber hinaus können sie natürlich auch mehrfach nacheinander angewendet werden oder sogar in Reihenfolge und Anzahl dynamisch kombiniert werden.

  - Ein Bericht kann direkt eine Abfrage enthalten oder auf andere DB-Objekte zugreifen, die ihrerseits eine Filterung und Transformation vornehmen. Der Zugriff des Berichts selbst ist dann eine Sicherheitsaufgabe für das Berichtssystem.

  - Eine Sicht beschränkt die Daten durch eine in der DB gespeicherte Abfrage, und ihr Inhalt kann auch selbst über eine Abfrage wiederum weiter eingeschränkt oder transformiert werden.

  - Prozeduren und Funktionen können ebenfalls Abfragen enthalten und bieten darüber hinaus an, normalerweise mehr Logik und komplexe Transformationen durch Programmierung auf den Daten auszuführen als eine Sicht.

  - Prozeduren bieten die Möglichkeit, eine Schicht zwischen Daten und Schema-Objekten und externen Anwendungen einzurichten, mit deren Hilfe nicht nur Daten abgefragt werden, sondern auch gepflegt werden können. Dies ist bei Sichten mit Einschränkungen ebenfalls möglich.

- Nicht nur Daten sollen geschützt werden, sondern auch Objekte. Dies bedeutet, dass die Zugriffskontrolle sich auch auf den gesamten Schema-Katalog und die in ihm enthaltenen Objekte ausdehnen muss. Objekte müssen vor unkontrollierten Veränderungen oder Löschung geschützt werden. Dieser Aspekt steht oftmals nicht so im Vordergrund, weil das Wesentliche einer Datenbank nun einmal die Daten sind und DB-Objekte ohne Daten nur in seltenen Fällen für sich allein schon wertvoll sind.

- SQL bietet mit der Data Control Language die passenden Befehle zur Verwaltung von Rechten an. Mit der Data Definition Language verwaltet man dann Rollen und Benutzer, deren Rechte sich auf andere DDL- oder Data Manipulation Language-Befehle beziehen.

→ Datensicherheit

Der Aspekt der Datensicherheit und damit die Beschränkung des Datenzugriffs sind noch einmal in einer eigenen Abbildung umgesetzt.

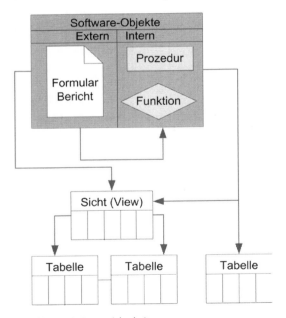

Abbildung 4.2: Datensicherheit

- Ein Formular kann für die Anzeige und auch für die Bearbeitung von Daten genutzt werden. Evtl. ist es auch möglich, selbst Filter vorzugeben und Daten auszuwählen, die zunächst in einer Übersichtsanzeige und dann in einer Detailansicht präsentiert werden.

- Ein Bericht fasst Daten zusammen, erlaubt normalerweise sehr viel stärker auch in interaktiven Szenarien die Filterung und Detailanzeige von weiteren Daten. Teilweise werden hier auch Daten nicht nur präsentiert, „wie sie sind" oder in Aggregaten, sondern auch in Diagrammen und sonstigen grafischen Darstellungen.

- Sowohl Formulare wie auch Berichte können direkt mit SQL auf die Datenbank zugreifen, oder sie rufen zunächst Prozeduren und Funktionen auf.

- Sichten wie auch Prozeduren und Funktionen greifen auf Daten zu, führen Berechnungen und Transformationen durch, aggregieren Daten und stellen sie bereits gefiltert oder für weitere Filterungen und Transformationen bereit. Sie können auch ganz bewusst dazu genutzt werden, eine Schicht zwischen den Daten und externen Anwendungen aufzubauen.

4. 1. 2. Zugriffskontrolle

Für den Bereich der Zugriffskontrollen kann man verschiedene Ebenen unterscheiden. Zunächst folgen einige kurze Überlegungen und dann eine Darstellung von drei klassischen Varianten.

➜ Allgemeine Überlegungen

Neben dem direkt in der Datenbank implementierten Benutzer ist es auch möglich und üblich, dass man sich auch beim Start eines Computers oder eines Programms anmelden muss. Diese Anmeldung könnte eine erste Schicht darstellen, die nachher auch für den Zugang zur Datenbank verwendet werden kann. Das bedeutet, dass die Datenbank berücksichtigt, dass sich der Benutzer bereits in das Betriebssystem und dann auch in das Netzwerk bzw. die Domäne eingeloggt hat, und akzeptiert diese erfolgreiche Anmeldung nachher auch für den Zugang zur DB.

Alternativ kann die externe Sicht einer Datenbank ebenfalls eine Kennwortabfrage besitzen. Dies könnte ein in .NET oder Java geschriebenes Programm sein, welches DB-Daten zur Verwaltung oder aus reinen Präsentations-/Berichtszwecken anzeigt oder welches man als Frontend für die Datenbank bezeichnen würde. Da eine externe Sicht notwendig ist, um überhaupt mit der Datenbank zu kommunizieren, beruht die Zugangskontrolle also darauf, dass gerade diese externe Sicht für Benutzer ohne Kennwort gesperrt ist.

Sollte dies als Schutz nicht ausreichen, weil man sich der Datenbank auch ohne ein Programm, das wiederum auf einem im Netzwerk eingebuchten Computer installiert ist, nähern kann, muss eine Hilfslösung über einen anonymen Benutzer gefunden werden. Dieser Fall tritt typischerweise auf, wenn unbekannte Benutzer über das Internet Zugang zu einer Datenbank erhalten. Hier ist eine ähnliche Kennwortabfrage auch für eine Webseite über ein Formular und eine entsprechende Datenbankabfrage denkbar.

➜ **Klassische und typische Varianten**

Ein tatsächlich existierender Benutzer oder Anwender, in der Abbildung durch ein dreidimensionales Männchen ganz rechts visualisiert, meldet sich an die Domäne bzw. das Netzwerk seines Unternehmens an. Dies geschieht typischerweise über das Betriebssystem seines Büro-Computers beim Hochfahren des Rechners. Innerhalb dieses Netzwerks und innerhalb der Domäne gibt es dann einen Active-Directory-Benutzer, welcher ihn repräsentiert. Innerhalb der Domäne hat er dann unterschiedliche Berechtigungen, welche bspw. die Erstellung und Pflege von Dateien und Ordnern und den Zugriff auf Ressourcen wie Drucker oder Scanner betreffen.

Dieser Benutzer soll dann auch wiederum eine von zwei möglichen Datenbanken nutzen, die jeweils auf dem gleichen MS SQL Server installiert sind. Daher gibt es einen Benutzer auf dem Datenbank-Server, der ein eigener physisch existierender Rechner mit einer MS Windows Server-Installation ist. Möglichkeiten der Virtualisierung oder gemeinsame Nutzung eines Rechners von Datenbank und Active-Directory sollen hier nicht betrachtet werden. Hier hat der Benutzer dann möglicherweise keine Rechte, Dateien und Ordner anzulegen oder gar administrative Aufgaben auszuüben. Lediglich der Zugriff auf die Datenbanken soll realisiert und gewährt werden.

Daher hat der MS SQL Server dann wiederum einen Benutzer, welcher dem auf dem Datenbank-Server angemeldetem Benutzer entspricht. Das DBMS erlaubt nun nur den Zugriff auf die Datenbank, weil in ihr wiederum der gleiche Benutzer angelegt ist bzw. eine weitere Entsprechung des Server-Benutzers existiert.

Typischerweise würde man den verschiedenen Benutzern den gleichen Namen geben, um die Beziehung zwischen den verschiedenen Ebenen leicht nachvollziehbar zu gestalten. Sie könnten allerdings auch unterschiedliche Namen gemäß eines anderen Benennungsschemas haben, denn die Beziehung zwischen ihnen muss ohnehin einzeln eingerichtet werden.

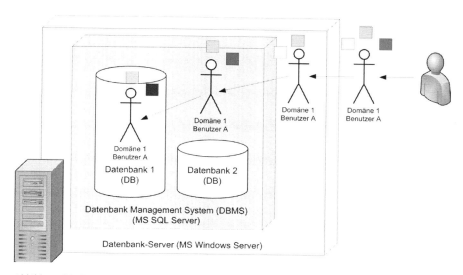

Abbildung 4.3: Domänen-Benutzer

Während der Anwender über die einzelnen Ebenen hinunter zur Datenbank gelangt, findet neben der reinen Zugriffsautorisierung auch eine Prüfung seiner jeweiligen Rechte statt. Diese sind durch verschieden gefärbte Quadrate in der Abbildung dargestellt. Sie sollen zeigen, dass ihm erstens auf jeder Ebene Rechte zugeteilt sind und dass diese zweitens unterschiedlich sein können. Dies liegt ganz einfach daran, dass auf den verschiedenen Ebenen auch verschiedene Aktionen denkbar sind, an denen er überhaupt Rechte haben könnte. In einer Datenbank können keine Ordner oder Dateien angelegt werden (außer evtl. über T-SQL, aber dies soll nicht betrachtet werden), sondern es geht darum, Daten einzutragen und abzufragen. Daher müssen die Rechte auch jeweils unterschiedlich sein, und man könnte sich vorstellen, dass diesem konkreten Benutzer auf dem Datenbank-Server gar keine besonderen Rechte zugeteilt sind, er aber in der Datenbank nahezu nach Belieben verfahren kann.

Es lassen sich noch zwei weitere Fälle unterscheiden, die in einer eigenen Zeichnung untergebracht sind. Sie ähneln sich beide in dem Punkt, wie der Datenbank-Server die Benutzer verwaltet, sodass sie in einer gemeinsamen Zeichnung dargestellt werden können.

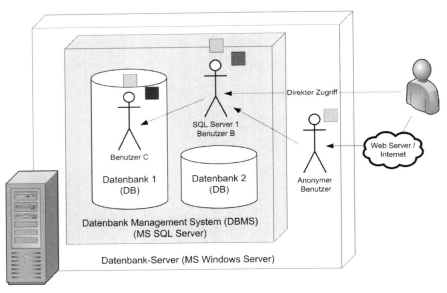

Abbildung 4.4: Anmeldung ohne Domäne und anonymer Zugriff

Im ersten Fall ist der konkrete Anwender bereits am System angemeldet. Der einfachste Fall ist, wenn es sich um den Administrator handelt, der im Serverraum vor dem Serverbildschirm steht und bspw. das Management Studio startet oder eine Konsolensitzung nutzt. Hier könnte auch die zuvor beschriebene Windows-Authentifizierung greifen, aber dies soll nicht betrachtet werden. Er meldet sich dann bei einem mit den gewünschten Rechten ausgestatteten Benutzer beim Server und schließlich bei der Datenbank an. Der letzte Schritt könnte dann wieder automatisch geprüft werden, weil der DB-Benutzer mit dem DBMS-Benutzer verknüpft ist. Gemäß der jeweiligen Rechtestruktur für den Server- oder DB-Benutzer kann er dann Arbeiten ausführen.

Im zweiten Fall nutzt man einen anonymen Benutzer. Dies kann bspw. derjenige sein, der Web-Anwendungen repräsentiert. Hierbei greift der Anwender bspw. über eine Browser-Anwendung auf einen Anwendungsserver zu, der wiederum auf dem gleichen oder einem anderen Rechner installiert sein kann. Dieser Anwendungsserver kann dann eine Web-Anwendung bereit stellen, die Daten eintragen oder abrufen kann. In diesem Szenario repräsentiert kein tatsächlicher Benutzer in einer 1:1-Beziehung den konkreten Anwender, sondern viele und unbekannte Benutzer werden gemeinsam von einem für den anonymen Zugriff eingerichteten Benutzer repräsentiert. Dieser hat im Internet-Einsatz typischerweise nur äußerst geringe Rechte oder könnte sogar von Formular zu Formular in seiner Rechtestruktur wechseln, um bspw. Dateneintragungen nur dann zu erlauben, wenn dies gerade für die Anwendung notwendig ist wie beim letzten Schritt in einem Webshop.

→ **Rollen**

Rechte gelten für Tabellen, einzelne Spalten und weitere Objekte und können in Rechtepaketen oder Rechtebündel zusammengefasst werden, die mit dem Begriff „Rollen" bezeichnet werden. Während also ein Benutzer verschiedene Rechte besitzen kann, ist es möglich, ähnlich gelagerte Rechtestrukturen mittels einer Rolle zu bündeln und diese Rolle wiederum einem Benutzer zuzuweisen.

Beispiel-Benutzer Frau Hülzemann wird natürlich regelmäßig umfangreiche Abfragen vornehmen. Wenn Sie zusätzlich eine Kollegin hat, wäre es sicherlich günstiger, die gemeinsamen Rechte in eine Rolle auszulagern und ihnen beide eine Rolle wie „Statistiker" zuzuweisen, der praktisch jede SELECT-Anweisung durchführen darf, die denkbar ist. Verboten für sie könnten allerdings jegliche Aktualisierungsabfragen sein.

4. 1. 3. Benutzer und Anmeldungen

Nach diesen allgemeinen Ausführungen zeigen wir nun, wie man die verschiedenen Techniken auch im SQL Server nutzen kann. Dabei bietet der MS SQL Server die verschiedenen zuvor erwähnten Techniken an, die ja teilweise auch trotz ihrer allgemeinen Darstellung schon sehr auf den MS SQL Server bezogen waren. Dabei hängt es auch von der Anwendung ab, wie Sicherheit im System implementiert werden sollte. Man nutzt in allen Fällen eine hierarchische Struktur, die beim eigentlichen DB-Server beginnt, sich dann auf die Datenbanken und schließlich auf ihre Schema-Objekte erstreckt. Jedes sicherbare Objekt (engl. securable) Objekt dieser Kette hat Berechtigungen (engl. permissions), die einem Berechtigten (engl. principal) übertragen werden können. Dabei sind zwei elementare Konzepte zu beachten:

- Authentifizierung (engl. authentication): beim SQL Server anmelden, indem man Berechtigungsnachweise in Form von Anmeldedaten (engl. credentials) angibt, die vom Server ausgewertet werden.

- Autorisation (engl. authorization): ermitteln, auf welche Objekte (sicherbaren Ressourcen) ein Benutzer zugreifen kann, um Operationen auszuführen.

➜ Authentifizierung

Der MS SQL Server kennt zwei Möglichkeiten, um sich beim Server anzumelden und damit von ihm authentifiziert zu werden.

- Windows-Authentifizierung oder integrierte Sicherheit (engl. Windows authentification oder integrated security) ist der Standard und erlaubt es, sich an den Server anzumelden, wenn man ein bestimmter Windows-Benutzer oder zu einer bestimmten Gruppe gehört.

- Gemischter Modus (engl. mixed mode) erlaubt neben der Windows-Authentifizierung auch die sog. SQL Server-Anmeldung, bei der ganz klassisch Benutzername und Passwort verlangt und vom Benutzer noch einmal bereitgestellt werden müssen.

Bevor man also eine Datenbank und ihre Objekte verwenden kann, muss man zunächst eine Anmeldung (engl. login) erstellen und sich mit dieser Anmeldung beim Server tatsächlich anmelden. Diese Anmeldungen oder Windows-Gruppen muss man dann mit Datenbank-Benutzer verknüpfen bzw. sie mit ihnen verbinden (engl. to map). Berechtigungen an DB-Objekten sind dann mit diesen DB-Benutzern verbunden.

Für die Einrichtung einer Anmeldung verwendet man den CREATE LOGIN-Befehl, der verschiedene Optionen besitzt, die unmittelbar mit dem Themenkomplex Anmeldung und Passwort zusammen hängen. Bspw. kann man festlegen, dass das Passwort geändert werden muss oder welche Standard-Datenbank und Standard-Schema innerhalb der Datenbank für diese Anmeldung existieren.

```
CREATE LOGIN login_name { WITH <option_list1> | FROM <sources> }

<option_list1> ::=
    PASSWORD = { 'password' | hashed_password HASHED }
    [ MUST_CHANGE ]
    [ , <option_list2> [ ,... ] ]

<option_list2> ::=
    SID = sid
    | DEFAULT_DATABASE = database
    | DEFAULT_LANGUAGE = language
    | CHECK_EXPIRATION = { ON | OFF}
    | CHECK_POLICY = { ON | OFF}
    | CREDENTIAL = credential_name

<sources> ::=
    WINDOWS [ WITH <windows_options>[ ,... ] ]
    | CERTIFICATE certname
    | ASYMMETRIC KEY asym_key_name

<windows_options> ::=
    DEFAULT_DATABASE = database
    | DEFAULT_LANGUAGE = language
```

Die meisten Einstellungen sind selbst-erklärend und sollen nur kurz zusammengefasst werden:

- Den Namen des Benutzer gibt man in login_name an.

- Das Passwort gibt man in Klartext in PASSWORD oder als Hashwert mit der zusätzlichen HASHED-Option an.

- Soll der Benutze das Passwort nach der erstmaligen Anmeldung ändern müssen, gibt man zusätzlich MUST_CHANGE an.

- In CREDENTIAL ordnet man dem Anmeldenamen bereits vorhandene Anmeldeinformationen zu (nicht jedoch bei der Standard-Anmeldung sa).

- In SID gibt man den GUID (engl. global unique identifier) vor, sofern nicht automatisch eine solche GUID generiert werden soll (Standardfall).

- In DEFAULT_DATABASE legt man die Standarddatenbak der Anmeldung fest.

- In DEFAULT_LANGUAGE legt man die Standardsprache der Anmeldung fest, wobei als Standard die aktuelle Sprache verwendet wird.

- In CHECK_EXPIRATION (Standardwert OFF) legt man fest, dass die Prüfung für das Ablaufen von Passwörtern erzwungen werden soll.

- In CHECK_POLICY (Standardwert ON) legt man fest, dass eine evtl. eingestellte Windows-Kennwortrichtlinie auch für diesen Anmeldenamen gelten soll.

- Mit WINDOWS gibt man an, dass diesem Anmeldenamen ein Windows-Anmeldenamen zugeordnet werden soll.

- CERTIFICATE erwartet den Namen eines schon in der master-DB vorhandenen Zertifikats, der diesem Anmeldenamen zugeordnet werden soll.

- ASYMMETRIC KEY erwartet den Namen eines asymmetrischen Schlüssels, der schon in der master-DB vorhanden sein muss.

Das nachfolgende Beispiel zeigt, wie man zunächst eine Anmeldung für den fiktiven Benutzer Anton Ebenhof erstellt und dann für diese Anmeldung auch einen Benutzer. Damit er sich auch mit der Datenbank verbinden kann und damit Anmeldung und Benutzer überhaupt genutzt werden können, erhält er auch noch über den gleich noch zu erläuternden GRANT-Befehl die CONNECT-Erlaubnis.

```
USE [master]
GO
-- Anmeldenamen
CREATE LOGIN [L_AntonEbenhof]
WITH PASSWORD=N'anton' MUST_CHANGE,
DEFAULT_DATABASE=[AW-Admin], DEFAULT_LANGUAGE=[Deutsch],
CHECK_EXPIRATION=ON, CHECK_POLICY=ON
```

```
GO
-- Benutzer
USE [AW-Admin]
GO
CREATE USER [U_AntonEbenhof] FOR LOGIN [L_AntonEbenhof]
GO
-- Standardschema einstellen
ALTER USER [U_AntonEbenhof] WITH DEFAULT_SCHEMA=[Production]
GO
```

413_01.sql: Login und Benutzer erstellen

Eine Anmeldung muss nicht gelöscht werden, wenn sie nicht mehr verwendet werden soll. Sie kann stattdessen auch ungültig gesetzt werden – und nachher natürlich wieder als gültig geändert werden.

```
ALTER LOGIN [AntonEbenhof] DISABLE
```

Vermutlich ist auch Ihr System so eingerichtet, dass der gemischte Modus für die Anmeldung nicht eingestellt ist. Dies bedeutet, dass Sie erst dann den Anmeldenamen und den Benutzer verwenden können, wenn man sich überhaupt nicht nur über die Windows-Sicherheit, sondern auch über einen Benutzernamen und ein Passwort anmelden kann. Dazu muss der SQL Server auf den gemischten Modus umgestellt werden. Dies ist eine Server-Einstellung, die erst nach dem Neustart wirksam wird.

```
USE [master]
GO
EXEC xp_instance_regwrite N'HKEY_LOCAL_MACHINE',
               N'Software\Microsoft\MSSQLServer\MSSQLServer',
               N'LoginMode', REG_DWORD, 2
GO
```

➜ **Benutzer verwalten**

Die CREATE USER-Anweisung legt einen Benutzer an, wobei dieser entweder direkt einem Login zugeordnet werden kann oder später. Im ersten und häufigeren Fall müssen dann zunächst auch eine Anmeldung und damit ein Benutzer auf

DBMS-Ebene eingerichtet sein. Entfällt die gesamte `FOR LOGIN`-Klausel, dann findet eine automatische Zuordnung zum gleich lautenden Anmeldenamen statt. Um einen Benutzer zu erstellen, hat man diverse Optionen, die auch in der nachfolgenden Aufstellung der verschiedenen allgemeinen Syntax-Varianten ersichtlich ist. Insgesamt gibt es 11 verschiedene Arten von Benutzern.

Man kann Benutzer erstellen, die auf Logins in der master-DB beruhen und die vermutlich die größte Gruppe umfassen. Sie können entweder auf Basis eines Windows-Benutzers oder einer Windows-Gruppe erstellt werden. Alternativ können Sie auch die SQL Server-Authentifizierung verwenden.

```
CREATE USER user_name
  [ { { FOR | FROM }
    {
      LOGIN login_name
    }
    | WITHOUT LOGIN
  ]
  [ WITH DEFAULT_SCHEMA = schema_name ]
```

Man kann Benutzer erstellen, die sich bei einer eigenständigen Datenbank authentifizieren müssen. Auch hier kann der Benutzer auf Basis eines Windows-Benutzers oder einer Windows-Gruppe ohne Anmeldenamen erstellt werden. Alternativ kann man einen Benutzer mit Kennwort für eine DB erstellen.

```
CREATE USER
    {
      windows_principal [ WITH <options_list> [ ,... ] ]
    | user_name WITH PASSWORD = 'password'
                           [ , <options_list> [ ,... ]
    }
```

Man kann Benutzer erstellen, die als Basis einen Windows-Benutzer oder eine Windows-Gruppe verwenden und beide keinen Anmeldenamen brauchen. Dabei kann man sogar eine andere Gruppe mit Anmeldeberechtigung referenzieren.

```
CREATE USER
    {
        windows_principal [ { FOR | FROM }
```

```
                              LOGIN windows_principal ]
     | user_name { FOR | FROM } LOGIN windows_principal
  }
  [ WITH DEFAULT_SCHEMA = schema_name ]
```

Schließlich gibt es noch Benutzer, die keine Authentifizierungsmöglichkeit haben und die dennoch Berechtigungen erhalten.

```
CREATE USER user_name
  {
        WITHOUT LOGIN [ WITH DEFAULT_SCHEMA = schema_name ]
     | { FOR | FROM } CERTIFICATE cert_name
     | { FOR | FROM } ASYMMETRIC KEY asym_key_name
  }
```

4. 1. 4. Anmeldungen und Benutzer grafisch erstellen

Natürlich kann man auch das Management Studio verwenden, um Benutzer und Anmeldenamen anzulegen.

1. Dazu benötigt man den Eintrag *NEW LOGIN* aus dem Kontextmenü *SECURITY / LOGINS* des Servers.

2. Es öffnet sich ein umfangreiches Menü, in dem alle Varianten, die man gerade schon in der Darstellung des T-SQL-Befehls sehen konnte, auch über ein Formular eingeben kann. Als erstes öffnet sich die Seite *GENERAL*. Hier gibt man den Namen der zu erstellenden Anmeldung ein. Im Beispiel haben wir uns dafür entschieden, den Login L_AntonEbenhof und den Benutzer U_AntonEbenhof zu nennen. Dies ist nicht üblich, soll aber helfen, damit man sieht, welche zwei Objekte erstellt werden und in welchen Ordnern sie jeweils gespeichert werden.

3. Direkt unterhalb des Namens legen Sie mit einer Optionsschaltfläche fest, ob die Anmeldung die Windows-Authentifizierung oder die SQL Server-Authentifizierung nutzen soll. Auch wenn ggf. der Server aktuell gar keine SQL Server-Authentifizierung erlaubt, kann man dennoch die Anmeldung bzw. den Benutzer erstellen. Hier gibt man auch das Passwort vor.

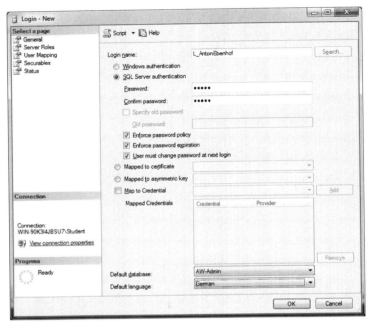

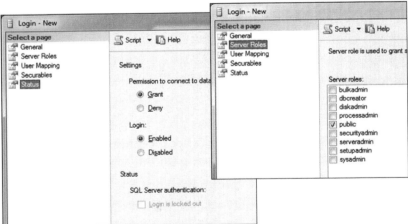

Abbildung 4.5: Erstellen eines Benutzers

4. Unterhalb dieser Auswahl legt man dann fest, ob die Passwortrichtlinie des Rechners berücksichtigt werden soll, ob das Passwort abgelaufen und vom

Benutzer bei der ersten Anmeldung auch sofort geändert werden muss.

5. Weitere sehr spezielle Angaben, mit denen man eine Anmeldung auf ein Zertifikat und einen asymmetrischen Schlüssel mappen kann, folgen hiernach.

6. In der Seite SERVER ROLES (dt. Rollen auf Serverebene) legt man fest, welche Rollen und damit Rechtebündel der gerade erstellte Benutzer haben soll. Dabei sind diese vorbereiteten Rollen recht grobe Einteilungen, deren Namen bereits ein wenig Auskunft über ihre Funktion geben. Eine genaue Darstellung folgt später. Im Beispiel wird nur die ohnehin ausgewählte Rolle `public` verwendet, zu der jeder DB-Benutzer gehört. Sie erlaubt, die einzelnen Datenbanken zu sehen, ohne aber ihre jeweiligen Objekte aufzurufen oder gar zu verwenden.

7. In der Seite USER MAPPINGS legt man fest, zu welchen Benutzern die gerade erstellte Anmeldung gemappt werden soll. Im aktuellen Beispiel gibt es die Spieldatenbank AW-Admin, für die ein Benutzer `U_AntonEbenhof` angelegt werden soll. Eine Anmeldung kann sich auf mehrere Datenbanken beziehen, aber in diesem Fall wird für diese Anmeldung nur ein Benutzer in AW-Admin angelegt. Optional kann man auch ein Standardschema auswählen.

8. Ebenfalls in der Seite USER MAPPINGS wählt man bei Bedarf eine oder mehrere feste und schon vorhandene Datenbank-Rollen für den zu erstellenden Benutzer in der jeweiligen Datenbank aus. Aktuell ist weiterhin nur die `public` -Rolle ausgewählt. Die anderen Rollen stellen vorbereitete Rechtebündel dar, mit denen man bspw. Lese- oder Schreibzugriffe allgemein erteilen kann. Sie werden später noch genauer dargestellt.

9. Schließlich gibt man in der Seite STATUS an, ob der gerade angelegte Benutzer auch das Recht hat, sich mit der Datenbank zu verbinden und ob die Anmeldung aktiviert oder deaktiviert ist. Man könnte die Erstellung von Anmeldung und Benutzern zeitlich von der Freistellung trennen, d.h. erst beide Objekte anlegen und dann nachträglich für ihre Verwendung freischalten.

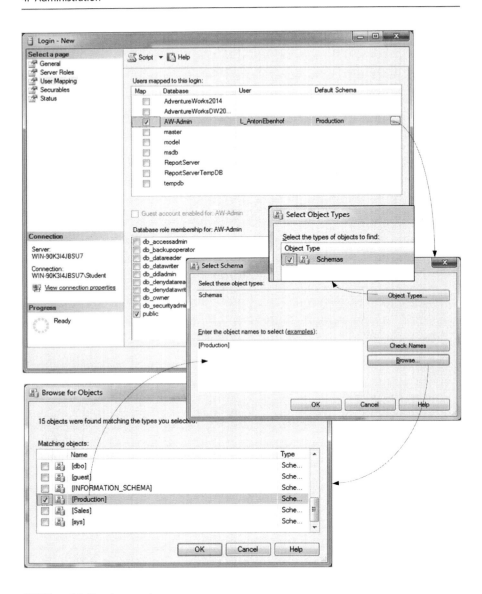

Abbildung 4.6: Benutzerzuordnung

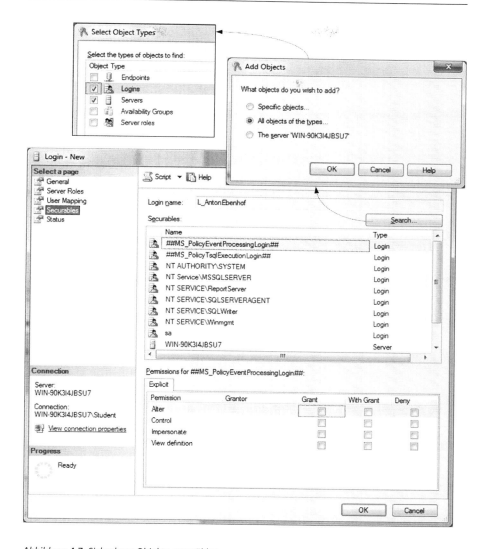

Abbildung 4.7: Sicherbare Objekte auswählen

Sind dann eine Anmeldung und auch ein Benutzer angelegt, kann man dann zunächst kontrollieren, ob beide Objekte auch tatsächlich auf dem Server bzw. in der Datenbank vorhanden sind. In der Abbildung haben wir die beiden interessanten

Stelle noch extra markiert und auch nicht einfach nur die Operationen ausführen lassen, die über das Management Studio eigentlich ausgeführt wären. Um zu differenzieren, was eine Anmeldung und was ein Benutzer ist, haben wir ein Skript erzeugt und dann die Namen entsprechend mit L und U variiert. Dann sieht man tatsächlich, dass im Ordner *SECURITY / LOGINS* auf Server-Ebene tatsächlich eine neue Anmeldung für Anton Ebenhof hinzugekommen ist, während man auf Datenbank-Ebene im Ordner *SECURITY / USERS* den passenden Benutzer für ihn findet.

1. Möchte man diese Benutzer nun testen, dann benötigt man eine zweite Verbindung zu Server und Datenbank. Dazu führt man *CONNECT / DATABASE ENGINE* aus und wählt dann zunächst als Authentifizierungsmodus die SQL Server-Variante aus.

2. Dann meldet man sich mit dem Namen des Logins (und nicht mit Namen des Benutzers) und dem vergebenen Passwort an.

3. Hat man zuvor festgelegt, dass bei der ersten Anmeldung das Passwort neu vergeben werden muss, wird der Benutzer nun genau dazu aufgefordert.

4. Da die Berechtigungen für diesen Benutzer sehr restriktiv waren und er nur die Rolle `public` hat, sieht er zwar die vorhandenen Datenbanken, kann aber in keiner Datenbank irgendwelche Tabellen sehen. Das Thema Berechtigungen wird erst im nächsten Abschnitt noch einmal ausführlicher dargestellt.

In einem anderen Beispiel hätte man auch aus dem Betriebssystem eine Gruppe oder einen Benutzer auswählen und für eines von beiden Objekten eine neue Anmeldung bzw. einen neuen Benutzer anlegen können. Die Anmeldung wäre dann wie bisher in Ihrem Testsystem über die Windows-Authentifizierung erfolgt.

Sollte die Anmeldung nicht möglich sein, liegt es vermutlich daran, dass der Server gar keine SQL Server-Authentifizierung erlaubt und daher nicht im gemischten Modus arbeitet. Hierzu muss man nur die Eigenschaften des Servers im Kontextmenü über *PROPERTIES* öffnen und bei *SERVER AUTHENTIFICATION* den gemischten Modus (zweiter Eintrag) wählen. Diese Änderung wird allerdings erst nach einem Neustart des Servers aktiv. Der Neustart gelingt über den Kontextmenü-Eintrag *RESTART*.

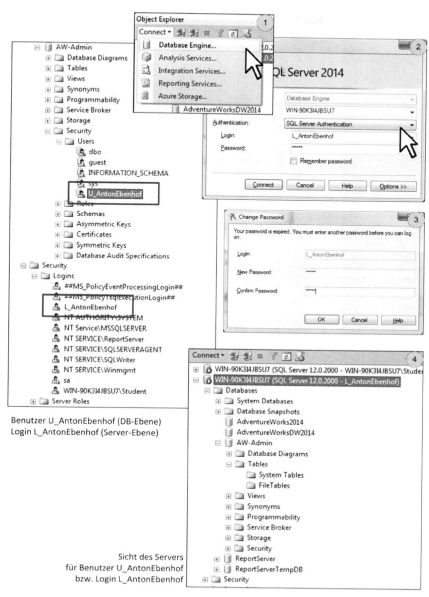

Benutzer U_AntonEbenhof (DB-Ebene)
Login L_AntonEbenhof (Server-Ebene)

Sicht des Servers
für Benutzer U_AntonEbenhof
bzw. Login L_AntonEbenhof

Abbildung 4.8: Anmeldung mit neu erstelltem Benutzer und Anmeldenamen

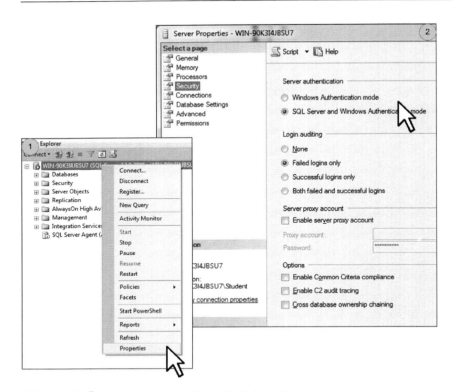

Abbildung 4.9: Änderung der Server-Optionen für die Anmeldearten

4. 1. 5. Berechtigungen verwalten

Natürlich ist die Anmeldung an sich auch bereits eine Berechtigung, aber wie das vorherige Beispiel gezeigt hat, ist es für den Benutzer Anton Ebenhof nicht besonders interessant und wertvoll, sich nur mit Server und Datenbank verbinden zu können. Er kann nicht einmal die Tabellen sehen, geschweige denn Daten abrufen oder Änderungen vornehmen. Entweder hätte man ihm bereits Rechte verleihen müssen, als man den Benutzer erstellt hat, oder man hätte in einem eigenen Schritt nach der Erstellung ausgewählte Berechtigungen definieren müssen. Dies ist unterblieben und soll nun nachgeholt werden.

➜ Rollen auf Serverebene

Der SQL Server bietet neun vordefinierte Rollen auf Serverebene an, mit denen man, wie der Name schon vermuten lässt, serverweit Berechtigungen vergeben kann. Da dies sehr umfangreiche Berechtigungen sind, sind sie nicht häufig im Gebrauch und sollten besser durch spezifische und vor allen Dingen durch Berechtigungen auf Datenbank-Ebene ersetzt werden. Da sie aber vorhanden ist, sollen sie kurz erläutert werden. Darüber hinaus ist es auch möglich, eigene Rollen auf dieser Ebene zu vergeben, was allerdings auch nicht mehr häufig anzutreffen ist.

- sysadmin kann alle Aktivitäten auf dem Server durchführen.

- serveradmin kann Konfigurationsoptionen des Servers ändern und den Server herunterfahren.

- securityadmin kann Anmeldungen und ihre Eigenschaften verwalten.

- processadmin kann Prozesse in einer SQL Server-Instanz beenden.

- setupadmin kann Verbindungsserver hinzufügen und entfernen.

- bulkadmin kann die BULK INSERT-Anweisung ausführen.

- diskadmin kann Datenträgerdateien verwalten.

- dbcreator kann Datenbanken erstellen, ändern, löschen und wiederherstellen.

- public ist eine Sonderrolle, zu der jede SQL Server-Anmeldung gehört. Hat diese public-Rolle zusätzliche Rechte, dann erbt der Benutzer diese Berechtigungen ebenfalls, sofern sie nicht explizit verweigert wurden.

➜ Rollen auf Datenbank-Ebene

Die vordefinierten Rollen auf Datenbank-Ebene dienen ebenfalls dazu, die Vergabe von Berechtigungen über passend geschnürte Rechtebündel zu vereinfachen. Die einzige Möglichkeit, um Rechte feiner zu vergeben, besteht nur darin, sie selbst zu passenden Bündeln zu sammeln oder Benutzer individuelle Rechte zuzuweisen. Die folgende Liste gibt eine Übersicht übe die vorhandenen Rollen und ihre Berechtigungen:

- db_owner kann alle Konfigurations- und Wartungsarbeiten ausführen und die DB auch löschen.

- db_securityadmin kann Rollenzugehörigkeiten verwalten und Berechtigungen einrichten.

- db_accessadmin kann den Zugriff von Windows-Anmeldungen/-Gruppen sowie SQL Server-Anmeldungen hinzufügen, löschen und verwalten.

- db_backupoperator kann die Sicherung einer Datenbank ausführen.

- db_ddladmin kann alle Befehle aus dem Bereich Data Definition Language (DDL) in der Datenbank ausführen.

- db_datawriter kann Daten in der Datenbank hinzufügen, ändern und löschen.

- db_datareader kann Daten aus allen Benutzertabellen der Datenbank lesen.

- db_denydatawriter kann gerade keine Daten in der Datenbank bearbeiten.

- db_denydatareader kann gerade keine Daten aus Benutzertabellen lesen.

Im nächsten Beispiel erstellt man erneut einen Anmeldenamen und Benutzer für Anton Ebenhof, wobei nun beide Namen gleich sind, wie dies auch üblich ist. Des Weiteren folgen in diesem Skript auch die Zuordnungen zu den vorhandenen DB-Rollen, wobei Anton sowohl DDL- wie auch DML-Befehle ausführen können soll.

```
-- Anmeldung erstellen
USE [master]
GO
CREATE LOGIN [AntonEbenhof] WITH PASSWORD=N'anton',
DEFAULT_DATABASE=[AW-Admin], DEFAULT_LANGUAGE=[Deutsch],
CHECK_EXPIRATION=OFF, CHECK_POLICY=OFF
GO
```

```
-- Benutzer erstellen
USE [AW-Admin]
GO
CREATE USER [AntonEbenhof] FOR LOGIN [AntonEbenhof]
GO
ALTER ROLE [db_datareader] ADD MEMBER [AntonEbenhof]
GO
ALTER ROLE [db_datawriter] ADD MEMBER [AntonEbenhof]
GO
ALTER ROLE [db_ddladmin] ADD MEMBER [AntonEbenhof]
GO
```

415_01.sql: Anmeldename und Benutzer mit Zuordnung zu DB-Rollen erstellen

Im Skript *415_01.sql* befindet sich darüber hinaus auch eine Lösch-Anweisung, damit nicht zu viele Benutzer für Anton Ebenhof existieren. Zudem war der vorhin erstellte Benutzer mit zu wenigen Rechten ausgestattet. Wichtig ist auch beim Löschvorgang, dass man berücksichtigt, dass der Anmeldename in der master-DB und der Benutzer dagegen in der AW-Admin-DB existiert.

```
-- Anmeldename löschen
USE [master]
GO
DROP LOGIN [L_AntonEbenhof]
GO
-- Benutzer löschen
USE [AW-Admin]
GO
DROP USER [U_AntonEbenhof]
GO
```

415_01.sql: Anmeldename und Benutzer löschen

➜ **Rechte individuell vergeben**

Man kann bei der Rechtevergabe alternativ wählen zwischen einer Kombination von speziellen Rechten, die über die einzelnen Befehle (permission) SELECT usw. aufgeführt sind, oder über die Zuweisung aller Rechte durch ALL PRIVILEGES.

Der Empfänger des Rechts wird auch als Prinzipal (engl. principal) bezeichnet. Es ist zusätzlich möglich, für einzelne Tabellen, die wiederum mit dem ON-Schlüsselwort aufgerufen werden, einzelne Spalten auszuwählen. Diese Befehlsliste inklusive der notwendigen Tabellen(spalten)liste kann mehrfach wiederholt werden, damit die einzelnen Tabellen erfasst werden können, auf die sich solche Änderungen erstrecken.

Die Befehle müssen sich natürlich nicht nur auf die Datenabfrage beschränken, sondern können eine Vielzahl an SQL-Befehlen im DML- und auch im DDL-Bereich umfassen. Für verschiedene spezielle sicherungsfähige Objekte (securable) kann die SQL-Anweisung recht unterschiedlich aussehen.

Über die WITH GRANT OPTION kann man dem Prinzipal das Recht übertragen, seine Rechte an dem sicherungsfähigen Objekt an andere Benutzer zu übertragen – dazu unten mehr.

```
GRANT { ALL [ PRIVILEGES ] }
      | permission [ ( column [ ,...n ] ) ] [ ,...n ]
      [ ON [ class :: ] securable ] TO principal [ ,...n ]
      [ WITH GRANT OPTION ] [ AS principal ]
```

Folgende wesentliche Parameter sind zu verwenden:

- ON [class ::] securable gibt das Objekt an, für das Berechtigungen erteilt werden sollen.

- TO <user_name> enthält den Benutzernamen, für den Berechtigungen erteilt werden können. Dies können eine ganze Reihe an unterschiedlichen Konten sein: Datenbankbenutzer, einem Windows-Anmeldename zugeordneter Datenbankbenutzer, einer Windows-Gruppe zugeordneter Datenbankbenutzer, keinem Serverprinzipal zugeordneter Datenbankbenutzer, Datenbankrolle oder eine Anwendungsrolle. Diese erfordern teilweise zusätzliche Eigenschaften und Einträge.

- WITH GRANT OPTION erlaubt die Weitergabe der Rechte.

- AS <user_name> enthält die Rolle, unter der die Berechtigung erteilt wird und entspricht inhaltlich dem in TO <user_name> aufgelisteten Bereich.

Die DENY-Anweisung legt fest, dass ein Benutzer ausdrücklich ein oder mehrere Rechte nicht erhalten kann. So lässt sich verhindern, dass er das Recht zwar nicht von Benutzer A, aber doch von Benutzer B erhält.

```
DENY { ALL [ PRIVILEGES ] }
     | permission [ ( column [ ,...n ] ) ] [ ,...n ]
     [ ON [ class :: ] securable ] TO principal [ ,...n ]
     [ CASCADE] [ AS principal ]
```

Hat ein Benutzer erst einmal Rechte erhalten, stellt sich natürlich alsbald das Problem, dass sie geändert oder gelöscht werden sollen. Dafür existiert ein Befehl, der dem Befehl für die Rechtevergabe vollkommen ähnlich ist und entweder alle Rechte entziehen kann oder einzelne.

```
REVOKE [ GRANT OPTION FOR ] {
       [ ALL [ PRIVILEGES ] ]
       | permission [ ( column [ ,...n ] ) ] [ ,...n ]
       }
       [ ON [ class :: ] securable ]
       { TO | FROM } principal [ ,...n ]
       [ CASCADE] [ AS principal ]
```

Folgende wesentliche Parameter sind zu verwenden:

- ON [class ::] securable enthält das Objekt, für das Rechte entzogen werden sollen.

- { FROM | TO } <user_name> enthält u.a. die bereits bei GRANT aufgelisteten Konten für den Benutzer, dem Rechte entzogen werden sollen.

- GRANT OPTION hebt die Berechtigung auf, Rechte weiterzugeben, ohne die Berechtigung an sich aufzuheben.

- CASCADE gibt an, dass allen nachfolgenden Benutzern, welche Rechte von dem Benutzer erhalten haben, dem sie nun entzogen werden, ebenfalls die Rechte entzogen werden (kann wie ein Flächenbrand wirken).

Das nachfolgende Beispiel vergibt, entzieht und verbietet verschiedene Rechte für den zuvor erstellten Benutzer Anton Ebenhof an der Tabelle Product.

```
GRANT SELECT,
      UPDATE (ListPrice, StandardCost)
      ON OBJECT::Production.Product
    TO AntonEbenhof
GO
DENY DELETE ON OBJECT::Production.Product
    TO AntonEbenhof
GO
REVOKE SELECT, UPDATE ON OBJECT::Production.Product
    FROM AntonEbenhof
GO
REVOKE ALL ON OBJECT::Production.Product -- veraltet
    FROM AntonEbenhof
GO
```

415_02.sql: Rechte verwalten

➜ Rechte kaskadierend weitergeben

Eine besonders weitreichende Option ist WITH GRANT OPTION, die es dem Benutzer ermöglicht, anderen Benutzern mit dem gleichen Befehl seine eigenen Rechte weiterzugeben. Einerseits entsteht so eine schwierig fassbare Struktur für den Administrator, welcher Benutzer welche Rechte besitzt. Andererseits jedoch kann man so eine gewisse Freiheit und Flexibilität in der Rechtestruktur einrichten. Da Benutzer mit dieser Option lediglich maximal ihre eigenen Rechte weitergeben können, ergibt sich ein verästelter Rechtebaum.

An den Knoten sitzen die Benutzer mit dem Privileg, zumindest ihre Rechte zu vergeben oder innerhalb ihres Teams leichte Einschränkungen vornehmen zu können. Dies erspart dem Administrator, in größeren Gruppen oder in differenzierten Gruppenstrukturen jedes Mal selbst Rechte zu vergeben. Eine andere und evtl. auch bessere Lösung ist der Einsatz von Rollen, die mehrere Rechte bündeln und dadurch leichter zu handhaben sind.

In der Abbildung ist dieser Vorgang ausgehend von einem einzigen Benutzer dargestellt. Er hat die Berechtigung, selbst Berechtigungen weiterzugeben - ausgedrückt durch WITH GRANT OPTION – und gibt auch tatsächlich Berechtigungen an drei andere Benutzer weiter. Von diesen wiederum erhalten zwei ebenfalls das

Weitergabe-Recht. Einer von beiden hat wie alle der letzten sechs Benutzer in diesem Baum weniger Rechte – ausgedrückt durch das Kleiner-Zeichen.

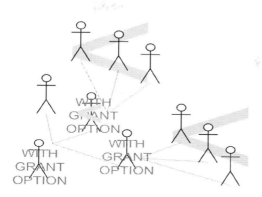

Abbildung 4.10: Benutzer und weiter gegebene Rechte

Innerhalb des Rechtebaums können in dem Moment des Rechteentzugs nachgelagerte Rechteentzüge entstehen. Man kann sich zwei Fälle vorstellen, wobei folgende Ausgangssituation existiert: Der Benutzer A, welcher das Recht x verliert, könnte dieses Recht einem Benutzer B erteilt haben.

- Der Benutzer B kann dann weiterhin das Recht x ausüben, auch wenn der ihm das Recht erteilende Benutzer A es verliert.

- Der Benutzer B soll ebenfalls sein Recht verlieren und auch alle weiteren Benutzer, welche das Recht x von ihm erhalten haben.

Der Fall des kaskadierenden Rechteentzugs tritt dann ein, wenn beim REVOKE-Befehl GRANT OPTION FOR ... CASCADE verwendet wird.

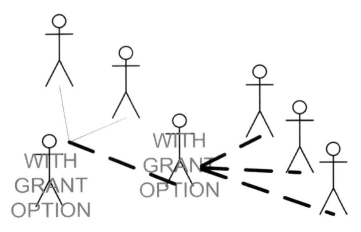

Abbildung 4.11: Kaskadierendes Löschen von Rechten

➜ **Rollen und Rechte**

Neben den bereits im Server vordefinierten Rollen auf DB- und Server-Ebene kann man auch selbst eigene Rollen definieren und diesen dann Benutzer zuordnen. Die allgemeine Syntax, um eine solche Rolle zu erstellen, zu ändern und zu löschen, ist recht übersichtlich. Die Benutzer, welche über diese Rolle Aktionen ausführen können, werden der Rolle hinzugefügt, was wiederum über die AL-TER-Anweisung geschieht. Daher gibt es hier sowohl eine ADD MEMBER-Klausel, um Benutzer hinzuzufügen, wie auch eine DROP MEMBER-Klausel, mit der Benutzer wieder entfernt werden können. Die CREATE ROLE-Anweisung besitzt eine optionale AUTHORIZATION-Klausel. Mit ihr legt man den DB-Benutzer oder eine weitere Rolle fest, der oder die als Besitzer der Rolle auftreten. Ansonsten ist der Benutzer, welcher die Rolle erstellt, der Besitzer.

```
-- Erstellen
CREATE ROLE role_name [ AUTHORIZATION owner_name ]
-- Benutzer hinzufügen und löschen
ALTER ROLE role_name
{
     [ ADD MEMBER database_principal ]
   | [ DROP MEMBER database_principal ]
```

```
      | WITH NAME = new_name
}
-- Löschen
DROP ROLE role_name
```

Im nächsten Beispiel erstellt man in der AW-Admin-DB eine Rolle für das Stamm-datenmanagement im `Production`-Schema. Dieser neuen Rolle wird zusätzlich auch noch der Besitzt am `Production`-Schema zugeordnet.

```
USE [AW-Admin]
GO
-- Rolle erstellen
CREATE ROLE [MasterDataManagement]
GO
-- Rolle zum Besitzer machen
ALTER AUTHORIZATION ON SCHEMA::[Production]
TO [MasterDataManagement]
GO
-- Berechtigungen erteilen
GRANT DELETE, INSERT, UPDATE, SELECT
ON [Production].[Product] TO [MasterDataManagement]
GO
-- Benutzer zuordnen
ALTER ROLE [MasterDataManagement] ADD MEMBER [AntonEbenhof]
GO
```

415_03.sql: Erstellen einer Rolle

Das Management Studio bietet natürlich auch Formulare, um Rollen zu erstellen und zu verwalten.

1. Wählen Sie aus dem Kontextmenü des *ROLES*-Ordners in der Datenbank den Eintrag *NEW / NEW DATABASE ROLE*.

2. Es öffnet sich ein Formular, in dem sämtliche Arbeiten durchgeführt werden können. Auf der ersten Seite namens *GENERAL* vergeben Sie einen Namen für die Rolle. In diesem Beispiel ist das `MasterDataManagement`, da wir eine Rolle erstellen wollen, die für die Stammdatenverwaltung zuständig sein soll.

Diese Rolle soll das `Production`-Schema besitzen, da sie die Produktstammdaten pflegen soll. Sie wählen das Schema in der mittleren Liste aus.

3. Nun kann man die Objekte, für welche diese Rolle Berechtigungen erhalten soll, noch weiter verfeinern. Geht es um Stammdaten, dann könnte man aus den vorhandenen Tabellen des gewählten Schemas eine Unterauswahl treffen. In diesem Fall öffnet man die Seite *SECURABLES* und wählt die gewünschten Tabellen aus. Sie suchen die Objekte über die Schaltfläche *SEARCH* und können dann die Objekte der Datenbank nach ihrem Typ oder nach dem Schema oder direkt über den Namen filtern. Dies legen Sie über die Optionsschaltflächen fest.

4. Unterhalb der Liste der sicherungsfähigen Objekte wird dann eine Liste der möglichen Berechtigungen eingeblendet. Da in diesem Fall als Objekte Tabellen gewählt worden sind, befindet sich alle möglichen Operationen in der Liste, mit denen man eine Tabelle nutzen kann. Wenn die Rolle reine Datenbearbeitung durchführen können soll, dann genügen die DML-Operationen und bspw. nicht DDL-Operationen, mit denen man die Tabellenstruktur bearbeiten könnten.

5. In der Seite General befindet sich auch noch eine Liste für die Datebankbenutzer, welche dieser Rolle zugeordnet sind und damit die mit der Rolle verbundenen Rechte erhalten. Man kann entweder sofort beim Erstellen der Rolle Benutzern die Rolle zuweisen oder dies später im gleichen Formular tun. Wählen Sie die Schaltfläche *ADD* unterhalb von *MEMBERS OF THIS ROLE* und suchen Sie nach den gewünschten Benutzern. Als Typen sind in dem sich öffnenden Suchformular bereits DB-Benutzer und Rollen ausgewählt, sodass man nur noch die Schaltfläche *BROWSE* benötigt, um sofort die Auswahl von passenden Objekten zu beginnen.

6. Das Formular verlassen Sie dann über *OK*, und die Rolle erscheint im Ordner *ROLES*.

Abbildung 4.12: Erstellen einer Rolle

4. 1. 6. Sicherheit von Prozeduren, Funktionen und Trigger

Die Ausführung von gespeicherten Prozeduren beinhaltet verschiedene sicherheitsrelevante Aspekte, da hier kleine Softwarebausteine direkt in der Datenbank ausgeführt werden, deren gespeicherte Anweisungen verschiedene Schema-Objekte ansprechen können. Dies betrifft grundsätzlich alle Datenbanken, in denen Prozeduren erstellt werden können. Hier muss man sich lediglich vorstellen, dass ein Benutzer einem anderen Benutzer die Ausführungsrechte an seiner Prozedur erteilt, welche in ihren Anweisungen eigentlich für den ausführenden Benutzer verbotene Schema-Objekte benutzt.

Im Normalfall greift eine Reihe von T-SQL-Anweisungen nacheinander auf mehrere Objekte zu. Wenn diese Objekte nicht nur Tabellen sind, sondern auch Prozeduren und Funktionen, ist es leicht vorstellbar, dass innerhalb dieser Module wiederum auf andere Module bzw. wenigstens auf Tabellen oder Sichten zugegriffen wird. Dies wird als Kette bezeichnet, da ein Objekt das nächste aufruft. Dabei gelten besondere Sicherheitsregeln, die nicht denen entsprechen, als hätte ein Benutzer, der die Kette angestoßen hat, selbst die einzelnen Objekte angesprochen. Mit dem Begriff der Besitzkette wird nun das Prinzip beschrieben, dass die von einem Objekt nachfolgend aufgerufenen Objekte mit Hilfe einer speziellen Sicherheitsverwaltung tatsächlich aufrufbar sind. So soll ein Leistungsabfall vermieden werden, der entstehen würde, wenn permanent einzelne Berechtigungsprüfungen durchgeführt werden, wie dies bei einem getrennten, nacheinander erfolgenden Aufruf der Fall wäre.

Wird innerhalb einer Kette aufgerufen, dann prüft der MS SQL Server zunächst, ob der Besitzer (= Benutzer) des aufrufenden Objekts auch tatsächlich der Besitzer des aufgerufenen Objekts ist. Ist dies der Fall, hat der Besitzer (=Benutzer) auch die entsprechenden Berechtigungen am nachfolgend aufgerufenen Objekt und die Berechtigungen werden nicht weiter ausgewertet. Was soll allerdings geschehen, wenn dies nicht der Fall ist? Der MS SQL Server prüft hier zunächst danach, ob die gespeicherte Prozedur und die angesprochenen Objekte im gleichen Schema liegen, ob die Aktivität statisch ist und damit kein dynamisches SQL enthält und ob schließlich die Aktivität nur DML-Operationen (SELECT, INSERT, UPDATE und DELETE) enthält oder eine andere gespeicherte Prozedur aufruft. Treffen alle Fälle zu, so kann ein anderer Benutzer, der nur die Ausführrechte einer Prozedur, aber keine direkten Rechte an den durch die Prozedur bearbeiteten Objekten besitzt, sehr wohl die Prozedur benutzen. Dieses Grundprinzip ist auch in anderen Datenbanken vorhanden. Man kann aber auch noch verfeinerte Vorgabemöglichkeiten direkt bei der Prozedurerstellung vorgeben.

Schließlich ist es auch möglich, datenbankübergreifende Besitzverkettungen zu ermöglichen. Sie ist standardmäßig deaktiviert.

In der Abbildung soll das Grundproblem noch einmal grafisch dargestellt werden:

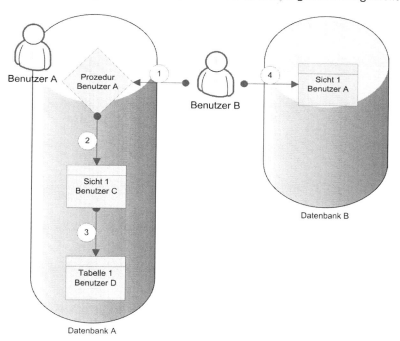

Abbildung 4.13: Berechtigungen bei Prozeduren und Funktionen (Besitzketten)

Verschiedene Objekte haben verschiedene Besitzer, wobei Benutzer B selbst gar kein Besitzer irgendeines Objekts ist, sondern er nur von Benutzer A die Berechtigungen erhalten hat, die Prozedur von Benutzer A auszuführen. In (1) ist er autorisiert, die Prozedur auszuführen, weil er die Berechtigung von A erhalten hat. Diese Prozedur ruft in (2) eine Sicht von Benutzer C ab, wobei nun allerdings die vollständigen Berechtigungen abgerufen werden, weil sich beide Besitzer unterscheiden. Sofern hier auch Benutzer B für die Sicht autorisiert ist, werden die Daten zurückgeliefert. Diese Sicht wirkt sich nun wiederum in (3) auf eine Tabelle aus, deren Besitzer Benutzer D ist. Da hier erneut ein Besitzerwechsel stattfindet, müssen die gesamten Berechtigungen abgerufen werden, und auch Benutzer B wird auf Nutzungsberechtigung dieser Tabelle überprüft. Schließlich ist in (4) auch noch die datenbankübergreifende Besitzverkettung dargestellt, die hier funktioniert, weil sie entsprechend aktiviert wurde. Benutzer B hat die Berechtigung von Benutzer A an dieser Sicht und darf daher sogar von einer anderen DB die Daten abrufen.

Die Besitzkette ist also mehrfach unterbrochen, weil sich die Besitzer unterscheiden. Unter einer fortlaufenden Besitzkette versteht man dagegen den verketteten Aufruf von Objekten eines einzigen Benutzers.

Unter Einsatz der Klausel EXECUTE AS kann man nun innerhalb einer Prozedur den Sicherheitskontext einer Prozedur genau festlegen. Folgende allgemeine Syntax existiert für Funktionen, Prozeduren und Trigger, wobei die Syntax für Trigger noch zusätzliche Erweiterungen besitzt:

```
Funktionen (außer inline table-valued-Funktionen),
Prozeduren und DML-Trigger
{ EXEC | EXECUTE } AS { CALLER | SELF | OWNER | 'user_name' }
```

Die Bedeutung der verschiedenen Einstellungen ergibt sich fast schon aufgrund ihres Namens:

- CALLER (Standardwert) legt fest, dass die Prozedur im Sicherheitskontext des Aufrufenden, d.h. des Benutzers, ausgeführt wird.

- SELF legt fest, dass die Prozedur im Sicherheitskontext des Besitzers der Prozedur oder desjenigen, der den ALTER-Befehl abgesetzt hat, ausgeführt wird. Dies entspricht der <user_name>-Option, wobei hier als Benutzername automatisch der erstellende oder ändernde Benutzer eingetragen wird.

- OWNER legt fest, dass die Prozedur nur im Sicherheitskontext des Besitzers ausgeführt wird. Hier ist keine Rolle oder Gruppe möglich, nur ein einzelnes Benutzerkonto.

- <user_name> legt einen speziellen Benutzer fest, in dessen Sicherheitskontext die Prozedur ausgeführt werden soll. Dabei darf der Benutzer kein(e) Gruppe, Rolle, Zertifikat, Schlüssel oder integriertes Konto sein.

Folgende Rechte können für Prozeduren und Funktionen erteilt und entzogen werden. Sie werden gleichzeitig über die ALL-Option zusammen gefasst.

- Skalarfunktionen: EXECUTE, REFERENCES.

- Tabellenwertfunktionen: DELETE, INSERT, REFERENCES, SELECT, UPDATE.

- Prozeduren: EXECUTE, SYNONYM, DELETE, INSERT, SELECT, UPDATE.

Um also eine einfache Berechtigung zu erstellen, verwendet man:

```
GRANT EXECUTE ON OBJECT::Production.usp_GetProduct TO kunde;
```

Im Falle von Prozeduren und Funktionen können alle oben angegebenen Berechtigungen mit ALL entzogen werden. Dies ist gleichzeitig auch die Liste der zu aufzuhebenden einzelnen Berechtigungen. Analog zum vorherigen Fall würde man die Berechtigungen folgendermaßen entziehen:

```
REVOKE EXECUTE ON OBJECT::Production.usp_GetProduct
    FROM kunde;
```

Ähnliche Überlegungen gelten auch für Trigger. Beide Trigger-Arten richten sich nach dem Sicherheitskontext des Benutzers, durch dessen Interaktion mit Datenbank und Schema-Objekten sie aufgerufen werden. Ein Benutzer benötigt also keine speziellen Rechte, einen Trigger aufzurufen, denn seine Anweisungen, die kontrolliert und anhand seiner Berechtigungen überprüft und dann bedingt ausgeführt werden, führen ja erst dazu, dass auch ein Trigger ausgeführt wird. Sicherheitsüberlegungen sind lediglich notwendig, wenn innerhalb eines Triggers wiederum Prozeduren, Funktionen sowie natürlich Tabellen und Sichten angesprochen werden, für die andere Sicherheitsanforderungen gelten als für das ursprüngliche Schema-Objekt. In diesem Fall könnte dann der Benutzer seine Anweisungen nur dann erfolgreich ausführen, wenn er auch an den durch den Trigger aufgerufenen Schema-Objekten die notwendigen Rechte besitzt.

Man befindet sich also wiederum bei den Besitzketten wieder, die schon ausführlich für Prozeduren und Funktionen erläutert wurden. Auch für Trigger ist die EXECUTE AS-Klausel verfügbar, mit der man angeben kann, ob ein Trigger unter der Berechtigung des Aufrufers (CALLER), des Besitzers (OWNER), des aktuellen Benutzers (SELF) oder eines bestimmten Benutzers ausgeführt werden soll. Diese Technik setzt man ein, um für komplexe Trigger-Anweisungen die notwendige Sicherheit einzurichten.

Folgende Varianten sind für die einzelnen Trigger-Arten möglich:

- Funktionen (außer Tabellenwertfunktionen), Prozeduren und DML-Trigger
  ```
  { EXEC | EXECUTE } AS { CALLER | SELF | OWNER | 'user_
  name' }
  ```

- DDL-Trigger mit Datenbankbereich
  ```
  { EXEC | EXECUTE } AS { CALLER | SELF | 'user_name' }
  ```

- DDL-Trigger mit Serverbereich
  ```
  { EXEC | EXECUTE } AS { CALLER | SELF | 'login_name' }
  ```

4. 2. Sicherung und Wiederherstellung

Zu den üblichen Verwaltungsaufgaben gehören regelmäßige Datensicherungen und teilweise auch Wiederherstellungsarbeiten, sofern eine Datenbank in einen inkonsistenten Zustand geraten ist oder evtl. auf einem anderen Server wieder aufgespielt werden soll. Dabei verwendet man SQL-spezifische Erweiterungen, d.h. die Syntax für die jeweiligen Aktionen ist von Hersteller zu Hersteller unterschiedlich. Lediglich die Möglichkeit, sie überhaupt durchzuführen und damit die dahinter stehenden Konzepte sind bei jeder Datenbank vorhanden. Zusätzlich wird man natürlich normalerweise umfassend durch das Management Studio unterstützt. Vermutlich wird man also insbesondere wegen der vielen Optionen im Wesentlichen mit dem Management Studio arbeiten und sich ggf. automatisch ein Skript erstellen.

Die einzelnen Aktionen, die in diesem Abschnitt beschrieben werden, lassen sich ad hoc durchführen, wobei aber auch eine regelmäßige Durchführung denkbar ist. Diese würde der Administrator nicht selbst oder manuell vornehmen, sondern über einen Zeitplan steuern lassen. Für diese Zwecke verwendet man das geschriebene oder erzeugte Skript in einem Job Scheduler, den wir noch später vorstellen, wenn wir uns der Automatisierung der DB widmen.

4. 2. 1. Einführung

In diesem Abschnitt stellen wir die verschiedenen Optionen von Sicherung und Wiederherstellung vor, zeigen die T-SQL-Syntax der beiden zentralen Befehle BACKUP und RESTORE und erläutern diverse Grundbegriffe. Da man eine erstellte Sicherung auch immer testen muss, bevor man sich darauf verlassen kann, dass sie im Fall des Falles auch funktioniert, kombinieren wir bei den danach folgenden Beispielen immer Sicherung mit Wiederherstellung zu einem vollständigen Beispiel.

➜ Grundbegriffe

Da der MS SQL Server viele verschiedenen Optionen bereitstellt, die zu höchst unterschiedlichen Szenarien für Backup und Recovery führen können, sammelt die nachfolgende Liste einige zentrale Begriffe:

- Sicherung (engl. backup) ist eine Kopie der DB-Daten, die man für die Wiederherstellung an gleicher oder anderer Stelle nutzen kann.

- Sicherungsgerät (engl. backup device) ist die das tatsächliche Gerät oder der physische Ort, an den eine Sicherung gesendet werden kann. Normalerweise handelt es sich um eine Festplatte, doch vor einigen Jahren waren auch Bänder im Einsatz, während sicherlich in Zukunft verstärkt auch Cloud-Dienste wie Microsoft Azure zum Einsatz kommen.

- Sicherungsmedium (engl. backup medium) ist die konkrete Festplatte für ein oder mehrere Backups.

- Daten- und Datenbank-Sicherung (engl. data / database backup) sind die Sicherung ausgewählter Daten oder der gesamten Datenbank. Dabei können Sicherungen auch von einzelnen Dateien und Dateigruppen sowie in so genannter differenzieller Form (engl. differential backup) erfolgen, bei der nur Änderungen im Datenbestand zusätzlich gesichert und an eine bestehende Sicherung angehängt werden. In einfachen Fällen und daher bei kleinen DBs führt man immer wieder eine vollständige DB-Sicherung (engl. full backup) durch. Schließlich kann man noch die Protokolldateien sichern (engl. log backup), wobei also die Transaktionsprotokolle gesichert werden.

- Wiederherstellung (engl. recovery) ist das Zurückspielen einer Sicherung, um die Datenbank wieder in einen konsistenten Zustand zu versetzen.

➡ **Datenbank-Sicherung**

Eine Datenbank kann vollständig oder teilweise gesichert werden. Bei sehr vielen Daten, die möglicherweise auf mehreren Datendateien und/oder Festplatten gespeichert sind, kann man auch nur einzelne Bereiche der Datenbank speichern. Mit Hilfe des so genannten Datenbankprotokolls, in welchem die einzelnen Aktionen gespeichert und protokolliert werden, ist es dann auch möglich nachzuvollziehen, welche Aktionen bei einer bestehenden Sicherung noch nicht durchgeführt wurden, sodass man ein so genanntes differenzielles Backup vornehmen kann. Dies bedeutet, dass automatisch nur die noch nicht gespeicherten Aktionen und damit Veränderungen gesichert werden. Ähnliches ist auch bei der Wiederherstellung möglich, wo man evtl. nur zu einem bestimmten Punkt, an dem die Datenbank noch konsistent war, gelangen möchte und danach durchgeführte oder fehlerhafte Änderungen nicht mehr berücksichtigt.

Der BACKUP-Befehl erwartet den Datenbanknamen als Zeichenkette oder kann ihn aus einer entsprechenden Variable in einem T-SQL-Programm auslesen. Die TO-Klausel erwartet die Angabe eines Sicherungsmediums, was sowohl eine andere Festplatte wie auch ein Band sein könnte. Danach folgen verschiedene Optionen, die gleich erläutert werden, und eine optionale Angabe, ob eine vollständige (Standardfall) oder eine differenzielle Sicherung durchgeführt werden soll.

- Im ersten Fall wird die gesamte Datenbank *vollständig* gesichert, was bei steigender Größe erheblich Zeit in Anspruch nehmen kann und teilweise genau aus diesem Grund nicht mehr praktikabel sein könnte.

- Eine *differenzielle Sicherung* dagegen überträgt nur die seit der letzten Sicherung durchgeführten Aktionen bzw. Datenänderungen in die Sicherung und aktualisiert sie somit. Dies ist verständlicherweise schneller, da im Regelfall viel weniger Daten bewegt werden, erfordert es aber, dass auf das umfangreiche Transaktionsprotokoll der Datenbank zugegriffen wird. Dieses wiederum muss ebenfalls bei Erstellung der Datenbank mit einer geeigneten Größe und Wachstumsrate eingerichtet werden.

```
BACKUP DATABASE { database_name | @database_name_var }
```

```
TO <backup_device> [ ,...n ]
[ WITH { DIFFERENTIAL | <general_WITH_options> [ ,...n ] } ]
[;]
```

Die Optionen sind teilweise selbst erklärend. Eine Sicherung kann einen Namen, ein Passwort und eine Beschreibung haben. Sie kann komprimiert oder nicht komprimiert sein. Und schließlich kann sie auch zeitlich befristet sein und ihre Gültigkeit verlieren. Die folgenden Optionen stehen also im Detail zur Verfügung:

- COPY_ONLY gibt an, dass diese Sicherung eine reine Kopie ist und außerhalb der üblichen Sicherung durchgeführt wird. Diese Sicherung sind immer Sicherung der gesamten Datenbank, da sie ja eine vollständige Kopie sein sollen.

- DIFFERENTIAL legt fest, dass nur diejenigen Teile der DB gesichert werden sollen, die seit dem letzten vollen Backup geändert oder hinzugefügt wurden. Dies ist zwangsläufig schneller als eine vollständige Sicherung.

- COMPRESSION | NO_COMPRESSION legen fest, ob die erzeugten Dateien komprimiert sein sollen oder nicht. Dadurch verbrauchen sie weniger Speicherplatz und sind auch schneller erstellt. Komprimierte Daten sind allerdings nicht abwärtskompatibel.

- DESCRIPTION speichert eine beliebige Beschreibung mit maximal 255 Zeichen.

- NAME speichert einen Namen mit maximal 128 Zeichen (Standardwert: leer).

- EXPIREDATE erwartet ein Datum, während RETAINDAYS eine Anzahl in Tagen erwartet, wann das Backup Set überschrieben werden kann. Die Anzahl Tage hat hierbei eine höhere Priorität. Fehlen diese Angaben, wird die Server-Einstellung verwendet.

```
<general_WITH_options> [ ,...n ]::=--Backup Set Options
   COPY_ONLY
 | { COMPRESSION | NO_COMPRESSION }
 | DESCRIPTION = { 'text' | @text_variable }
 | NAME = { backup_set_name | @backup_set_name_var }
 | ENCRYPTION
 | { EXPIREDATE = { 'date' | @date_var }
```

```
        | RETAINDAYS = { days | @days_var } }
```

Optionen für das Speichermedium (Media Set Options):

- NOINIT | INIT legen fest, ob ein neues Backup Set begonnen werden soll und damit bestehende Backups überschrieben werden sollen oder nicht (Standardwert NOINIT). Ansonsten bleiben bestehende Backup Sets erhalten, und neue Backups werden an diese angehängt.

- NOSKIP | SKIP legen fest, ob vor der Sicherung die Verfallszeiten des Backups geprüft werden sollen oder nicht (Standardwert NOSKIP).

- NOFORMAT | FORMAT legen fest, ob eine neues Media Set begonnen werden soll oder nicht (Standardwert NOFORMAT).

- MEDIADESCRIPTION speichert eine Beschreibung des Media Sets in 255 Zeichen.

- MEDIANAME speichert einen Namen des Media Sets in 128 Zeichen.

```
  { NOINIT | INIT }
| { NOSKIP | SKIP }
| { NOFORMAT | FORMAT }
| MEDIADESCRIPTION = { 'text' | @text_variable }
| MEDIANAME = { media_name | @media_name_variable }
```

Optionen für die Datenübertragung (Data Transfer Options) legen fest, wie viele I/O-Buffer für die Erzeugung der Sicherung genutzt werden sollen. und wie die größte Transfereinheit in Bytes sein soll.

```
  BUFFERCOUNT = { buffercount | @buffercount_variable }
| MAXTRANSFERSIZE = { maxtransfersize |
                      @maxtransfersize_variable }
```

Optionen für das Fehlermanagement (Error Management Options) legen fest, ob Prüfsummen gebildet und geprüft werden sollen oder nicht bzw. wie im Falle einer als fehlerhaft erkannten Prüfsumme zu verfahren ist.

```
  { NO_CHECKSUM | CHECKSUM }
```

```
| { STOP_ON_ERROR | CONTINUE_AFTER_ERROR }
```

Optionen für die Statusanzeige (Monitoring Options), wobei man einen Prozentanteil angibt, bei dem eine neue Statusmeldung erzeugt wird, wobei die Werte auch häufig nur annäherungsweise erreicht / überschritten werden.

```
STATS [ = percentage ]
```

Optionen für die Protokolle (Log-specific Options), die nur bei BACKUP   LOG genutzt werden können.

- NORECOVERY legt fest, dass das Ende des Protokolls gesichert werden soll und die Datenbank im RESTORING-Zustand belassen werden soll.

- STANDBY legt fest, dass das Endes Protokolls gesichert werden soll und die DB im STANDBY-Zustand belassen werden soll. Dabei muss man eine Datei angeben, die entweder überschrieben oder neu erstellt wird und Teil der DB wird. Sie enthält die zurückgesetzten Änderungen, die eventuell wieder ausgeführt werden müssen, wenn später RESTORE   LOG ausgeführt werden sollen.

- NO_TRUNCATE legt fest, dass das Protokoll nicht abgeschnitten wird und sorgt dafür, dass die Datenbank die Sicherung unabhängig vom Zustand durchführen soll.

```
{ NORECOVERY | STANDBY = undo_file_name }
| NO_TRUNCATE
```

➜ Datenbank-Wiederherstellung

Das Gegenstück zur Sicherung ist natürlich die Wiederherstellung. Hier ist es dann denkbar, dass die Daten nur bis zu einem bestimmten Zustand wieder hergestellt werden. Dies geschieht, indem der Wiederherstellungsmechanismus automatisch den angegebenen Zeitpunkt im Transaktions- oder DB-Protokoll verwendet und bis zu diesem Zeitpunkt protokollierte Änderungen berücksichtigt. Hierbei berücksichtigt er natürlich den notwendigerweise ebenfalls gesicherten Log und nicht den aktuellen.

Der Befehl heißt RESTORE und erwartet die Angabe der Zieldatenbank als Zeichenkette oder Variable sowie die Quelle des Backups, typischerweise ein Pfad zu einer Backup-Datei. Man kann hier die Optionen TAPE für ein Bandlaufwerk oder DISK für die Festplatte verwenden. Es handelt sich allerdings um einen überaus komplexen Befehl, der analog zur Sicherung auch nur einzelne Teile der Datenbank wiederherstellen lässt. Man unterscheidet hier die Wiederherstellung von Dateien oder Dateigruppen, (Dateiwiederherstellung), bestimmter Seiten (Seitenwiederherstellung) oder des Transaktionsprotokolls (Transaktionsprotokollwiederherstellung). Die nachfolgende allgemeine Syntax und das Beispiel beschränken sich auf den einfachen Fall der vollständigen DB-Wiederherstellung.

Die WITH-Klausel besitzt verschiedene Parameter:

```
RESTORE DATABASE { database_name | @database_name_var }
 [ FROM <backup_device> [ ,...n ] ]
 [ WITH {
     [ RECOVERY | NORECOVERY | STANDBY =
        {standby_file_name | @standby_file_name_var }
     ]
   | , <general_WITH_options> [ ,...n ]
   | , <point_in_time_WITH_options—RESTORE_DATABASE>
   } [ ,...n ]
 ]
 [;]
```

Schließlich gibt es noch allgemeine WITH-Optionen, die hier kurz erläutert werden.

- MOVE legt fest, dass die mit ihrem logischen Namen angegebene Daten- oder Protokolldatei durch Wiederherstellung am angegebenen Ort verschoben werden soll.

- REPLACE überschreibt auch eine schon bestehende Datenbank, was nicht dem Standardfall entspricht, sondern normalerweise einen Fehler auslöst.

- RESTART startet einen unterbrochenen Wiederherstellungsvorgang erneut.

- RESTRICTED_USER beschränkt den Zugriff der wiederhergestellten DB auf db_owner, dbcreator oder sysadmin.

```
<general_WITH_options> [ ,...n ]::=
    MOVE 'logical_file_name_in_backup'
    TO 'operating_system_file_name'
         [ ,...n ]
  | REPLACE
  | RESTART
  | RESTRICTED_USER
```

Es ist auch möglich, die Daten zu einem bestimmten Zeitpunkt oder eine Marke im Transaktionsprotokoll wiederherzustellen.

```
<point_in_time_WITH_options—RESTORE_DATABASE>::=
  | {
    STOPAT = { 'datetime' | @datetime_var }
  | STOPATMARK = { 'lsn:lsn_number' } [ AFTER 'datetime']
  | STOPBEFOREMARK = { 'lsn:lsn_number' } [ AFTER 'datetime']
  }
```

4. 2. 2. Beispiele mit T-SQL

Zunächst folgen in diesem Abschnitt einige Beispiele, die zeigen, wie man mit T-SQL einige gängige Aktionen bei Sicherung und Wiederherstellung durchführen kann. Danach folgen im nächsten Abschnitt ähnliche Beispiele, in denen das Management Studio zum Einsatz kommt.

➜ **Vollständige Sicherung**

Im folgenden Beispiel erstellt man eine Sicherungskopie der gesamten Datenbank in einer einzigen Datei. Die Datei-Endung ist *.bak* für den Begriff Backup, kann aber auch anders lauten. Der Ordner für die Sicherungen ist der Backup-Ordner, wie man ihn auch schon bei der Installation des Servers angegeben hat. Dieser Ordner lässt sich bei Bedarf in den Server-Einstellungen ändern. Diese Sicherung ist eine neue Sicherung in einer völlig neuen Datei, weswegen FORMAT und INIT angegeben sind.

```
BACKUP DATABASE [AW-Admin]
TO  DISK = N'C:\...\MSSQL\Backup\AW-Admin-Full.bak'
WITH FORMAT, INIT,
```

```
MEDIADESCRIPTION = N'Full DB backup', MEDIANAME = N'AW-Backup',
NAME = N'AW-Admin-Full Database Backup',
SKIP, STATS = 10
GO
```

422_01.sql: Vollständige Sicherung einer Datenbank

Man erhält als Ergebnis die folgenden Ausgaben. Man sieht, dass die Datenbank komplett in einer einzigen Datei gesichert wurde und dabei mehrere fast 2000 Seiten mit Daten geschrieben wurden. Diese Datenbank hat bereits 2 Dateigruppen, nämlich eine für die Verkaufsdaten, während die restlichen Daten der Produkte in der primären Dateigruppe enthalten sind. Dies ist der Zustand, der mit dem Skript *421_01.sql* eingerichtet ist. Führt man dieses Skript nicht aus, dann wird natürlich nur PRIMARY gesichert. Am Anfang der Ausgabe sieht man, wie viel Prozent der Datenbank bereits gesichert sind. Da man alle 10 Prozent eine Information zur Sicherung über die Angabe STATS = 10 angefordert hat, entstehen recht viele solcher Informationszeilen, die meistens tatsächlich ganze Zehner ausgeben, manchmal aber auch andere Zahlen enthalten.

```
13 percent processed.
...
80 percent processed.
93 percent processed.
Processed 344 pages for database
'AW-Admin', file 'AW-Primary' on file 1.
Processed 1624 pages for database
'AW-Admin', file 'AW-Sales' on file 1.
100 percent processed.
Processed 2 pages for database
'AW-Admin', file 'AW-Primary_log' on file 1.
BACKUP DATABASE successfully processed 1970 pages in 0.109 seconds
(141.131 MB/sec).
```

Das Gegenstück zu dieser Sicherung ist dann ein Skript, bei dem die gesamte Sicherung wieder zurück gespielt wird. Dies gelingt über das nachfolgende Skript. Wichtig ist, dass hier die Datenbank zunächst im Einzelbenutzermodus betrieben wird, damit alle Verbindungen gekappt werden, und man dies nachträglich natürlich wieder ändert. Sie wird aus der Sicherung ersetzt.

```
USE [master]
ALTER DATABASE [AW-Admin] SET SINGLE_USER WITH ROLLBACK IMMEDIATE
RESTORE DATABASE [AW-Admin]
FROM  DISK = N'C:\...\Backup\AW-Admin-Full.bak' WITH  FILE = 1,
REPLACE,  STATS = 5
ALTER DATABASE [AW-Admin] SET MULTI_USER
GO
```

422_01.sql: Vollständige Sicherung wieder einspielen

Führt man diese Anweisungen aus, dann erhält man auch hier eine entsprechende Aufstellung der Aktionen, die wir noch einmal abdrucken, aber nach diesem Beispiel nicht mehr ausgeben. Sie finden sie allerdings in den Skripten in Kommentaren unterhalb der Anweisungen. Nach den diversen Statusinformationen mit den prozentualen Fertigstellungsgraden sieht man vor allen Dingen, dass die Zahl der Dateien und Seiten exakt derjenigen bei der Sicherung entspricht.

```
100 percent processed.
Processed 344 pages for database 'AW-Admin',
file 'AW-Primary' on file 1.
Processed 1624 pages for database 'AW-Admin',
file 'AW-Sales' on file 1.
Processed 2 pages for database 'AW-Admin',
file 'AW-Primary_log' on file 1.
RESTORE DATABASE successfully processed 1970 pages
in 0.089 seconds (172.846 MB/sec).
```

➜ Differenzielle Sicherung

Hat man eine vollständige Sicherung erzeugt und gesehen, dass man diese auch erfolgreich wieder zurück spielen kann, dann ist es gerade bei größeren Datenbanken zeitlich besser, immer nur differenzielle Sicherungen zu erstellen. Diese können dann auch wieder für die Wiederherstellung genutzt werden. Im nächsten Beispiel erstellt man genau eine solche Sicherung. Entscheidend ist hierbei, dass zusätzlich auch nicht eine neue Datei begonnen wird, da ja eine bestehende Datei um das differenzielle Backup ergänzt wird.

```
BACKUP DATABASE [AW-Admin]
```

```
TO  DISK = N'C:\...\Backup\AW-Admin-Full.bak'
WITH  DIFFERENTIAL , NOFORMAT, NOINIT,
NAME = N'AW-Admin-Full Database Backup', SKIP, STATS = 10
GO
```

422_02.sql: Differenzielle Sicherung erstellen

Die Wiederherstellung erfolgt dann in mehreren Schritten. Zunächst muss man die Datenbank wieder in den Einzelbenutzermodus setzen, was nach der gesamten Aktion wieder geändert wird. Dadurch trennt man automatisch alle bestehenen Verbindungen. Danach muss man das Transaktionsprotokoll sichern. Und erst danach kann man die Dateien der Datenbank wiederherstellen. Da die aktuelle Beispieldatenbank zwei Dateigruppen hat, gibt es nun drei Dateien, welche verwaltet werde müssen. Dabei ist Datei 1 die Primärdatei, Datei 2 enthält den Log, und Datei 3 schließlich enthält die Verkaufsdaten. Befindet sich alles in einer Dateigruppe, dann entfällt natürlich die Wiederherstellung von Datei 3 und möglichen weiteren Dateien.

```
USE [master]
ALTER DATABASE [AW-Admin] SET SINGLE_USER WITH ROLLBACK IMMEDIATE
BACKUP LOG [AW-Admin]
TO  DISK = N'C:\...\Backup\AW-Admin_LogBackup_2015-07-24_15-00-20.
        bak' WITH NOFORMAT, NOINIT,
NAME = N'AW-Admin_LogBackup_2015-07-24_15-00-20',
NOSKIP, NORECOVERY , STATS = 5
RESTORE DATABASE [AW-Admin]
FROM  DISK = N'C:\...\Backup\AW-Admin-Full.bak'
WITH  FILE = 1, NORECOVERY, STATS = 5
RESTORE DATABASE [AW-Admin]
FROM  DISK = N'C:\...\Backup\AW-Admin-Full.bak'
WITH  FILE = 3, STATS = 5
ALTER DATABASE [AW-Admin] SET MULTI_USER
GO
```

422_02.sql: Differenzielle Sicherung wiederherstellen

→ **Einzelne Dateigruppen sichern**

Eine weitere gängige Variante fehlt noch: die Sicherung und Wiederherstellung von einzelnen Dateigruppen. Ein Vorteil von Dateigruppen besteht ja gerade darin, dass man auch Sicherung und Wiederherstellung für sie anwenden kann und dadurch nur diejenigen Daten (differenziell) sichern kann, die tatsächlich auch Aktualisierungsvorgängen unterliegen und quasi archivierte vergangene Daten, die aber noch in der Datenbank liegen, nicht berücksichtigen muss. Sollten Sie die Beispiele mit einer anderen Datenbank gemacht haben und/oder die hier verwendete vereinfachte Version der Datenbank keine zwei Dateigruppen für die Daten besitzen, dann finden Sie das passende Skript in *422_01.sql*.

Alles beginnt zunächst damit, dass man eine neue Sicherung startet, wobei man plant, die Dateigruppe namens `Sales` auch einzeln zu sichern. Im ersten Schritt jedoch listet man alle Dateigruppen auf, um eine initiale Sicherung zu haben. Danach kann man die gewünschten Dateigruppen sichern, wobei natürlich keine neue Datei begonnen wird und man differenziell sichern würde.

```
BACKUP DATABASE [AW-Admin]
FILEGROUP = N'PRIMARY' ,
FILEGROUP = N'Sales'
TO  DISK = N'C:\..\Backup\AW-Admin-Sales.bak'
WITH FORMAT, INIT,
MEDIADESCRIPTION = N'Backup of Sales FG',
MEDIANAME = N'AW-Admin-Sales-Backup',
NAME = N'AW-Admin-SalesFG- Backup', SKIP, STATS = 10
```

422_03.sql: Dateigruppen sichern

Eine Wiederherstellung kann man dann auch auf einzelne Dateigruppen anwenden, indem man einfach nur die entsprechenden Dateien benennt. In diesem Fall wäre das also diejenige Datei, in der die Verkaufsdaten gespeichert sind.

```
RESTORE DATABASE [AW-Admin]
-- FILE = N'AW-Primary',
FILE = N'AW-Sales'
FROM  DISK = N'C:\...\Backup\AW-Admin-Sales.bak'
WITH  FILE = 1,  REPLACE,  STATS = 10
```

422_03.sql: Dateigruppe wiederherstellen

4. 2. 3. Einsatz des Management Studios

Mit dem Management Studio lassen sich ebenfalls alle Arbeiten für Sicherung und Wiederherstellung durchführen. Wegen der vielen Optionen ist es vermutlich gerade bei diesem Thema sehr attraktiv, über die Oberfläche die gewünschte Strategie zu erstellen und dann ein Skript für spätere und häufigere Benutzung zu erstellen. In den nächsten Abschnitten zeigen wir jeweils ein Standardbeispiel, um die Formulare einmal übersichtlich zu erläutern.

➡ Sicherung

Um eine DB-Sicherung durchzuführen, führen Sie die nachfolgenden Schritte aus:

1. Wählen Sie aus dem Kontextmenü der Datenbank den Befehl *TASK / BACK UP*.

2. Es öffnet sich das Menü, in dem die verschiedenen Einstellungen für die DB-Sicherung vorgegeben werden können. Bereits ausgewählt ist die aktuelle Datenbank als zu sichernde Datenbank und der Eintrag *FULL* im Drop-down-Menü *BACKUP TYPE*. Hier stellt man ein, ob man eine differenzielle Sicherung oder eine vollständige Sicherung erstellen wird.

3. Möchte man nicht eine Sicherung im Rahmen der gewöhnlichen Sicherungsmaßnahmen erstellen, sondern eine zusätzliche Kopie der Datenbank als Backup generieren, wählt man zusätzlich das Kontrollkästchen für *COPY-ONLY-BACKUP* aus.

4. Bei *BACKUP COMPONENT* ist bereits ausgewählt, dass die gesamte Datenbank gesichert werden soll. Dies gilt auch dann, wenn man zuvor eine differenzielle Sicherung gewählt hat, denn dann werden aus der ganzen Datenbank die Änderungen berücksichtigt. Bei *BACKUP COMPONENT* legen Sie allerdings fest, ob man nur bestimmte Datei(grupp)en sichern möchte. Aus diesen gewählten Datei(grupp)en würde dann die differenzielle Sicherung bestimmt werden - oder eben alles gesichert werden. Es öffnet sich ein kleiner Baum, aus dem man die gewünschten Datei(grupp)en auswählt.

5. Im Bereich *DESTINATION* legt man dann fest, wo die Sicherung gespeichert werden soll. Fast immer ist dies eine Festplatte (Auswahl *DISK*). Die genaue Datei legt man über *ADD* im gewünschten oder im Standard-Ordner *BACKUP* fest.

Dieser Standard-Ordner ist in den Server-Einstellungen angegeben und kann auch nur dort geändert werden. Möchte man eine neue Datei anlegen, entfernt man diese erst übe *REMOVE*.

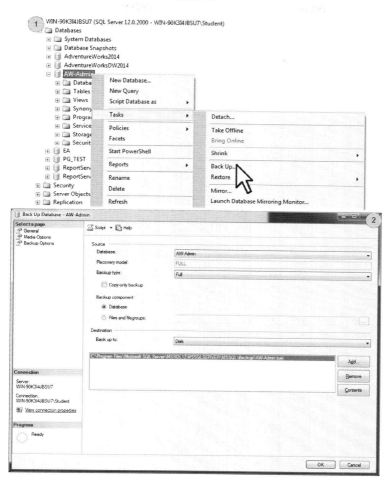

Abbildung 4.14: Sichern einer Datenbank (1)

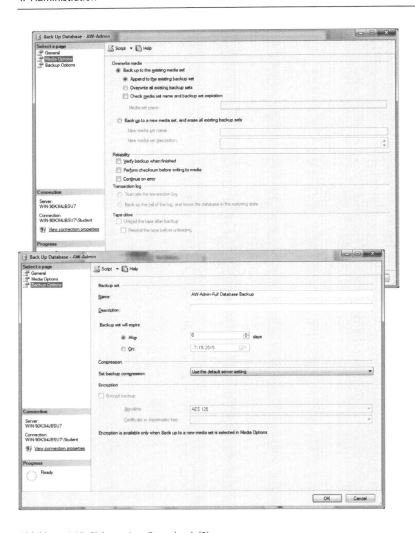

Abbildung 4.15: Sichern einer Datenbank (2)

Es gibt es noch zwei weitere Fenster, um die Einstellungen für die Sicherung zu spezifizieren. Hier findet man die Optionen, die sich vermutlich nur bei genauem Durchlesen der einzelnen Labels erschließen und deren Bedeutung man auch vorher verstehen sollte, ehe der Vorgang mit einer Fehlermeldung endet. Das erste dieser beiden Fenster heißt *MEDIA OPTIONS* und erlaubt es, detaillierte Einstellungen für das Sicherungsmedium vorzugeben.

Im Bereich *OVERWRITE MEDIA* legt man fest, ob man die Sicherung einem bestehenden Backup Set hinzufügen möchte oder ein neues erstellen möchte. Auch wenn noch keines erstellt ist, würde man die erste Option bereits ausgewählt finden. Dies ist auch der Standardfall, wenn man immer wieder manuell oder automatisch neue Sicherungen erstellt. Aber auch wenn man seine Sicherung einem bestehenden Media Set hinzufügen will, kann man die Sicherungen darin überschreiben (Option *OVERWRITE ALL EXISTING BACKUP SETS*) oder seine Sicherung anhängen (Option *APPEND TO THE EXISTING BACKUP SET*).

Im Bereich *RELIABILITY* legt man in drei Kontrollkästchen fest, ob die Sicherung nach ihrer Erstellung noch zusätzlich geprüft werden soll. Im einfachsten Fall wählt man also die erste Option *VERIFY BACKUP WHEN FINISHED*, oder legt mit dem zweiten Kontrollkästchen *PERFORM CHECKSUM BEFORE WRITING TO MEDIA* auch noch fest, dass eine Prüfsumme gebildet und diese angewandt werden soll. Die letzte Option *CONTINUE ON ERROR* legt dann fest, dass weitere Aktionen sich trotz Fehler anschließen sollen.

Im dritten Fenster namens *BACKUP OPTIONS* kann man dann im Wesentlichen allgemeine Einstellungen für die Sicherung vorgeben, die sich wiederum leicht an ihrer Beschreibung erkennen lassen.

Im Bereich *BACKUP SET* kann man den Namen und eine Beschreibung vorgeben. Der Standardname enthält immer den DB-Namen und die Angabe, dass es sich um ein vollständiges Backup der Datenbank handelt. Ist dies nicht der Fall, sollte man hier schon eine treffendere Angabe machen. Die Beschreibung dagegen ist völlig optional, wird allerdings bei der Wiederherstellung auch in einer Auswahlliste angezeigt, sodass man bei verschiedenen Sicherungen entweder über den Namen oder wenigstens über die Beschreibung Ordnung halten sollte.

Bei *BACKUP SET WILL EXPIRE* gibt man an, ob die Sicherung automatisch nach einer bestimmten Anzahl Tagen oder zu einem festgelegten Datum abläuft.

Im Bereich *COMPRESSION* wählt man aus, ob die Sicherungsdatei komprimiert werden soll oder nicht. Voreingestellt ist der Verweis auf die Servereinstellungen, wobei im Normalfall dann keine Komprimierung erfolgt.

Im Bereich *ENCRYPTION* kann man auswählen, ob die Sicherungsdatei verschlüsselt werden soll. Diese Möglichkeit muss allerdings auch erst auf Server-Ebene eingerichtet worden sein.

➜ **Wiederherstellen**

Auch die Wiederherstellung lässt sich über das Management Studio durchführen, sodass also auch hier insbesondere für ad-hoc Maßnahmen und das Vorbereiten von Skripten die entsprechenden Formulare zum Einsatz kommen dürften. In einem ersten Beispiel zeigen wir den Standardfall, wo man eine dateibasierte Sicherung wiederherstellt.

1. Wählen Sie aus dem Kontextmenü der Datenbank den Befehl *TASKS / RESTORE / DATABASE*. Sie sehen schon, dass die Wiederherstellung von Dateien ebenfalls in dieser Kategorie zu finden ist, aber einen eigenen Eintrag erhalten hat.

2. Es öffnet sich ein Formular, welches drei Seiten besitzt. In der Seite *GENERAL* legen Sie zunächst im Bereich *SOURCE* fest, ob die Sicherung in einer Datenbank oder in einer Datei vorliegt. In diesem einfachsten Fall wählen Sie *DEVICE* und legen damit fest, dass das Sicherungsgerät eine Datei ist, die normalerweise im Standard-Ordner für Sicherungen namens *BACKUP* liegt.

3. Sie wählen die Datei über die Schaltfläche mit den drei Punkten und gelangen in einen Dateiauswahl-Dialog. Dort wählen Sie eigentlich erst aus, dass sich die Sicherung in einer Datei befindet und können mit *ADD* die entsprechende Datei auswählen. Der Eintrag *URL* führt immer zu einem Microsoft Azure Cloud-Speicherplatz. Wählen Sie dann die gewünschte Sicherung, welche die Dateiendung *.bak* haben und im Backup-Ordner liegen sollte.

4. Sie sehen, dass die wiederherzustellende Datenbank automatisch gewählt wurde und dass die Backup Sets in der unten angezeigten Tabelle aufgelistet werden. Im Standardfall sind die gewählten Backup Sets auch die gewünschten für diese Wiederherstellung.

5. Auf der Seite *FILES* kann man die Speicherorte und Dateien benennen bzw. ändern. In einem solchen Standardfall wie dem hier gezeigten belässt man die aktuellen Einstellungen jedoch.

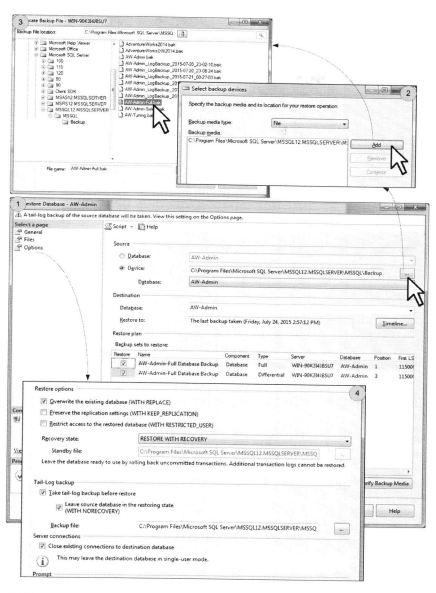

Abbildung 4.16: Wiederherstellen einer Datenbank (1)

6. In der Seite *OPTIONS* kann man dann weitere Einstellungen für die Wiederherstellung angeben. Normalerweise möchte man die bestehende Datenbank mit der Sicherung der vollständigen Datenbank ersetzen. Von diesem Situation gehen wir hier aus, weswegen *OVERWRITE THE EXISTING DATABASE* markiert ist.

7. Damit man überhaupt die Wiederherstellung durchführen kann, müssen alle Verbindungen getrennt sein. Weiß man nicht, ob dies der Fall ist, oder sorgt man für diesen Zustand nicht auf andere Weise, dann kann man hier einfach im Bereich *SERVER CONNECTIONS* den Eintrag *CLOSE EXISTING CONNECTIONS TO DESTINATION DATABASE* wählen.

8. Schließlich führt man die Sicherung mit *OK* aus oder generiert ein Skript, in dem die gewählten Einstellungen noch einmal nachzulesen sind, und welches man dann zu einem späteren Zeitpunkt ausführen kann.

Wie schon die T-SQL-Beispiele und auch die allgemeine Syntax gezeigt haben, gibt es ja eine Fülle an Varianten, die man sich bei Sicherung und Wiederherstellung denken kann. Ein wichtiges Thema ist, dass es möglich ist, bei Vorliegen mehrerer Sicherungen, die bspw. dadurch entstanden sind, dass man gerade nicht die bestehenden Sicherungen überschrieben hat, aus einer Zeitlinie den Zeitpunkt auszuwählen, zu dem man zurückgehen möchte. Dazu wählt man die Schaltfläche *TIMELINE* in der Seite *GENERAL*. In unserem Beispiel liegen nicht besonders viele Sicherungen vor, aber man kann in der Abbildung erkennen, dass hier mit verschiedenen Icons auf einer Zeitlinie angezeigt wird, welche Sicherungstypen zu welchem Zeitpunkt entstanden sind und welche daher für eine Wiederherstellung vorliegen. Die Skala der Zeitlinie lässt sich ändern, indem man aus der Drop-down-Liste *TIMELINE INTERVAL* ein gewünschtes Intervall wie bspw. für Tag oder Woche auswählt. Man kann dann besser erkennen, welche Sicherungen vorliegen und eine davon wählen.

Eine weiter Variante besteht darin, nicht eine ganze Datenbank wiederherzustellen, sondern nur einzelne Dateigruppen.

1. In diesem Fall wählen Sie zunächst *TASKS / RESTORE / FILES AND FILEGROUPS* und sehen dann in der Liste der zur Verfügung stehenden Quellen in der Seite *GENERAL* auch die einzelnen Sicherungen für die Dateigruppen.

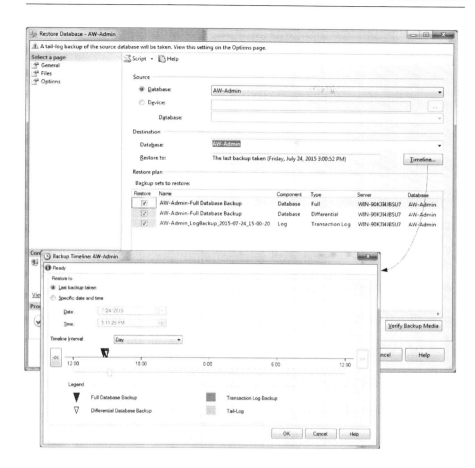

Abbildung 4.17: Wiederherstellen einer Datenbank (2)

2. Diese tauschen dann auch wieder in der Seite *FILES* auf. In unserem Beispiel geht es dabei immer um die primäre Dateigruppe, welche ohnehin vorhanden ist, und die extra erstellte Dateigruppe für die Verkaufsdaten.

3. Bei den Einstellungen in der Seite *OPTIONS* ist es nicht möglich, die Datenbank zu ersetzen, wenn Sie gar keine vollständige Sicherung gewählt haben, sondern nur einzelne Dateigruppen.

4. Sie wählen allerdings die Sicherung der Protokoll-Datei aus im Abschnitt *TAIL-*

LOG-BACKUP in der Seite *OPTIONS* aus.

5. Auch die Verbindungen müssen getrennt werden, ehe Sie mit *OK* wieder die Wiederherstellung ausführen.

Abbildung 4.18: Wiederherstellen einer Datenbank (3)

4. 2. 4. DB-Zustand

Da der DB-Server unabhängig von den Datenbanken selbst verwaltet werden kann, können Datenbanken jeweils online und offline bzw. sogar getrennt und wieder angehängt werden. Dies gelingt über DB-spezifische SQL-Anweisungen, die wir in diesem Abschnitt vorstellen wollen.

➡ Übersicht

Eine einzelne MS SQL Server-Datenbank befindet sich immer in einem bestimmten Zustand. Dieser entsteht entweder indirekt, weil ein abgesetzter Befehl u.a. auch zu diesem Zustand führt, oder er lässt sich direkt vorgeben. Die nachfolgende Liste enthält die Zustände, in denen sich eine DB befinden kann.

- *ONLINE*: Die Datenbank kann verwendet werden und wenigstens die primäre Dateigruppe ist online.

- *OFFLINE*: Die Datenbank ist nicht verfügbar und kann daher auch nicht mit T-SQL-Anweisungen benutzt werden. In diesem Zustand lassen sich Kopieraktionen durchführen, bevor man die DB wieder online bringt.

- *RESTORING*: Eine oder mehrere Dateien der primären Dateigruppe werden gerade wiederhergestellt. Alternativ werden eine oder mehrere der sekundäre Dateigruppen offline wiederhergestellt. In jedem Fall ist die Datenbank nicht erreichbar.

- *RECOVERING*: Die Datenbank wird gerade wiederhergestellt. Nach dem Wiederherstellungsvorgang wird die DB automatisch auf online gesetzt, wenn die Wiederherstellung gelingt, und ansonsten befindet sie sich im Status *SUSPECT*.

- *RECOVERY PENDING*: Während der Wiederherstellung hat der Server einen Fehler festgestellt, weil Dateien fehlen oder andere Ressourcen nicht zur Verfügung stehen oder andere System-Einschränkungen festgestellt wurden. Die Datenbank ist nicht erreichbar, und externe manuelle Aktionen sind notwendig.

- *SUSPECT*: Wenigstens die primäre Dateigruppe ist in diesem Zustand und möglicherweise beschädigt. Die Datenbank kann daher nicht wiederhergestellt werden und ist unerreichbar.

- *EMERGENCY*: Die Datenbank wurde vom Benutzer auf den Notfall-Status gesetzt und befindet sich daher im Einzelbenutzermodus und wird als *READ_ONLY* markiert. Nur Benutzer in der sysadmin-Rolle können die Datenbank nutzen und sie in diesen Zustand versetzen, um allfällige Probleme zu lösen.

➜ **DB-Zustand ändern**

Datenbank-Eigenschaften bzw. den DB-Zustand kann man über die Anweisung ALTER DATABASE gesetzt werden. Die Einstellungen sind überaus zahlreich, wie man auch schon den Eigenschaften entnehmen kann, wie sie im Management Studio angezeigt werden. Daher ist der nachfolgende allgemeine Befehl sehr gekürzt, um nur die hier im Fokus stehenden DB-Zutände und weitere damit verbundene Eigenschaften darzustellen. Auf der Server-Ebene liegende Eigenschaften ändert man dagegen über die Systemprozedur sp_configure.

```
ALTER DATABASE { database_name  | CURRENT }
SET
{
    <optionspec> [ ,... n ] [ WITH <termination> ]
}


<optionspec> ::=
{
    <db_state_option>
  | <db_update_option>
  | <db_user_access_option>
}


<db_state_option> ::=
    { ONLINE | OFFLINE | EMERGENCY }
<db_update_option> ::=
    { READ_ONLY | READ_WRITE }
<db_user_access_option> ::=
    { SINGLE_USER | RESTRICTED_USER | MULTI_USER }
```

Man kann die Anweisung mit Informationen zum Transaktionsverhalten beenden, wobei sie immer festgeschrieben wird, sodass man also nur Angaben treffen kann, was im Fehlerfall passieren soll. Typischerweise soll die Anweisung dann zurückgesetzt werden, wobei man in den zusätzlichen Angaben noch festlegen kann, ob eine bestimmte Anzahl an Sekunden zu warten ist oder nicht.

```
<termination> ::=
{

    ROLLBACK AFTER integer [ SECONDS ]
  | ROLLBACK IMMEDIATE
  | NO_WAIT
}
```

Folgende Optionen sind u.a. verfügbar:

- Die Optionen, um den Zustand der Datenbank zu setzen, erlauben es festzulegen, welchen Zustand die Datenbank aus drei Zuständen, die man direkt setzen kann, haben soll.

- Die Optionen, um Datenänderungen zuzulassen, erlauben es, die Datenbank entweder nur im Lesemodus (Option *READ_ONLY*) zu betreiben oder gleichzeitig Lese- und Schreibvorgänge zu erlauben (Option *READ_WRITE*).

- Die Optionen, um den Benutzerzugriff festzulegen, erlauben es festzulegen, welche bzw. wie viele Benutzer auf die Datenbank zugreifen können und daher T-SQL-Anweisungen abzusetzen. Im Modus *SINGLE_USER* darf jeweils nur ein Benutzer auf die DB zugreifen. Im Modus *RESTRICTED_USER* dürfen nur Mitglieder der DB-Rolle db_owner und der Server-Rollen db_creator und sysadmin eine Verbindung aufbauen. Die Anzahl ist hierbei allerdings nicht begrenzt. Im Modus *MULTI_USER* gibt es keine solchen Begrenzungen, sondern alle Benutzer mit entsprechenden Berechtigungen dürfen sich mit der Datenbank auch verbinden.

Das nachfolgende Skript setzt die Datenbank zunächst auf offline und dann wieder auf online zurück.

```
USE [master]
GO
-- DB offline setzen
```

```
ALTER DATABASE [AW-Admin] SET OFFLINE
GO
-- DB online setzen
ALTER DATABASE [AW-Admin] SET ONLINE
GO
```

424_01.sql: Datenbank offline/online setzen

Im nächsten Beispiel ändert man den Benutzermodus auf den Einzelbenutzermodus und dann wieder zurück in den Mehrbenutzermodus.

```
-- Einzelbenutzermodus
ALTER DATABASE [AW-Admin] SET SINGLE_USER
-- Mehrbenutzermodus
ALTER DATABASE [AW-Admin] SET MULTI_USER
```

424_02.sql: Benutzermodus ändern

➜ Anhängen/Abhängen

Eine Datenbank kann nicht nur offline geschaltet werden, sondern vollständig vom Server getrennt werden. Dabei wird automatisch auch eine Aktualisierung der Statistiken über die Spaltenwerte ausgeführt, welche für die Indizierung benutzt werden.

```
sp_detach_db [ @dbname= ] 'database_name'
    [ , [ @skipchecks= ] 'skipchecks' ]
    [ , [ @keepfulltextindexfile = ] 'KeepFulltextIndexFile' ]
```

Es stehen nur wenige Optionen zur Verfügung:

- dbname - Der Name der zu trennenden Datenbank.

- skipchecks - Legt fest, ob UPDATE STATISTICS ausgeführt werden soll (empfohlener Standardfall, false) oder nicht (true).

- keepfulltextindexfile - Gibt an, ob Volltextindexdateien gelöscht werden sollen (false) oder nicht (Standarfall, true).

Im folgenden Beispiel trennt man eine Datenbank und speichert die Statistiken und auch die Volltextindexdateien.

```
EXEC sp_detach_db 'AW-Admin', false, true
```

424_03.sql: Abhängen einer Datenbank

Um eine DB wieder im Server anzuhängen, verwendet man sp_attach_db (veraltet) und gibt den Namen der Datenbank sowie bis zu 16 Dateinamen vor.

```
sp_attach_db [ @dbname= ] 'dbname'
        , [ @filename1= ] 'filename_n' [ ,...16 ]
```

Die zuvor getrennte Datenbank wird im nächsten Beispiel wieder angehängt.

```
EXEC sp_attach_db
    @dbname = N'AW-Admin',
    @filename1 = N'C:\...\MSSQL\DATA\AW-Admin.mdf',
    @filename2 = N'C:\...\MSSQL\DATA\AW-Admin_log.ldf',
    @filename3 = N'C:\...\MSSQL\DATA\AW-Sales.ndf'
GO
```

424_04.sql: Anhängen einer Datenbank

Die empfohlene Vorgehensweise ist allerdings, die Datenbank neu zu erstellen und dabei die benötigten Dateien zu referenzieren. Dabei verweist man auf die zu verwendenden Daten- und Log-Dateien und kann verschiedene optionale Größenangaben treffen.

```
CREATE DATABASE database_name
    ON <filespec> [ ,...n ]
    FOR { ATTACH
        | ATTACH_REBUILD_LOG }
[;]
```

Allgemeine Dateiangaben beziehen sich auf die Größen für die Startgröße, die maximale Größe und den Wachstumsfaktor, mit dem bei Datenerweiterungen die Datei von der Startgröße zur maximalen Größe wächst. Diese Angaben sind genauso wichtig wie bei der Erstellung der Datenbank oder einzelner Tabellen, Dateien und Dateigruppen, damit zusammengehörende Daten nicht zu fragmentiert gespeichert werden. Über diese Angaben reserviert man Speicherplatz und erhöht durch besser organisierte Speicherung auch ohne permanente Optimierung die Geschwindigkeit des DB-Zugriffs.

```
<filespec> ::= {
( NAME =logical_file_name,
   FILENAME = { 'os_file_name' | 'filestream_path' }
     [ , SIZE =size [ KB | MB | GB | TB ] ]
     [ , MAXSIZE = { max_size [ KB | MB | GB | TB ]
       | UNLIMITED } ]
     [ , FILEGROWTH =growth_increment [ KB | MB | GB | TB
                                        | % ] ]
) [ ,...n ]
}
```

Um eine Datenbank wieder anzuhängen, genügt also die folgende Erweiterung des CREATE-Befehls.

```
CREATE DATABASE [AW-Admin] ON
( FILENAME = N'C:\...\MSSQL\DATA\AW-Admin.mdf' ),
( FILENAME = N'C:\...\MSSQL\DATA\AW-Admin_log.ldf' ),
( FILENAME = N'C:\...\MSSQL\DATA\AW-Sales.ndf' )
 FOR ATTACH
```

424_04.sql: Anfügen einer Datenbank (1)

Man kann allerdings auch die Daten- und Log-Dateien einzeln angeben, ihnen explizit einen (anderen) Namen für die interne Verwaltung geben, und auch die Größenangaben individuell vorgeben.

```
CREATE DATABASE [AW-Admin]
 ON
 (Name = N'AW-Admin_DATA',
  FILENAME = N'C:\...\MSSQL\DATA\AW-Admin.mdf',
  SIZE = 10MB,
  MAXSIZE = 50MB,
  FILEGROWTH = 15%),
 (NAME = N'AW-Admin_log',
  FILENAME = N'C:\...\MSSQL\DATA\AW-Admin_log.ldf',
```

```
 SIZE = 10MB,
 MAXSIZE = 50MB,
 FILEGROWTH = 15%),
 (NAME = N'AW-Admin_Sales',
 FILENAME = N'C:\...\MSSQL\DATA\AW-Sales.ndf',
 SIZE = 10MB,
 MAXSIZE = 50MB,
 FILEGROWTH = 15%)
FOR ATTACH
GO
```

424_04.sql: Anfügen einer Datenbank (2)

4. 3. Import und Export

Eine weitere wichtige Aufgabe ist es, Daten in die Datenbank zu importieren und auch wieder Daten in andere Quellen zu exportieren. Dazu gibt es zunächst diverse Möglichkeiten in SQL, aber das Management Studio bietet einen recht umfangreichen Assistenten, mit dem diese Aufgaben ebenfalls grafisch erledigt werden können. Dabei scheint es vielleicht zunächst so, als könnte man diese Aktionen nicht wiederholen, was bei einer Skript-basierten Variante natürlich stets der Fall ist. Dies ist allerdings nicht richtig. In Wirklichkeit erstellt man mit Hilfe dieses Assistenten ein so genanntes SSIS-Paket, wobei SSIS für SQL Server Integration Services steht - eine umfangreiche Lösung für Datenintegration, die mit Hilfe des Visual Studio bzw. den SQL Server Data Tools verwendet werden kann. Daher lohnt es sich durchaus, sich mit diesen Assistenten intensiv zu beschäftigen, denn die erstellten Importe und Exporte lassen sich sehr wohl wieder ausführen und sogar noch editieren.

4. 3. 1. Daten exportieren

Zunächst sehen Sie, wie Sie den Assistenten verwenden, um Daten aus der Datenbank in andere Ziele zu exportieren. Als Beispiel werden wir die *PRODUCT*-Tabelle aus der AW-Admin-Datenbank in eine MS Excel-Datei exportieren. Zwar gibt es auch andere Szenarien wie bspw. der Export in eine andere Datenbank oder die Integration von MS Access-Datenbanken oder Textdateien, aber wir denken, dass der MS Excel-Export besonders häufig vorkommt. Da sich zudem die Schritte im Assistenten eh naturgemäß ähneln und nur ab und an für die Quellen und Ziele spezifische Anpassungen vorzunehmen sind, sollte dieses Beispiel zur Illustration reichen.

1. Wählen Sie aus dem Kontextmenü der Datenbank den Eintrag TASKS / EXPORT DATA.

2. Es öffnet sich ein Begrüßungsbildschirm, der noch einmal kurz über die Verwendung des Assistenten informiert. Man kann unten auf der Seite einstellen, dass diese Seite nicht erneut erscheint.

3. Dann folgt ein Formular, in dem Sie die Quelle für den Datenexport auswählen. Da man mit diesem Assistenten eigentlich auf sehr einfache Weise die zuvor schon erwähnten SSIS-Pakete erstellt, kann man als Quelle auch andere Datenbanken wie MS Access oder Oracle oder Quellen wie MS Excel auswählen. Im Regelfall möchte man allerdings aus der aktuellen Datenbank Daten exportieren, sodass Sie den Eintrag SQL SERVER NATIVE CLIENT auswählen. Haben Sie eine SQL Server-Quelle angegeben, dann müssen Sie auch angeben, wie sich der Exportmechanismus mit der Datenbank verbinden soll. Im Regelfall ist die voreingestellte Auswahl bereits richtig, da Sie ad hoc Daten unter Ihrer eigenen Anmeldung exportieren wollen. Andere Verbindungsinformationen wären dagegen notwendig, wenn Sie das entstehende SSIS-Paket tatsächlich später noch einmal selbst oder eine andere Person ausführen sollten. Ganz unten suchen Sie aus dem Drop-down-Menü DATABASES die richtige Datenbank heraus.

4. Auf der nächsten Seite wählen Sie das Ziel des Exports. Auch hier lassen sich viele Szenarien denken, aber wir wählen als Ziel aus dem Drop-down-Menü DESTINATION den Eintrag für MS Excel aus. In Abhängigkeit vom Ziel zeigt dieses Formulare verschiedene Einstellungen für das Ziel an. Bei Dateien ist dies insbesondere der Pfad, und bei MS Excel auch die Einstellung der Excel-Version. Normalerweise markieren Sie auch den Eintrag FIRST ROW HAS COLUMN NAMES, damit eine lesbare Datei mit Spaltenköpfen entsteht.

5. Das sich danach öffnende Formular ist besonders wichtig, denn hier entscheidet man, ob man eine oder mehrere Tabellen / Sichten exportiert oder gar eine eigene Abfrage schreibt. Man sollte im Kopf behalten, dass es bei mehrfacher Verwendung derselben Abfrage sicherlich besser ist, wenn man eine Sicht in der DB erstellt. Diese kann man dann einfach über ihren Namen aufrufen und muss nicht in Schwarz-Weiß Quelltext erfassen, den man mög-

licherweise nur schwierig korrigieren und ändern kann. Wir wählen die erste Option, um Daten aus Tabellen oder Sichten zu exportieren.

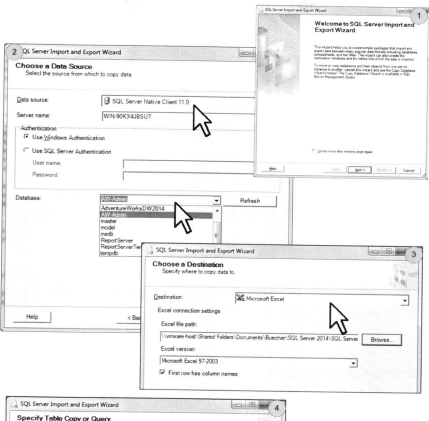

Abbildung 4.19: Daten-Export - Datenquelle

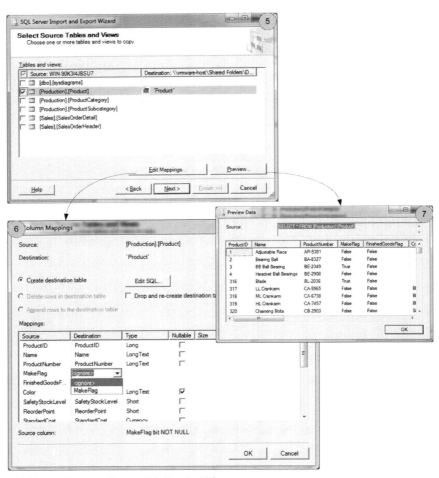

Abbildung 4.20: Daten-Export - Tabelle oder Abfrage

6. Im nächsten Formular sieht man eine Liste aller Tabellen und Sichten der
   gewählten Datenbank. Man wählt einfach diejenigen aus, deren Daten man
   exportieren möchte. Klickt man auf *PREVIEW*, kann man sich die Daten des
   gewählten Objekts ansehen. Wählt man dagegen *EDIT MAPPINGS*, dann kann
   man einige wichtige Einstellungen treffen: a) Über *EDIT SQL* kann man das SQL
   für die neu zu erstellende Tabelle ändern und vor allen Dingen die Namen
   von Spalten und Tabelle und auch die Datentypen kontrollieren - auch bei MS
   Excel. b) Möchte man einige Felder nicht exportieren, kann man in der Spalte

DESTINATION den Eintrag *<IGNORE>* wählen. Dieses Feld erlaubt es auch, neue Spaltennamen für das Ziel zu erfassen. c) In der Spalte *TYPE* wählt man den passenden Datentyp für das Ziel aus. d) Oben kann man über Optionsschaltflächen und Kontrollkästchen festlegen, ob die Tabelle im Ziel neu erstellt oder überschrieben werden soll oder ob Daten angehängt werden sollen. Dies ist natürlich nicht bei Erst-Erstellung möglich.

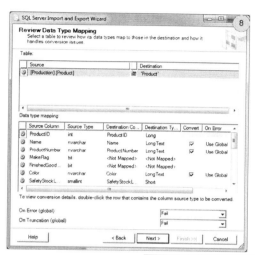

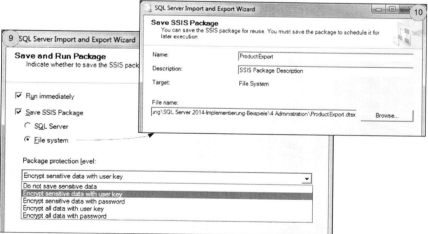

Abbildung 4.21: Daten-Export - Spaltenauswahl und Speicherung

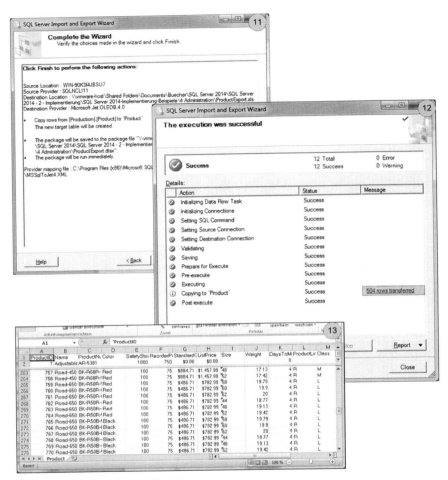

Abbildung 4.22: Daten-Export - Abschluss

7. Es folgt eine zusammenfassende Übersicht, die auch einige Validierungen enthält. Letztendlich sind diese Validierungen aber keine Garantie dafür, dass bspw. die Datentypen für MS Excel auch tatsächlich die richtigen sind und kein Fehler später entsteht. Im unteren Bereich des Formulars kann man bestimmen, was im Fehlerfall geschehen soll, wobei zwei Fehlerarten hier behandelt werden können: ein allgemeiner Fehler und ein Abschneidefehler, wenn Spalten zu klein gewählt wurden. Normalerweise möchte man alle Daten übernehmen und belässt es bei der Voreinstellung *FAIL*, sodass der gesamte

Vorgang abgebrochen wird.

8. Danach kann man im nächsten Formular entscheiden, ob man die bis jetzt eingerichtete Lösung einfach ausführen oder speichern möchte. Die Erfahrung zeigt, dass doch die meisten Fehler erst während der Ausführung sichtbar werden. Daher ist es durchaus ganz gut, das SSIS-Paket zu speichern. So kann man es später noch einmal editieren und anpassen - allerdings nur, wenn man sich mit den Integration Services ein wenig beschäftigt und auch die SQL Server Data Tools installiert hat. SSIS-Pakete kann man entweder im Dateisystem oder auch in der Datenbank speichern. Diese Pakete, die wir mit dem Assistenten erstellen, sind normalerweise eher einfache Pakete, die wir nur im Dateisystem speichern und nicht (gleich) auf dem Server bereitstellen wollen.

9. Schließlich erhält man noch einmal eine Zusammenfassung und kann dann den Export auch ausführen. Sollten Fehler auftreten, so kann man die Nachrichten mit einem Klick öffnen. Achtung: Während der Assistent noch geöffnet ist, kann man über die *BACK*-Schaltfläche tatsächlich alle Formulare noch einmal in rückwärtiger Reihenfolge öffnen, um den Fehler zu korrigieren. Insbesondere die Zuordnung der Datentypen von Quelle und Ziel sind häufig ein Problem, wenn man sich einfach nur darauf verlässt, welche Zuordnungen der Assistent trifft.

10. Als Ergebnis erhält man im Erfolgsfall die erzeugte MS Excel-Datei und auch das gespeicherte SSIS-Paket, welches den Export und seine Einstellungen enthält.

4. 3. 2. Daten importieren

Export und Import sind die zwei Seiten derselben Medaille, sodass wir zwar noch einmal den Assistenten und seine Formulare zeigen, allerdings nicht in der Ausführlichkeit wie zuvor. Sie ähneln sich naturgemäß sehr.

1. Wählen Sie aus dem Kontextmenü der Datenbank den Eintrag *TASKS / IMPORT DATA*. Es öffnet sich ein Begrüßungsbildschirm, den Sie einfach mit *NEXT* verlassen.

2. Zunächst wählen Sie in dem sich öffnenden Formular die Datenquelle aus.

Da wir nun den umgekehrten Weg gehen und aus einer MS Excel-Datei eine Kopie der `Product`-Tabelle füllen, wählen Sie hier bei *DATA SOURCE* eine Verbindung zu MS Excel. In Abhängigkeit von der gewählten Quelle werden unterschiedliche Einstellungen eingeblendet. Bei MS Excel sind es natürlich der Dateipfad, die Version und die Information, ob in der ersten Reihe die Spaltennamen enthalten sind.

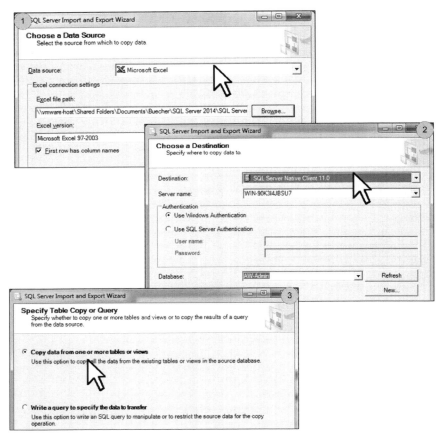

Abbildung 4.23: Daten-Import - Quelle

3. Im nächsten Formular wählt man das Ziel. Da wir die aktuelle Datenbank befüllen wollen, wählen wir eine SQL Server-Verbindung und die eigene Daten-

bank sowie geeignete Anmeldeinformationen.

4. Das nächste Formular erlaubt uns, die Zuordnung von Spalten der Quelle zu Spalten des Zieles zu treffen. Man kann auch sofort eine neue Tabelle erstellen, wenn man nicht an eine bestehende die neuen Daten anhängen oder diese bestehende Tabelle überschreiben will. Das Formular ist bereits aus dem Export-Fall bekannt. In diesem Beispiel erstellen wir eine neue Tabelle namens `Product-Import`.

Abbildung 4.24: Daten-Export - Ziel

Abbildung 4.25: Daten-Import - Speichern eines SSIS-Pakets

5. Wie schon auch beim Export kann man beim Import die Einstellungen als SSIS-Paket speichern und dann später noch einmal in den SQL Server Data Tools öffnen und bearbeiten. Dies ist dann besonders wichtig, wenn man später noch einmal dasselbe oder ein angepasstes Paket ausführen möchte. Auch hier speichern wir das SSIS-Paket im Dateisystem und nicht im SQL Server.

6. Als Ergebnis erhält man entweder eine Fehlermeldung oder im Erfolgsfall eine Bestätigung und kann die importierten Daten in der erzeugten Tabelle finden.

4. 3. 3. Ausblick: Integration Services

Der Assistent für den Daten-Import/-Export ist eine schnelle und dennoch komfortable Möglichkeit, um Daten aus der Datenbank in andere Systeme oder Dateien zu übertragen sowie aus anderen Datenbanksystemen oder Dateien auch in die Datenbank zu importieren. Ein anderer Einsatzbereich ist die Übertragung von Daten von einer Datenbank zu anderen, wenn man nicht sofort die gesamte Datenbank als Kopie sichern und wiederherstellen möchte. Allerdings handelt es sich natürlich beim ersten Benutzen um eine reine Klick-Lösung, d.h. eine Wiederverwendung der Einstellungen ist nicht möglich. Sollte man aber den Import oder Export tatsächlich zu einem späteren Zeitpunkt wiederholen wollen oder gar Änderungen an Spaltenzuordnungen, Auswahl von Daten oder anderen Einstellungen vornehmen wollen, ist man mit einer solchen Klick-Lösung nicht gut beraten. Allerdings haben wir in den vorherigen Beispielen die Einstellungen jeweils in den

SSIS-Pakete gespeichert. Mit Hilfe dieser Dateien ist dann nämlich doch möglich, den Datenaustausch später erneut auszuführen oder seine Vorgaben anzupassen.

➜ **Module des MS SQL Servers**

In diesem Buch betrachten wir immer nur das so genannte Datenbankmodul, ohne dem natürlich auch keine Datenbank existieren könnte. Allerdings gibt es noch drei weitere wichtige Module des SQL Servers:

- *Analysis Services*: Die SQL Server Analysis Services (SSAS) erlauben es, so genannte OLAP-Würfel für Data Warehousing zu erstellen, in denen Daten aus der Datenbank mehrdimensional strukturiert sind und für Abfragen und Analysen optimiert gespeichert werden. Diese OLAP-Würfel können entweder über eine eigene Abfragesprache oder über MS Excel oder die Reporting Services genutzt werden. Zusätzlich ist es auch noch möglich, in den Analysis Services komplexe statistische Methoden in Form von Data Mining anzuwenden.

- *Reporting Services*: Die MS SQL Server Reporting Services (SSRS) bieten Werkzeuge, mit denen man Berichte für das Datenbankmodul oder die in den SSAS erstellten OLAP-Würfel und Data Mining-Modelle erstellen kann. Zusätzlich ist ein Berichtsportal enthalten, in dem die Berichte im Inter-/Intrant bereitgestellt werden können. Die Berichte können dann sowohl im Browser geöffnet, wie aber auch über ihre URL in verschiedenen Formate wie MS Excel oder PDF heruntergeladen werden.

- *Integration Services*: Die MS SQL Server Integration Services (SSIS) sind eine umfangreiche Lösung, mit der man Datenintegrationslösungen erstellen und auch im Server bereitstellen kann. Sie bieten Werkzeuge an, um Daten aus verschiedenen Quellen zu lesen, zu transformieren und dann wiederum in unterschiedliche Quellen zu schreiben. Zusätzlich enthalten Sie Werkzeuge, mit denen man administrative Datenbank-Aufgaben alleine oder im Zusammenhang mit Import/Export konfigurieren kann.

Die hier erwähnten Produkte sind allesamt komplexe Werkzeuge und erfordern eine umfassende Einarbeitung. Wir wollen an dieser Stelle nur auf sie aufmerksam machen und insbesondere die Integration Services erwähnen, da hier die Aufgaben Import/Export sowie verschieden DBA-Arbeiten automatisierbar sind.

→ SQL Server Data Tools

Die zuvor erwähnten Produkte lassen sich alle in den so genannten MS SQL Server Data Tools nutzen, die entweder eine Erweiterung vom Visual Studio oder ein eigenständiges Programm darstellen. Hier gehen wir davon aus, dass man nicht auch noch .NET programmiert, sondern tatsächlich ausschließlich die Datenbank nutzt. Dann findet man das Produkt in verschiedenen Versionen unter:

https://msdn.microsoft.com/de-de/hh297027.aspx

Es existiert ein Assistent, der einen durch die Installation führt und welcher ggf. auch fehlende Anforderungen ermittelt und weitere Downloads notwendig macht. Nach erfolgreicher Installation findet man dann ein neues Programm, mit dem man die gespeicherten SSIS-Pakete öffnen, bearbeiten und auch (testweise) ausführen kann. Eine wesentliche Voraussetzung ist dabei, dass die Integration Services als Produkt auch im Server installiert wurden. Dies können Sie unter START / MICROSOFT SQL SERVER 2014 / CONFIGURATION TOOLS mit dem Konfigurationsmanager prüfen und mit dem Installationscenter installieren.

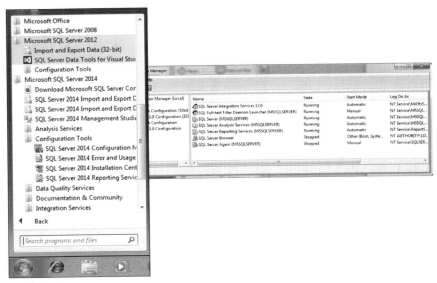

Abbildung 4.26: Dienste im SQL Server

Sind die Integration Services installiert und in Betrieb, kann man das Visual Studio bzw. die SQL Server Data Tools starten. Beim ersten Starten muss man angeben, welche typische Projektart man hauptsächlich einrichten will. In diesem Art ist das der erste Eintrag *BUSINESS INTELLIGENCE SETTINGS*.

Es öffnet sich das Programm, und über *FILE / NEW PROJECT* kann man für jedes der zuvor erwähnten Module des SQL Servers eine Projektvorlage verwenden, um eine entsprechende Lösung zu erstellen. In diesem Fall wäre dies also die Projektvorlage für die SSIS.

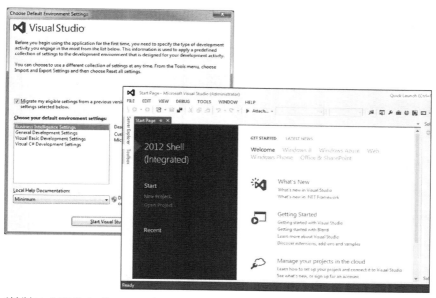

Abbildung 4.27: Erster Programmstart

Alternativ können Sie auch das Beispielprojekt öffnen, denn natürlich reicht der Platz hier nicht aus, um Sie durch ein vollständiges Projekt zu führen. Wir möchten Sie vielmehr darauf aufmerksam machen, dass es inbesondere die SSIS gibt, welche komplexe Import/Export-Szenarien ermöglichen. Eine solchermaßen erstellte Lösung kann dann über unterschiedliche Weisen ausgeführt wird, aber der Standardfall ist die zeitgesteuerte Ausführung direkt im Server.

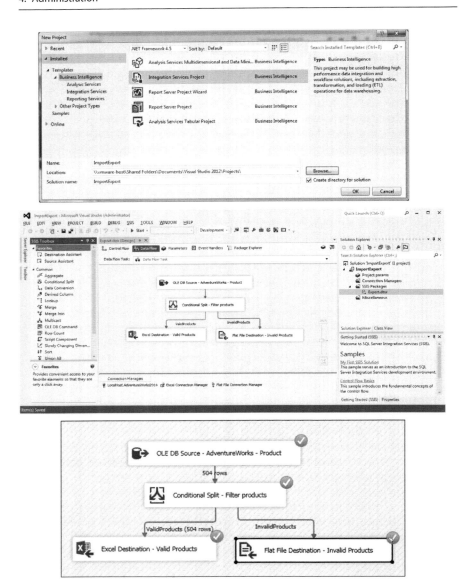

Abbildung 4.28: Beispiel-Projekt in Integration Services

Sie öffnen ein SSIS-Projekt über *FILE / OPEN / PROJECT/SOLUTION*. In den Download-Dateien für dieses Kapitel finden Sie auch das in der Abbildung gezeigte Beispielprojekt. Es exportiert ebenfalls die `Product`-Tabelle, allerdings aus der AdventureWorks-DB, und scheibt die gültigen Produkte in eine MS Excel-Tabelle, während die ungültigen Produkte in einer Text-Datei gespeichert werden sollen.

Auf der linken Seite befindet sich das Projektmappen-Explorer, der u.a. die verschiedenen SSIS-Pakete enthält, die in einem Projekt enthalten sein können. In der Mitte befindet sich der Design-Bereich, in dem grafisch die Integrationslösung (wie bspw. Import oder Export) definiert wird. In den Titeln der Tabs sieht man bereits, dass es einen Kontrollfluss und einen Datenfluss gibt, wobei ein Kontrollfluss aus mehreren Aufgaben bestehen kann, von denen der Datenfluss im Allgemeinen die wichtigste ist und man in einem Paket auch mehrere Datenflüsse erstellen kann. Im linken Bereich befindet sich die Toolbox, wobei die Werkzeuge variieren, je nachdem in welchem Tab des Design-Bereichs man sich befindet. In der Abbildung sieht man das Innere des einzigen Datenflusses der Datei, sodass daher auch die Werkzeuge nur für Datenflüsse geeignet sind: Quelle und Ziele für Daten, Transformationen wie Aggregatbildung, Filter, Datentypkonvertierung, Verknüpfungen zwischen Quellen etc. Die Werkzeuge des Kontrollflusses dagegen enthalten den Datenfluss, die Ausführung von SQL-Anweisungen, die Arbeit mit Dateien und XML-Daten sowie eine Reihe von administrativen Aufgaben wie Sicherung, Wiederherstellung oder auch die Aktualisierung von Statistiken und Indizes.

Man ahnt schon, welche komplexen Aufgaben man mit diesem Werkzeug erledigen kann. Tatsächlich sei noch angemerkt, dass im Bereich Datenintegration verschiedene andere Softwareprodukte existieren und die SSIS für den MS SQL Server die entsprechende Standardlösung darstellen und man keine der anderen Techniken verwenden würde. Zusammenfassend kann ma diese Softwarepakete auch als Beispiele für grafische Programmierung ansehen, da entweder Quelltext generiert wird oder die entstehende XML-Datei (so hier bei SSIS) in einer Ausführmaschine ausgeführt wird.

T-SQL Programmierung

5. T-SQL-Programmierung

Die in den vorherigen Kapiteln dargestellten Techniken für die Erstellung von Datenstrukturen sind bis auf wenige Ausnahmen auch in anderen Datenbanken gültig und entsprechen in vielfältiger Weise dem Umfang von Standard-SQL. Dies trifft gleichfalls für die Anweisungen der Datenmanipulation für Einfüge-, Lösch- und Aktualisierungsanweisungen zu. Viele Datenbanken bieten allerdings zusätzlich auch umfassende Erweiterungen von SQL oder sogar eigene Programmiersprachen an bzw. erlauben, eine oder mehrere gängige Programmiersprachen innerhalb der Datenbank für die Anwendungsentwicklung zu nutzen. Dies betrifft nicht nur solche Großdatenbanken wie den MS SQL Server oder Oracle (PL/SQL, Java, C++), sondern auch kleinere Lösungen wie MySQL oder MS Access. In MS Access lässt sich seit vielen Jahren mit VBA arbeiten, während der MS SQL Server die SQL-Erweiterung Transact SQL (T-SQL) und auch .NET anbietet. Bisweilen wird auch die gesamte SQL-Variante vom MS SQL Server als T-SQL bezeichnet.

5. 1. T-SQL Blöcke

Der Einsatzbereich von T-SQL betrifft den gesamten Bereich der Anwendungsentwicklung mit der Zielsetzung, die Datenbank aus Administratorensicht zu automatisieren, Sicherheits- und Integritätsmerkmale der Datenbank zu realisieren, die mit einfachem SQL bzw. einfachen Datenstrukturanweisungen nicht möglich wären, strukturierten und vereinfachten Zugriff auf die Datenbank zu gewähren, wobei gleichzeitig auch Sicherheits- und Filteraspekte im Vordergrund stehen. In diesem Sinne ist T-SQL also nicht nur ein Werkzeug für Programmierer oder Anwender, welche die Datenbank lediglich für Datenabruf und -bearbeitung nutzen, sondern gerade auch für Administratoren. Sie benötigen dieses Buch, um die Syntax von SQL zu lernen, wie sie für die Datenabfrage und -bearbeitung notwendig ist, sowie für die Erfassung der allgemeinen Sprachstruktur.

T-SQL enthält zwar eine Vielzahl gängiger Programmierkonstrukte von einfachen Programmiersprachen, ist jedoch in keiner Weise so umfangreich und vielschichtig wie bspw. PL/SQL, die Variante von SQL von Oracle. Allerdings ist T-SQL dadurch recht leicht erlernbar.

5. 1. 1. Variablen und Anweisungen

Nach der kurzen Einführung in die Datenbankprogrammierung innerhalb der Datenbank sollen nun die Grundzüge von T-SQL dargestellt werden. Anwendungen können in Form von Prozeduren, Funktionen oder Triggern auftreten, wenn sie in der Datenbank gespeichert sind.

Dies ist Thema des nächsten Kapitels. In Form von Textdateien lassen sich allerdings T-SQL-Programme ebenfalls speichern und dann unmittelbar ausführen, wie dies auch für gewöhnliches SQL der Fall ist. In den Beispielen in diesem Kapitel sind die Schlüsselwörter groß geschrieben. Dies entspricht der Syntax in den offiziellen Microsoft-Dokumenten und verbessert sehr die Lesbarkeit, um zwischen Schlüsselwörtern und den Datenstrukturen wie Schema-, Tabellen- und Spaltennamen zu unterscheiden.

Allerdings ist die Unterscheidung von Groß- und Kleinschreibung irrelevant für die Funktionstüchtigkeit eines Programms. Ob man nun also für eine Fallunterscheidung IF oder if verwendet, ist letztendlich Geschmackssache.

Eine Variable lässt sich mithilfe der DECLARE-Anweisung deklarieren. Sie erlaubt die Deklaration mehrerer Variablen direkt nacheinander, welche durch ein Komma getrennt sind. Vor den Variablennamen setzt man ein @-Zeichen, das auch zur Unterscheidung zwischen Spalten- und Variablennamen nützlich ist. Dem Variablennamen folgt dann einer der Datenbank-Datentypen mit optionaler Längenangabe.

Die allgemeine Syntax hat die Form:

```
DECLARE
{
    { @local_variable [AS] data_type  | [ = value ] }
  | { @cursor_variable_name CURSOR }
} [,...n]
  | { @table_variable_name [AS] <table_type_definition> }
```

Die allgemeine Syntax zeigt auch, dass neben der Variablendeklaration auch Cursor für den Abruf und die zeilenweise Verarbeitung mehrerer Datenreihen sowie die Erstellung lokaler Tabellen zur Erzeugung von Array-Strukturen deklariert werden können. Beiden Themen ist ein eigener Abschnitt gewidmet, sodass diese zwei Wege hier nur erwähnt, aber nicht weiter ausgeführt werden. Für uns relevant ist an dieser Stelle also nur, dass man mit DECLARE eine lokale Variable deklarieren kann, diese einen Datentyp erwartet und optional auch sofort einen Wert speichern kann.

Die Initialisierung einer Variablen, d. h. die Speicherung eines Wertes, erfolgt dann entweder über das Schlüsselwort SET oder ganz einfach mithilfe einer SELECT-Anweisung. Sobald eine Variable deklariert wird, ist ihr anfänglicher Wert zunächst NULL. Dabei ist die SET-Anweisung durchaus umfangreicher als in der nachfolgenden allgemeinen Darstellung angegeben. Es ist auch möglich, Ausdrücke in Kombination mit += und ähnlichen Operatoren einzusetzen.

Es fehlt in dieser Darstellung die Möglichkeit, einen Cursor zu verwenden, was im Abschnitt zu den Cursorn erläutert wird. Angegeben ist stattdessen die Möglichkeit, auch die Eigenschaft oder ein Feld eines benutzerdefinierten Datentyps zu setzen. Dabei kann auch eine Instanzmethode (ein Punkt zum Aufruf) oder eine statische Methode (ein Doppelpunkt zum Aufruf) aus .NET verwendet werden, um einen Wert zu ändern.

```
SET
{ @local_variable
    [ . { property_name | field_name } ] =
              { expression | udt_name { . | :: } method_name }
}
|
{ @local_variable
    {+= | -= | *= | /= | %= | &= | ^= | |= } expression
}
```

Eine weitere Möglichkeit, eine Variable zu instanziieren, besteht darin, sie in einer SELECT-Anweisung aufzurufen. Im typischen Fall wird dies genutzt, um innerhalb einer Abfrage einen Spaltenwert bzw. unter Einsatz einer Funktion einen berechneten oder umgewandelten Spaltenwert abzurufen.

Es ist auch möglich, mehrere Werte abzurufen, wobei allerdings nur der letzte Wert tatsächlich zurückgegeben wird. Sofern keine Abfrage verwendet wird, lässt sich jeder beliebige andere Ausdruck verwenden und damit auch eine SET-Anweisung ersetzen.

```
SELECT { @local_variable = expression } [ ,...n ] [ ; ]
```

5. 1. 2. Datentypen

Spalten, Ausdrücke in Abfragen und Anweisungen in T-SQL sowie natürlich Variablen lassen sich mithilfe eines Datentyps beschreiben. Dabei gibt ein Datentyp an, welche Werte in einer Variable oder Spalte gespeichert werden können. Diese allgemeinen Wertebereiche lassen sich noch mit weiteren Bedingungen beschränken. Dazu gibt es bspw. die Möglichkeit, in SQL bei der Tabellendefinition Einschränkungen anzugeben, welche den Wertebereich noch weiter eingrenzen. Neben dieser Aufgabe ermöglicht es ein Datentyp auch, zwischen verschiedenen semantischen Bedeutungen zu unterscheiden und bspw. berechnende Funktionen oder vergleichende/berechnende Operatoren auf die Werte, die von einem Datentyp beschrieben werden, anzuwenden.

Der Plus-Operator kann bspw. bei zwei Werten, die als Zahl angegeben sind, eine Addition durchführen, während für Zeichenfolgen stattdessen eine Verknüpfung stattfindet und die beiden Zeichenketten miteinander kombiniert werden. Ein anderes Beispiel ist die Verarbeitung von Datumswerten, wobei zwei Datumswerte voneinander abgezogen oder ein Datum um eine bestimmte Dauer erhöht wird und entweder Dauern oder weitere Datumswerte liefern. Zusätzlich können Optimierungsverfahren implementiert werden, welche die Sortierung, den Zugriff oder ganz allgemein die Verarbeitung beschleunigen. Dies sind allerdings Optimierungen, welche direkt in der Datenbank oder in der ausführenden Umgebung der Programmiersprache stattfinden und die nicht in allen Programmiersprachen vorhanden sind.

Die verschiedenen Datentypen lassen sich in unterschiedliche Gruppen einordnen, wobei einige Datentypen je nach Gruppenordnung auch in unterschiedliche Gruppen gehören könnten. Die Dokumentation vom MS SQL Server findet die folgenden Gruppierungen für die vorhandenen Datentypen:

- Genaue numerische Werte mit einer festen Vorgabe für Stellen vor und nach dem Komma

- Ungefähre numerische Werte mit einer flexiblen Anzahl an Stellen vor und nach dem Komma

- Unicode-Zeichenfolgen für Zeichenketten in Unicocde

- Zeichenfolgen für Zeichenketten, die nicht in Unicocde angegeben sind

- Binärzeichenfolgen für die Abbildung und Verarbeitung von Binärdaten, welche in ihrer Zeichenkettenrepräsentation vorliegen (Bilder, große Objekte)

- Datum und Zeit für die Abbildung von Werten, die aus Zeiteinheiten wie Tagen, Monaten, Jahren oder Stunden, Minuten und Sekunden bestehen.

- Andere Datentypen für T-SQL-Programme wie Cursor oder spezielle Datentypen mit besonderen Fähigkeiten wie der XML-Datentyp

Die nachfolgende Aufstellung liefert einen Überblick über die vorhandenen Datentypen.

Typ	Bereich	Größe
bigint	-2^63 (-9.223.372.036.854.775.808) bis 2^63-1 (9.223.372.036.854.775.807)	8 Byte
int	-2^31 (-2.147.483.648) bis 2^31-1 (2.147.483.647)	4 Byte
smallint	-2^15 (-32.768) bis 2^15-1 (32.767)	2 Byte
tinyint	0 bis 255	1 Byte

Genaue numerische Werte

Für die Speicherung von Zahlen mit fester Genauigkeit und mit fester Anzahl von Dezimalstellen eignen sich die beiden Datentypen `decimal` und `numeric` mit dem folgenden allgemeinen Aufbau:

```
decimal[ (p[ , s] )]
```

```
numeric[ (p[ , s] )]
```

Sofern man die Genauigkeit maximiert, liegt der Wertebereich im Intervall - 10^38 +1 bis 10^38 - 1. In der allgemeinen Syntax steht p für Genauigkeit (engl. precision) und damit für die maximal speicherbare Gesamtzahl an Dezimalstellen links und rechts vom Dezimalkomma. Der Wertebereich für diese Zahl ist das Intervall 1 bis 38 mit einem Standardwert 18. Der Buchstabe s dagegen steht für die Anzahl der Dezimalstellen (engl. scale). Die zulässigen Werte liegen zwischen 0 und p, da ja die Genauigkeit sowohl die Zahlen links als auch rechts vom Dezimalkomma angibt. Ein Wert für s ist optional und kann nur angegeben werden, wenn auch eine Genauigkeit angegeben ist, wobei ein Standardwert von 0 gilt. Insgesamt gilt die Beziehung: 0 <= s <= p.

Genauigkeit	Bytes	Genauigkeit	Bytes
1 - 9	5	20-28	13
10-19	9	29-38	17

Speicherplatz in Bytes

Speziell für Währungen gibt es zwei unterschiedlich große Datentypen, die bis zu einem Zehntausendstel genau einen Wert erfassen.

Typ	Bereich	Größe
money	922.337.203.685.477.5808 bis 922.337.203.685.477.5807	8 Byte
smallmoney	-214.748.3648 bis 214.748.3647	4 Byte

Datentypen für Währungen

Bit-Werte können mit dem Datentyp bit als ganzzahliger Datentyp, der den Wert 1, 0 oder NULL annehmen kann, gespeichert werden.

Neben den Zahlen mit fester Genauigkeit, gibt es zwei weitere für die Speicherung ungefährer Werte mit Gleitkomma.

Dabei hat float die allgemeine Syntax float [(n)] und erwartet eine Ganz-zahl zwischen 1 und 53 (Standardwert) für die Angabe, wie viele Bits in der wissen-schaftlichen Schreibweise zum Speichern der Mantisse verwendet werden sollen.

Dies definiert auch die Genauigkeit und Speichergröße.

Typ	Bereich	Größe
float	- 1.79E+308 bis -2.23E-308. 0 und 2.23E-308 bis 1.79E+308	Abhängig von n
real	- 3.40E + 38 bis -1.18E - 38. 0 und 1.18E - 38 bis 3.40E + 38	4 Bytes

Ungefähre numerische Werte

Für float gelten die in nachfolgender Tabelle angegebenen Speicherplätze.

n	Genauigkeit	Bytes
1-24	7 Stellen	4 Bytes
25-53	15 Stellen	8 Bytes

Speicherplatz in Bytes

Für die Abbildung von Datums- und Tageszeitangaben stehen die beiden Datenty-pen datetime und smalldatetime zur Verfügung.

Typ	Bereich	Genauigkeit
datetime	1. Januar 1753 bis 31. Dezember 9999.	3,33 Millisekunden
smalldatetime	1. Januar 1900 bis 6. Juni 2079	1 Minute

Zeit- und Datumstypen

Für Zeichenfolgen sind folgende Datentypen vorhanden:

- Für die Abbildung von Nicht-Unicode-Zeichendaten mit fester Länge steht char [(n)] mit n Byte Länge zur Verfügung. Dabei ist n ein Wert zwi-schen 1 und 8.000 und bestimmt die Speichergröße in Byte.

- Für die Abbildung von Nicht-Unicode-Zeichendaten mit variabler Länge steht varchar [(n | max)] zur Verfügung. Dabei ist n ein Wert zwischen 1 und 8.000, während die Angabe von max dazu führt, dass die maximale Speichergröße 2^31-1 Byte verwendet wird. Tatsächlich ermittelt sich die Speichergröße aus der tatsächlich genutzten Länge + 2 Byte.

- Für die Abbildung Unicode-Zeichendaten mit fester Länge steht nchar [(n)] mit n Byte Länge zur Verfügung. Dabei ist n ein Wert zwischen 1 und 4.000, wobei die Speichergröße der doppelte Wert von n in Bytes ist.

- Für die Abbildung Unicode-Zeichendaten mit variabler Länge steht nvarchar [(n | max)] zur Verfügung. Dabei ist n ein Wert zwischen 1 bis 4.000, während die Angabe von max dazu führt, dass die maximale Speichergröße 2^31-1 Byte verwendet wird. Tatsächlich ermittelt sich die Speichergröße aus der doppelten tatsächlich genutzten Länge + 2 Byte.

- Für die Abbildung sehr großer Unicode-Zeichendaten variabler Länge steht ntext mit einer maximalen Länge von 2^30 - 1 (1.073.741.823) Zeichen zur Verfügung. Dabei entsteht eine Speichergröße von der doppelten Anzahl gespeicherter Zeichen.

- Für die Abbildung sehr umfangreicher Nicht-Unicode-Daten variabler Länge steht text zur Verfügung. Die maximale Länge beträgt 2^31-1 (2.147.483.647) Zeichen.

Schließlich gibt es noch den Datentyp image für die Speicherung von Binärdaten bis zu einer Länge von 0 bis 2^31-1 (2.147.483.647) Bytes.

In Ergänzung zu den gerade beschriebenen Datentypen, die sowohl für Tabellenspalten als auch für T-SQL-Variablen verwendet werden können, gibt es noch eine kleine Sammlung weiterer Datentypen. Sie bilden Datenstrukturen ab, die in Sonderfällen genutzt werden können. Teilweise können dies auch Spaltendatentypen sein, teilweise jedoch lassen sie sich nur in T-SQL verwenden. Nicht alle diese Datentypen sind auch in dieser Form in anderen Datenbanken verfügbar, wie auch die beiden Datentypen für Währungen typisch für den MS SQL Server sind. Diese besonderen Datentypen sind:

- Der Datentyp `cursor` bietet die Möglichkeiten, Variablen oder `OUTPUT`-Parameter gespeicherter Prozeduren mit einem Verweis auf einen Cursor abzubilden. Der `NULL`-Wert ist auch möglich.

- Der Datentyp `timestamp` kann einmal in einer Tabelle verwendet werden. Diese Spalte enthält dann einen Zähler, der beim Einfügen und Aktualisieren von Datensätzen automatisch erhöht wird. Es handelt sich dabei nicht um eine tatsächliche Zeit, sondern um das Fortschreiben eines relativen Zeitpunkts der Datenbank. Der Einsatzbereich dieses Zählers ist die Versionierung von Tabellenzeilen.

- Der Datentyp `sql_variant` bietet die Möglichkeit, Spalten, Parameter, Variablen und Rückgabewerte benutzerdefinierter Funktionen mit der Fähigkeit auszustatten, verschiedene Datentypen auf einmal zu unterstützen. Dies gilt nicht für die Datentypen `varchar(max)`, `varbinary(max)`, `nvarchar(max)`, `xml`, `text`, `ntext`, `image`, `timestamp`, benutzerdefinierte Typen und `sql_variant` selbst.

- Der Datentyp `uniqueidentifier` stellt einen 16-Byte Schlüssel dar (GUID). Dieser Datentyp bietet sich für Primärschlüsselspalten an, wobei der neue Wert besonders einfach mithilfe der `newid()`-Funktion eingefügt werden kann.

- Der Datentyp `table` stellt einen Datentyp dar, welcher eine Ergebnismenge in Form einer Tabelle abbildet. Dies kann zum Speichern von Datenmengen in einer Variablen oder als Rückgabewert für eine Tabellenfunktion genutzt werden.

- Der Datentyp `xml` bildet XML-Instanzen ab, die sogar mithilfe eines XML Schemas validiert werden können. XML-Strukturen können sowohl in einer Spalte als auch in einer Tabelle gespeichert werden.

Mit einem Beispiel sollen die verschiedenen Konzepte und Basis-Techniken der zurückliegenden Abschnitte nun abgeschlossen werden. Zunächst werden drei Variablen für den Namen, die Nummer und die Farbe eines Produkts erstellt. Die Datentypen dieser drei Variablen entsprechen genau den Datentypen der Tabellenspalten, welche die Variablen beschreiben. Dies gewährleistet, dass die Inhalte bei einer Datenabfrage in diese Variablen abgerufen werden können bzw. dass

Vergleiche erfolgreich durchgeführt werden können, d. h. ohne Konvertierungen zu benötigen.

Die Variable `vProductNumber` wird direkt über eine Initialisierung mit einem Wert gefüllt, der im nächsten Schritt dazu führt, dass diese Variable als Bindevariable für die Abfrage von Farbe und Name des entsprechenden Produkts genutzt wird. Diese Werte werden schließlich über die `PRINT`-Anweisung in der Standardausgabe ausgegeben. Die allgemeine Syntax lautet `PRINT zeichenkette | @lokale_variable | zeichenketten_ausdruck` und erwartet entweder eine Zeichenkette, eine Variable oder einen beliebigen Ausdruck, welcher eine Zeichenkette zurückgibt. Dies kann eine Verknüpfung von Zeichenketten oder Variablen sowie Funktionen mit passendem Rückgabewert sein.

```
-- Deklaration
DECLARE @vName          nvarchar(50),
        @vProductNumber nvarchar(25),
        @vColor         nvarchar(15),
        @vText          nvarchar(max)
-- Initialisierung durch direkte Wertvorgabe
SET @vProductNumber = 'SO-B909-L'
-- Initialisierung per Abfrage
SELECT @vName = Name,
       @vColor = Color
  FROM Production.Product
 WHERE ProductNumber = @vProductNumber
-- Ausgabe über SET
PRINT @vName + ' Nr.:' + @vProductNumber + ', Farbe: ' + @vColor
-- Ausgabe über SELECT
SET @vText = 'Product: '
SET @vText += @vName + ' Nr.:' + @vProductNumber
              + ', Farbe: ' + @vColor
SELECT @vText AS Summary
```

512_01.sql: Variablen und einfache Anweisungen

Man erhält als Ergebnis im Nachrichtenfenster, in dem normalerweise die Abfrageergebnisse ausgegeben werden, eine Nachricht mit den Produktinformationen.

```
Mountain Bike Socks, L Nr.:SO-B909-L, Farbe: White
```

5. 2. Kontrollanweisungen

Für die Erstellung von Programmen mit bedingten Abläufen bietet T-SQL einfache Konstrukte, um Fallunterscheidungen sowie Schleifen zu formulieren. Sie sollen in diesem Abschnitt vorgestellt werden.

5. 2. 1. Fallunterscheidungen

Fallunterscheidungen lassen sich mit `if-else`-Strukturen abbilden, wobei leider nur einfache Wenn-Dann-Strukturen formuliert und keine weiteren Oder-Wenn-Fälle angegeben werden können. Sofern der Testausdruck im `IF`-Zweig den Wahrheitswert `TRUE` liefert, werden die Anweisungen in seinem Anweisungsblock ausgeführt, ansonsten diejenigen des `ELSE`-Blocks.

Bei einer einzigen Anweisung (eine Zeile) ist es nicht notwendig, den Anweisungsblock mit den beiden Schlüsselwörtern `BEGIN` und `END` zu umschließen. Bei mehreren Anweisungen in einem Block ist dies dagegen verpflichtend.

Die allgemeine Syntax lautet:

```
IF Testausdruck
      { SQL-Anweisung | Anweisungsblock }
[ ELSE
      { SQL-Anweisung | Anweisungsblock } ]
```

Im folgenden Beispiel erstellt man im Deklarationsabschnitt verschiedene Variablen für die Kundennummer, die Gebietsnummer sowie Adresszeile und -nummer sowie die Stadt. Die Kundennummer gibt man direkt über eine `SET`-Anweisung vor. Die Gebiets- sowie die Adressnummer erfolgt über eine Abfrage, welche die beiden Tabellen `Customer` und `CustomerAddress` verknüpft.

Die Fallunterscheidung prüft nun darauf, ob die Gebietsnummer 9 lautet. In diesem Fall soll die Adresse ausgegeben werden. In diesem Zweig befinden sich zunächst eine Abfrage und die entsprechende Ausgabeanweisung. Da sich in diesem Zweig mehr als eine Anweisung befindet, müssen die beiden Schlüsselwörter `BEGIN` und `END` die Anweisungen umschließen. Im `ELSE`-Zweig ist dies dagegen unnötig, weil sich hier nur eine einzige Anweisung befindet.

```
-- Deklaration
DECLARE @vCustomerID int,
        @vTerritoryID int,
        @vAddressID int,
        @vAddressLine nvarchar(200),
        @vCity nvarchar(30)
-- Initialisierung durch direkte Wertvorgabe
SET @vCustomerID = 6
-- Initialisierung per Abfrage
SELECT @vTerritoryID = TerritoryID,
       @vAddressID = AddressID
  FROM Sales.Customer AS c INNER JOIN Person.Person AS p
    ON c.PersonID = p.BusinessEntityID
                INNER JOIN Person.BusinessEntityAddress AS bea
    ON bea.BusinessEntityID = p.BusinessEntityID
 WHERE c.CustomerID = @vCustomerID
 PRINT 'Gebiet: ' + CAST(@vTerritoryID AS nvarchar(1))
 PRINT 'Adresse: ' + CAST(@vAddressID AS nvarchar(3))
-- Fallunterscheidung
IF @vTerritoryID = 4
 BEGIN
 SELECT @vAddressLine = AddressLine1,
        @vCity = City
   FROM Person.Address
  WHERE AddressID = @vAddressID
 PRINT @vAddressLine + ' ' + @vCity
 END
ELSE
 PRINT 'Gebiet ungleich 9'
```

521_01.sql: Fallunterscheidung

Da die Gebietsnummer 9 lautet, wird in der Ausgabe die Adresszeile ausgegeben.

```
Gebiet: 9
Adresse: 22601
3761 N. 14th St Rockhampton
```

5. 2. 2. Schleifen

Um Anweisungen mehrfach aufgrund einer Bedingung auszuführen, gibt es ein Schleifenkonstrukt. Wie in anderen Programmiersprachen lautet sie WHILE und enthält die optionalen Schlüsselwörter BREAK zur vorzeitigen und bedingten Unterbrechung der Schleife sowie CONTINUE für die bedingte Fortsetzung der Schleife vor der Ausführung der nachfolgenden Anweisungen. Die allgemeine Syntax:

```
WHILE Testausdruck
      { SQL-Anweisung | Anweisungsblock }
      [ BREAK ]
      { SQL-Anweisung | Anweisungsblock }
      [ CONTINUE ]
      { SQL-Anweisung | Anweisungsblock }
```

Als Beispiel setzt man eine Zählervariable sowie zwei Variablen für die Speicherung von Vor- und Nachnamen von Angestellten ein. Innerhalb der Schleife erhöht man den Zählerwert und ruft mit diesem Wert als Primärschlüssel über eine Abfrage einen neuen Employee-Datensatz ab. Wenn der Zähler den Wert 4 erreicht, soll die Schleife unterbrochen werden. Dies geschieht mithilfe der BREAK-Anweisung. Dies führt dazu, dass nur vier Angestellte ausgegeben werden.

```
-- Deklaration
DECLARE @vZaehler int,
        @vFirstName nvarchar(50),
        @vLastName nvarchar(50)
-- Initialisierung
SET @vZaehler = 1
-- Initialisierung per Abfrage
WHILE @vZaehler <= 10
 BEGIN
 SELECT @vFirstName = FirstName,
        @vLastName = LastName
   FROM HumanResources.Employee AS emp
                          INNER JOIN Person.Person AS p
   ON emp.BusinessEntityID = p.BusinessEntityID
  WHERE emp.BusinessEntityID = @vZaehler
 -- Inkrementation
```

```
SET @vZaehler = @vZaehler + 1
-- Ausgabe
PRINT CAST(@vZaehler AS nvarchar(2)) + ' ' +
     @vFirstName + ' ' + @vLastName
-- Fallunterscheidung
IF @vZaehler = 4
 BREAK
ELSE
 CONTINUE
END
```

522_01.sql: Schleife

5. 3. Dynamische Anweisungen

T-SQL bietet die sehr interessante Möglichkeit, SQL-Anweisungen dynamisch zusammenzusetzen, indem Zeichenketten aus Variablen oder aus direkten Vorgaben mithilfe von Fallunterscheidungen kombiniert werden. Dies erlaubt es, sehr dynamische Anweisungen auszuführen, welche wiederum zu besonders interessanten Funktionen und Prozeduren umgesetzt werden können.

5. 3. 1. Einsatz von EXEC

Es gibt zwei Wege, T-SQL-Anweisungen dynamisch auszuführen. Sie unterscheiden sich in der Komplexität der möglichen Syntax und damit auch im Umfang der Möglichkeiten.

Die allgemeine Syntax der EXEC-Anweisung, welche die einfachere und damit etwas begrenzte Variante darstellt, lautet:

```
{ EXEC | EXECUTE }
      ( { @string_variable | [ N ]'tsql_string' } [ + ...n ] )
   [ AS { LOGIN | USER } = ' name ' ]
```

Es ist auch möglich, eine solche Anweisung gegen einen verlinkten Server auszuführen. Dann verändert sich die allgemeine Syntax zu:

```
{ EXEC | EXECUTE }
    ( { @string_variable | [ N ] 'command_string' }
        [ + ...n ]
    [ {, { value | @variable [ OUTPUT ] } } [...n] ]
    )
  [ AS { LOGIN | USER } = ' name ' ]
  [ AT linked_server_name ]
```

Die Parameter beider Varianten sind die folgenden:

- @string_value enthält für die dynamische Ausführung den Namen einer
  lokalen Variable in den Datentypen char, varchar, nchar oder nvarchar, in welcher die Anweisungen gespeichert sind.

- [N] 'tsql_string' erwartet eine auszuführende Anweisung als Zeichenkette.

- AS { LOGIN | USER } = ' name ' legt den so genannten Ausführungs-
  kontext fest. Hier kann man angeben, unter welchem Benutzernamen man
  die Anweisung ausführen möchte.

- @variable enthält eine Bindevariable, die in die Anweisung Werte übergibt.
  value enthält dagegen direkt diesen gebundenen Wert.

- OUTPUT legt fest, dass ein Ausgabeparameter der ausgeführten Anweisung
  per Referenz in diese Variable übergeben werden soll.

- AT linked_server_name enthält den Namen eines verlinkten Servers, auf
  dem die Anweisung ausgeführt werden soll. Über die Prozedur sp_addlin-
  kedserver können solche Verbindungen eingerichtet werden.

Zur Illustration erstellt man zwei Variablen für die Speicherung von Fragmenten
für SQL-Anweisungen. Diese beiden Variablen unterscheiden sich in der Spaltenauswahl, d. h. in sql1 werden drei und in sql2 vier Spalten aus der SalesOrderHeader-Tabelle genannt. Dabei verknüpft die Variable sql2 zusätzlich die
Variable sql1 mit einer zusätzlichen Spalte. Die Ausführung erfolgt dann ganz
einfach mithilfe der EXECUTE-Anweisung, in der sowohl die Variable sql2 als
auch weitere notwendige Zeichenkettenfragmente zur Bildung einer vollständigen

5

SQL-Anweisung aufgerufen werden. Dies könnte auch noch mit einer Fallunterscheidung oder entsprechenden Parametern einer Funktion/Prozedur verbunden werden.

```
-- Deklaration von SQL-Variablen
DECLARE @sql1 nvarchar(100),
        @sql2 nvarchar(100)
-- Initialisierung
SET @sql1 = 'CustomerID, OrderDate, ShipDate'
SET @sql2 = @sql1 + ', DueDate'
-- Dynamische Ausführung
EXECUTE ('SELECT ' + @sql2 + ' FROM Sales.SalesOrderHeader')
```

531_01.sql: Dynamische Ausführung von SQL

Im Ergebnis zu den vorherigen Beispielen erhält man nun im Ergebnisbereich keine Textausgabe über eine PRINT-Anweisung, sondern eine ganz gewöhnliche Ergebnismenge. Dies ist eine besonders attraktive Fähigkeit von T-SQL und in anderen Datenbanken nicht möglich. Man ist nicht gezwungen, ein T-SQL-Programm so zu beenden, dass ein Ergebnistext ausgegeben wird, der in einer anderen Programmiersprache nicht sinnvoll genutzt werden kann. Stattdessen kann man über variantenreiche Techniken Ergebnismengen erzeugen, die in einer äußeren Programmiersprache aus dem .NET-Umfeld genau wie eine Ergebnismenge auf Basis einer SQL-Anweisung verarbeitet werden können.

CustomerID	OrderDate	ShipDate	DueDate
29825	2005-07-01	2005-07-08	2005-07-13
29672	2005-07-01	2005-07-08	2005-07-13

Das nächste Beispiel zeigt, wie die Verbindung zu einer MS Access-Datenbank eingerichtet, auf verschiedene Arten genutzt und schließlich gelöscht wird.

Mit den gleichen Prozeduren, die hier aus Platzgründen nicht alle dargestellt werden sollen, lassen sich Verbindungen auch zu anderen Datenbanksystemen oder sogar MS Excel einrichten.

Dabei befindet sich in der MS Access-Datenbank die exportierte Product-Tabelle.

```
-- Verlinkten Server einrichten
EXEC sp_addlinkedserver
    @server = 'AWAccess',
    @provider = 'Microsoft.Jet.OLEDB.4.0',
    @srvproduct = 'OLE DB Provider for Jet',
    @datasrc = 'C:\Product.mdb'
-- Ausgabemöglichkeit einrichten
EXEC sp_serveroption 'AWAccess', 'rpc out', true;
-- Kontrolle
EXEC sp_helpserver;
 -- Einfache Abfrage
EXEC ( 'SELECT * FROM Product;') AT AWAccess;
-- Übergabe eines einfachen Paramters
EXEC ( 'SELECT * FROM Product WHERE Color = ?;', 'Black')
AT AWAccess;
-- Übergabe eines Parameters als Variable
DECLARE @vColor varchar(10);
SET @vColor = 'Blue';
EXEC ( 'SELECT * FROM Product WHERE Color = ?;', @vColor)
AT AWAccess;
-- Verlinkten Server löschen
EXEC sp_dropserver @server = 'AWAccess';
```

531_02.sql: Ausführen von Anweisungen an verlinktem Server

5. 3. 2. Einsatz von sp_executesql

Eine technisch anspruchsvollere Lösung, dynamische T-SQL-Anweisungen auszuführen, bietet die Systemprozedur `sp_executeql`. Ihre allgemeine Syntax lautet:

```
sp_executesql [ @stmt = ] stmt
[
    {, [@params=] N'@parameter_name data_type [
      [ OUT [ PUT ][,...n]' }
    {, [ @param1 = ] 'value1' [ ,...n ] }
]
```

Folgende Parameter kommen zum Einsatz:

- [@stmt =] stmt enthält die Anweisung als Zeichenkette oder als Variable in ntext-Form bzw. lässt sich in diesen Datentyp konvertieren. Der Verkettungsoperator + darf zwar nicht zum Einsatz kommen, aber die Verkettung kann in einer Variablen zum Einsatz kommen, die dann verwendet wird. Diese Zeichenkette darf Variablen enthalten, welche allerdings nicht durch den Verkettungsoperator hinzugefügt werden müssen, sondern die anhand des @-Zeichens erkannt werden.

- [@params =] N'@parameter_name data_type [,... n] ' enthält die verschiedenen Parameter aus der auszuführenden T-SQL-Zeichenkette mit Namen und Datentyp. Dies ähnelt der Spaltenliste einer Tabelle oder von Modulparametern. Der Standardwert für diesen Parameter ist NULL.

- [@param1 =] 'value1' enthält jeden definierten Parameter mit seinem Wert als Zeichenkette/Variable. Jeder Parameter muss angegeben werden.

- OUTPUT gibt an, dass der jeweilige Parameter ein Rückgabeparameter ist. Die dynamische Rückgabe eines Cursors ist ebenfalls möglich.

Die nachfolgenden Beispiele zeigen unterschiedliche Standardfälle von sp_executesql. Im ersten Beispiel führt man eine einfache Abfrage aus. Hier ist es nicht notwendig, Parameter zu verwenden, sodass hier auch keine besondere Berücksichtigung von Parametern für die Abfrage notwendig ist. Man verwendet einfach nur den @stmt-Parameter, um die Anweisung anzugeben.

Das zweite Beispiel stellt eine Erweiterung des einfachen Standardfalls dar und verwendet direkt innerhalb der nicht zusammengesetzten T-SQL-Zeichenkette zwei Parameter. Sie müssen innerhalb des Parameters @params angekündigt werden und werden schließlich im dritten Parameter der Reihe nach mit Werten gefüllt. Dabei ist dieser Teil der Parameterliste dynamisch. Auf der einen Seite erwartet die Prozedur so viele Parameter wie angekündigt, auf der anderen Seite gibt man die Werte über ihre tatsächlichen Namen an.

Das dritte Beispiel schließlich fügt noch einen Ausgabeparameter hinzu. Dies kann sowohl ein Rückgabewert aus einer Abfrage oder der Verwendung einer Prozedur mit Ausgabeparameter sein. In diesem Fall beschränkt man sich darauf, den ermittelten Aggregatwert einer Zählung in einen solchen Parameter zu speichern und diesen Wert dann zurückzuliefern.

```
-- Einfache Abfrage
EXEC sp_executesql
  @stmt = N'SELECT * FROM Production.Product';

-- Übergabe zweier Parameter
EXEC sp_executesql
  @stmt = N'SELECT * FROM Production.Product
             WHERE Color = @Color AND Size = @Size',
  @params = N'@Color varchar(10), @Size varchar(2)',
  @Color = 'Black', @Size = '40';

-- Angabe eines Ausgabeparameters
DECLARE @vProducts int
EXEC sp_executesql
  @stmt = N'SELECT @vCount = COUNT(*) FROM Production.Product',
  @params = N'@vCount INT OUTPUT',
  @vCount = @vProducts OUTPUT;
PRINT STR(@vProducts)
```

532_01.sql: Einsatz von sp_executesql

5. 4. Fehlerbehandlung

T-SQL bietet verschiedene Möglichkeiten, Fehler zu erkennen und darauf zu re- agieren. Dieser Abschnitt stellt die Ausnahmebehandlung und weitere Funktio- nen für die Fehlerbehandlung vor.

5. 4. 1. Ausnahmen

In T-SQL ist ein Programmierkonstrukt für die Fehlerbehandlung vorhanden, wel- ches auch in Sprachen wie C# oder Java bekannt ist. Es bietet eine Basislösung für die dort vorhandene Ausnahmebehandlung über die Syntax von TRY und CATCH an, d. h. nicht die gesamten Fähigkeiten der Ausnahmebehandlung der beispiel- haft erwähnten Sprachen sind auch in T-SQL vorhanden.

5

Die Funktionsweise ist einfach und entspricht denen anderer Sprachen: Ein Abschnitt, der möglicherweise einen Fehler liefern könnte, kann mithilfe einer IF-Konstruktion auf diesen Fehler abgeprüft werden.

Dies führt allerdings dazu, dass im Quelltext sowohl Fallunterscheidungen, welche die Logik des Programms abbilden, als auch solche Fallunterscheidungen auftreten, welche für die Fehlerbehandlung eingefügt wurden. Dies erschwert häufig das Verständnis des Algorithmus und führt immer zu sehr tief verschachtelten Fallunterscheidungen und dadurch zu schwer lesbarem Quelltext. Ein solcher Block wird von der neuen Syntax BEGIN TRY und END TRY umschlossen.

Jeder Fehler, der die Datenbankverbindung nicht schließt und der einen Schweregrad größer als 10 besitzt, führt nicht zu einer Fehlermeldung, sondern zu einem Sprung in den auf den TRY-Block folgenden CATCH-Block. Dieser Block wird von der neuen Syntax BEGIN CATCH und END CATCH umschlossen und muss unmittelbar nach END TRY folgen.

Es darf also ausdrücklich kein anderer Quelltext zwischen den beiden Blöcken stehen. Die gesamte Konstruktion muss innerhalb eines einzigen Blocks Platz finden und kann nicht mehrere Batches, mehrere Blöcke, die durch BEGIN und END umschlossen werden, sowie keine Fallunterscheidungen überspannen.

In den Fällen, in denen der versuchte Quelltext aus beliebigen Gründen keinen Fehler auslöst, werden die Anweisungen im CATCH-Block übersprungen und die Ausführung mit den auf ihn unmittelbar folgenden Anweisungen fortgesetzt.

Die allgemeine Syntax hat die Form:

```
BEGIN TRY
     { SQL-Anweisung | Anweisungsblock }
END TRY
BEGIN CATCH
     { SQL-Anweisung | Anweisungsblock }
END CATCH
[ ; ]
```

Zu Anfang des Abschnitts wurde diese neue Technik als Basislösung von ähnlichen Möglichkeiten anderer Programmiersprachen bezeichnet. Dies liegt daran, dass durch die fehlende Objektorientierung keine typisierte Untersuchung der möglichen Fehler angegeben werden kann. So ist es also nicht möglich und wäre auch unsinnig, mehrere `CATCH`-Blöcke anzugeben. In objektorientierten Programmiersprachen bietet sich hierüber die Möglichkeit, verschiedene Fehlertypen abzufangen und sogar über das Substitutionsprinzip Eltern-Fehlerarten anstelle ihrer Kinder anzugeben, um mehrere abgeleitete Fehler in einem `CATCH`-Block zu sammeln.

Aufgrund der fehlenden Objektorientierung in T-SQL ist dies nicht möglich. Da zudem auch keine Fehler aus Prozeduren oder Funktionen aufgefangen werden können auch keine Ausnahmen geworfen werden können, muss der Nutzen der neuen Syntax mit Vergleich auf ähnliche Implementierungen etwas eingeschränkt werden.

Die wesentliche Zielsetzung, eine strukturierte Fehlerbehandlungstechnik anzugeben, welche sich syntaktisch von Fallunterscheidungen für die Formulierung von Algorithmen unterscheidet, ist allerdings gelungen. Darüber hinaus ist es zulässig, die Ausnahmebehandlungen zu verschachteln, sodass nicht nur eine einzige Ebene von Fehlern solchermaßen behandelt werden kann.

➡ Fehlermeldungen

Wie schon gerade in den allgemeinen Erläuterungen dargestellt, können nicht alle Fehler durch eine Ausnahmebehandlung tatsächlich abgerufen werden. Dies sind nur die Fehler mit einem Schweregrad zwischen 11 und 16. Diese und andere Schweregrade werden in der nachfolgenden Tabelle kurz vorgestellt.

Die Fehlermeldungen mit einem Schweregrad zwischen 19 und 25 erfasst das Fehlerprotokoll und sollten dem Administrator gemeldet werden (sofern man dies nicht selbst ist).

Schweregrad	Beschreibung
0-9	Nicht schwerwiegende Fehler oder Statusinformationen zurückgeben, die vom Datenbankmodul (Database Engine) nicht ausgelöst werden.

Schweregrad	Beschreibung
10	Statusinformationen oder nicht schwer wiegende Fehler, die vor der Rückgabe vom Datenbankmodul aus Kompatibilitätsgründen in den Schweregrad 0 konvertiert werden.
11	Das Objekt oder die Entität ist nicht vorhanden.
12	Spezielle Abfragehinweise verhindern Sperren in Abfragen, die im Rahmen von Lesevorgängen zu inkonsistenten Daten führen können.
13	Deadlockfehler der Transaktion.
14	Sicherheitsbezogene Fehler wie fehlende Berechtigungen.
15	Syntaxfehler in Transact-SQL.
16	Allgemeine Fehler, die vom Benutzer behoben werden können.
17-19	Softwarefehler, die vom Benutzer nicht behoben werden können.
17	Anweisung führte zu fehlenden Ressourcen wie Arbeitsspeicher, Sperren, Speicherplatz sowie Grenzwertverletzungen.
18	Softwarefehler des Datenbankmoduls, die weder die Ausführung beendet noch die Verbindung schließt.
19	Datenbankmodul überschreitet einen nicht konfigurierbaren Grenzwert, was den aktuellen Batchprozess beendet.
20-25	Systemprobleme (schwerwiegende Fehler), welche den Task des Datenbankmoduls behindern und normalerweise auch die Anwendungsverbindung beenden und protokolliert werden.
20	Eine Anweisung löst in einem Task ein Problem aus.
21	Eine Anweisung wirkt sich auf alle Tasks in der aktuellen Datenbank aus.
22	Eine Tabelle oder ein Index, wurden durch ein Software- oder Hardwareproblem beschädigt. Weitere Hilfe mit DBCC CHECKDB und Neustart der Instanz oder Neuerstellung des Objekts
23	DB-Integrität der Datenbank ist durch ein Hardware- oder Softwareproblem gestört. Weitere Hilfe mit DBCC CHECKDB und Neustart der Instanz oder Neuerstellung des Objekts

Schweregrad	Beschreibung
24	Medien- und Hardwarefehler.

Fehlerarten

➜ **Standardfall**

Um die Ausnahmebehandlungstechnik von T-SQL gut zu nutzen, ist es vor allem wichtig zu wissen, welche Fehler überhaupt erkannt und entsprechend behandelt werden können.

Die verschiedenen Beispiele in diesem Kapitel zeigen diverse Einsatzbereiche bzw. behandelbare Fehler, die auch die Übersichtstabelle des letzten Abschnitts im Mittelteil mit dem Schweregrad 11 bis 16 zeigte.

Das erste Beispiel zeigt den einfachsten Standardfall, in dem ein kritischer Bereich lediglich in einem TRY-Block platziert wird und die selbst erstellte Fehlerbehandlung (Ausgabe einer Fehlermeldung) darauf folgt.

Im TRY-Block versucht man, einen durch eine Primärschlüssel-Fremdschlüssel-Beziehung referenzierten Datensatz zu löschen. Dies gelingt nicht, sodass die Anweisungen im CATCH-Block ausgeführt werden.

```
BEGIN TRY
DELETE FROM Production.UnitMeasure
 WHERE UnitMeasureCode = 'CM'
END TRY
BEGIN CATCH
 PRINT 'Löschen nicht möglich'
END CATCH
```

541_01.sql: Ausnahme bei referenzieller Integrität

Einige Fehler können unmittelbar im gleichen Block, d. h. in der gleichen Ebene behandelt werden. Andere erfordern dagegen, dass Fehler und ihre Behandlung in einer anderen Ausführungsebene behandelt werden. Dazu zählen Kompilierungsfehler, welche die Ausführung eines Batch verhindern, und auch Fehler bei der Auflösung von Objektnamen auftreten.

Ein nicht vorhandenes Objekt kann nur in einem kompilierten Block wie bspw. einer Prozedur oder Funktion erkannt werden. Daher setzt das nächste Beispiel nicht nur einen einfachen Block ein, sondern besteht aus einer (wenig sinnvollen) Prozedur. Diese ist allerdings in der Lage, folgende drei Überlegungen abzubilden:

1. Ein erwarteter Parameter, der beim Aufruf der Prozedur nicht gesetzt wird, führt zu einer Ausnahme.

2. Eine syntaktisch korrekte und keine referenzielle Integrität verletzende SQL-Anweisung für die Aktualisierung oder Löschung führen zu keiner Ausnahme. Dies ist eigentlich trivial, aber mit Blick auf das vorherige Beispiel und vielleicht wenig Erfahrung mit Programmiersprachen oder Datenbanken scheint das Beispiel für Anfänger gut geeignet, falsche Erwartungen zu beheben.

3. Der Aufruf eines nicht vorhandenen Objekts führt zu einer Ausnahme.

```
CREATE PROCEDURE uspWrongObject (
 @test int) AS
DECLARE @empNr int
SELECT @empNr = MAX(BusinessEntityID)
  FROM HumanResources.Employee
IF @test = 1 BEGIN
-- Löschen eines nicht vorhandenen Datensatzes
 DELETE FROM HumanResources.Employee
  WHERE BusinessEntityID = @empNr + 1
END ELSE
-- Oder: Löschen aus nicht vorhandenem Objekt
 DELETE FROM HumanResources.Employees
  WHERE BusinessEntityID = @empNr + 1
```

541_01.sql: Prozedur für Ausnahmetest

Der erste Test ruft die Prozedur ohne Parameter auf, obwohl diese Aufrufmöglichkeit nicht vorgesehen ist, und daher eine Ausnahme auslöst.

Im Gegensatz zum ersten Beispiel, in dem die PRINT-Anweisung eine eigene Fehlermeldung ausgab, setzen diese Beispiele jeweils die beiden Funktionen ERROR_NUMBER() und ERROR_MESSAGE() ein.

Diese und weitere Funktionen werden später noch einmal als Gruppe vorgestellt. Sie erlauben es, weitere Informationen über Ausnahmen zu ermitteln.

```
-- Fehlender Parameter
BEGIN TRY
  EXEC uspWrongObject
END TRY
BEGIN CATCH
  SELECT ERROR_NUMBER()  AS ErrorNumber,
         ERROR_MESSAGE() AS ErrorMessage
END CATCH
```

Da eine Ausnahme ausgelöst wird, lautet das Ergebnis:

```
ErrorNumber ErrorMessage
----------- ----------------------------------------------------
201         Die Prozedur oder Funktion 'uspWrongObject'
            erwartet den '@test'-Parameter, der nicht
            bereitgestellt wurde.
```

Im Gegensatz zum vorherigen Beispiel mit einer Lösch-Aktion löst der nachfolgende Test keine Ausnahme aus, da ein nicht gefundener Datensatz kein Problem im Sinne der Ausnahmebehandlung darstellt.

```
-- Kein Datensatz gelöscht
BEGIN TRY
  EXEC uspWrongObject 1
END TRY
BEGIN CATCH
  SELECT ERROR_NUMBER()  AS ErrorNumber,
         ERROR_MESSAGE() AS ErrorMessage
END CATCH
```

541_03.sql: Fehlender Datensatz ohne Ausnahme

349

Als Ergebnis erhält man daher nur die sicherlich schon bekannte Information:

```
(0 Zeile(n) betroffen)
```

Da Fehler, die im Bereich der Namensauflösung entstehen, nicht in der gleichen Ausführungsebene als Ausnahme erkannt werden, sind der nachfolgende Aufruf der Prozedur und die Auslösung dieses Falls die einzige Situation, in dem dies überhaupt erkannt wird.

Die Prozedur ruft man mit einer beliebigen Zahl ungleich 1 auf, um den Standardfall der Fallunterscheidung auszulösen.

```
-- Falscher Objektname
BEGIN TRY
  EXEC uspWrongObject 2
END TRY
BEGIN CATCH
  SELECT ERROR_NUMBER() AS ErrorNumber,
         ERROR_MESSAGE() AS ErrorMessage
END CATCH
```

541_02.sql: Test der Ausnahmebehandlung

Als Ergebnis erhält man in diesem Fall:

```
ErrorNumber ErrorMessage
----------- --------------------------------------------------
208         Ungültiger Objektname 'HumanResources.Employees'.
```

➜ **Funktionen zur Fehleruntersuchung**

Zur Untersuchung des aufgetretenen Fehlers kann man folgende Funktionen im CATCH-Block verwenden. Zwei wichtige Funktionen, welche die Fehlernummer und den zusammenfassenden Fehlertext ausgeben, wurden bereits in den vorherigen Beispielen genutzt.

Folgende Funktionen sind verfügbar:

- `ERROR_NUMBER()` liefert die Fehlernummer.

- `ERROR_SEVERITY()` liefert den Schweregrad.

- `ERROR_STATE()` liefert die Fehlerstatusnummer.

- `ERROR_PROCEDURE()` liefert den Namen der gespeicherten Prozedur oder des Triggers, der den Fehler verursachte.

- `ERROR_LINE()` liefert die Zeilennummer im Modul, in dem der Fehler aufgetreten ist.

- `ERROR_MESSAGE()` liefert den Text der Fehlermeldung.

Das nächste Beispiel greift noch einmal die die referenzielle Integrität verletzende Anweisung eines vorherigen Beispiels auf und ersetzt die dort erfasste eigene Fehlermeldung durch die Funktionen, die für die Ausnahmebehandlung möglich sind.

```
BEGIN TRY
DELETE FROM Production.UnitMeasure
 WHERE UnitMeasureCode = 'CM'
END TRY
BEGIN CATCH
    SELECT
        ERROR_NUMBER()     AS ErrorNumber,
        ERROR_SEVERITY()   AS ErrorSeverity,
        ERROR_STATE()      AS ErrorState,
        ERROR_PROCEDURE()  AS ErrorProcedure,
        ERROR_LINE()       AS ErrorLine,
        ERROR_MESSAGE()    AS ErrorMessage
END CATCH
```

541_04.sql: Verwendung der Ausnahmefunktionen

Das Ergebnis und die Nützlichkeit der Informationen sprechen eigentlich für sich. Insbesondere solche Informationen wie der Prozedurname, in der der Fehler aufgetreten ist (hier NULL, da ein einfaches Skript erstellt wurde), als auch die Zeilennummer, die den Fehler ausgelöst hat, sind neben der sehr ausführlichen Fehlermeldung sehr interessante Daten, die auch gut protokolliert werden können, wenn dies notwendig sein sollte.

```
ErrorNumber ErrorSeverity ErrorState  ErrorProcedure
----------- ------------- ----------- ----------------
547         16            0           NULL
ErrorLine   ErrorMessage
----------- --------------------------------------------------
3           Die DELETE-Anweisung steht in Konflikt mit der
            REFERENCE-Einschränkung „FK_Product_UnitMeasure
            _SizeUnitMeasureCode". Der Konflikt trat in der
            „AdventureWorks"-Datenbank, Tabelle „Production.
            Product", column 'SizeUnitMeasureCode' auf.
```

5. 4. 2. Traditionelle Fehlerbehandlung

Dieser Abschnitt stellt eine weitere Fehlerbehandlung dar. Auf der einen Seite zeichnet sie sich durch eine kurze Syntax aus, die durch die Funktion @@error und ihren alleinigen Aufruf bedingt ist. Auf der anderen Seite sieht man bereits im ersten Beispiel dieses Abschnitts, wie die verschachtelte Fallunterscheidung zu schwer lesbaren Quelltext führen kann und warum die Ausnahmen beliebter sind.

➜ Fehler abrufen

Es gibt in der T-SQL-Syntax verschiedene Strukturen, die mit zwei @-Zeichen begonnen werden und daher wie globale Variablen wirken. Offiziell nennt man diese Strukturen jedoch Funktionen, was allerdings mehr historisch ist, weil sie aus einer Zeit stammen, in der im MS SQL Server noch keine Funktionen im eigentlichen Sinn erstellt werden konnten. Diese Funktion liefert den Wert 0, wenn die vorherige SQL-Anweisung keine Fehler hervorbrachte, ansonsten die Fehlernummer der vorherigen Anweisung. Die möglichen Fehler, die über diese Funktion abgerufen werden können, stehen mit mehrsprachigen Fehlermeldungen in der sys.mes-

`sages`-Katalogsicht. Diese können wiederum über eine SQL-Anweisung in folgender Form abgerufen werden:

```
SELECT * FROM sys.messages
 WHERE language_id = 1031
   AND severity > 0
 ORDER BY severity
```

542_02.sql: Abruf der Fehlerarten

Da die Fehlermeldungen sehr umfangreich sind und vermutlich ohnehin schon bei verschiedenen selbstständigen Versuchen mit T-SQL gelesen wurden, soll die Liste der Spaltennamen zeigen, welche Informationen in dieser Katalogsicht enthalten sind: `message_id` (Nachrichtennummer), `language_id` (Sprachnummer), `severity` (Schweregrad), `is_event_logged` (protokolliert oder nicht), `text` (Fehlermeldungstext).

Da die Funktion immer nur Informationen über den letzten Fehler liefert, sollte man diese Informationen unmittelbar nach der SQL-Anweisung, die einen Fehler auslöst, auch abrufen und in einer lokalen Variable speichern.

Dies zeigt auch das nachfolgende Beispiel. Zunächst erstellt man zwei Variablen, welche die Werte für die Fehlernummer und die Anzahl der betroffenen Reihen speichern sollen. Diese Information stammt aus `@@rowcount`, einer weiteren Funktion, die nach diesem Beispiel kurz erläutert wird, und welche in diesem Fall die Anzahl betroffener Reihen enthält. Die Ausführung der fehlerhaften Anweisung, welche einen verwendeten Datensatz zu löschen versucht und daher gegen die Regeln der referenziellen Integrität verstößt, löst einen Fehler aus, der mit `@@error` abgerufen werden kann.

Um herauszufinden, ob überhaupt ein Fehler aufgetreten ist, kann man `@@error` auf den Wert 0 prüfen. Ist ein Fehler aufgetreten, ist ein Wert ungleich 0 vorhanden, der dann bei Bedarf wieder untersucht werden kann.

Im aktuellen Beispiel löst man einen Fehler mit der Nummer 547 aus, der daher auch direkt geprüft und mit einer passenden eigenen Fehlerbehandlung bzw. einfach Fehlermeldung versehen werden kann.

```
-- Variablen zur Fehleranalyse
```

```
DECLARE @vError int, @vRowCount int
-- Fehlerhafte Anweisung
DELETE FROM Production.UnitMeasure
 WHERE UnitMeasureCode = 'CM'
-- Speichern von @@ERROR und @@ROWCOUNT
SELECT @vError = @@ERROR, @vRowCount = @@ROWCOUNT
-- Untersuchung und Ausgabe
IF @vError <> 0 BEGIN
 IF @vError = 547 BEGIN
    PRINT 'Fehler bei referenzieller Integrität'
 END
 ELSE BEGIN
    PRINT 'Fehler ' + RTRIM(CAST(@vError AS NVARCHAR(10)))
 END
END
```

542_02.sql: Traditionelle Fehlerbehandlung

Man erhält als Ergebnis sowohl die eigentliche Fehlermeldung als auch die eigene Fehlermeldung.

```
Meldung 547, Ebene 16, Status 0, Zeile 5
Die DELETE-Anweisung steht in Konflikt ...
Die Anweisung wurde beendet.
Fehler bei referenzieller Integrität
```

Das vorherige Beispiel setzte neben der Funktion @@error auch die Funktion @@rowcount ein, um die Anzahl betroffener Reihen zu ermitteln, die aufgrund des Fehlers gleich null war. Dies ist einer der wesentlichen Einsatzbereiche von @@rowcount. Im Zusammenhang mit Cursorn, die es ermöglichen, durch eine mehrzeilige Ergebnismenge zu navigieren, liefert diese Funktion die aktuelle Zeilennummer. Die Funktion liefert bei Anweisungen, die tatsächlich keine Zeilen abrufen, wie USE, SET <Option>, DEALLOCATE CURSOR, CLOSE CURSOR, BEGIN TRANSACTION oder COMMIT TRANSACTION den Wert 0. Die EXEC(UTE)-Anweisung behält darüber hinaus den vorherigen Status bei.

5. 5. Cursor

Bislang wurden ausschließlich Anweisungen ausgeführt, die jeweils eine einzige Datenzeile abriefen. Dies betrifft auch das Beispiel, in welchem mehrere Datensätze über eine Schleife abgerufen wurden.

Gerade diese Lösung zum Abruf mehrerer Zeilen ist eigentlich überhaupt gar keine, weil sie eine geringe Leistungsfähigkeit besitzt. Stattdessen gibt es die so genannte Cursor-Technik, die eine Abfrage unter einem (Variablen-)Namen speichert und so für die Nutzung verfügbar macht.

5. 5. 1. Cursor-Varianten

Es gibt zwei Varianten für die Deklaration eines Cursors, die sich in ihrem Verhalten unterscheiden. Dies betrifft das Scrollverhalten und damit die Möglichkeiten, wie der Cursor letztendlich in T-SQL genutzt werden kann.

➜ **SQL92-Syntax**

Die folgenden Bestandteile erscheinen in der allgemeinen Syntax für einen Cursor, welcher der Syntax von SQL-92 folgt:

```
DECLARE name [ INSENSITIVE ] [ SCROLL ]
  CURSOR FOR abfrage
  [ FOR { READ ONLY | UPDATE [ OF column_name [ ,...n ] ] } ]
  [;]
```

Folgende Attribute können diesem Cursor mitgegeben werden:

- name: Der Name eines Cursors muss den allgemeinen Regeln für einen Bezeichner bzw. für eine Variable folgen. Unter diesem Namen ist der Cursor später zu verwenden.

- INSENSITIVE: Sinn und Zweck eines Cursors ist es, eine Abfrage abzubilden, die mehrere Zeilen abrufen kann. Bei der Angabe dieses Schlüsselworts erzeugt der Cursor beim Abruf der Daten eine temporäre Kopie der Daten in der tempdb-Datenbank. Dies bedeutet, dass Änderungen, die an den Daten erfolgen, die durch die Abfrage abgerufen werden, bei einem Abruf vom Cursor nicht erkannt werden.

Darüber hinaus sind im Umkehrschluss auch keine Datenänderungen an den so genannten Basistabellen möglich und werden Änderungen, die gerade an den Basistabellen bspw. von einem anderen Benutzer vorgenommen werden, auch im Cursor so zurückgegeben.

- SCROLL: Diese Angabe richtet den Cursor so ein, dass sämtliche Abrufoptionen (FIRST, LAST, PRIOR, NEXT, RELATIVE, ABSOLUTE) genutzt werden können. Sofern auf SCROLL verzichtet wird, kann ansonsten nur immer die nächste Zeile abgerufen und damit nur NEXT eingesetzt werden.

- abfrage: Der Cursor repräsentiert eine Abfrage, die mehrere Basistabellen umfassen und auch komplexer Natur sein kann. Allerdings ist es nicht möglich, die Schlüsselwörter FOR BROWSE und INTO zu verwenden.

- READ ONLY: Im Normalfall ist es möglich, die Daten, die ein Cursor abruft, auch zu bearbeiten, d. h. mit einer UPDATE-Anweisung zu aktualisieren und mit einer DELETE-Anweisung zu löschen. Dies geschieht am einfachsten mithilfe der WHERE CURRENT OF-Klausel, welche den aktuell abgerufenen Datensatz kennzeichnet. Durch die READ ONLY-Einstellung allerdings ist der Cursor tatsächlich nur lesbar.

- UPDATE [OF column_name [,...n]]: Wenn ein Cursor aktualisierbar sein soll, dann kann man entscheiden, ob man alle Spalten aktualisierbar machen möchte oder nicht. Sofern man die UPDATE OF-Klausel nicht verwendet, können Änderungen an allen Spalten vorgenommen werden. UPDATE OF dagegen erlaubt es, ausdrücklich die Spalten anzugeben, welche im Rahmen der Cursor-Verwendung geändert werden sollen.

Wie man sehen kann, gibt es verschiedene Möglichkeiten, änderbare und nicht-änderbare Cursor oder auch nur Cursor-Teile anzugeben. Es ist unbedingt notwendig, nur die Cursor überhaupt änderbar zu machen, die tatsächlich geändert werden sollen, und auch dann nur die Spalten änderbar zu machen, welche im Laufe eines T-SQL-Programms geändert werden sollen. So kann die Datenbank Transaktionen und Zeilensperren wesentlich besser und schneller durchführen

➡ **Transact-SQL Extended Syntax**

Neben der Syntax für den SQL-92-Cursor stellt der MS SQL Server noch eine erweiterte Syntax für Cursor zur Verfügung. Ihre allgemeine Form lautet:

```
DECLARE name CURSOR
  [ LOCAL | GLOBAL ] [ FORWARD_ONLY | SCROLL ]
  [ STATIC | KEYSET | DYNAMIC | FAST_FORWARD ]
  [ READ_ONLY | SCROLL_LOCKS | OPTIMISTIC ]
  [ TYPE_WARNING ] FOR abfrage
  [ FOR UPDATE [ OF spalte [ ,...n ] ] ]
[;]
```

Folgende Attribute sind für einen T-SQL-Cursor verfügbar:

- `name`: Der Name des Cursors, unter dem er angesprochen werden kann.

- `LOCAL`: Dieses Schlüsselwort bestimmt den Gültigkeitsbereich des Cursors. Er ist lokal zu der ihn erstellenden Folge von Anweisungen (Batch), der gespeicherten Prozedur oder dem Trigger. Sein Bezeichner ist nur innerhalb der genannten Bereiche gültig, sodass der Cursor nur dort aufgerufen werden kann. Die aufrufende Umgebung kann auf ihn nur zugreifen, wenn er an einen `OUTPUT`-Parameter gebunden und dementsprechend zurückgegeben wird. Sobald der genannte Bereich beendet wird, weil bspw. die letzte Anweisung abgelaufen ist, wird der Cursor auch wieder aufgelöst, d. h. seine Zuordnung wird aufgelöst. Die Standardeinstellung für den Gültigkeitsbereich ist `LOCAL`.

- `GLOBAL`: Wie bereits `LOCAL` gibt auch `GLOBAL` den Gültigkeitsbereich eines Cursors an. Dabei bestimmt ihn `GLOBAL` als von jeder Prozedur oder jedem Batch abrufbar.

- `FORWARD_ONLY`: Ein mit diesem Attribut ausgestatteter Cursor liefert die Zeilen nur in aufsteigender Richtung und erlaubt damit als einzige Abrufoption `NEXT`. Dies ist der Standardfall, wenn weder `FORWARD_ONLY` noch `SCROLL` angegeben ist. Zusätzlich können noch drei weitere Schlüsselwörter (`STATIC`, `KEYSET` und `DYNAMIC`) angegeben werden, von denen `DYNAMIC` der Standardfall ist, wenn `FORWARD_ONLY` nicht im Zusammenhang mit einem dieser Schlüsselwörter benutzt wird. Sofern dagegen `FORWARD_ONLY` fehlt, und eines dieser drei Schlüsselwörter erscheint, wird SCROLL für die Richtungsoption angenommen.

- STATIC gibt an, dass der Cursor innerhalb der tempdb-Daten die abgerufenen Daten zwischenspeichern soll. Dieser Cursor lässt keine Änderungen zu, da sich die Änderungen nur temporär auswirken würden.

- KEYSET legt fest, dass die Reihenfolge und die Existenz von Zeilen innerhalb der abgerufenen Daten fest ist. Die abgerufenen Schlüssel werden dabei in der keyset-Tabelle der tempdb gespeichert. Ändert der Besitzer des Cursors oder ein anderer Benutzer durch COMMIT Nichtschlüsselwerte in den Tabellen, die dem Cursor zugrunde liegen, machen sich diese durch Scroll-Vorgänge im Cursor bemerkbar. Einfügungen werden dagegen nicht wahrgenommen. Löschungen liefert einen @@FETCH_STATUS-Wert von -2. Neue Werte sind dann sichtbar, wenn die WHERE CURRENT OF-Klausel verwendet wird.

- DYNAMIC gibt an, dass der Cursor Datenänderungen unmittelbar bei Scroll-Vorgängen anzeigt. Dadurch können sich die Werte, die Reihenfolge von Datensätzen sowie ihre Existenz innerhalb der abgerufenen Menge jeweils ändern.

- FAST_FORWARD erzeugt einen Cursor mit FORWARD_ONLY READ_ONLY mit erhöhter Leistung. Dabei dürfen SCROLL und FOR UPDATE nicht verwendet werden.

- READ_ONLY erzeugt einen Cursor, der nur für Lesevorgänge genutzt werden kann. Die WHERE CURRENT OF-Klausel in UPDATE oder DELETE kann nicht genutzt werden.

- SCROLL_LOCKS legt fest, dass positionierte Aktualisierungen oder Löschungen erfolgreich geschehen, da die abgerufenen Zeilen gesperrt werden. Dies schließt die Verwendung von FAST_FORWARD aus.

- TYPE_WARNING legt fest, dass eine Warnmeldung an den Client geschickt wird, sobald der Cursortyp sich implizit ändern sollte.

- select_statement enthält die Abfrage, welche die Cursor-Daten beschafft. Die INTO -Klausel ist unzulässig. Sofern die verwendete SQL-Anweisung für die zuvor dargestellten Anweisungen ungeeignet ist, wird der Typ implizit konvertiert.

- `FOR UPDATE [OF column_name [,...n]]` legt die Spalten an, die im Rahmen der Bearbeitung aktualisiert werden sollen. Sofern Spaltennamen angegeben sind, können Änderungen dann nur in diesen Spalten ausgeführt werden. Ansonsten stehen alle Spalten bereit.

5. 5. 2. Verwendung

Für die tatsächliche Benutzung eines Cursors ist eine Reihe spezieller Anweisungen, Funktionen und Prozeduren verfügbar, die hier dargestellt werden sollen.

→ **Anweisungen**

Neben der umfangreichen Anzahl von Einstellungen ist die eigentliche Verwendung eines Cursors grundsätzlich einfach, weil ein sehr schematisches Vorgehen notwendig ist, um sie zu verwenden. Dabei müssen nach der eigentlichen Deklaration noch folgende Anweisungen zum Einsatz kommen.

In der allgemeinen Syntax ist dabei immer von zwei möglichen Ausprägungen eines Cursors zu lesen. Zunächst gibt es den klassischen über `DECLARE` erzeugten Cursor, der unter einem eigenen Namen (`cursor_name`) verfügbar ist.

Dann gibt es allerdings auch noch eine Cursorvariable, die über den Datentyp `CURSOR` angegeben und unter diesem Variablennamen (`cursor_variable_name`) verfügbar ist. Es ist möglich, im Rahmen von Prozeduren auch Cursor zurückzugeben. Um sie zu verwenden, muss im aufrufenden Programm eine entsprechende Variable bereitstehen.

Das Schlüsselwort `GLOBAL` in den folgenden Erläuterungen gibt immer an, dass sich diese Anweisung auf eine globalen Cursor bezieht.

Der erste Schritt besteht darin, den Cursor überhaupt zu öffnen. Die Daten werden dabei abgerufen und stehen bereit.

```
OPEN { { [ GLOBAL ] cursor_name } | cursor_variable_name }
```

Der zweite Schritt besteht darin, die Daten aus dem Cursor zeilenweise in lokale Variablen zu übertragen.

Dabei besteht die Möglichkeit, bei einem scrollbaren Cursor absolute und relative Positionierungen anzugeben.

```
FETCH
            [ [ NEXT | PRIOR | FIRST | LAST
                    | ABSOLUTE { n | @nvar }
                    | RELATIVE { n | @nvar }
                ]
            FROM
            ]
{ { [ GLOBAL ] cursor_name } | @cursor_variable_name }
[ INTO @variable_name [ ,...n ] ]
```

Der dritte Schritt besteht darin, den Cursor wieder zu schließen. Er ist dadurch nicht zerstört, sondern kann wieder geöffnet werden.

Die Zuordnungen zwischen der aktuellen Ergebnismenge und dem Cursor werden genauso wie die Zeilensperren aufgehoben.

```
CLOSE { { [ GLOBAL ] cursor_name } | cursor_variable_name }
```

Der vierte Schritt besteht darin, die Referenz zwischen Cursornamen/-variablen und dem Cursor aufzuheben. Dies sorgt dafür, dass alle dem Cursor zugeordneten Ressourcen freigegeben werden.

```
DEALLOCATE { { [ GLOBAL ] cursor_name }
            | @cursor_variable_name }
```

→ **Cursor-Funktionen**

Bei der Ermittlung von Cursor-Zuständen gibt es eine Reihe speziellerFunktionen (zwei der `@@`-Funktionen und eine ()-Funktion), die Informationen zu einem Cursor zurückliefern.

- `@@FETCH_STATUS` ermittelt den Status der letzten `FETCH`-Anweisung und liefert die Werte

  - 0 für einen erfolgreichen Abruf

  - -1 für einen fehlgeschlagenen Abruf

  - -2 für eine Zeile, die nicht mehr in der Ergebnismenge vorhanden ist

- `@@CURSOR_ROWS` ruft die Anzahl der Zeilen ab, die im Cursor abrufbar sind. Die Funktion liefert folgende Werte:

  - -m liefert bei einem asynchron aufgefüllten Cursor die Werte, die aktuell verfügbar sind (`keyset`-Tabelle).

  - -1 zeigt an, dass es sich um einen dynamischen Cursor handelt und daher die Anzahl der abgerufenen Zeilen nicht definitiv ermittelt werden kann.

  - 0 zeigt an, dass kein Cursor offen ist oder der zuletzt geöffnete Cursor nun geschlossen ist und die Information nicht abgerufen werden kann.

  - n liefert die Anzahl der verfügbaren Zeilen.

- Die Skalarfunktion `CURSOR_STATUS` liefert die Information zurück, ob eine Prozedur einen Cursor und eine relationale Ergebnismenge zurückgeliefert hat. Die allgemeine Syntax lautet:

```
CURSOR_STATUS
        ( { 'local' , 'cursor_name' }
        | { 'global' , 'cursor_name' }
        | { 'variable' , 'cursor_variable' } )
```

5

Die drei Angaben `local`, `global` und `variable` stehen für die verschiedenen Cursor-Arten und werden als konstante Zeichenfolgen übergeben. Die anderen beiden verschiedenen Parameter enthalten den Namen eines DECLARE-Cursors oder einer Cursor-Variable. Die Funktion hat folgende Rückgabewerte (EM = Ergebnismenge):

Wert	Cursorname	Cursorvariable
1	EM (auch INSENSITIVE- und KEYSET-Cursor) hat mind. eine Zeile. EM eines dynamischen Cursors hat (k)eine oder mehrere Zeilen.	Zugeordneter Cursor ist offen. EM (auch INSENSITIVE- und KEYSET-Cursor) hat mind. eine Zeile. EM eines dynamischen Cursors hat (k) eine oder mehrere Zeilen.
0	Leere EM (nicht bei dynamischen Cursorn).	Zugeordneter Cursor offen, EM aber leer.
-1	Cursor geschlossen.	Zugeordneter Cursor geschlossen.
-2	Nicht verfügbar.	Prozedur wies OUTPUT-Variable keinen Cursor zu. Durch Prozedur zugewiesener Cursor wurde nach Prozedurabschluss geschlossen. Die Zuordnung zwischen OUTPUT-Variable und Cursor ist aufgehoben. Cursorvariable erhielt keinen Cursor zugeordnet.
-3	Angegebener Cursor nicht vorhanden.	Cursorvariable nicht vorhanden oder kein zugewiesener Cursor vorhanden.

Rückgabewerte

5. 5. 3. Beispiele

Um die wesentlichen Schritte bei der Erstellung eines Cursors zu zeigen, ruft man im folgenden Beispiel nur einige Daten zu Abteilungen ab und gibt sie über die PRINT-Anweisung aus. Der Cursor wird über die DECLARE-Anweisung erstellt und als scrollbar definiert. Im Wesentlichen befindet sich tatsächlich eine ganz gewöhnliche SELECT-Anweisung in dieser Definition, die bis auf die erwähnten Ausnahmen mit allem aufwarten kann, was eine SELECT-Anweisung bieten kann. Die Zuordnungen zwischen der aktuellen Ergebnismenge und dem Cursor werden genauso wie die Zeilensperren aufgehoben. Danach deklariert man eine Reihe von Variablen, deren Datentypen zu dem Cursor abgerufenen Spalten passen. Im einfachsten Fall sind dies die Datentypen der Spalten, wenn im Cursor keine Berechnungen, Funktionsaufrufe oder Aggregate vorhanden sind.

Um den Cursor tatsächlich zu benutzen, folgen die vier Schritte:

1. Man öffnet den Cursor über die OPEN-Anweisung.

2. Im zweiten Schritt ruft man die Daten zunächst einmal ab, um zu prüfen, ob überhaupt Daten vorhanden sind und bereits Daten zu besitzen. Dies ist ein Schönheitsfehler der T-SQL-Syntax, den es in anderen Datenbanken nicht gibt. Hier muss man einmal vorher abrufen, um dann im Rahmen einer Schleife weitere Abrufe durchzuführen. Sofern also sehr viele Spalten abgerufen werden, ist eine große Menge Quelltext zu kopieren, was sicherlich nicht von besonders gutem Quelltext zeugt. Leider ist allerdings keine andere Möglichkeit verfügbar. Die Schleife wird über den mit @@FETCH_STATUS ermittelten Status des Cursors durchgeführt. Er liefert drei Werte: 0 (erfolgreicher Abruf), -1 (fehlgeschlagener Abruf) oder -2 (Zeile nicht mehr in der Ergebnismenge vorhanden). Innerhalb der Schleife muss man dann zunächst die vom ersten Abruf empfangenen Zeilen verarbeiten, bevor man wieder neue Daten abruft, da man ansonsten die erste Zeile verliert.

3. Im dritten Schritt schließt man den Cursor und könnte ihn noch einmal öffnen.

4. Im vierten Schritt löscht man die Referenzen auf den Cursor und stellt den Ursprungszustand wieder her.

```
-- Cursor
DECLARE cDepartment CURSOR SCROLL
    FOR SELECT TOP 5 DepartmentID, Name, GroupName
        FROM HumanResources.Department
-- Variablen
DECLARE @vDepID smallint,
        @vName nvarchar(50),
```

```
        @vGroupName nvarchar(50)
-- 1. Schritt: Öffnen
OPEN cDepartment
-- 2. Schritt: Abrufen
FETCH NEXT FROM cDepartment
INTO @vDepID, @vName, @vGroupName

WHILE @@FETCH_STATUS = 0
BEGIN
    PRINT CONVERT(nvarchar(10), @vDepID) + ' '
        + @vName + ' ' + ' ' + @vGroupName
    FETCH NEXT FROM cDepartment
    INTO @vDepID, @vName, @vGroupName
END
-- 3. Schritt: Schließen
CLOSE cDepartment
-- 4. Schritt: Löschen
DEALLOCATE cDepartment
```

553_01.sql: Verwenden eines einfachen Cursors

Man erhält eine Ausgabe der Ergebnisse in gedruckter Form:

```
1 Engineering  Research and Development
2 Tool Design  Research and Development
```

Wie oben erwähnt, gibt es eine Vielzahl an Möglichkeiten, die Daten aus dem Cursor abzurufen. Im nächsten Skript werden die verschiedenen Varianten einmal im Zusammenhang gezeigt. Es handelt sich dabei um den Cursor, der bereits im vorherigen Beispiel erzeugt wurde. Daher wird hier nur noch der zweite Schritt vorgeführt. Es lassen sich direkt die erste und letzte Zeile abrufen. Man kann die vorherigen und die folgenden Datenreihen abrufen, sodass man nach vor und zurück scrollen kann. Darüber hinaus kann man auch direkt absolut oder relativ Zeilen angeben, zu denen man springen möchte.

```
-- 2. Schritt: Abrufen
-- Letzte Reihe
FETCH LAST FROM cDepartment
```

```
 INTO @vDepID, @vName, @vGroupName
PRINT CONVERT(nvarchar(10), @vDepID) + ' ' + @vName
-- Vorherige Reihe, relativ zur aktuellen
FETCH PRIOR FROM cDepartment
 INTO @vDepID, @vName, @vGroupName
PRINT CONVERT(nvarchar(10), @vDepID) + ' ' + @vName
-- Absolut zweite
FETCH ABSOLUTE 2 FROM cDepartment
 INTO @vDepID, @vName, @vGroupName
PRINT CONVERT(nvarchar(10), @vDepID) + ' ' + @vName
-- Relativ dritte Reihe zur aktuellen
FETCH RELATIVE 3 FROM cDepartment
 INTO @vDepID, @vName, @vGroupName
PRINT CONVERT(nvarchar(10), @vDepID) + ' ' + @vName
-- Relativ zweite Reihe vor der aktuellen
FETCH RELATIVE -2 FROM cDepartment
 INTO @vDepID, @vName, @vGroupName
PRINT CONVERT(nvarchar(10), @vDepID) + ' ' + @vName
```

553_02.sql : Abrufoptionen

Man erhält als Ergebnis die folgenden Zeilen:

```
5 Purchasing
4 Marketing
2 Tool Design
5 Purchasing
3 Sales
```

Mit den drei Cursor-Funktionen lassen sich die verschiedenen Zustände von Cursorn abrufen. Dazu folgen zwei gleichartig aufgebaute Programme, welche für die verschiedenen Ereignisse im Leben eines Cursors dessen Zustände abrufen. Es handelt sich um den Cursor für die Abteilungsdaten, der bereits zuvor auch eingesetzt wurde.

Das erste Programm konzentriert sich auf einen mit der bisher schon genutzten Syntax angelegten Cursor über DECLARE. Der im Quelltext gefettete Teil stellt die

Abfrage der verschiedenen Funktionen dar, die in den späteren Ereignissen nicht mehr vollständig abgedruckt wird.

```
-- Variablen
DECLARE @vDepID smallint,
        @vName nvarchar(50),
        @vGroupName nvarchar(50)
-- Cursor deklarieren
DECLARE cDepartment CURSOR SCROLL
    FOR SELECT TOP 5 DepartmentID, Name, GroupName
        FROM HumanResources.Department
SELECT @@CURSOR_ROWS AS Reihen,
       @@FETCH_STATUS AS [F-Status],
       CURSOR_STATUS('global', 'cDepartment') AS [C-Status]
-- 1. Schritt: Öffnen
OPEN cDepartment
SELECT ...
-- 2. Schritt: Abrufen
FETCH FIRST FROM cDepartment
INTO @vDepID, @vName, @vGroupName
SELECT ...
-- 3. Schritt: Schließen und löschen
CLOSE cDepartment
SELECT ...
-- 4. Schritt: Löschen
DEALLOCATE cDepartment
SELECT ...
```

553_03.sql: Testen der Cursorfunktionen

Man erhält als Ergebnis mehrere Ergebnismengen, die als Zusammenfassung folgendes Aussehen haben. Deutlich ist zu sehen, dass der FETCH-Status jeweils 0 ist, da innerhalb dieser Verbindung ein vorheriger Cursor eine Zeile erfolgreich zurückgeliefert hatte. Die Anzahl der Reihen verrät allerdings sehr deutlich, dass erst, nachdem man den Cursor auch tatsächlich geöffnet hat, fünf Zeilen abgerufen wurden. Nachdem der Cursor geschlossen ist, sind keine Reihen mehr verfügbar. Der Cursor-Status, der über die CURSOR_STATUS()-Funktion abgerufen wird, gibt an, dass der Cursor bei der Deklaration und nach dem Schließen geschlossen und nach dem Öffnen und während des Abrufens geöffnet ist.

```
                        Reihen      F-Status    C-Status
                       +----------  ----------  --------
Deklaration            | 0          0           -1
1. Schritt: Öffnen     | 5          0            1
2. Schritt: Abrufen    | 5          0            1
3. Schritt: Schließen  | 0          0            1
4. Schritt: Löschen    | 0          0           -1
```

Das Programm wird noch einmal umgewandelt, um zu zeigen, wie es bei Cursor-variablen funktioniert. Es wird nur der veränderte Teil im nachfolgenden Quelltext angegeben. Zunächst deklariert man die Cursorvariable, dann weist man ihr eine Abfrage zu, um dann die verschiedenen weiteren Lebenszustände zu testen.

```
...
-- Cursorvariable deklarieren
DECLARE @cDepartment cursor
-- Cursorvariable mit Abfrage verbinden
SET @cDepartment = CURSOR SCROLL FOR
  SELECT TOP 5 DepartmentID, Name, GroupName
    FROM HumanResources.Department
SELECT @@CURSOR_ROWS AS Reihen,
       @@FETCH_STATUS AS [F-Status],
       CURSOR_STATUS('variable', '@cDepartment') AS [C-Status]
...
```

553_04.sql: Testen der Cursorfunktionen

Die Anzahl der Reihen wird genauso ermittelt wie zuvor. Der FETCH-Status ist jeweils 0, da im Laufe der Verbindung ein Cursor (nach dem Aufrufen dieses Cursors dann der aktuelle) Daten zurückgeliefert hat. Insbesondere der Cursor-Status, der über die CURSOR_STATUS()-Funktion abgerufen wird, liefert nun andere Werte, da es sich um eine Cursorvariable handelt, die sie untersucht.

Zunächst ist der zugeordnete Cursor geschlossen, da ja tatsächlich nur die Variable an sich deklariert wurde. Dann ist der zugewiesene Cursor geöffnet, und man erhält den Wert 1 zurück. Nachdem der Cursor geschlossen ist, springt der Wert wieder auf -1 um, bis dann zum Schluss mit dem Wert -2 gemeldet wird, dass kein Cursor mehr zugewiesen wird.

	Reihen	F-Status	C-Status
Deklaration	0	0	-1
1. Schritt: Öffnen	5	0	1
2. Schritt: Abrufen	5	0	1
3. Schritt: Schließen	0	0	-1
4. Schritt: Löschen	0	0	-2

Auch wenn zuvor bereits ein Beispiel für Cursorvariablen angegeben wurde, soll dieses Thema noch einmal gesondert behandelt werden. Ein gewöhnlicher Cursor ist mit seiner SQL-Anweisung direkt verknüpft. Sie kann später nicht noch einmal geändert werden. Stattdessen müsste man einen neuen Cursor deklarieren und diesem die geänderte Fassung zuweisen.

Eine Cursorvariable hingegen steht als Platzhalter für unterschiedliche SQL-Befehle bereit. Dabei kann man sowohl eine neue SQL-Anweisung über die SET-Anweisung, als auch einen gewöhnlichen Cursor zuweisen. Im letzten Fall ist es darüber hinaus auch noch möglich, aus einer Prozedur einen Cursor zu empfangen. Dies wird später im Rahmen der Vorstellung von Prozeduren gezeigt.

Die SET-Anweisung spielt hierbei eine wichtige Rolle. Sie hat folgende allgemeine Syntax. Insbesondere die direkte Angabe einer SQL-Anweisung zeigt, dass hier jeder beliebige Cursor auch dynamisch erstellt werden kann. Die einzelnen Attribute, mit denen der Cursor beschrieben wird, sind dieselben wie bei einem gewöhnlichen Cursor.

```
SET
{ @local_variable = expression }
|
{ @cursor_variable =
    { @cursor_variable | cursor_name
    | { CURSOR [ FORWARD_ONLY | SCROLL ]
        [ STATIC | KEYSET | DYNAMIC | FAST_FORWARD ]
        [ READ_ONLY | SCROLL_LOCKS | OPTIMISTIC ]
        [ TYPE_WARNING ]
    FOR select_statement
        [ FOR { READ ONLY | UPDATE [ OF column_name [ ,...n ] ] } ]
    }
```

```
        }
    }
```

Im nächsten Beispiel sieht man, wie ein globaler Cursor erstellt und einer Cursorvariable zugewiesen wird. Dies ist eine der drei erwähnten Möglichkeiten – Zuweisung, SQL-Anweisung vorgeben oder Prozedur-Ausgabeparameter. Die Cursorvariable erstellt man nur durch Angabe des Datentyps `cursor`. Die Referenz zum Cursor kann man über die `SET`-Anweisung einrichten. Die Verarbeitung dieser Cursorvariable ist dann grundsätzlich genauso wie bei einem gewöhnlichen Cursor. Der wesentliche Unterschied in der Syntax ist nur die Verwendung des Variablen- und nicht des Cursornamens, d. h. hier ist in den verschiedenen Anweisungen wie `OPEN`, `FETCH` etc. überall ein `@`-Zeichen zu verwenden.

```
-- Variablen
DECLARE @vDepID smallint,
        @vName nvarchar(50),
        @vGroupName nvarchar(50)
-- Cursor deklarieren
DECLARE cDepartment CURSOR SCROLL GLOBAL FOR
  SELECT TOP 5 DepartmentID, Name, GroupName
    FROM HumanResources.Department
-- Cursorvariable deklarieren
DECLARE @cvDepartment CURSOR
-- Cursorvariable einem Cursor zuordnen
SET @cvDepartment = cDepartment
-- Test
SELECT CURSOR_STATUS('global', 'cDepartment') AS [C-Status],
       CURSOR_STATUS('variable',
                     '@cvDepartment') AS [CV-Status]
-- 1. Schritt: Öffnen
OPEN @cvDepartment
-- 2. Schritt: Abrufen
FETCH LAST FROM @cvDepartment
INTO @vDepID, @vName, @vGroupName
PRINT CONVERT(nvarchar(10), @vDepID) + ' ' + @vName + ' '
      + ' ' + @vGroupName
-- Test
SELECT CURSOR_STATUS('global', 'cDepartment') AS [C-Status],
```

```
        CURSOR_STATUS('variable',
                     '@cvDepartment') AS [CV-Status]
-- 3. Schritt: Schließen
CLOSE @cvDepartment
-- 4. Schritt: Löschen
SELECT CURSOR_STATUS('global', 'cDepartment') AS [C-Status],
       CURSOR_STATUS('variable',
                     '@cvDepartment') AS [CV-Status]

DEALLOCATE @cvDepartment
DEALLOCATE cDepartment
```

553_05.sql: Cursor und Cursorvariable

Als Ergebnis erhält man den abgerufenen Daten als viel interessantere Information, die verschiedenen gleichartigen Statusmeldungen der beiden verschiedenen Einheiten. Wenn der Cursor geschlossen ist und daher den Wert -1 zurückliefert, dann hat auch die Cursorvariable diesen Wert, wobei hier dieser Wert sich auf den eigentlichen Cursor bezieht, der auch aus Sicht der Cursorvariable noch geschlossen ist. Der Wert 1 nach dem Öffnen zeigt beim Cursor an, dass mindestens ein Wert in der Abfrage enthalten ist, während der gleiche Wert für die Cursorvariable bedeutet, dass der referenzierte Cursor geöffnet ist.

```
C-Status CV-Status
-------- ---------
-1         -1
5 Purchasing  Inventory Management
1          1
-1         -1
```

Die zweite Variante besteht daraus, die Cursorvariable zu erstellen, die eigentliche Abfrage allerdings in der SET-Anweisung vorzugeben. Dies ermöglicht es bspw., in Abhängigkeit von äußeren Werten und daher im Rahmen einer Fallunterscheidung verschiedene SET-Anweisungen und damit dynamisch die eigentliche Abfrage zu verändern. Im Normalfall belässt man hier natürlich die Spaltenstruktur der Rückgabe, verändert aber Filter oder Berechnungen.

Das nächste Beispiel zeigt, wie eine solche Abfrage direkt vorgegeben wird und wie man mit einem solchen Cursor umgeht.

```
-- Variablen
DECLARE @vDepID smallint,
        @vName nvarchar(50),
        @vGroupName nvarchar(50)
-- Cursorvariable deklarieren
DECLARE @cvDepartment CURSOR
-- Cursorvariable eine Abfrage zuordnen
SET @cvDepartment = CURSOR SCROLL GLOBAL FOR
  SELECT TOP 5 DepartmentID, Name, GroupName
    FROM HumanResources.Department
-- 1. Schritt: Öffnen
OPEN @cvDepartment
-- 2. Schritt: Abrufen
FETCH ABSOLUTE 2 FROM @cvDepartment
INTO @vDepID, @vName, @vGroupName
PRINT CONVERT(nvarchar(10), @vDepID) + ' ' + @vName + ' '
      + ' ' + @vGroupName
-- 3. Schritt: Schließen
CLOSE @cvDepartment
-- 4. Schritt: Löschen
DEALLOCATE @cvDepartment
```

553_06.sql: Cursorvariable und SQL-Anweisung

5. 6. Transaktionen

Im Rahmen von Datenbearbeitungsvorgängen ist es wichtig, mit Transaktionen zu arbeiten, wenn mehrere Anweisungen in einer Serie zusammengehören und nur als Ganzes durchgeführt werden sollen. Ein Schulbeispiel, um Transaktionen zu erklären, stellt eine Überweisung von einem Bankkonto zum nächsten dar. Wenn das Geld gerade von Konto A abgehoben, aber noch nicht auf Konto B gutgeschrieben ist, passiert in diesem Szenario ein elektronisches Unglück, und das Geld landet im finanziellen Nirvana. Bei einem elektronischen Unglück, in dem die Transaktionssteuerung der Datenbank oder der Anwendung noch eingreifen kann, würde bereits die Abbuchung wieder rückgängig gemacht und damit der ganze Prozess zurückgerollt.

Transaktionsverwaltung ist bei Mehrbenutzerbetrieb ein sehr wichtiges Thema und taucht als Unterthema in verschiedener Weise auf. Es schimmerte beispielsweise gerade auch durch die Darstellung der verschiedenen Cursor-Arten. Hier bestand die Möglichkeit, einem Cursor mitzugeben, welche Spalten aktualisierbar sein sollen, oder dass er die Änderungen an den abgerufenen Daten auch im Cursor widerspiegeln soll oder nicht. Dies sind Entscheidungspunkte und Einstellungen, die aus den Überlegungen zum Mehrbenutzerbetrieb gehören.

Dieser Abschnitt möchte die verschiedenen T-SQL-Anweisungen, mit denen die Transaktionssteuerung eingerichtet werden kann, darstellen. Der MS SQL Server ist selbstverständlich eine transaktionsfähige Datenbank und führt auch automatisch Transaktionen für einzelne Anweisungen, während derer ein Fehler auftritt, durch, aber für den Programmierer ist es wichtig, mehrere Anweisungen zusammenzustellen.

Wenn viele Datensätze in eine Tabelle eingefügt werden, und ein Fehler tritt auf, würde die Datenbank automatisch die gesamten Einzelaktionen zurücksetzen, sobald der Fehler auftritt, doch wenn diese Aktion in Verbund mit anderen auftritt und bei einem Fehler alle Aktionen gemeinsam zurückgesetzt werden sollen, dann muss dies im T-SQL-Skript auch genauso eingetragen sein.

5. 6. 1. Einfache Transaktionen

Einfache Transaktionssteuerung meint, dass Anfang und Ende einer Reihe von zusammenhängenden Anweisungen angegeben werden und dass ggf. die kompletten Anweisungen bestätigt oder zurückgesetzt werden. Dazu ist nicht viel mehr zu tun, als die nachfolgenden, sehr einfachen Anweisungen für Transaktionen zu verwenden. Sie sind in der Grundform in jeder Datenbank vorhanden.

Aus Programmiersprachen, welche außerhalb der Datenbank Software erstellen können, bieten ebenfalls ähnliche Anweisungen über die Datenbankschnittstelle an, sodass die Transaktionssteuerung sowohl außen als auch innen durchgeführt werden kann.

→ Anweisungen

Um eine Transaktion zu beginnen, verwendet man BEGIN TRANSACTION. Dadurch legt man auch einen Zeitpunkt oder einen Zustand fest, an dem die Daten logisch und physisch konsistent sind. Dies betrifft insbesondere die referenzielle

Integrität sowie den Datenbestand. Sobald ein Fehler durch die Datenbank oder durch ein T-SQL-Programm identifiziert wird, können Anweisungen nach dieser Angabe zurückgesetzt werden.

Man startet über diese Anweisung eine so genannte lokale Transaktion, die dann auch zu einer Aufzeichnung führt, sobald Anweisungen aus dem DML-Bereich durchgeführt werden. Andere Anweisungen, die keine Datenänderungen bewirken, können ohne Aufzeichnung ausgeführt werden.

Verschachtelte Transaktionen mit einem eigenen Namen bedeuten keine Auswirkungen auf die äußere Transaktion und ermöglichen es auch nicht, zu einem solchen Namen zurückzuspringen. Dies ist nur mit Sicherungspunkten möglich. Ein Zurücksetzen der äußeren Transaktion setzt die gesamte Transaktion zurück. Eine lokale Transaktion wandelt die Datenbank in eine verteilte um, wenn vor einer Bestätigung oder einem Zurücksetzen eine DML-Anweisung auf einer Remotetabelle (OLE DB-Anbieter unterstützt die `ITransactionJoin`-Schnittstelle nicht) ausgeführt wird oder eine remote gespeicherte Prozedur (`REMOTE_PROC_TRAN-SACTIONS` auf `ON`) ausgeführt wird.

Die allgemeine Syntax lautet:

```
BEGIN { TRAN | TRANSACTION }
    [ { transaction_name | @tran_name_variable }
    [ WITH MARK [ 'description' ] ]
    ]
```

Folgende Parameter kann man verwenden:

- `transaction_name` enthält den Namen der Transaktion. Es wird empfohlen, Namen nur beim äußersten Paar geschachtelter Transaktionen zu verwenden.

- `@tran_name_variable` enthält als Variablen einen Transaktionsnamen. Sie hat einen der Datentypen char, varchar, nchar oder nvarchar.

- `WITH MARK [ 'description' ]` legt fest, dass die Transaktion im Protokoll markiert wird, wobei `description` eine beschreibende Unicode-Zeichenkette mit 255 Zeichen und eine Nicht-Unicode-Zeichenkette mit 510 Zeichen ist. Die Speicherung erfolgt in der `msdb.dbo.logmarkhistory`-Tabelle. Sobald diese Einstellung verwendet wird, muss auch ein Transaktionsname angegeben werden, wobei man hier zu dieser Markierung zurücksetzen kann.

Um eine Transaktion zu beenden, verwendet man den COMMIT-Befehl, der in einer Kurzfassung (SQL 92) und einer Langfassung möglich ist.

Die Langfassung ermöglicht es dann auch, den Namen einer Transaktion wieder aufzugreifen, der wie zuvor als Zeichenkette oder als Variable angegeben werden kann. Die allgemeine Syntax beider Befehle lautet:

```
COMMIT [ WORK ]
COMMIT { TRAN | TRANSACTION }
  [ transaction_name | @tran_name_variable ] ]
```

Um eine Transaktion und damit sämtliche Aktivitäten, die seit dem letzten BEGIN ausgeführt wurden, wieder zurückzusetzen verwendet man ROLLBACK, welches ebenfalls in einer Kurzform (SQL 92) und einer Langform existiert. Sie unterscheiden sich wieder darin, dass man bei der Langform noch den Namen der Transaktion oder einen Sicherungspunkt (Zwischenstand) angeben kann. Sie kann kein COMMIT überspringen, sondern setzt nur bis zum letzten COMMIT zurück.

- Setzt man Anweisungen in einer *Prozedur* zurück, wirkt sich dies auf alle Anweisungen bis zum äußersten Transaktionsbeginn aus. Die im Batch vor dem Prozeduraufruf angegebenen Anweisungen werden also ebenfalls zurückgesetzt. Die Batch-Anweisungen nach dem Aufruf werden weiterhin ausgeführt.

- Wird in einem *Trigger* eine Kette von Anweisungen zurückgesetzt, werden neben allen Datenänderungen, die bis zum automatischen Trigger-Aufruf durchgeführt wurden, auch die Änderungen vom Trigger zurückgesetzt. Sofern Anweisungen nach der ROLLBACK-Anweisung im Trigger verbleiben, werden diese weiterhin ausgeführt. Lediglich die Anweisungen nach der Trigger-Ausführung, d. h. die im äußeren Programm, werden nicht ausgeführt.

- Auf einen *Cursor* wirkt sich ein Zurücksetzen folgendermaßen aus, wobei hier drei Regeln angegeben werden können.

  - Sofern CURSOR_CLOSE_ON_COMMIT den Wert ON hat, schließt man alle offenen Cursor, belässt allerdings die Referenzen.

- Sofern `CURSOR_CLOSE_ON_COMMIT` den Wert `OFF` hat, wirkt sich das Zurücksetzen nicht auf geöffnete synchrone `STATIC`- oder `IN-SENSITIVE`-Cursor oder vollständig gefüllte asynchrone `STATIC`-Cursor aus. Andere offene Cursor werden wie zuvor behandelt.

- Sobald ein Fehler einen Batch beendet und ein Rollback auslöst, werden die Referenzen gelöscht. Dies ist Typ-unabhängig und berücksichtigt nicht `CURSOR_CLOSE_ON_COMMIT`. Dies reicht auch auf Cursor von Prozeduren. Die gleichen Regeln gelten für in Triggern angegebene `ROLLBACK`-Anweisungen.

```
ROLLBACK [ WORK ]
ROLLBACK { TRAN | TRANSACTION }
    [ transaction_name | @tran_name_variable
    | savepoint_name | @savepoint_variable ]
```

➡ Funktionen

Schließlich gibt es noch zwei Funktionen, die im Rahmen der Transaktionsverwaltung nützlich sind:

- `XACT_STATE()` liefert den aktuellen Transaktionsstatus einer Sitzung zurück. Folgende Werte sind möglich:

  - 1 gibt an, dass die Sitzung eine aktive Transaktion aufweist. In diesem Fall können Änderungen bestätigt und zurückgesetzt werden.

  - 0 gibt an, dass in der Sitzung keine Transaktion aktiv ist.

  - -1 gibt an, dass die Sitzung eine aktive, fehlerhafte Transaktion aufweist. Durch einen Fehler können Anweisungen weder bestätigt noch zu einem Sicherungspunkt zurückgesetzt werden. Allerdings kann die gesamte Transaktion zurückgesetzt werden, was auch dazu führt, dass man wieder Schreibvorgänge durchführen kann, denn in diesem Zustand sind nur Lesevorgänge zulässig. Solche Situationen können im Rahmen der Ausnahmebehandlung auftreten und gelöst werden.

5

- @@TRANCOUNT liefert einen Statuswert zurück, ob eine Transaktion geöffnet ist oder nicht. Eine BEGIN TRANSACTION-Anweisung erhöht den Zähler um 1, während ROLLBACK ihn wieder auf 0 zurücksetzt. Der Rücksprung zu einem Sicherungspunkt führt keine Änderung am Zahlwert aus. Die Anweisung COMMIT reduziert den Wert um 1.

➜ **Beispiele**

Für die verschiedenen Beispiele setzt man noch einmal die schon mehrfach verwendete Product3-Tabelle mit folgender Struktur ein. Sie wird im Skript *661_01. sql* ebenfalls erstellt.

```
CREATE TABLE Production.Product3 (
  Name          varchar(30)   NOT NULL,
  ProductNumber nvarchar(25)  NOT NULL,
  ListPrice     money         NOT NULL,
  StandardCost  money         NULL)
```

Das erste Beispiel zeigt eine einfache Transaktion, die als Grundlage für weitere Beispiele benutzt werden kann. Das einfachste denkbare Beispiel besteht nur aus BEGIN TRAN und COMMIT oder ROLLBACK, was allerdings schon bei einigen Beispielen zu DML-Befehlen zum Einsatz gekommen ist. In diesem Fall ist die Transaktion auch benannt und kann über ihren Namen später zurückgesetzt werden. Dabei mischt man die Möglichkeiten, den Namen als Zeichenkette vorzugeben oder aus einer Variable abzurufen.

```
-- Transaktionsnamen als Variable erstellen
DECLARE @TranName varchar(20)
SET @TranName = 'Produkterfassung'
-- Transaktion starten
BEGIN TRANSACTION @TranName
-- DML-Anweisungen ausführen
DELETE FROM Production.Product3
INSERT INTO Production.Product3
VALUES ('LL Mountain Seat Assembly', 'SA-M198', 133.34, 98.77)
INSERT INTO Production.Product3
VALUES ('ML Mountain Seat Assembly', 'SA-M237', 147.14,
```

```
-- Test: Eingetragene Datensätze und Status
SELECT COUNT(*) AS Eingetragen,
       @@TRANCOUNT AS [T-Count],
       XACT_STATE() AS Status
 FROM Production.Product3
-- Bestätigen
COMMIT TRANSACTION Produkterfassung
-- Test: Eingetragene Datensätze und Status
SELECT COUNT(*) AS Eingetragen,
       @@TRANCOUNT AS [T-Count],
       XACT_STATE() AS Status
 FROM Production.Product3
```

561_01.sql: Erstellung und Bestätigung einer Transaktion

Als Ergebnis der beiden Testabfragen erhält man folgende Ergebnisse. Die eingetragenen Datensätze bleiben auf den Wert von 2 stehen, da die Transaktion ja bestätigt wird. Führt man das gleiche Beispiel mit ROLLBACK aus, so stünde hier in der zweiten Ergebnismenge der Wert 0. In der Funktion @@TRANCOUNT befindet sich zunächst der Wert 1, da eine Transaktion geöffnet wurde, und dann der Wert 0, weil sie wieder beendet wurde. Ähnliches bedeuten auch die Werte, die von XACT_STATE zurück geliefert wurden. Beim ersten Schritt ist eine Transaktion aktiv, beim zweiten Schritt nicht mehr.

Eingetragen	T-Count	Status
2	1	1
2	0	0

Im nächsten Beispiel sieht man, wie zwei Transaktionen ineinander verschachtelt werden. Dabei lohnt es sich nur, für die äußere auch einen Namen zu vergeben, da ein Rollback zu einer inneren nicht möglich ist und der Name nicht für diesen Zweck genutzt werden kann. Dies lässt sich mit den später darzustellenden Sicherungspunkten realisieren. Dennoch lässt sich eine innere Transaktion bestätigen und dann die äußere Transaktion zurücksetzen, sodass auch die Anweisungen der inneren zurückgesetzt werden. Genau dies zeigt das Beispiel. Zunächst löscht man die zwei Datensätze aus dem vorherigen Beispiel in einer eigenen Transaktion, trägt dann in einer eigenen Transaktion einen neuen Datensatz ein, was auch bestätigt wird, um schließlich wieder die äußere Transaktion zurückzusetzen, was dazu führt, dass die ursprünglichen zwei Datensätze wieder in der Tabelle gespeichert sind.

```
-- Äußere Transaktion
BEGIN TRANSACTION Produktbearbeitung
DELETE FROM Production.Product3
-- Test: 0 Datensätze (zwei gelöscht)
SELECT COUNT(*) AS Eingetragen FROM Production.Product3

-- Innere Transaktion (ROLLBACK nicht möglich)
BEGIN TRANSACTION
INSERT INTO Production.Product3
VALUES ('LL Mountain Seat Assembly', 'SA-M198', 133.34, 98.77)
-- Test: 1 Datensatz
SELECT COUNT(*) AS Eingetragen FROM Production.Product3
-- Bestätigung des einen Datensatzes
COMMIT TRANSACTION

-- Zurücksetzen der äußeren Transaktion
ROLLBACK TRANSACTION Produktbearbeitung
-- Test: 2 Datensätze (aus vorherigem Beispiel)
SELECT COUNT(*) AS Eingetragen FROM Production.Product3
```

561_02.sql: Verschachtelte Transaktionen

Das nächste Beispiel zeigt den Standardfall, wie die Transaktionsverwaltung im Rahmen der Ausnahmebehandlung verwendet wird. Außerhalb eines BEGIN.. CATCH-Bereichs beginnt man eine Transaktion, um dann bei einem Fehler die Transaktion zurückzusetzen. Dabei testet man mithilfe der @@TRANCOUNT-Funktion, ob überhaupt eine Transaktion existiert, um einen Fehler zu vermeiden. Sollte kein Fehler aufgetreten sein, folgt nach dem BEGIN..CATCH-Bereich die gewöhnliche Bestätigung, da ja offensichtlich die versuchte Aktion erfolgreich war.

```
BEGIN TRANSACTION
BEGIN TRY
  DELETE FROM Production.UnitMeasure
  WHERE UnitMeasureCode = 'CM'
```

```
END TRY
BEGIN CATCH
 IF @@TRANCOUNT > 0
  PRINT 'Transaktion zurückgesetzt'
  ROLLBACK TRANSACTION
END CATCH
IF @@TRANCOUNT > 0 BEGIN
  PRINT 'Transaktion bestätigt'
  COMMIT TRANSACTION
END
```

561_03.sql: Transaktion in Ausnahmebehandlung

Mit der Anweisung SET XACT_ABORT { ON | OFF } legt man fest, ob eine Transaktion automatisch zurückgesetzt werden soll, wenn ein Laufzeitfehler entsteht. Dies betrifft genau die Fehler, die auch im Rahmen einer Ausnahmebehandlung erkannt und innerhalb des CATCH-Blocks behandelt werden können.

Das nächste Beispiel zeigt, wie zunächst für die Sitzung die beschriebene Einstellung aktiviert wird und wie dann innerhalb des CATCH-Blocks über die Funktion XACT_STATE() abgerufen wird, ob die Anweisungen bestätigt werden können oder nicht. Durch die vorherige Einstellung sind sie allerdings nicht commitfähig, sodass in der Fallunterscheidung ein ROLLBACK stattfindet.

```
SET XACT_ABORT ON
BEGIN TRANSACTION
BEGIN TRY
 DELETE FROM Production.UnitMeasure
  WHERE UnitMeasureCode = 'CM'
END TRY
BEGIN CATCH
 IF XACT_STATE() = -1 BEGIN
  PRINT N'T nicht zu bestätigen. ROLLBACK notwendig.'
  ROLLBACK TRANSACTION
 END
 IF XACT_STATE() = 1 BEGIN
  PRINT N'T zu bestätigen. COMMIT möglich.'
  COMMIT TRANSACTION;
 END
```

```
END CATCH
```
561_03.sql: Transaktion in Ausnahmebehandlung

5. 6. 2. Sicherungspunkte

Wie schon erwähnt, kann man innere Transaktionen nicht zurücksetzen. Um allerdings doch eine Möglichkeit zu haben, verschiedene einzelne Zwischenstationen zu speichern und zu ihnen zurückzukehren, gibt es die SAVE-Anweisung, mit der Sicherungspunkte erstellt werden können. Sie erhalten einen Namen, der wie bei Transaktionsnamen aus einer Variable oder einer Zeichenkette stammen kann.

```
SAVE { TRAN | TRANSACTION }
     { savepoint_name | @savepoint_variable }
```

Um eine Transaktion schließlich zu einem Sicherungspunkt zurückzusetzen, ist die erweiterte Form der ROLLBACK-Anweisung zu verwenden. Sie erwartet zusätzlich den Namen eines Sicherungspunktes.

```
ROLLBACK { TRAN | TRANSACTION }
     [ transaction_name | @tran_name_variable
     | savepoint_name | @savepoint_variable ]
```

Das nächste Beispiel zeigt die Sicherungspunkte in Aktion und stellt damit auch eine Variation des vorherigen Beispiels dar. Es gibt dieses Mal nur eine einzige Transaktion.

Die vorherige innere Transaktion wurde ungefähr durch die Sicherungspunkte ersetzt, sodass nach dem Lösch- und dem Eintragungsvorgang je ein solcher Sicherungspunkt angelegt wird. Dadurch kann man später entweder den Zustand wiederherstellen, in dem die Tabelle leer oder in dem ein Datensatz eingetragen war.

Um auch zu zeigen, dass man Sicherungspunkte überspringen kann, entscheidet man sich bei der ROLLBACK-Anweisung für den ersten und damit vorletzten Sicherungspunkt. Dies führt dazu, dass eine leere Tabelle zurückbleibt.

```
-- Transaktion starten
BEGIN TRANSACTION Produktbearbeitung
DELETE FROM Production.Product3
-- Test: 0 Datensätze
SELECT COUNT(*) AS Eingetragen FROM Production.Product3
-- Zustand speichern
SAVE TRANSACTION Geloescht
INSERT INTO Production.Product3
VALUES ('LL Mountain Seat Assembly', 'SA-M198', 133.34, 98.77)
-- Test: 1 Datensatz
SELECT COUNT(*) AS Eingetragen FROM Production.Product3
-- Zustand speichern
SAVE TRANSACTION Eingetragen
-- Zurücksetzen der Transaktion zum vorherigen Zustand
ROLLBACK TRANSACTION Geloescht
-- Test: 0
SELECT COUNT(*) AS Eingetragen FROM Production.Product3
```

562_01.sql: Sicherungspunkte einsetzen

5. 6. 3. Erweiterte Transaktionssteuerung

Unabhängig von den Anweisungen, die bislang diskutiert wurden, besteht noch die Möglichkeit, innerhalb einer Verbindung erweiterten Einfluss auf das Verhalten zu nehmen, wie Zeilensperren und Zeilen versioniert werden, oder um verteilte Transaktionen einzurichten.

➡ Isolationsstufen

Dazu gibt es die Anweisung SET TRANSACTION ISOLATION LEVEL, welche eine von fünf verschiedenen Arten anbietet, dieses Verhalten zu steuern.

Es ist also nicht möglich, mehrere Isolationsstufenoptionen auf einmal festzulegen; sie gelten alternativ. Man kann innerhalb einer Verbindung diese Stufe wechseln, ansonsten ist sie für die gesamte Sitzung gültig.

Die allgemeine Syntax der Anweisung lautet:

```
SET TRANSACTION ISOLATION LEVEL
    { READ UNCOMMITTED
    | READ COMMITTED
    | REPEATABLE READ
    | SNAPSHOT
    | SERIALIZABLE
    }
```

Sofern man eine Isolationsstufe in einer Prozedur/Funktion oder einem Trigger/benutzerdefinierten Typ vorgibt, gilt innerhalb dieses Aufrufs die angegebene Stufe.

Sie wird dann wieder zurückgesetzt, wenn das aufgerufene Objekt die Steuerung zurückgibt.

Die Bedeutung und Funktionsweise der verschiedenen Angaben ist nachfolgend erläutert:

- READ UNCOMMITTED legt fest, dass Zeilen, die gerade von anderen Transaktionen bearbeitet werden und noch nicht bestätigt sind, ebenfalls gelesen werden können (genaues Gegenteil von READ COMMITTED).

- READ COMMITTED legt fest, dass Zeilen, die gerade von anderen Transaktionen bearbeitet werden und noch nicht bestätigt sind, nicht gelesen werden können (genaues Gegenteil von READ UNCOMMITTED). Diese Stufe ist von den Einstellungen in der Datenbankoption READ_COMMITTED_SNAPSHOT abhängig: Der Wert OFF (Standard) sorgt dafür, dass automatisch gemeinsame Sperren verwendet werden, um die Änderung durch andere Transaktionen von gerade gelesenen Datensätzen zu verhindern. Der Wert ON sorgt dafür, dass die so genannte Zeilenversionsverwaltung eingesetzt wird. Hier wird der aktuellen Transaktion ein konsistenter Datenzustand vor Anweisungsbeginn gezeigt. Für Aktualisierungen werden keine Sperren verwendet.

- REPEATABLE READ legt fest, dass dass Zeilen, die gerade von anderen Transaktionen bearbeitet werden und noch nicht bestätigt sind, nicht gelesen werden können. Zusätzlich sind auch die Datensätze, die von der aktuellen Transaktion bearbeitet werden, für andere Transaktionen so lange unsichtbar, bis sie bestätigt werden.

- SNAPSHOT legt fest, dass die Daten, die in einer Transaktion gelesen werden, einem konsistenten Zustand der Datenbank entsprechen, welcher zu Beginn der Transaktion gegeben war. Nur bestätigte Daten können so gelesen werden. Das sorgt dafür, dass andere Transaktionen unbeeinflusst Daten schreiben können und die SNAPSHOT-Transaktion unbeeinflusst lesen kann. Die Datenbankoption ALLOW_SNAPSHOT_ISOLATION muss auf ON gestellt sein.

- SERIALIZABLE legt fest, dass Anweisungen keine von anderen Transaktionen geänderten Daten lesen können, die noch nicht bestätigt sind, dass andere Transaktionen auch erst nach eigener Bestätigung geänderte Daten lesen können und dass andere Transaktionen erst nach der aktuellen Transaktion Daten mit neuen Schlüsselwerten einfügen können, die für die aktuelle Transaktion reserviert waren.

Die nachfolgende Tabelle gibt eine Übersicht über die verschiedenen Einstellungen und die zulässigen Parallelitätsnebeneffekte wieder. Dabei sind in der Kopfzeile drei Begriffe eingetragen, die genau solche Parallelitätsnebeneffekte bezeichnen. Die drei Phänomene beschreiben zwar durchaus unterschiedliche Situationen, sind aber natürlich aufgrund der Voraussetzung, dass sie Lese- und Schreibvorgänge beschreiben, sehr vergleichbar.

- *Dirty Read* oder *verlorene Aktualisierung*: Transaktion A liest Daten, die von Transaktion B geändert und nicht bestätigt wurden. Dadurch kann es geschehen, dass die Daten nachträglich wieder geändert werden.

- *Nicht wiederholbarer Lesevorgang*: Wiederholte Lesevorgänge liefern verschiedene Ergebnisse.

- *Phantom*: Suchergebnisse ändern sich bei wiederholter Ausführung, weil Änderungen am Datenbestand vorgenommen werden. Transaktion A liest Datensätze, die von Transaktion B geändert werden. Beim nächsten Abruf von Transaktion A befinden sich bei gleichen Filtern andere Datensätze in der Ergebnismenge.

Allgemein gilt immer, dass der Wunsch nach wenigen Nebeneffekten mit höherem Systemressourcenverbrauch einhergeht, sodass hier bei intensiver Nutzung von Transaktionsvorgaben von Fall zu Fall das notwendige Maß verwendet werden muss.

5

Isolationsstufe	Dirty Read	Nicht wiederholbarer Lesevorgang	Phantom
Read Uncommitted	Ja	Ja	Ja
Read Committed	Nein	Ja	Ja
Repeatable Read	Nein	Nein	Ja
Snapshot	Nein	Nein	Nein
Serializable	Nein	Nein	Nein

Parallelitätsnebeneffekte

➡ **Verteilte Transaktionen**

Neben den Transaktionen, die nur auf einem Server ausgeführt werden, gibt es auch so genannte verteilte Transaktionen, die auf mehreren Servern ausgeführt werden können. Die Server-Instanz, welche die BEGIN DISTRIBUTED TRANSACTION-Anweisung abschickt, wird dabei als Transaktionsurheber bezeichnet. Sie ist für die Ausführung und den Abschluss dieser Transaktion verantwortlich. Durch diese Anweisung werden alle Anweisungen, die auf anderen Servern ausgeführt werden – darunter auch gespeicherte Prozeduren etc. – innerhalb der gleichen verteilten Prozedur ausgeführt.

```
BEGIN DISTRIBUTED { TRAN | TRANSACTION }
    [ transaction_name | @tran_name_variable ]
[ ; ]
```

Damit ist die Darstellung von T-SQL für die Erstellung von Skripten beendet. In den nächsten Kapiteln finden Sie weitere Informationen, wie Sie Prozeduren, Funktionen und auch Trigger erstellen können.

Prozeduren und Funktionen

6. Prozeduren und Funktionen

Unter dem schönen Wort Programmierbarkeit verbirgt sich im MS SQL Server die Möglichkeit, Prozeduren, Funktionen und Trigger als T-SQL- und .NET-Module zu hinterzulegen, welcher der Datenbank eine zusätzliche Schicht hinzufügen. Diese enthält in Form der genannten Module bereits einen Teil der Software, welcher die Datenbank erneut von der eigentlichen Software in bspw. .NET verbirgt. Neben dem Effekt des Verbergens und Schützens ist diese Technik auch deswegen so interessant, weil durch sie eine vereinfachte Benutzung der Datenbank gelingt. Ein typisches Beispiel ist in diesem Zusammenhang die Entwicklung einer Prozedur, welche für eine ganze Reihe an Parametern einen Einfügevorgang in eine Tabelle vereinfacht. Die äußere Software und damit auch der Programmierer sind nicht gezwungen, entsprechende `INSERT`-Anweisungen zu formulieren oder daran zu denken, welche Parameter für einen sinnvollen Datensatz notwendig sind. Stattdessen ruft er nur noch diese Prozedur auf, was darüber hinaus auch noch in verschiedenen Programmiersprachen gelingt.

6. 1. Übersicht über programmierbare Objekte

Die Syntax, mit der diese programmierbaren Objekte erstellt werden können, ist neben der Darstellung der prozeduralen Fähigkeiten von T-SQL ein zentrales Thema dieses Buchs. Daher dient dieser Abschnitt als Appetithappen und Übersicht. Sie sollen also sehen, welche Objekte programmiert und in der Datenbank gespeichert werden können. Die AdventureWorks-Datenbank ist bereits mit sehr vielen programmierten Objekten und damit, um im Jargon von MS SQL Server zu bleiben, mit sehr viel Programmierbarkeit ausgestattet. Daher kann es sehr hilfreich sein, diese verschiedenen Objekte aufzurufen und versuchen, auf ihre Einsatzweise hin zu verstehen.

6

6. 1. 1. Prozeduren

Eine Prozedur stellt ein kleines Programm dar, das in der Datenbank gespeichert ist und das innerhalb der Datenbank über SQL oder außerhalb der Datenbank über eine beliebige Programmiersprache aufgerufen werden kann. Typische Einsatzbereiche von Prozeduren sind vereinfachte Datenbearbeitungsroutinen. In diesem Fall verwendet man in der Anwendung, welche die Datenbank nutzt, nicht den entsprechenden SQL-Befehl für die Erfassung, Löschung oder Aktualisierung von Daten, sondern ruft die entsprechende Prozedur auf und übergibt die Daten. Dadurch kann man Validierungen oder beliebige, über die einfache Datenbearbeitung hinausgehende Anweisungen automatisiert ausführen, ohne in der äußeren Anwendung darauf Rücksicht zu nehmen. Ein weiterer Einsatzbereich, der gerade für den MS SQL Server sehr wichtig ist, stellt gespeicherte Abfrage in Form von Prozeduren dar, wobei hier Filterwerte als Parameter übergeben werden können und dadurch der Datenabruf besonders einfach gestaltet wird. Eine solche Prozedur liefert eine Ergebnismenge wie eine Abfrage in SQL zurück.

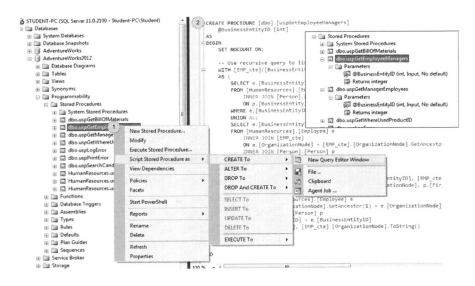

Abbildung 6.1: Prozeduren untersuchen

Rufen Sie vorhandene Prozeduren folgendermaßen auf. Sie können über den folgenden Weg auch neue Prozeduren erstellen, sofern Sie nicht einfach den dazu notwendigen T-SQL-Quelltext in ein leeres Abfragefenster eingeben. Interessant ist das gleich erwähnte Kontextmenü noch für den Aufruf der Objekte, die von der Prozedur abhängig sind. Sofern solche abhängigen Objekte existieren, kann diese Prozedur nicht einfach gelöscht werden, weil die abhängigen Objekte dadurch ungültig würden.

1. Öffnen Sie im Objekt-Explorer im Knoten PROGRAMMABILITY einer Datenbank den Knoten STORED PROCEDURES. Dort sind die verschiedenen Datenbankprozeduren aufgelistet. Im Knoten STORED SYSTEM PROCEDURES befinden sich dagegen für das gesamte Datenbanksystem nutzbare Prozeduren.

2. Wählen Sie für eine Sie interessierende Prozedur aus dem Kontextmenü den Eintrag SCRIPT STORED PROCEDURE AS und wählen Sie dann aus der sich öffnenden Liste einen der Einträge. CREATE steht für Erstellung, ALTER für Änderung, DROP für Löschung und EXECUTE für Ausführung. Jeder Befehl kann in einem neuen Abfrage-Fenster geöffnet in eine Datei bzw. in die Zwischenablage kopiert werden. Um sich also einfach das Erstellungsskript einer solchen Prozedur anzusehen, wählen Sie den Eintrag CREATE TO / NEW QUERY WINDOW.

3. Sofern Sie über die Schaltfläche CREATE den Quelltext der Prozedur in einem neuen Abfragefenster geöffnet haben, sehen Sie die Prozedur so, wie Sie sie in T-SQL ebenfalls hätten vorgeben können. Mit dem sich öffnenden Quelltext lässt sich eine Prozedur in der Datenbank speichern. Er sieht im Falle einer Änderung bis auf die erste Zeile genauso aus, wobei in dieser ersten Zeile dann die ALTER-Anweisung steht. Diese Ansicht erhalten Sie über die entsprechende ALTER-Schaltfläche im vorher beschriebenen Kontextmenü. Eine Änderung löscht eine Prozedur nicht, sodass abhängige Objekte Schaden nehmen könnten, sondern verändert ihren Quelltext, um bspw. neue Anforderungen zu berücksichtigen oder Fehler zu korrigieren. Während diese Schaltflächen mehr für einen Leser des Quelltextes interessant sind, aber nicht besonders viele Möglichkeiten bieten, mit der Prozedur kreativ umzugehen, ist die Schaltfläche EXECUTE dagegen darauf ausgerichtet, in einem T-SQL-Skript die Prozedur auch tatsächlich auszuführen. Wenn die Verwendung von T-SQL nicht gewünscht wird, obwohl nur noch die Parameterwerte vorgegeben werden müssen, dann kann man auch die Schaltfläche EXECUTE STORED PROCEDURE aus dem Kontextmenü verwenden. Es führt nicht zu einem T-SQL-Skript, sondern vielmehr zu einem Dialogfenster, in welchem die benötigten bzw. gewünsch-

6

ten Parameterwerte eingetragen werden können. Dies ist eine vereinfachte grafische Darstellung der in diesem Schritt beschriebenen T-SQL-Lösung.

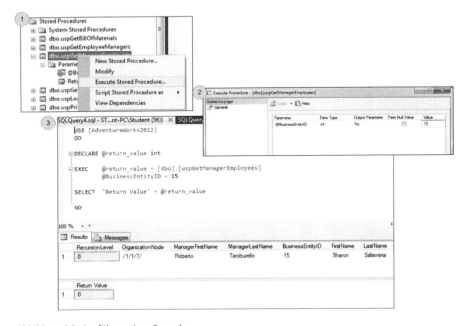

Abbildung 6.2: Ausführen einer Prozedur

4. Es öffnet sich wiederum ein neues Fenster, in dem nun allerdings nicht die Erstellung der Prozedur und damit auch ihr Quelltext angegeben wird, sondern die Ausführung derselben. Das T-SQL-Skript stellt nicht das bereits zuvor kurz vorgestellte Standard-SQL dar, sondern bietet eine Variablendeklaration und die Ausführung der Prozedur über die EXEC-Anweisung, wobei die erstellten Variablen als Parameter übergeben werden. Die Parameter werden nur deklariert, erhalten allerdings noch keinen Wert. Dies ist vom Benutzer durchzuführen, wobei hier jede beliebige T-SQL-Anweisung zum Einsatz kommen kann. Dies schließt einfache und direkte Wertvorgaben genauso ein wie auch komplexe Ausdrücke, den Abruf von Abfrageergebnissen, die Verwendung von Funktionen oder Berechnungen.

5. Schließlich kann man die ausgewählte Prozedur über das bearbeitete Skript starten, indem man die *EXECUTE*-Schaltfläche wählt.

6. 1. 2. Funktionen

Eine Funktion hat viele Gemeinsamkeiten mit einer Prozedur, was sich insbesondere auch in ihrer Darstellung in der grafischen Oberfläche und in diesem einleitenden Niveau dieses Abschnitts deutlich widerspiegelt. Es handelt sich ebenfalls um ein kleines Programm, das in der Datenbank gespeichert ist und das einen klar begrenzten Verantwortungsbereich im Rahmen der Datenbankbenutzung ausfüllt. Eine Funktion hat ebenfalls die Fähigkeit, Übergabeparameter anzunehmen, kann über das gleiche Kontextmenü verschiedentlich in ihrem Quelltext betrachtet oder ausgeführt werden. Daher soll aus Platzgründen auf eine erneute Darstellung dieses Kontextmenüs verzichtet werden. Man findet im vorherigen Abschnitt ausreichendes Bildmaterial dazu.

Im Gegensatz zu einer Prozedur besitzt eine Funktion allerdings einen so genannten Rückgabewert, sodass man sie mit Methoden oder Funktionen einer gewöhnlichen Programmiersprache vergleichen kann, wenn in diesem Vergleich vorausgesetzt wird, dass die erwähnte Funktion oder Methode ebenfalls einen Rückgabewert liefert. Einige Programmiersprachen unterscheiden ja auch mit Hilfe verschiedener syntaktischer Elemente, ob sich eine Funktionalität eher als Prozedur oder eher als Funktion bezeichnen lassen würde - auch dann, wenn die Programmiersprache an sich diese Unterscheidung nicht trifft. Entweder handelt es sich um das Schlüsselwort `void`, um anzugeben, dass diese Methode keinen Rückgabewert liefert, oder nur um die Verwendung der `return`-Anweisung für die tatsächliche Rückgabe eines Wertes. Eine Prozedur kann über einen Ausgabeparameter ebenfalls einen Wert an das aufrufende Programm zurückgeben, doch ein Rückgabewert zeichnet sich dadurch aus, dass man den Funktionsaufruf auf die rechte Seite einer Zuweisung bzw. überall dort platzieren kann, wo ein Ausdruck erwartet wird. Eine Prozedur ist kein solcher Ausdruck, da man den Ausgabeparameter zunächst abrufen und dann die Variable mit dem abgerufenen Wert wieder als Ausdruck verwenden könnte.

Wenn eine Funktion sich dadurch auszeichnet, einen Rückgabewert zu haben und als Ausdruck verwendet werden zu können, dann kann man sie so gestalten, dass sie auch direkt in SQL zum Einsatz kommen können. Dies bedeutet, dass sie neben solchen Standardfunktionen wie `COUNT`, `MIN` oder `SUM` in einer SQL-Anweisung stehen und Werte für einen Filter oder eine Berechnung liefern können. Sie ermöglichen es damit genauso wie Prozeduren, die Arbeit mit der Datenbank sehr zu vereinfachen, wobei in einem solchen Fall allerdings ganz gewöhnliches SQL dadurch vereinfacht werden kann, weil die selbst erstellte Funktion komplexe Be-

6

rechnungen, Auswertungen oder Verknüpfungen selbst vornimmt und nur noch die gewünschten, vielleicht sogar parametrisierten Werte zurückliefert.

Wie gerade schon gesehen, ist eine Prozedur in der Lage, ein Abfrageergebnis zurückzuliefern. Diese Fähigkeit besitzt eine Funktion auch, wobei sie allerdings in der FROM-Klausel einer Abfrage erscheinen kann, die normalerweise eine Tabellen- oder Sichtreferenz erwartet. Über eine solche Funktion ist es möglich, fertige Teilabfragen mit bspw. komplexen, sicherheitsrelevanten Bedingungen sowie Verknüpfungen parametrisiert aufzurufen.

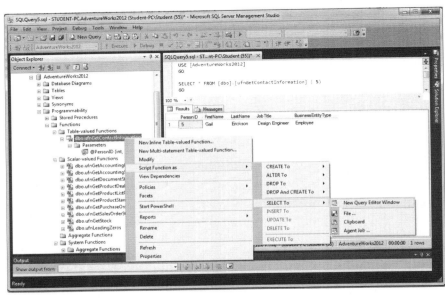

Abbildung 6.3: Ausführen einer Funktion

6. 1. 3. Trigger

Trigger sind ein weiteres programmierbares Schema-Objekt. Es wird allerdings nur in ganz wenigen Beispielen genutzt und im Rahmen des Buchs nicht weiter vertieft. Im Wesentlichen ist die Erstellung von Triggern zwar mit den T-SQL-Fähigkeiten, die in diesem Buch vermittelt werden, zu bewerkstelligen. Allerdings handelt es sich um ein hauptsächlich administratives Thema, sodass es besonders gut im Administrationsbuch aufgehoben ist.

Während eine Prozedur ausdrücklich über ihren Namen aufgerufen wird, ist ein Trigger entweder einem Schema-Objekt wie einer Tabelle oder einer Sicht zugeordnet oder wartet auf die Ausführung bestimmter DDL (Data Definition Language)-Befehle. Die eine Trigger-Art wird als DML (Data Manipulation Language)-Trigger bezeichnet, da sie auf die SQL-Anweisungen INSERT, UPDATE und DELETE wartet, welche den Trigger auslösen und damit seine Anweisungen zur Ausführung bringen. Die andere Art bezeichnet man als DDL-Trigger, weil diese Trigger auf Anweisungen wie CREATE, ALTER oder DROP warten, welche zur DDL gehören. Innerhalb eines solchen Triggers lassen sich nahezu beliebige Anweisungen wie auch in einer Prozedur oder Funktion angeben.

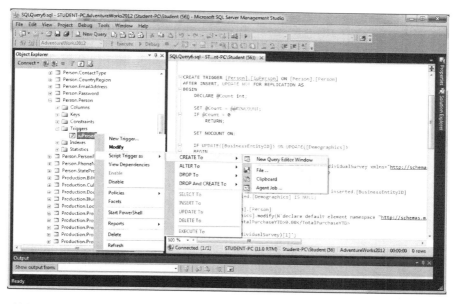

Abbildung 6.4: Trigger-Skript abrufen

Die Besonderheit von Trigger liegt tatsächlich ausschließlich in der automatischen Ausführung auf Basis von anderen Befehlen. Dadurch ist es möglich, bestimmte Sicherheits- oder Datenkonsistenzregeln zu programmieren, die mit gewöhnlichem SQL oder sonstigen Datenbankeinstellungen administrativer Art nicht abgebildet werden können. Da innerhalb eines Triggers die gesamte T-SQL-Syntax zur Verfügung steht, stellen Trigger eine wesentliche Fähigkeit von Datenbanken ab, um sicher zu sein und konsistent zu bleiben.

6. 1. 4. Assemblies

Mit Hilfe der Anweisung CREATE ASSEMBLY name FROM 'C:\assembly.dll' lassen sich .NET-Assemblies in der Datenbank verankern. Dies eröffnet für den MS SQL Server ganz neue Möglichkeiten der Datenbank- und Softwareentwicklung. Andere Systeme wie besonders Oracle bieten neben der datenbankeigenen Programmiersprache PL/SQL auch an, kompilierte Klassen einer Programmiersprache wie Java für die Entwicklung von Datenbankmodulen zu verwenden. Dies ist für den MS SQL Server in Form der .NET-Technologie möglich. Assemblies aus den Sprachen C#.NET oder VB.NET sowie natürlich anderen .NET-fähigen Sprachen lassen sich nun direkt in die Datenbank laden. Dies eröffnet Möglichkeiten, objektrelational zu arbeiten, indem komplexe Datenstrukturen in Form von Klassen mit mehreren Eigenschaften/Feldern und Methoden abgebildet werden, als auch Prozeduren, Funktionen und Trigger nicht mehr über T-SQL, sondern direkt über .NET zu erstellen und sie dann wie gewöhnliche, in T-SQL erstellte Module zu verwenden. T-SQL-Vorwissen ist dennoch notwendig, weil die Organisation und Verwaltung der Assemblies über T-SQL funktioniert und Abfragen sowie die Erstellung von sonstigen Schema-Objekten weiterhin über T-SQL erfolgt.

6. 2. Prozeduren

Die Erstellung von Prozeduren und Funktionen ist grundsätzlich in allen kommerziellen Großdatenbanken wie MS SQL Server oder Oracle und mittlerweile auch in Open Source-Produkten wie MySQL möglich. Während Oracle hier entweder die eigene Programmiersprache PL/SQL (eine sehr stark erweiterte Form von T-SQL) sowie auch die Verwendung von Java erlaubt, bietet hier der MS SQL Server entweder T-SQL oder .NET an. Dabei entspricht eine Prozedur einem Konstrukt, das unter vielen verschiedenen Namen wie Modul, DB-Routine, Unterprogramm oder - wie es Microsoft selbst vorschlägt - als Auflistung von T-SQL-Anweisungen, die unter einem Namen in der DB gespeichert ist. Dabei ermöglicht es eine Prozedur, nicht nur wie ein Makro mehrere Anweisungen der Reihe nach auszuführen und für einen späteren wiederholten Aufruf verfügbar zu machen, sondern bietet darüber hinaus auch die Fähigkeit, Parameter einer äußeren Anwendung entgegen zu nehmen und diese zu verarbeiten. Prozeduren erscheinen im Normalfall als permanent in der Datenbank gespeicherte Objekte, können allerdings auch wie Tabellen als temporär für eine Sitzung und global temporär für alle Sitzungen verfügbar gemacht werden.

6. 2. 1. Einführung

Die Anweisung in T-SQL, um eine Prozedur zu erstellen, ist sehr ähnlich zur Funktionserstellung. Die Unterschiede ergeben sich in den Details und in den Einsatzbereichen.

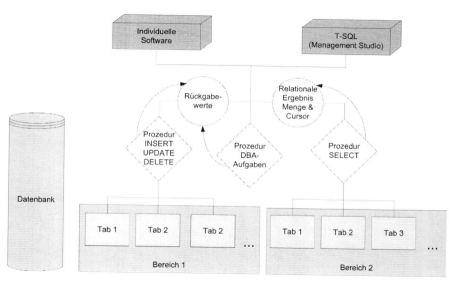

Abbildung 6.5: Typologie von Prozeduren

Die Abbildung zeigt die verschieden Arten von Prozeduren, die im MS SQL Server erstellt werden können. Auf der unteren Hälfte der Abbildung befinden sich sechs beispielhaft angegebene Tabellen, die zu zwei verschiedenen Bereichen zusammengefasst werden. Zwischen einer Anwendung wie das schon leidlich bekannte Management Studio und einer anderen, individuell erstellten Anwendung liegt eine Schicht von Prozeduren. Sie sollen bspw. den Abruf und die Manipulation von Daten beeinflussen. Gründe können hier erhöhte Sicherheit, erweiterte Möglichkeit zur Validierung oder auch vereinfachte Benutzbarkeit von außen sein. Auf der linken Seite der drei unterschiedlichen Prozedurarten werden die drei DML-Befehle INSERT, UPDATE und DELETE aufgelistet. Sie sollen zeigen, dass Prozeduren zum Einsatz kommen können, wenn Datenmanipulation bspw. für komplexe Datenstrukturen durch das Angebot einer zentralen Zugriffsschicht von Prozeduren vereinfacht werden sollen.

Direkt rechts neben diesen Prozeduren gibt es eine weitere Gruppe. Sie wirkt sich notwendigerweise auf Tabellen aus, sofern diese Tabellen nicht Administrationsdaten speichern. Stattdessen führen sie wie Skripte in einem Server häufig wiederkehrende Aufgaben aus, die von einem Administrator ansonsten durch im Dateisystem gespeicherte Skripte oder Eingaben in der grafischen Benutzerschnittstellen durchgeführt werden müssten. Solche Prozeduren bzw. das entsprechende SQL wie bspw. Massendaten-Import/-Export oder allgemeine Verwaltungsaufgaben werden im Buch zur Administration beschrieben. Diese und die DML-Prozeduren haben die Möglichkeit, Rückgabewerte zurückzuliefern. Diese können per Referenz aus der Parameterliste abgerufen werden. Dies bedeutet, dass Prozeduren nicht wie Funktionen auf der rechten Seite einer Zuweisung stehen können, sondern als eigenständige Anweisung. Dies bedeutet allerdings auch, dass Prozeduren mehrere Rückgabewerte zurückliefern können.

Auf der rechten Seite schließlich wird eine Besonderheit im MS SQL Server dargestellt, welche insbesondere für Umsteiger von Oracle überraschend sein kann. Eine Prozedur bietet die Möglichkeit, relationale Ergebnismengen und Cursor zurückzuliefern. Insbesondere die erste Technik ist besonders interessant, da im Gegensatz zu Sichten hier die Möglichkeit besteht, vorgefertigte Filter über die Prozedurparameter anzubieten.

Es ließe sich auch noch eine andere Ordnung für Prozeduren finden: Man kann zwischen temporären und tatsächlich gespeicherten („normalen") Prozeduren unterscheiden, wobei innerhalb der temporären wiederum zwischen globalen und nur auf eine Sitzung bezogenen Prozeduren unterschieden werden kann. Man kann allerdings auch noch die Gruppe der so genannten erweiterten Prozeduren zählen, welche die .NET-Prozeduren darstellen. Man kann dann auch noch zwischen benutzerdefinierten Prozeduren und Systemprozeduren unterscheiden, wobei die eine Gruppe in diesem Kapitel besonders interessiert, weil sie über den CREATE-Befehl vom Benutzer erstellt werden können, während die anderen Prozeduren bereits wie SQL-Funktionen in der Datenbank vorhanden sind. In diesem Zusammenhang muss erwähnt werden, dass dies Prozeduren sind, deren Namen mit sp_ beginnt und diese in der master-Datenbank gespeichert werden. Diese Prozeduren können (sollten aber nicht) auch selbst erstellt werden, wobei diese dann wie ein Chamäleon arbeiten und dafür sorgen, dass auf den aktuellen DB-Kontext bezogene Anweisungen (und sei es nur der Abruf des DB-Namens wie DB_NAME()) auf die Datenbank bezogen werden, in der man sich gerade befindet, obwohl die Prozedur aus der master-DB abgerufen wird. Schließlich gelangt man innerhalb von diesem sich abzeichnenden Baum zu der Unterscheidung, die gerade getroffen wurde, die für die Zwecke dieses Kapitels eigentlich am besten geeignet ist.

Eine Prozedur wird im Standardschema des Benutzers gespeichert, sofern nicht ausdrücklich ein anderes Schema angegeben ist. Sie wird nur in der aktuellen Datenbank gespeichert. Lediglich temporäre Prozeduren speichert man automatisch in der tempdb. Um den Quelltext einer Prozedur zu sichern, kann man ebenfalls ein .sql-Skript erstellen, wobei man allerdings darauf achten muss, dass vorherige Anweisungen mit GO von der Anweisung CREATE PROCEDURE getrennt sind.

Nachfolgend ist die allgemeine Syntax angegeben:

```
CREATE { PROC | PROCEDURE }
        [schema_name.] procedure_name [ ; number ]
    [ { @parameter [ type_schema_name. ] data_type }
        [ VARYING ] [ = default ] [ [ OUT [ PUT ]
    ] [ ,...n ]
[ WITH <procedure_option> [ ,...n ]
[ FOR REPLICATION ]
AS { <sql_statement> [;][ ...n ] | <method_specifier> }
[;]
<procedure_option> ::=
    [ ENCRYPTION ]
    [ RECOMPILE ]
    [ EXECUTE_AS_Clause ]

<sql_statement> ::=
{ [ BEGIN ] statements [ END ] }

<method_specifier> ::=
EXTERNAL NAME assembly_name.class_name.method_name
```

6

Die verschiedenen Argumente, von denen sich verschiedene bereits anhand ihres Namens verstehen lassen, sind nachfolgend aufgelistet:

- `schema_name` enthält den Namen des Schemas, in dem die Prozedur gespeichert wird.

- `procedure_name` enthält den Namen der Prozedur, der den allgemeinen Benennungsregeln entspricht und im Schema eindeutig sein muss. Das Präfix sp_ ist dabei am besten zu vermeiden, da es für die gespeicherten Systemprozeduren bereits verwendet wird. Ob eine Prozedur lokal oder global temporär erstellt wird, kann man wie bei Tabellen über ein (temporär nur für die aktuelle Sitzung) oder zwei Rautenzeichen (##, global temporär für alle Sitzungen) zu Beginn des Namens festlegen. Insgesamt ist der Name auf 128 Zeichen und der Name einer lokalen temporären Prozedur inkl. dem Rautenzeichen auf 118 Zeichen begrenzt.

- `; number` enthält eine optionale Zahl. Sie erlaubt es, mehrere Prozeduren unter dem gleichen Namen in einem Schema anzugeben. Diese unterscheiden sich in der Nummer, werden allerdings durch den gemeinsamen Namen gruppiert. Die Zahl kann auch für den Löschvorgang aller Prozeduren der Gruppe genutzt werden. Bsp.: `meineProzedur;1`, `meineProzedur;2`. Diese Eigenschaft ist auf das Abstellgleis geschoben und wird irgendwann aus der Datenbank entfernt.

- `@parameter` enthält einen Parameter der Prozedur, von dem es maximal 2100 geben darf. Sofern kein Standardwert oder ein berechneter Bezug auf einen anderen Parameter angegeben ist, ist es notwendig, beim Aufruf der Prozedur einen Wert für diesen Parameter bereitzustellen. Hier muss der Namen auch den allgemeinen Bezeichnungsregeln entsprechen und wird - ähnlich einer Variable - mit Datentyp und Standardwert angegeben.

- `[ type_schema_name. ] data_type` enthält den Datentyp eines Parameters sowie sein optionales Schema. Alle Datentypen außer `table` können hier eingesetzt werden. Der Datentyp `cursor` kann nur für einen Ausgabeparameter eingesetzt werden. Die Prozedur liefert so einen Cursor zurück.

- `VARYING` kann nur für den Datentyp `cursor` verwendet werden und gibt an, dass die Struktur der relationalen Ergebnismenge, die zurückgeliefert wird, variieren kann.

- `default` enthält einen möglichen Standardwert für den Parameter. Dies ist eine Konstante oder auch `NULL`.

- `OUTPUT` legt fest, dass dieser Parameter einen Rückgabewert an die aufrufende Anweisung liefert, welcher per Referenz übertragen wird. Auch `text`-, `ntext`- und `image`-Parameter können verwendet werden, solange es keine .NET-Prozedur ist.

- `RECOMPILE` legt für reine T-SQL-Prozeduren fest, dass das Datenbankmodul den Ausführungsplan dieser Prozedur nicht zwischenspeichert, sondern zur Laufzeit kompiliert.

- `ENCRYPTION` legt reine T-SQL-Prozeduren fest, sodass der Quelltext, in der die Prozedur erstellt wurde, chiffriert wird und damit nur für Benutzer mit sehr weiten Rechten den Text abrufen können.

- `EXECUTE AS` legt fest, unter welchem Berechtigungskontext die Prozedur ausgeführt werden darf. Dabei gilt die allgemeine Syntax `{ EXEC | EXECUTE } AS { CALLER | SELF | OWNER | 'user_name' }`. Dieses Thema wird später noch ausführlich behandelt.

- `FOR REPLICATION` legt fest, dass diese Prozedur nur im Rahmen von Replikationen und damit DB-Sicherungsvorgängen ausgeführt wird. Sie darf keine Parameter enthalten, ist nicht für .NET-Prozeduren zulässig, die `RECOMPILE`-Option ist untersagt, und sie wird nicht auf dem Abonennten einer Replikation durchgeführt.

- `<sql_statement>` enthält die T-SQL-Anweisungen und damit den eigentlichen Programmtext der Prozedur.

- `EXTERNAL NAME , assembly_name.class_name.method_name` gibt die statische Methode einer .NET-Assembly (dll) an, die als Prozedur verfügbar gemacht werden soll.

Um eine Prozedur zu ändern, ist anstelle der `CREATE`-Anweisung nur das Schlüsselwort `ALTER` anzugeben. Dieses sorgt dafür, dass die vorhandene Prozedur mit dem nun angegebenen Quelltext überschrieben wird.

```
ALTER { PROC | PROCEDURE }
```

```
    [schema_name.] procedure_name [ ; number ]
    [ { @parameter [ type_schema_name. ] data_type }
    [ VARYING ] [ = default ] [ [ OUT [ PUT ]
    ] [ ,...n ]
[ WITH <procedure_option> [ ,...n ] ]
[ FOR REPLICATION ]
AS
    { <sql_statement> [ ...n ] | <method_specifier> }
```

Aus der Datenbank kann der Quelltext zur Überarbeitung aus dem Kontextmenü einer gespeicherten Prozedur abgerufen werden. Dazu wählt man SCRIPT STORED PROCEDURE AS / CREATE TO und dann eine der drei Optionen, um den Quelltext in die Zwischenablage zu kopieren, einer Datei zu speichern oder sofort in einem neuen Abfragefenster zu öffnen.

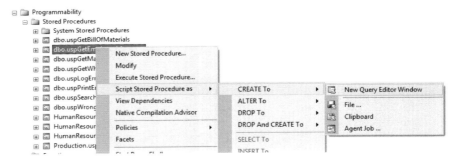

Abbildung 6.6: Abrufen eines Quelltexts zur Überarbeitung

Um eine Prozedur zu löschen, ist wie sonst auch bei Schema-Objekten die DROP-Anweisung einzusetzen.

```
DROP { PROC | PROCEDURE }
    { [ schema_name. ] procedure } [ ,...n ]
```

Unter dem Stichwort „verzögerte Namensauflösung" ist das Phänomen bekannt, dass innerhalb einer Prozedur auf Tabellen oder Sichten zugegriffen werden kann, die noch gar nicht vorhanden sind. Bei der Erstellung einer Prozedur wird zwar die Syntax auf Fehler geprüft, nicht allerdings die Existenz von Schema-Objekten. Dies ist erst der Fall, wenn die kompilierte Prozedur zur ersten Ausführung kommt, was bei dann weiterhin bestehender fehlerhafter Referenzierung auch zu einem Fehler führt.

6. 2. 2. Prozedurarten

Die verschiedenen Arten von Prozeduren sind bereits zuvor kurz in einer Abbildung vorgestellt worden. Sie sollen nun noch einmal jeweils mit einem typischen Beispiel unterlegt werden.

➜ Rückgabe einer Ergebnismenge

Eine wesentliche Eigenschaft des MS SQL Servers ist es, Prozeduren erstellen zu können, die eine relationale Ergebnismenge zurückliefern können. Dies bietet eine Sicht selbstverständlich ebenfalls an. Hier allerdings ist es notwendig, eine WHERE-Klausel selbst zu schreiben, die einen zusätzlichen Filter auf die Daten anwendet. Bei der Verwendung einer Prozedur dagegen kann man eine Reihe von Parametern vorgeben, welche typische Filter bzw. gewünschte Filterangaben (aus Sicherheits-, Validierungs- oder Bequemlichkeitsgründen) bereits vorgeben. Dies wird im nächsten Beispiel gezeigt.

Die Prozedur liefert Produktinformationen anhand der Produktnummer. Kein anderer Filter ist notwendig, um an Produktdaten zu gelangen. Auch muss man die Ergebnismenge nicht so gut kennen, um einen eigenen Filter auf eine bestimmte Untermenge an Spalten anzuwenden. Lediglich die spätere Übergabe eines geeigneten Wertes ist notwendig. Die Prozedur legt man mit der CREATE-Anweisung an und hängt dann die Parameterliste an ihren Namen an. Als Parameter übergibt man eine Produktnummer, die verpflichtend ist und die auch keinen Standardwert besitzt. Mit Hilfe dieser Produktnummer sucht man in einer einfachen Abfrage verschiedene Spaltenwerte aus der Product-Tabelle heraus. Die Prozedur endet auch mit dieser Abrage, sodass sie insgesamt genau dieses relationale Ergebnis zurückliefert.

```
-- Existenzprüfung und Erstellung einer Pozedur
IF OBJECT_ID ( 'Production.usp_GetProductByNumber', 'P' )
    IS NOT NULL
     DROP PROCEDURE Production.usp_GetProductByNumber;
GO
CREATE PROCEDURE Production.usp_GetProductByNumber
```

```
    ( @vProductNumber nvarchar(25)  )
AS BEGIN
SELECT Name,Color, ListPrice, Size
  FROM Production.Product
 WHERE ProductNumber = @vProductNumber
END
GO
EXEC Production.usp_GetProductByNumber 'SO-B909-L'
```

612_01.sql: Standardprozedur

Der vorherige Quelltext zeigte neben der einfachen Prozedur auch noch, wie man sie innerhalb von T-SQL aufrufen kann. Unter Angabe des Parameterwerts für ein beliebiges Paar Socken erhält man das Ergebnis genau so zurück, als hätte man eine Tabelle oder Sicht befragt.

```
Name                         Color   ListPrice  Size
---------------------------  ------- ---------- -----
Mountain Bike Socks, L       White   9,50          L
(1 Zeile(n) betroffen)
```

Dies war ein Beispiel zu den Prozeduren, die mit einer SELECT-Anweisung enden und daher insgesamt nicht einen Rückgabewert zurückliefern, sondern eine Abfrage ausführen. Hierbei gibt es grundsätzlich keine Beschränkungen, was den Quelltext anbetrifft, der vor der letzten Abfrage steht und welcher damit quasi das Ergebnis einleitet. Man könnte sich vorstellen, dass man eine Art Produktsuchmaschine mit Hilfe einer Prozedur realisiert, die ansonsten nur in einer äußeren Anwendung denkbar wäre. Unter Angabe eines variierenden Datentyps oder ganz einfacher Zeichenkette kann man verschiedene Spalten in der Product-Tabelle untersuchen und die passenden Ergebnisse in eine table-Variable speichern, welche schließlich abgefragt wird. In der ersten Abfrage könnte man die Ergebnisse beschaffen, indem der Suchbegriff in der Produktnummer gesucht wird. Die zweite Abfrage, welche die table-Variable auffüllt, könnte im Namen suchen. Wenn schließlich alle relevanten Spalten untersucht sind, die man in diese Suchmaschine aufnehmen möchte, fragt man die table-Variable ab und liefert so das gesamte Ergebnis.

In der nachfolgenden Abbildung ist dieses Prinzip noch einmal dargestellt. In der unteren Hälfte befindet sich die zu Grunde liegende Tabelle in Form ihrer Daten, deren Struktur sehr viel umfassender ist, als es die Rückgabedaten der Prozedur vermuten lassen. Es ist also möglicherweise für die Anwendung, welche diese Daten über die Prozedur anspricht, gar nicht notwendig bzw. für den Benutzer möglicherweise sogar untersagt, mehr über die Daten und damit sowohl die Struktur als auch Inhalte zu erfahren. Die Prozedur fragt in ihrer Eigenschaft als eigenes Schema-Objekt anstelle einer direkten Abfrage, die in der äußeren Anwendung abgesetzt wird, die Daten ab und verhindert so einen allzu großzügigen Blick auf diese Daten.

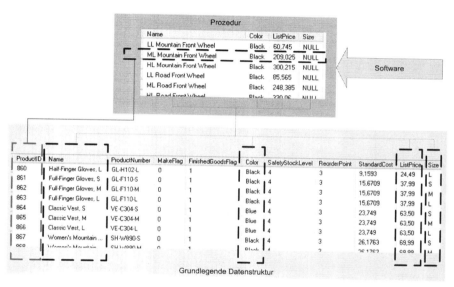

Abbildung 6.7: Funktionsweise einer Prozedur

➡ Sonstige Prozeduren

Neben den zuvor erläuterten Prozeduren gibt es noch diejenigen, welche nicht die Abfragen, sondern die Datenmanipulation steuern und vereinfachen sollen. Die nachfolgende Prozedur erleichtert es bspw., ein neues Produkt einzufügen. Man könnte sich hier noch vorstellen, dass der erzeugte Primärschlüsselwert zurückgeliefert wird. Dazu setzt man die OUTPUT-Klausel ein, was in einem späteren Beispiel vorgeführt wird. Die Prozedur erwartet diejenigen Werte für ein Produkt, die man in jedem Fall benötigt und könnte auch noch mit NULL ausgestattete weitere Parameter erwarten, die in der Tabelle nicht verpflichtend sind.

Solche Prozeduren sind überaus interessant, um eine vereinfachte Datenschnittstelle für Aktualisierungs- und Einfügevorgänge anzubieten. Es könnte sein, dass für eine Anwendung nicht alle Spalten relevant sind und daher nach außen nur eine begrenzte Spaltenauswahl angeboten werden soll. Es könnte genauso gut sein, dass besondere Berechnungen oder Validierungen stattfinden sollen, die nicht mit Hilfe einer CHECK-Bedingung realisiert werden können oder sollen. Sofern keine Trigger als automatisch ausgeführte Prozedur, die an eine Tabelle gebunden ist, zum Einsatz kommt, bietet sich eine solche Prozedur besonders an, da hier der Aspekt des vereinfachten Zugriffs zusätzlich realisiert werden kann.

Das nachfolgende Beispiel zeigt nur, wie eine vorher Product3-Tabelle, die im Download-Listing ebenfalls enthalten ist und zuvor angelegt wird, gefüllt wird. Sämtliche andere T-SQL-Anweisungen sind nicht spezifisch für Prozeduren, sondern können mit der bisher gezeigten Syntax umgesetzt werden.

```sql
CREATE PROCEDURE Production.usp_InsertProduct (
  @vName          varchar(30),
  @vProductNumber nvarchar(25),
  @vListPrice     money,
  @vStandardCost  money
)
AS BEGIN
  INSERT INTO Production.Product3
  (Name, ProductNumber, ListPrice, StandardCost)
  VALUES (@vName, @vProductNumber, @vListPrice, @vStandardCost)
END
```

612_02.sql: DML-Prozedur

Diese Prozedur kann man in T-SQL ebenfalls über die EXEC-Anweisung aufrufen. In diesem Fall setzt man aus Gründen der besseren Lesbarkeit allerdings ein anderes Format ein, in welchem die einzelnen Parameterwerte nicht einfach in der richtigen Reihenfolge nach dem Prozedurnamen aufgelistet werden, sondern in dem in einer Parametername-Werte-Struktur ausdrücklich auch die Parameternamen genannt werden. So kann man gut nachvollziehen, welcher Parameter welchen Wert erhalten hat.

```
EXEC Production.usp_InsertProduct
        @vName = 'HL Mountain Seat Assembly',
        @vProductNumber = 'SA-M687',
        @vListPrice = 196.92,
        @vStandardCost = 145.87
```

612_02.sql: DML-Prozedur

6. 2. 3. Parameter und Aufruf

Wie schon zuvor gezeigt, gibt es wenigstens zwei verschiedene Varianten, eine Prozedur aufzurufen und ihr Parameterwerte zu übergeben. Die eine Variante bezeichnet man als Positionsnotation, da hier die Position/Reihenfolge der Parameterwerte über ihre Zuordnung zu Prozedurparametern entscheidet. Die andere Variante bezeichnet man dagegen als Namensnotation, da in diesem Fall nur der Name über die Zuordnung entscheidet und hier also auch eine andere Reihenfolge genutzt werden kann. Insbesondere diese Namensnotation ermöglicht es auch, einfach Standardwerte aufzurufen, ohne die Parameter eigens anzusprechen.

Der Aufruf einer Funktion oder Prozedur erfolgt mit der EXEC-Anweisung, welche folgende allgemeine Syntax besitzt:

```
[{ EXEC | EXECUTE } ]
    {
      [ @return_status = ]
      { module_name [ ;number ] | @module_name_var }
        [ [ @parameter = ] { value
                            | @variable [ OUTPUT ]
                            | [ DEFAULT ]
                            }
        ]
      [ ,...n ]
      [ WITH RECOMPILE ]
    }
```

Folgende Parameter kommen zum Einsatz:

- `@return_status` erwartet eine Ganzzahl mit dem so genannten Rückgabe-status eines Moduls. Bei einer Skalarfunktion ist dies der gewöhnliche Rückgabewert, welcher in jedem beliebigen Datentyp abgerufen werden kann.

- `module_name` erwartet den (voll qualifizierten) Namen von Prozedur oder Skalarwertfunktion.

- `; number` erwartet die nicht mehr empfohlene Nummer eines Moduls, das in einer Gruppe von gleich benannten, sich aber durch die Nummer unterscheidenden Prozeduren erstellt wurde.

- `@module_name_var` erwartet eine Variable, welche den Namen des auszuführenden Moduls für sehr dynamische Modulauswahl und -angabe enthält.

- `@parameter` erwartet den Namen eines Parameters mit voran gestelltem @-Zeichen. Sofern der Namen ausdrücklich angegeben wird, muss die Reihenfolge der Parameter von Aufruf und Deklaration nicht übereinstimmen (Namensnotation).

- `value` erwartet den zugewiesenen Wert des Parameters. Sofern nur der Wert angegeben wird, ist die Reihenfolge der Parameter in Aufruf und Deklaration einzuhalten (Positionsnotation).

- `@variable` enthält eine Variable, die den Wert eines Parameters oder Ausgabeparameters speichert.

- `OUTPUT` gibt an, dass dieser Parameter ein Ausgabeparameter ist und Werte per Referenz zurückgibt. Innerhalb des Moduls ist der selbe Parameter ebenfalls mit `OUTPUT` angegeben.

- `DEFAULT` gibt an, dass der Standardwert verwendet werden soll.

- `WITH RECOMPILE` lässt einen neuen Ausführungsplan kompilieren, der nach der Ausführung wieder gelöscht wird. Dies ist zu verwenden, wenn die Parameterwerte sehr unterschiedlich sind und die Daten in großem Maße geändert werden.

Standardwerte

Wie auch bei Tabellen und ihren Spalten ist es bei Prozeduren ebenfalls erlaubt, Standardwerte anzugeben. Sie werden dann verwendet, wenn sie keine tatsächlichen Parameterwerte beim Aufruf überschreiben. Das nachfolgende Beispiel zeigt, wie ein solcher Standardwerte angegeben wird. Die Syntax erinnert sehr an eine Variablendeklaration, bei der die SET-Anweisung ausgelassen wurde. Inhaltlich sucht diese Prozedur wiederum Produkte heraus, wobei allerdings nicht die Produktnummer anzugeben ist, sondern stattdessen der minimale Listenpreis, die Farbe und die Produktkategorie. Diese Kategorie wird nun auf den Standardwert 1 gesetzt, so wie man sich auch noch vorstellen könnte, den Minimalpreis auf 0 zu setzen.

```
CREATE PROCEDURE Production.usp_GetProduct (
   @vListPrice money,
   @vColor      nvarchar(15),
   @vCategory   int = 1)
AS BEGIN
SELECT Name, Color, ListPrice, Size, ProductSubcategoryID
  FROM Production.Product
 WHERE Color = @vColor
   AND ListPrice > @vListPrice
   AND ProductSubcategoryID = @vCategory
END
```

613_01.sql: Erstellung einer Prozedur mit Standardwert

Das nachfolgende Skript listet dann die verschiedenen Varianten auf, in denen diese Prozedur aufgerufen werden kann. Bei der Positionsnotation (erster Fall) übergibt man die Parameterwerte in der erwarteten Reihenfolge. Dies ist bei der Verwendung von Methoden in den meisten Programmiersprachen ebenfalls so geregelt. Sofern der Standardwert als letzter erscheint, kann darauf verzichtet werden. Steht er dagegen innerhalb von anderen Parametern oder sind mehrere solcher Parameter nacheinander, gibt man den Standardwert mit dem Schlüsselwort DEFAULT an (zweiter Fall). Möchte man diesen Standardwert überschreiben (dritter Fall), setzt man an seiner Stelle einfach den gewünschten Wert ein. Bei der Namensnotation (vierter Fall) schließlich muss man sich gar keine Gedanken um die Berücksichtigung von Standardwerten machen, da man hier ohnehin nur die Parameter nennt, die man auch tatsächlich mit einem Wert belegen will.

```
-- Aufruf mit Positionsnotation und Standardwert
```

6

```
EXEC Production.usp_GetProduct 250.00, 'Black'
EXEC Production.usp_GetProduct 250.00, 'Black', default
-- Aufruf mit Positionsnotation und Nicht-Standardwert
EXEC Production.usp_GetProduct 250.00, 'Black', 14
-- Aufruf mit Namensnotation
EXEC Production.usp_GetProduct @vColor = 'Black',
    @vListPrice = 250.00
```

613_01.sql: Aufruf eines Standardwerts

➜ **Rückgabewert**

Im Normalfall kommen Funktionen zum Einsatz, wenn Rückgabewerte benötigt werden. Dabei steht der Funktionsaufruf auf der rechten Seite einer Zuweisung bzw. erscheint als Ausdruck und liefert so diesen Rückgabewert direkt an eine Variable oder das diesen Ausdruck verarbeitende Ziel zurück. Eine Prozedur hingegen kann als eigenständige Anweisung fungieren, sodass es zunächst kein Ziel von Rückgabewerten gibt. Dies ist allerdings durch die Wertübergabe per Referenz und einen Parameter, der zusätzlich mit dem Schlüsselwort OUTPUT ausgezeichnet wurde, möglich. Bei einer Prozedur gibt es in diesem Zusammenhang auch keine Einschränkung bei der Anzahl an Rückgabewerten.

Das nachfolgende Beispiel zeigt zum einen, wie ein solcher Rückgabewerte eingerichtet, mit einem Wert gefüllt und auch in der äußeren Anwendung (in diesem Fall T-SQL) abgerufen wird. Die Prozedur soll wieder Produktinformationen liefern, wobei diese allerdings in Form einer zusammenfassenden Zeichenkette zurückgeliefert werden sollen. Dazu gibt es den dritten Parameter, der mit OUTPUT ausgezeichnet wurde. Die anderen beiden Parameter bilden wie zuvor den Minimalpreis und die Farbe ab. Eigentlich müsste man einen Cursor erstellen, um alle Produktinformationen zusammen abzurufen und bspw. als HTML-Text aufzubereiten, doch um das Beispiel zu verkürzen werden nur die Werte des ersten abgerufenen Datensatzes abgerufen und im Rückgabeparameter zusammen gesetzt.

```
CREATE PROCEDURE Production.usp_GetProduct (
   @vListPrice  money,
   @vColor      nvarchar(15),
   @vSummary    nvarchar(255) OUTPUT)
AS BEGIN
```

```
-- Variablen deklarieren
DECLARE @vName nvarchar(50),
        @vDetails nvarchar(505)
-- Daten abrufen
SELECT @vName = Name,
       @vDetails = Color + ' ' + STR(ListPrice)
  FROM Production.Product
 WHERE Color = @vColor
-- Output-Parameter setzen
SET @vSummary = @vName + ' ' + @vDetails
END
```

613_02.sql: Erstellung eines Rückgabewerts

Um einen solchen Rückgabewert abzurufen, benötigt man außen zunächst eine entsprechende Variable, die einen für den Rückgabewert geeigneten Datentyp besitzt. Diese Variable wird bei der Positionsnotation einfach ebenfalls mit dem Schlüsselwort OUTPUT an die Stelle in der Parameterliste gesetzt, an der ein Rückgabeparameter erwartet wird. Bei der Namensnotation dagegen ist die Position grundsätzlich egal, weil vor Nennung der Variablen auch noch der Parametername angegeben werden muss. Das Schlüsselwort OUTPUT bleibt bestehen. Nach dem Aufruf ist die zuvor deklarierte und mit keinem Wert versehene Variable gefüllt. Ein möglicher vorhandener Wert wäre überschrieben worden.

```
-- Aufruf mit Output-Parametern
DECLARE @vProductText nvarchar(255)
EXEC Production.usp_GetProduct 300.00, 'Black',
                                @vProductText OUTPUT
PRINT @vProductText
-- Aufruf mit Namensnotation
EXEC Production.usp_GetProduct  @vColor = 'Blue',
                                @vListPrice = 220.00,
                                @vSummary = @vProductText OUTPUT
PRINT @vProductText
```

613_02.sql: Abruf eines Rückgabewerts

6

➜ **Hinweise für ADO.NET**

Auch wenn dieses Buch einen Bogen um .NET schlägt, um Nicht-.NET-Benutzer nicht mit zu viel Papier über für sie uninteressante Programmiersprachen zu ärgern, sollen doch einige kurze Hinweise folgen, wie denn diese Prozeduren in einer .NET-Anwendung mit ADO abgerufen werden können.

Vorausgesetzt wird also, dass es innerhalb einer MS SQL Server-Datenbank eine ganze Schicht an unterschiedlichen Prozeduren gibt, die das Leben der Daten sicherer und das Leben des Programmierers einfacher gestalten. Mit den folgenden Techniken kann man die beschriebenen Ergebnisse einer Prozedur abrufen.

- *Einfache Ergebnismenge*: Eine Prozedur erzeugt eine einfache Ergebnismenge, wenn sie nach einigen T-SQL-Anweisungen schließlich mit einer SELECT-Anweisung endet. Ein Objekt der Klasse SqlDataReader sowie ein Objekt der Klasse SqlDataAdapter kann bei bestehender und permanenter DB-Verbindung eine solche Ergebnismenge abrufen. Von DataSet abgeleitet, gibt es noch die DataTable-Klasse, deren Objekte auch in einem Kontext ohne permanente DB-Verbindung mit den zwischengespeicherten Daten arbeiten können. Auch sie können diese Daten empfangen.

- *Mehrere Ergebnismengen*: Eine Prozedur kann mehrere Ergebnismengen zurückliefern, wenn innerhalb der Anweisungen tatsächlich mehrere SELECT-Anweisungen durchgeführt werden, die zur Rückgabe von Ergebnismengen führen. Diese können abgerufen werden, wenn man von der SqlDataReader-Klasse die NextResult()-Methode verwendet.

- *Ausgabeparameter*: Ein Objekt der Klasse SqlCommand besitzt eine Collection namens Parameters, in denen sich die veschiedenen Parameterarten befinden. Sie haben die Typen bzw. Richtungen Input, Output, InputOutput oder ReturnValue. Die Ausgabeparameter, die von einer MS SQL Server-Prozedur zurückgeliefert werden, benötigen die Richtung InputOutput, da sie auch Werte in die Prozedur bringen können, die vor einem Überschreibevorgang auch zunächst gelesen werden können. Die anderen Parameter werden mit Input übergeben. Ein Rückgabewert wird mit der ReturnValue-Richtung eines SqlParameter-Objekts abgerufen.

- *Anzahl betroffener Reihen*: Sofern die Option SET NOCOUNT ON vom Benutzer eingesetzt wird, ist es nicht möglich, die Anzahl betroffener Reihen direkt von der Datenbank zu erhalten, weil die Ausgabe unterdrückt wird. Die Eigenschaft `RecordsAffected` eines `SqlDataReader`-Objekts lässt sich zwar in DML-Anweisungen verwenden, allerdings nicht bei `SELECT`. Darüber hinaus liefert es die Menge aller betroffenen Zeilen von allen DML-Anweisungen einer Prozedur, sodass hier keine Differenzierung möglich ist. Die beste Möglichkeit besteht darin, für alle DML-Anweisungen, deren Anzahl betroffener Reihen nach außen gemeldet werden sollen, einen eigenen Ausgabeparameter anzugeben. Den Wert ermittelt man dann unmittelbar nach der Anweisung über den Aufruf der Systemfunktion (globale Variable) `@@rowcount`.

- *Fehler*: Um Fehler abzurufen, muss man lediglich mit `try` und `catch` arbeiten, sodass der Prozeduraufruf innerhalb von `try` liegt. Sollte hier ein Fehler (Schweregrad größer als 10) zurückgeliefert werden, verlagert dies die Ausführung in den `catch`-Block. Hier kann man dann das `SqlException`-Objekt untersuchen, welches eine `Errors`-Collection mit `SqlError`-Objekten besitzt. Dieses besitzt wiederum die beiden Eigenschaften `Number` und `Message`.

- *Warnungen*: Eine Warnung ist eine Fehlermeldung mit einem Schweregrad kleiner gleich 10. Es wird ein `InfoMessage`-Ereignis vom `SqlConnection`-Objekt ausgelöst, wenn eine Warnung ausgegeben wird, der wiederum ein `SqlInfoMessageEventArgs`-Objekt übergeben wird. Dieser Parameter besitzt eine `Errors`-Collection, die analog zu derjenigen von `SqlException` verarbeitet werden kann.

- *Ausgabe mit* `PRINT`: Dies gelingt über die gleiche Technik wie bei Warnungen.

- *XML-Ausgabe*: ADO.NET empfängt zurückgegebene XML-Daten einer Spalte im `SqlDataReader`-Objekt. Wird nur XML zurückgegeben, kann man auch ein `XmlReader`-Objekt verwenden, wobei zuvor vom `SqlCommand`-Objekt die besondere Methode `ExecuteXmlReader()` verwendet werden muss.

- *Benutzerdefinierte Datentypen (UDT)*: Im Rahmen der .NET-Unterstützung bietet der MS SQL Server für die Erstellung von objektrelationalen Strukturen auch an, eigene Datentypen mit .NET-Klassen zu erstellen. Diese können ebenfalls wie alle anderen Spalten- oder Parametertypen abgerufen werden, solange der Quelltext der Klasse beim Klienten ebenfalls verfügbar ist. Dies ist in Form einer DLL der Fall.

6

- *Struktur der Ergebnismenge abrufen*: Der `SqlDataReader` in ADO.NET erlaubt es, die Metadaten der Ergebnismenge mit der Methode `GetSchemaTable()` abzurufen. Sie liefert ein `DataTable`-Objekt mit diesen Metadaten.

6. 2. 4. Sonderfälle

Als die allgemeine Syntax vorgestellt wurde, gab es noch verschiedene zusätzliche Schlüsselwörter und Anweisungen, welche eine Prozedur betreffen können. Sie sollen in diesem Abschnitt vorgestellt werden.

➜ Neukompilierung

Wie schon in der allgemeinen Syntax erwähnt, bestimmt die Option `WITH RECOMPILE`, dass das Datenbankmodul den erzeugten Abfrageplan, d.h. die vordefinierte und normalerweise die Geschwindigkeit positiv beeinflussende Art und Weise der (wiederholten) Ausführung zu verwerfen. Dies zwingt den Abfrageoptimierer, bei jeder Abfrage einen neuen Plan zu kompilieren, da dieser nicht zwischengespeichert wird.

Sofern gar nicht ein neuer Abfrageplan für die gesamte Prozedur erstellt werden soll, sondern nur für eine einzelne Anweisung innerhalb derselben Prozedur, können sie außer bei `INSERT` auch direkt in einer einzelnen Abfrage auf der obersten Ebene angegeben werden. Dies gelingt über die Anweisung `OPTION ( <query_hint> [ ,...n ] )`, welche der gesamten Abfrage folgt und in diesem Fall das einfache Schlüsselwort `RECOMPILE` enthält.

```
CREATE PROCEDURE Production.usp_GetProductByNumber
 (@vProductNumber nvarchar(25))
WITH RECOMPILE
AS BEGIN ...
```

614_01.sql: Neukompilierung bei Ausführung

6

➡️ **Verschlüsselung**

Der Quelltext der Prozedur kann normalerweise über die Prozedur `sp_helptext` abgerufen werden. Es besteht allerdings die Möglichkeit, diesen Quelltext zu verschlüsseln, was über die Klausel `ENCRYPTION` gelingt. Benutzer ohne Zugriff auf die Systemtabellen können dann den Prozedurquelltext nicht mehr abrufen.

```
CREATE PROCEDURE Production.usp_GetProductByNumber
 (@vProductNumber nvarchar(25))
WITH ENCRYPTION
AS BEGIN ...
GO
EXEC sp_helptext 'Production.usp_GetProductByNumber'
```

614_02.sql: Verschlüsselung bei Erstellung

Man erhält bei einem Aufruf der `sp_helptext`-Prozedur den mysteriösen Hinweis:

```
Der Text für das 'Production.usp_GetProductByNumber'-Objekt
ist verschlüsselt.
```

➡️ **Cursor-Rückgabe**

Eine besonders schöne Technik neben der Rückgabe von relationalen Ergebnismengen ist die Rückgabe eines Cursors, der dann in der äußeren Anwendung (hauptsächlich T-SQL) verarbeitet werden kann. Dies soll am nachfolgenden Beispiel demonstriert werden. Zunächst muss ein Parameter wiederum mit dem Schlüsselwort `OUTPUT` versehen werden, weil es sich ja tatsächlich um einen Ausgabeparameter handelt. Als Datentyp verwendet man `CURSOR` und `VARYING`, wenn die Struktur Ergebnismenge wechselnd ist. In diesem Zusammenhang wird also die schon verwendete Prozedur `usp_GetProduct` noch einmal abgewandelt. Weder eine Ergebnismenge noch ein zusammenfassender Text wird ausgegeben, sondern stattdessen ein Cursor, der die Tabelle `Product` anbietet und sie vorab mit Hilfe der anderen Parameter für Listenpreis, Farbe und Kategorie gefiltert hat.

Innerhalb der Prozedur öffnet man den als Cursor schon bekannt gemachten Ausgabeparameter über die `SET`-Anweisung und fügt die `CURSOR`-Klausel sowie na-

6

türlich die ihn konstituierende Abfrage hinzu. Vielmehr ist nicht mehr zu tun als den Cursor schließlich als letzte Anweisung der Prozedur über OPEN zu öffnen. Dies sorgt dafür, dass man in der äußeren Anwendung Zugriff auf diese Daten erhält.

```
CREATE PROCEDURE Production.usp_GetProduct (
    @vListPrice money,
    @vColor     nvarchar(15),
    @vCategory  int = 1,
    @cProducts  CURSOR VARYING OUTPUT)
AS BEGIN
SET @cProducts = CURSOR FORWARD_ONLY STATIC FOR
SELECT Name, Color, ProductSubcategoryID
  FROM Production.Product
 WHERE Color = @vColor
   AND ListPrice > @vListPrice
   AND ProductSubcategoryID = @vCategory
OPEN @cProducts
END
```

614_05.sql: Rückgabe eines Cursors

Interessant ist nun natürlich, wie man einen solch ungewöhnlichen Ausgabeparameter in der äußeren Anwendung nutzen kann. Dazu erstellt man eine Variable mit dem Datentyp CURSOR, verzichtet allerdings darauf, auch eine Abfrage anzugeben. Diese Variable setzt man dann an die Stelle des Ausgabeparameters beim Aufruf der Prozedur, indem man das OUTPUT-Schlüsselwort anschließt und die richtige Position oder den entsprechenden Parameternamen für die Zuordnung wählt.

Da der Cursor bereits innerhalb der Prozedur geöffnet wurde, kann man unmittelbar mit der FETCH-Anweisung den ersten Datensatz abrufen und dann über die WHILE-Schleife die schon bekannte Verarbeitung durchführen. Nach dieser Verarbeitung schließt man den Cursor wieder in äußeren Anwendung und gibt den Speicher frei.

```
- Cursor und einfache Variablen erstellen
DECLARE @cProductsOut CURSOR,
        @vName varchar(50), @vColor nvarchar(15),
```

```
        @vCategory int
-- Prozedur ausführen
EXEC Production.usp_GetProduct
        @cProducts = @cProductsOut OUTPUT,
        @vListPrice = 150,
        @vColor = 'Black'
-- Abrufen 1
FETCH NEXT FROM @cProductsOut
INTO @vName, @vColor, @vCategory
-- Schleife
WHILE (@@FETCH_STATUS = 0) BEGIN
 -- Abrufen 2..n
 FETCH NEXT FROM @cProductsOut
 INTO @vName, @vColor, @vCategory
 PRINT @vName + ' ' + @vColor
END
-- Aufräumen
CLOSE @cProductsOut
DEALLOCATE @cProductsOut
```

614_05.sql: Abruf eines Cursors

6. 3. Funktionen

Neben den Prozeduren gibt es auch noch die Möglichkeit, benutzerdefinierte Funktionen zu erstellen. Beide Modularten haben – wie in allen Datenbanken, die überhaupt solche Strukturen anbieten – große Gemeinsamkeiten. Daher werden viele Aspekte bereits bekannt sein, weswegen die Darstellung von Funktionen ein wenig kürzer ausfallen kann. Eine Funktion kann als Ausdruck, auf der rechten Seite einer Zuweisung (was ebenfalls ein Ausdruck ist) oder auch in einer FROM-Klausel erscheinen. Die ersten beiden Möglichkeiten sollten angesichts der verschiedenen, schon in der Datenbank vorhandenen Systemfunktionen sowie natürlich aufgrund der gängigen SQL-Funktionen schon bekannt sein. Neu ist möglicherweise die Überlegung, dass solche Funktionen auch vom Benutzer erstellt werden und direkt in SQL-Anweisungen wie bspw. SELECT aufgerufen werden können. Neu dürfte auch sein, dass eine Funktion innerhalb einer FROM-Klausel anstelle einer Tabelle auftreten kann. In diesem Sinne ähnelt sie einer Prozedur, die eine relationale Ergebnismenge zurückgibt, welche wiederum mit zusätzlichen Filtern, Sortierungen und Gruppierungen sowie auch Spaltenauswahlen genutzt wird. Eine Prozedur hingegen könnte an dieser Stelle niemals stehen, sondern bildet bereits die gesamte Abfrage an.

Ein wesentlicher Unterschied von Funktionen und Prozeduren besteht darin, dass eine Funktion den Status einer Datenbank nicht ändern kann. Die folgende Liste enthält Anweisungen, die innerhalb einer benutzerdefinierten Funktion überhaupt zulässig sind:

- Variablendeklarationen und zugehörige Zuweisungen, sowie Kontroll-strukturen und gängige T-SQL-Programmstrukturen außer Ausnahme-behandlung. Die Erstellung von Cursorn ist dagegen erlaubt.

- SELECT-Anweisungen, welche ihre Werte lokalen Variablen zuweisen, sowie die Verarbeitung von Cursorn.

- Nutzung von lokalen Cursorn, die also innerhalb der Funktion erstellt und wieder gelöscht werden. Die Rückgabe von Cursorn an den Klienten sowie die Nutzung von Prozedur-Cursorn ist nicht zulässig.

- INSERT-, UPDATE- und DELETE-Anweisungen, die sich auf lokale table-Variablen auswirken. Eine Änderung von tatsächlichen DB-Tabellen ist in Funktionen nicht gestattet.

- EXECUTE-Anweisungen, die gespeicherte Prozeduren aufrufen, sofern sie die oben angegebenen Regeln nicht verletzen, oder erweiterte gespeicherte Prozeduren.

Funktionen können daher verschiedene Eigenschaften haben, die ihnen automatisch zugewiesen werden und die sich aus der Gesamtheit der in ihnen enthaltenen T-SQL-Anweisungen ergeben. Folgende Anweisungen sind in 2005 verfügbar:

- IsDeterministic meint, dass eine Funktion bei gleichen Eingabedaten und gleichem Datenbankstatus das gleiche Ergebnis liefert. Solche Funktionen, die aktuelle Informationen wie Uhrzeiten abrufen, sind bspw. nicht deterministisch.

- IsPrecise prüft die Nutzung von Gleitkommatransaktionen, die in unpräzisen Funktionen auftreten.

- `IsSystemVerified` gibt an, ob die Präzisions- und Determinismus-eigenschaften vom MS SQL Server geprüft werden können.

- `SystemDataAccess` gibt an, ob die Funktion in der lokalen MS SQL Server-Instanz auf Systemdaten wie den Systemkatalog oder virtuelle Systemtabellen zugreift.

- `UserDataAccess` prüft, ob eine Funktion auf Benutzerdaten in der lokalen Instanz von SQL Server zugreift, wobei benutzerdefinierte und temporäre Tabellen, aber keine Tabellenvariablen eingeschlossen sind.

Die nachfolgende Abbildung ist analog zu derjenigen, welche bereits bei Prozeduren zum Einsatz kam, aufgebaut. Sie stelle die verschiedenen Arten von Funktionen sowie ihre typische Verwendungsweise vor.

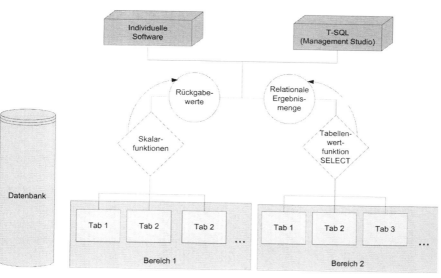

Abbildung 6.8: Typologie von Funktionen

Auf der rechten Seite befindet sich wieder ein Datenbanksymbol, welches zeigen soll, dass sich diese Funktionen nicht in der Software, sondern vielmehr in der Datenbank selbst befinden. Oben sieht man zwei Kästen, von denen der eine bspw. in .NET geschriebene, individuelle Software und der andere ein beliebiges

T-SQL-Skript, wie es im Management Studio ausgeführt werden kann, symbolisiert. Beide können die verschiedenen Prozeduren in T-SQL-Anweisungen, die zur Datenbank geschickt werden, aufrufen.

Man unterscheidet im Wesentlichen zwei Arten von benutzerdefinierten Funktionen, die wie die Prozeduren zuvor als Rauten innerhalb der Abbildung zu sehen sind:

- *Skalarfunktionen* entsprechen bekannten SQL-Funktionen, welche auf Basis keines, eines oder mehrerer Parameter einen Rückgabewert zurückliefern, der überall dort, wo ein Ausdruck erwartet wird, benutzt werden kann. Diese Funktionen können ihre Werte aus Tabellen abrufen; sie können dagegen allerdings auch beliebige Berechnungen ohne Tabellenbezug ausführen.

- *Tabellenwerfunktionen* dagegen führen eine SELECT-Anweisung aus und liefern meist auf Basis einer oder mehrerer Tabellen ein relationales Ergebnis zurück. Da diese Funktionen innerhalb einer FROM-Klausel aufgerufen werden, können alle möglichen SELECT-Techniken auf diese Daten angewandt werden.

- *.NET-Funktionen*: Es ist möglich, in .NET geschriebene Funktionen aus DLLs im MS SQL Server zu speichern und genauso zu verwenden wie in T-SQL geschriebene. Dies wird allerdings nicht in diesem Buch erläutert, weil natürlich .NET-Kenntnisse erforderlich sind.

An dieser Stelle folgte bei der Darstellung der Prozeduren die allgemeine Syntax für CREATE, ALTER und DROP. Wenn Funktionen vorgestellt werden, ist dies jedoch nicht sinnvoll, weil die zwei verschiedenen Arten von Funktionen eine unterschiedliche Erstellungs-/Änderungssyntax aufweisen. Sie folgt später in eigenen Abschnitten.

```
DROP FUNCTION { [ schema_name. ] function_name } [ ,...n ]
```

6. 3. 1. Skalare Funktionen

Eine skalare Funktion liefert einen Wert zurück, sodass sie überall dort, wo ein Ausdruck erwartet wird, aufgerufen werden kann. Man erstellt sie ebenfalls über den CREATE-Befehl und kann sie in einem Schema speichern. Parameter werden mit ihrem Namen und dem vorangestellten @-Zeichen angegeben, können auch einen Standardwert aufweisen oder natürlich NULL sein. Ein solcher Standardwert muss allerdings beim Aufruf in einer SQL-Anweisung immer auch mit default angegeben werden. Man kann nicht wie bei einer Prozedur diese Parameter auslassen. Die Besonderheit einer skalaren Funktion besteht darin, dass sie einen Rückgabewert besitzt und dass dessen Datentyp in der RETURNS-Klausel angegeben ist. Danach folgt nach einem optionalen AS innerhalb von BEGIN und END die Reihe an T-SQL-Anweisungen, welche die Funktion speichert und die mit einer RETURN-Anweisung enden, welche den Rückgabewert schließlich zurückliefern. Dies erinnert insgesamt sehr an eine Methode gängiger Programmiersprachen.

```
CREATE FUNCTION [ schema_name. ] function_name
( [ { @parameter_name [ AS ][ type_schema_name. ]
        parameter_data_type
    [ = default ] }
    [ ,...n ]
  ]
)
RETURNS return_data_type
    [ WITH <function_option> [ ,...n ] ]
    [ AS ]
    BEGIN
        function_body
        RETURN scalar_expression
    END
[ ; ]
```

Ein Beispiel soll diese Technik zeigen. Zunächst prüft man mit Hilfe der OBJECT_ID-Funktion, ob die entsprechende Funktion überhaupt schon in der Datenbank vorhanden ist, um sie ggf. zu löschen. Dabei ist zu beachten, dass die verschiedenen Funktionsarten eigene Testwerte haben. Eine skalare Funktion prüft man bspw. mit der Zeichenkette FN.

Die Funktion soll nun endlich ein Problem in Angriff nehmen, das während des bisher noch keine Berücksichtigung fand: die Währungsrechnung. Innerhalb der Bestellungen, die von Kunden eingehen, gibt es eine Verknüpfung zu einer Währungstabelle namens CurrenyRate, welche historisierte Wechselkurse enthält, und die wiederum mit einer Tabelle Currency verbunden ist. Sie enthält die Namen von Währungen.

Die Funktion `ufnGetBuyerCurrency` erwartet die Nummer eines Verkaufs sowie einen Währungsbetrag in Dollar, der umgerechnet werden soll. Da in einem Datensatz der `SalesOrderHeader`-Tabelle mehrere Spalten vom Datentyp `money` enthalten sind, soll diese Funktion dynamisch zwar den zurzeit der Bestellung gültigen Wechselkurs ermitteln - doch die Summe, die umgerechnet werden soll, wird als Wert übergeben. So kann man diese Funktion für die Gesamtsumme genauso wie für die Steuerlast oder die Frachtkosten nutzen. Innerhalb der Funktion steht ein letztlich ganz gewöhnliches T-SQL-Skript, welches den für die übergebene Bestellnummer gültigen Wechselkurs ermittelt, die Berechnung durchführt und diese schließlich in der RETURNS-Klausel zurückliefert. Letztlich ist es nur die RETURNS-Klausel, welche dieses innere Skript von einem nicht gespeicherten unterscheidet. An seiner Stelle hätte man möglicherweise sonst eher die PRINT-Anweisung verwendet.

```sql
-- Auf Existenz prüfen und ggf. löschen
IF OBJECT_ID (N'dbo.ufnGetBuyerCurrency', N'FN') IS NOT NULL
    DROP FUNCTION dbo.ufnGetBuyerCurrency
GO
-- Erstellen
CREATE FUNCTION ufnGetBuyerCurrency(
 @salesOrderID int,
 @sum money
)
RETURNS varchar(15)
AS BEGIN
-- Lokale Variablen
DECLARE @averageRate float, @currency varchar(5)
-- SQL-Anweisungen
SELECT @averageRate = cr.AverageRate,
       @currency = cr.ToCurrencyCode
  FROM Sales.SalesOrderHeader AS sh
       INNER JOIN Sales.CurrencyRate AS cr
   ON sh.CurrencyRateID = cr.CurrencyRateID
WHERE sh.SalesOrderID = @salesOrderID
-- Rückgabe
RETURN RTRIM(LTRIM(STR(@sum * @averageRate) + ' ' + @currency))
END
```

621_01.sql: Skalarwertfunktion

6

Spektakulär ist nun insbesondere, dass die doch sehr schwierige Umrechnung aufgrund der Verknüpfungen völlig in der Funktion gekapselt ist und die ansonsten im Buch vermiedene Berücksichtigung der tatsächlichen Währungen überaus einfach in dieser Funktion durchgeführt wird. Dies alles gelingt in einem T-SQL-Programm genauso gut, lässt sich aber gerade auch in einer gewöhnlichen SELECT-Anweisung nutzen. Andere typische SQL-Anweisungen könnten hier ebenfalls mit dieser Funktion umgangen werden. So wäre es möglich, den einzutragenden oder zu aktualisierenden Wert mit Hilfe dieser Funktion zu erzeugen.

```
SELECT SalesOrderID,
       dbo.ufnGetBuyerCurrency(SalesOrderID,
                        SubTotal) AS SubTotal,
       dbo.ufnGetBuyerCurrency(SalesOrderID,
                        TaxAmt)  AS Tax,
       dbo.ufnGetBuyerCurrency(SalesOrderID,
                        Freight) AS Freight,
       dbo.ufnGetBuyerCurrency(SalesOrderID,
                        TotalDue) AS Total
  FROM Sales.SalesOrderHeader
 WHERE SalesOrderID IN (43661, 43662)
```

621_01.sql: Skalarwertfunktion testen

Man erhält für die beiden angeforderten Bestellungen die jeweiligen Werte in kanadischen Dollar.

```
SalesOrderID SubTotal       Tax        Freight          Total
------------ -----------    --------   ---------------  ----------
43661             57718 CAD  4617 CAD  1443 CAD            63778 CAD
43662             50789 CAD  4063 CAD  1270 CAD            56122 CAD
(2 Zeile(n) betroffen)
```

6. 3. 2. Tabellenwertfunktion

Die zweite Gruppe an Funktionsarten wird aus den beiden verschiedenen Arten von Tabellenwertfunktionen gebildet. Man kann sie als parametrisierte Sicht verstehen, da hier auf der einen Seite eine gespeicherte Abfrage unter einem eigenen Namen existiert, diese hingegen auf der anderen Seite über Parameterwerte gefiltert werden kann. Im Gegensatz zu einer Sicht oder einer gewöhnlichen Tabelle ist hier also für die Filterung zunächst keine WHERE-Klausel notwendig, weil die vom Besitzer der Funktion als wesentlich erachteten Filtermöglichkeiten schon vorgegeben wurden und besonders einfach in ihrer Verwendung sind. Davon ist unberührt, zusätzliche Filterungen in der WHERE-Klausel anzugeben.

➜ Einfache Tabellenwertfunktion

Die erste Untergruppe der Tabellenwertfunktionen bezeichnet man als „einfach," weil hier der Charakter einer Sicht besonders deutlich zum Tragen kommt. Diese Funktion besitzt die Möglichkeit, Parameter anzulegen, die durch einen Datentyp beschrieben sind und einen Standardwert oder NULL enthalten können. Im Gegensatz zu den Skalarfunktionen kündigt man hier den Rückgabewert in der RETURNS-Klausel mit dem Datentyp table an. Bei einer einfachen Tabellenwertfunktion folgt hier nun kein BEGIN...END-Block, sondern lediglich nach einem optionalen AS die SELECT-Anweisung nach dem Schlüsselwort RETURN. Sie kann zwar die verschiedenen Parameter enthalten und auch eine stattliche Größe erreichen, doch alles, was sich nicht in einer einzelnen SELECT-Anweisung ausdrücken lässt, ist dann für diese einfache Form nicht mehr geeignet.

```
CREATE FUNCTION [ schema_name. ] function_name
( [ { @parameter_name [ AS ] [ type_schema_name. ]
       parameter_data_type
    [ = default ] }
    [ ,...n ]
  ]
)
RETURNS TABLE
    [ WITH <function_option> [ ,...n ] ]
    [ AS ]
    RETURN [ ( ] select_stmt [ ) ]
[ ; ]
```

Als Beispiel möchte man nun die zuvor über die Skalarfunktion erstellte Ausgabe weiter verwenden und unter Angabe der Bestellnummer, welche einfach weitergereicht wird, die zuvor erzeugte Abfrage zurückliefern.

```
-- Auf Existenz prüfen und ggf. löschen
```

```
IF OBJECT_ID (N'dbo.ufnGetBuyerCurrencyTable', N'IF') IS NOT NULL
    DROP FUNCTION dbo.ufnGetBuyerCurrencyTable
GO
-- Erstellen
CREATE FUNCTION ufnGetBuyerCurrencyTable (
 @salesOrderID int
)
RETURNS table
AS
-- Unmittelbares RETURN, kein BEGIN..END
RETURN (
SELECT SalesOrderID,
   dbo.ufnGetBuyerCurrency(SalesOrderID, SubTotal) AS SubTotal,
   dbo.ufnGetBuyerCurrency(SalesOrderID, TaxAmt)   AS Tax,
   dbo.ufnGetBuyerCurrency(SalesOrderID, Freight)  AS Freight,
   dbo.ufnGetBuyerCurrency(SalesOrderID, TotalDue) AS Total
 FROM Sales.SalesOrderHeader
 WHERE SalesOrderID = @salesOrderID)
GO
```

622_01.sql: Einfache Tabellenwertfunktion erstellen

Der Aufruf ist dann besonders einfach möglich, indem in der FROM-Klausel die entsprechende Funktion aufgerufen wird. Sie empfängt dann den Parameter, der eine Bestellnummer darstellt.

```
SELECT *  FROM dbo.ufnGetBuyerCurrencyTable(43661)
```

622_01.sql: Tabellenwertfunktion testen

Wie gerade eben in der Test-Abfrage gesehen, liefert der Asterikus (*) alle Spaltennamen, wie sie in der SELECT-Anweisung innerhalb der Funktion angegeben wurden. Über die Angabe von Aliasnamen in der Funktion kann man hie also die Spaltennamen ändern. Darüber hinaus erkennt man an der nachfolgenden Ausgabe, dass weitere SQL-Anweisungen innerhalb der SELECT-Anweisung, welche die Funktion aufruft, genau über die Spaltennamen eingegeben werden können.

```
SalesOrderID SubTotal    Tax       Freight    Total
------------ ---------- --------- ---------- -----------
```

6

```
43661          57718 CAD  4617 CAD  1443 CAD    63778 CAD
```

➜ **Erweiterte Tabellenwertfunktion**

Als erweiterte Tabellenwertfunktion bezeichnet man tatsächlich eine erweiterte Form der zuvor angegebenen. Sie besitzt ebenfalls die Möglichkeit, Parameter über die bekannte Methode anzugeben, präsentiert allerdings eine ganz andere Form der RETURNS-Anweisung. Sie dient auf der einen Seite dazu, die Rückgabevariable vom Typ table zu deklarieren, um sie später auffüllen zu können, und auf der anderen Seite auch die Struktur der Tabelle anzugeben. Innerhalb dieser Tabellendefinition folgt die übliche Auflistung an Spaltennamen und Datentypen, wie sie auch innerhalb einer table-Definition üblich ist, weil es sich ja auch genau um diesen Datentyp handelt. Diese erweiterte Form der Tabellenwertfunktionen erlaubt es dann, in ihrem BEGIN...END-Block, wie in einer Prozedur beliebigen T-SQL-Anweisungen zu verwenden. Die Tabellenvariable füllt man dann wie jede andere Variable vom Typ table über DML-Operationen auf, aktualisiert die Daten oder löscht sie. Diese Tabelle wir dann quasi zurückgeliefert – quasi deshalb, weil die RETURN-Klausel leer ist und die Rückgabevariable schon in der RETURNS-Klausel angekündigt wurde.

```
CREATE FUNCTION name ( [ { @parameter_name [ AS ]
                        [ type_schema_name. ] parameter_data_type
    [ = default ] }
    [ ,...n ]
  ]
)
RETURNS @return_variable TABLE < table_type_definition >
    [ WITH <function_option> [ ,...n ] ]
    [ AS ]
    BEGIN
        function_body
        RETURN
    END
[ ; ]
```

Die Tabellenvariable kann man über die folgende allgemeine Syntax beschreiben und gleichzeitig anlegen:

```
<table_type_definition>, (
```

```
{ <column_definition> <column_constraint> ,
| <computed_column_definition> } ,
[ <table_constraint> ] [ ,...n ], ) }
```

Das nächste Beispiel zeigt, wie man eine solche erweiterte Tabellenfunktion erstellt, mit der grundsätzlich alle Anforderungen umgesetzt werden können. Sie soll eine relational fragwürdige, dafür allerdings als `table`-Variable lohnenswerte Darstellung von Abteilungen und zugehörigen Mitarbeitern erstellen. Innerhalb der `RETURNS`-Klausel definiert man den Aufbau der zurück gelieferten Tabellenstruktur, welche aus zwei Spalten für die Abteilung und drei Spalten für den Mitarbeiter besteht. Innerhalb der Anweisungen der Funktion gibt es dann einen Cursor, der verarbeitet wird und welcher die Daten so in die Tabellenvariable einfügt, dass beim Abruf durch die `NULL`-Werte automatisch auch eine Gruppierung (ähnlich eines kleinen Berichts) stattfindet. Dass genau diese Tabellenvariable, deren Werte über solche Anweisungen wie `INSERT`, `UPDATE` oder `DELETE` erstellt oder bearbeitet werden, an den Klienten geliefert werden soll, ist bereits im Kopf der Funktion angegeben, und muss daher nicht noch einmal in der `RETURN`-Klausel angegeben werden.

```
-- Existenzprüfung
IF OBJECT_ID (N'dbo.ufnGetEmployeesTable', N'TF') IS NOT NULL
    DROP FUNCTION dbo.ufnGetEmployeesTable
GO
-- Erstellung
CREATE FUNCTION dbo.ufnGetEmployeesTable (
 @vGroupName nvarchar(50) )
-- Genaue Angabe der Rückgabestruktur
RETURNS @retEmployees TABLE (
  GroupName  nvarchar(50)  NULL,
  DepName    nvarchar(50)  NULL,
  EmployeeID int           NULL,
  EmpTitle   nvarchar(50)  NULL,
  EmpName    nvarchar(255) NULL
)
AS BEGIN
-- Variablen- und Cursor-Deklaration
DECLARE @vDepID int, @vDepName nvarchar(20)
DECLARE cDepartment CURSOR FOR
SELECT DepartmentID, Name
```

```
    FROM HumanResources.Department
    WHERE GroupName = @vGroupName
-- Öffnen und Vorab-Laden
OPEN cDepartment
FETCH NEXT FROM cDepartment
INTO @vDepID, @vDepName
-- Schleife
WHILE @@FETCH_STATUS = 0
BEGIN
-- Einfügen Kopfzeile einer Abteilung
INSERT INTO @retEmployees (GroupName, DepName)
VALUES (@vGroupName, @vDepName)
-- Einfügen Mitarbeiterzeilen
INSERT INTO @retEmployees (EmployeeID, EmpTitle, EmpName)
SELECT emp.EmployeeID,
       emp.Title,
       FirstName + ` ` + LastName
  FROM HumanResources.Employee AS emp
       INNER JOIN Person.Contact AS c
    ON emp.ContactID = c.ContactID
       INNER JOIN HumanResources.EmployeeDepartmentHistory AS dep
    ON dep.EmployeeID = emp.EmployeeID
 WHERE dep.DepartmentID = @vDepID
-- Nächster Abruf
FETCH NEXT FROM cDepartment
INTO @vDepID, @vDepName
END
-- Aufräumen
CLOSE cDepartment
DEALLOCATE cDepartment
-- Leere Rückgabe bzw. Rückgabe der Tabelle
RETURN
END
```

622_02.sql: Erweiterte Tabellenfunktion

Schließlich setzt man diese Tabellenwertfunktion genauso ein wie die vorherige. Innerhalb der FROM-Klausel kann man sie nun unter Angabe eines Abteilungsgruppennamens, zu dem eine Reihe von Untergruppen gehören, aufrufen. Interessant ist auch hier, zu sehen, wie nicht alle Spalten der zurückgelieferten Tabelle genutzt werden, sondern nur drei.

```
SELECT GroupName, DepName, EmpName
  FROM dbo.ufnGetEmployeesTable('Manufacturing')
```

622_02.sql: Erweiterte Tabellenfunktion abrufen

Man erhält eine Ausgabe, die möglicherweise auch besser zeigt, welche Art Datenstruktur überhaupt gewählt wurde: wie eine Überschrift kann man Ober- und Untergruppe der Abteilung sehen, unter die sich dann die einzelnen Datensätze der Angestellten anfügen. Dies ist relational zwar bedenklich, wird aber von vielen Datenbanksystemen genau auf diese Weise automatisch im Bereich der automatischen Berichtserstellung angeboten.

```
GroupName         DepName                 EmpName
-------------     ---------------------   -----------------
Manufacturing     Production              NULL
NULL              NULL                    Guy Gilbert
NULL              NULL                    JoLynn Dobney
Manufacturing     Production Control      NULL
NULL              NULL                    Peter Krebs
NULL              NULL                    A. Scott Wright
```

6. 3. 3. Optionen

Die Funktionen besitzen noch verschiedene zusätzliche Optionen, von denen nur zwei (ENCRYPTION und EXECUTE AS) wiederum mit denen von Prozeduren und von denen eine mit Sichten (SCHEMABINDING) übereinstimmen. Sie sollen hier vergleichend dargestellt und dann für die Funktionsoptionen mit Beispielen erläutert werden. Folgende Optionen sind für eine Funktion möglich:

```
<function_option>::= {
    [ ENCRYPTION ]
  | [ SCHEMABINDING ]
  | [ RETURNS NULL ON NULL INPUT | CALLED ON NULL INPUT ]
  | [ EXECUTE_AS_Clause ] }
```

Folgende Optionen sind für eine Prozedur möglich:

```
<procedure_option> ::= {
    [ ENCRYPTION ]
    [ RECOMPILE ]
    [ EXECUTE_AS_Clause ] }
```

Zur Erinnerung: Für Prozeduren legte RECOMPILE fest, dass kein Ausführungsplan gespeichert wird, weil davon auszugehen war, dass keine sinnvolle Annahmen über den Wert der Parameter getroffen werden konnten und daher die Berücksichtigung des ansonsten die Ausführung beschleunigenden Ausführungsplans die Ausführung tatsächlich nur behindern würde. Mit der Klausel EXECUTE AS konnte man den so genannten Sicherheitskontext festlegen, was später noch einmal im Zusammenhang erläutert wird. Mit ENCRYPTION konnte man festlegen, dass der Quelltext verschlüsselt wird und nur mit großen Berechtigungen wieder lesbar gemacht wird.

Für Funktionen gibt es neben diesen schon von Prozeduren bekannten Optionen noch die folgenden weiteren:

- SCHEMABINDING legt fest, dass Funktionen, die in anderen Objekten, welche gleichfalls schemagebunden sind, nicht gelöscht werden können.

- RETURN NULL ON NULL INPUT liefert bei Funktionsaufruf mit lauter NULL-Werten als Parameter automatisch den Wert NULL zurück, ohne die Funktion überhaupt auszuführen. Die Standardvariante CALLED ON NULL INPUT führt dagegen die Funktion aus.

➜ Schemabindung

Das Konzept der Schemabindung, das auch für Sichten existiert, in diesem Buch allerdings nicht ausführlich erläutert wurde, nun aber für Funktionen wenigstens eingeführt werden soll, könnte man mit der referenziellen Integrität von Daten und den entsprechenden Beziehungen zwischen Tabellen vergleichen. Hat man eine Funktion erstellt, die nicht nur im Rahmen von T-SQL-Anweisungen und wieder anderen Prozeduren, Funktionen oder Triggern genutzt wird, sondern die sogar bei der Erstellung von Sichten und Tabellen als Skalarfunktion zum Einsatz kommt, dann ist es wichtig, dass man sie nicht einfach löschen oder so verändern kann, dass die von ihr abhängigen Objekte ungültig werden. In einer Sicht kann eine solche Funktion sowohl als Skalar- als auch in Form einer Tabellenwertfunktion erscheinen, wenn die Sicht eine solche Funktion in einer Spalte für eine Berechnung aufruft oder als Abfragequelle benutzt. In einer Tabelle kann sie für berechnete Spalten oder CHECK-Bedingungen zum Einsatz kommen. In allen anderen Objekten kann sie in diversen T-SQL-Anweisungen zum Einsatz kommen. Was soll nun geschehen, wenn die Funktion gelöscht wird, obwohl eine Sicht/ Tabelle weiterhin diese Funktion nutzt? Wie kann eine Prozedur funktionieren, wenn die wichtigste Berechnung in Form der Funktion nicht mehr korrekt ausgeführt wird? Als Antwort gibt es zwei Alternativen: Es gibt bei Ausführung eine sehr unangenehme Fehlermeldung, oder es gibt einen automatischen bzw. vom Benutzer eingerichteten Mechanismus, der das Löschen verhindert. Dies entspricht der referenziellen Integrität, in der ein Datensatz der Eltern-Tabelle ebenfalls nicht gelöscht werden kann, wenn noch ein Kind-Datensatz auf ihn verweist. Dies kann man einrichten oder auch unterlassen - mit dem Ergebnis, eine sehr flexible Datenbank ohne Ärger bei Löschoperationen zu besitzen, die allerdings schnell dazu neigt, völlig inkonsistent zu werden.

Mit der Option SCHEMABINDING legt man nun fest, dass die Funktion an DB-Objekte gebunden ist, welche auf diese Funktion verweisen. Dadurch sind Lösch- und Änderungsoperationen untersagt. Folgende Bedingungen müssen zutreffen, wenn die Schemabindung genutzt werden soll:

- Bei der Funktion muss es sich um eine in T-SQL geschriebene Funktion handeln.

- Andere benutzerdefinierte Funktionen und Sichten, welche die Funktion nutzen, müssen gleichfalls schemagebunden sein.

- Verweise auf andere Objekte innerhalb der Funktion sind mit dem zweiteiligen Namen schema.name angegeben.

- Die abhängigen Objekte und die Funktion gehören zur selben Datenbank.

- Der Benutzer, welche die Funktion erstellt hat, besitzt die REFERENCES-Berechtigung für die DB-Objekte, auf die die Funktion verweist.

In der Datei *623_01.sql* befindet sich ein vollständiges Beispiel, in dem verschiedene Teile der vorherigen Beispiele aufgegriffen werden, um es leichter verständlich zu machen. Daher ist es allerdings auch nicht vollständig abgedruckt, um den Blick auf das wesentliche zu lenken. Zunächst erstellt man eine Funktion mit Schemabindung, die wiederum die bekannte Währungsumrechnung unter dem schon bekannten Namen durchführt.

```sql
-- Auf Existenz prüfen und ggf. löschen
IF OBJECT_ID (N'Sales.ufnGetBuyerCurrency', N'FN') IS NOT NULL
    DROP FUNCTION Sales.ufnGetBuyerCurrency
GO
-- Funktion mit Schema-Bindung erstellen
CREATE FUNCTION Sales.ufnGetBuyerCurrency (
  @salesOrderID int,
  @sum money
)
RETURNS varchar(15)
WITH SCHEMABINDING
AS BEGIN
...
```

623_01.sql: Anlegen einer Funktion mit Schemabindung

Danach erstellt man eine ebenfalls schemagebundene Sicht, welche die gerade erstellte Funktion aufruft. Dies wäre dann auch ein Beispiel, in dem man eine Sicht und eine Tabellenwertfunktion miteinander vergleichen kann, denn grundsätzlich liefert die Sicht auch die verschiedenen Bestellungen mit ihren umgerechneten Preisspalten.

```sql
-- Sicht erstellen, welche die Funktion benötigt
IF OBJECT_ID (N'Sales.vBuyerCurrency', N'V') IS NOT NULL
    DROP VIEW Sales.vBuyerCurrency
GO
CREATE VIEW Sales.vBuyerCurrency
WITH SCHEMABINDING AS
SELECT SalesOrderID,
       Sales.ufnGetBuyerCurrency(SalesOrderID,
                            SubTotal) AS SubTotal,
...
```

623_01.sql: Anlegen einer Sicht mit Schemabindung

Nachdem man die Sicht erfolgreich getestet hat, versucht man, die Funktion zu löschen, womit man genau die Regeln der Schemabindung verletzt.

```
-- Test von Sicht und gleichzeitig der Funktion
SELECT *
   FROM Sales.vBuyerCurrency
 WHERE SalesOrderID BETWEEN 43661 AND 43663
GO
-- Löschversuch der Funktion
DROP FUNCTION Sales.ufnGetBuyerCurrency
```

623_01.sql: Test und Löschversuch der Funktion

Man erhält die sehr deutliche Fehlermeldung:

```
Meldung 3729, Ebene 16, Status 1, Zeile 1
Das DROP FUNCTION von 'Sales.ufnGetBuyerCurrency' ist
nicht möglich, da das 'vBuyerCurrency'-Objekt darauf verweist.
```

In de Datei *623_02.sql* findet man das gesamte Beispiel noch einmal, wobei hier allerdings die gesamte Schemabindung entfernt wurde. Alles funktioniert hervorragend und genauso wie zuvor. Sogar der Löschversuch gelingt problemlos. Lediglich der Test, ob denn die Sicht nach dem Löschen der Funktion noch ausgeführt wird, bringt folgende Fehlermeldung, die es an Deutlichkeit ebenfalls nicht zu wünschen übrig lässt, hervor. Auch wenn man sie wohlwollend liest, muss man zugeben, dass Schemabindung überaus nützlich zu sein scheint.

```
Meldung 4121, Ebene 16, Status 1, Zeile 1
Die "Sales"-Spalte oder die benutzerdefinierte Funktion bzw.
das benutzerdefinierte Aggregat "Sales.ufnGetBuyerCurrency"
wurde nicht gefunden, oder der Name ist mehrdeutig.
Meldung 4413, Ebene 16, Status 1, Zeile 1
Die Sicht oder Funktion 'Sales.vBuyerCurrency' konnte aufgrund
von Bindungsfehlern nicht verwendet werden.
```

➜ **NULL-Werte ausgeben**

Schließlich gibt es noch zwei Optionen, die sich mit der Übergabe von NULL-Werten beschäftigen. Die Standardvariante CALLED ON NULL INPUT gibt vor, dass die Funktion durchaus aufgerufen werden soll, wenn alle übergebenen Parameter NULL sein sollten. Wenn innerhalb der Prozedur dafür Sorge getragen wurde, dass ein sinnvoller Wert oder auch NULL als geeigneter Rückgabewert ermittelt wird, dann ist dies auch durchaus sinnvoll. Die Variante RETURNS NULL ON NULL IN-PUT dagegen liefert automatisch den Wert NULL zurück, wenn alle übergebenen Werte NULL sind. Dies ist dann interessant, wenn die Funktion in einem solchen Fall tatsächlich NULL zurückliefern soll und die Ausführung der Funktion zu lange dauert. Durch den fehlenden Aufruf erhält man das gleiche Ergebnis bei deutlich kürzerer Gesamtausführungszeit.

Das nachfolgende Beispiel kann durch Ändern der Kommentare bei gleich bleibender Ausführung zu ganz anderen Ergebnissen kommen und dieses Phänomen eindrucksvoll vorführen. Wenn die Option RETURNS NULL ON NULL INPUT vorgeben ist, dann liefert der Aufruf mit lauter NULL-Werten tatsächlich NULL, obwohl ganz am Ende der Funktion in einer Fallunterscheidung dieser Wert extra abgefangen und in den Zahlwert 0 umgewandelt wird. Im anderen Fall sorgt die Option CALLED ON NULL INPUT dafür, dass die Funktion – wie sonst auch – ausgeführt wird und im Fall von lauter NULL-Werten der Zahlwert 0 ausgegeben wird, wie ihn die Fallunterscheidung ermittelt.

```
CREATE FUNCTION Sales.ufnGetBuyerCurrency (
 @salesOrderID int,
 @sum money
)
RETURNS varchar(15)
-- Liefert NULL bei Angabe eines NULL-Preises
WITH RETURNS NULL ON NULL INPUT
-- Liefert den Wert ermittelten Wert 0 (Standard)
--WITH CALLED ON NULL INPUT
AS BEGIN
...
-- Rückgabe
SET @result = RTRIM(LTRIM(STR(@sum * @averageRate) + ' '
                    + @currency))
IF @result IS NULL BEGIN
```

```
RETURN '0'
END
RETURN @result
END
```

623_03.sql: Einstellungen für NULL-Parameter

Der Aufruf sollte dann mit folgender Anweisung getestet werden:

```
SELECT Sales.ufnGetBuyerCurrency(NULL, NULL)
```

6. 3. 4. APPLY-Operator

Es gibt noch einen weiteren Operator, der innerhalb der FROM-Klausel genutzt werden kann. Dabei kann man diesen Operator sowohl mit Unterabfragen als auch mit Tabellenwertfunktionen nutzen. Die allgemeine Syntax lautet:

```
left_table_source { CROSS | OUTER } APPLY right_table_source
```

Beide Ausdrücke links und rechts vom APPLY-Operator stellen Tabellenausdrücke dar. Dabei können beide Ausdrücke neben Unterabfragen auch Tabellenwertfunktionen enthalten. Die rechte kann als Argument eine ganze Spalte aus dem Tabellenausdruck auf der linken Seite empfangen. Dies ist für die linke nicht möglich. Sofern keine solche Tabellenwertfunktion genutzt wird, kommt für den rechten Tabellenausdruck eine korrelierte Unterabfrage zum Einsatz kommen.

Die Funktionsweise des Operators lässt sich wie folgt beschreiben: Der rechte Ausdruck wertet den linken Ausdruck aus, um Ergebnisse zu ermitteln. Dies lässt sich entweder durch eine Korrelation erklären oder durch die Übergabe von Rückgabewerten. Da er insbesondere für die Nutzung mit Funktionen geschaffen wurde, wird er in diesem Kapitel beschrieben.

Das erste Beispiel zeigt allerdings zunächst seine Funktionsweise anhand von zwei Unterabfragen und damit auch diese Einsatzalternative. Auf der linken Seiten des Operators ruft man die Tabelle ProductSubcategory auf. Sie liefert die Eingabedaten für den rechten Ausdruck, der in Form einer Korrelationsunterabfrage auftritt. Dabei handelt es sich um die Daten aus der Product-Tabelle, welche zu den Kategorien aus dem linken Tabellenausdruck passen. Anstelle eines solchen Operators hätte man im Normalfall einfach beide Tabellen über einen INNER

6

JOIN verbunden, um das gleiche Ergebnis zu erzielen. Der Operator CROSS sorgt dafür, dass nur die Datensätze, welche in beiden Tabellen Treffer finden, in die Ergebnismenge kommen.

```sql
SELECT sc.Name AS Category, p.Name, ProductNumber
  FROM Production.ProductSubcategory AS sc
    CROSS APPLY
      (SELECT Name, ProductNumber, Color, Size
        FROM Production.Product
        WHERE ProductSubCategoryID =
              sc.ProductSubCategoryID) AS p
  WHERE sc.Name LIKE '%Bike%'
```

624_01.sql: APPLY und Unterabfrage

Im nächsten Beispiel soll das Schlüsselwort OUTER präsentiert werden, welches inhaltlich so funktioniert wie ein OUTER JOIN. Die nachfolgende Abfrage beschafft alle Produktdaten und zeigt – aufgrund der LEFT OUTER JOIN-Verknüpfung – für diejenigen Produkte, die einer Kategorie zugeordnet sind, auch die entsprechende Kategorie an. In der WHERE-Klausel beschränkt man dies auf diejenigen Datensätze, die keiner Kategorie zugeordnet sind. In der zweiten Lösung geschieht dies über die gleiche Abfrage wie zuvor, wobei hier einfach nur OUTER APPLY verwendet wird.

```sql
SELECT *
  FROM Production.Product AS p
       LEFT OUTER JOIN Production.ProductSubcategory AS sc
       ON p.ProductSubcategoryID = sc.ProductSubcategoryID
  WHERE p.ProductSubcategoryID IS NULL

SELECT p.Name, p.ProductNumber, sc.Name
  FROM Production.Product AS p
    OUTER APPLY
      (SELECT *
        FROM Production.ProductSubcategory AS sc
       WHERE p.ProductSubcategoryID =
             sc.ProductSubcategoryID) AS sc
  WHERE p.ProductSubcategoryID IS NULL
```

724_01.sql: APPLY und Unterabfrage

Solange gewöhnliche Tabellen, Sichten oder Unterabfragen zum Einsatz kommen können, ist es sicherlich empfehlenswert, die Standard-Techniken zu benutzen. Das nachfolgende Beispiel allerdings zeigt, wie man mit Hilfe einer Tabellenwertfunktion den APPLY-Operator nutzen kann. Die Funktion ufnGetProducts() erwartet eine SubCategoryID und liefert für diesen Schlüsseln die zugeordneten Produkte in Form einer Tabelle, bestehend aus dem Produktnamen, Nummer, Größe und Farbe.

Nachdem die Funktion erstellt wurde, lässt sie sich rechts vom APPLY-Operator verwenden. Eine linksseitige Verwendung ist auch erlaubt, wobei hier allerdings kein solcher Übergabewert möglich ist. Anstelle einer Korrelation wie zuvor übergibt man den vom linksseitigen Tabellenausdruck gelieferten Wert der Unterkategorienummer.

```
CREATE FUNCTION dbo.ufnGetProducts ( @SubCategoryID int )
RETURNS table AS
RETURN ( SELECT Name, ProductNumber, Color, Size
         FROM Production.Product
         WHERE ProductSubCategoryID = @SubCategoryID)
GO
SELECT sc.Name AS Category, p.Name, ProductNumber
  FROM Production.ProductSubcategory AS sc
       CROSS APPLY
       dbo.ufnGetProducts(sc.ProductSubCategoryID) AS p
 WHERE sc.Name LIKE '%Bike%'
```

724_01.sql: APPLY und Tabellenwertfunktion

6. 4. Verwaltungsarbeiten

Die Abschnitt gibt neben ausführlichen Hinweisen zur Sicherheit von Modulen auch zusätzliche Informationen, wie Informationen über Funktionen und Prozeduren abgerufen werden können.

6. 4. 1. Katalogsichten für Objekte

Die Abfrage SELECT * FROM sys.sql_modules liefert eine Aufstellung der in der jeweiligen Datenbank, in der Abfrage ausgeführt wird, vorhandenen Funktio-

6

nen, Prozeduren und Trigger. Es handelt sich dabei um eine so genannte Katalogsicht, welche Daten über das System in relationaler Form liefern, die ansonsten nur in der Oberfläche abgerufen werden können.

Folgende Spalten sind in der Ergebnismenge enthalten:

- `object_id` (int) enthält eine in der Datenbank eindeutige ID des Objekts.

- `definition` (nvarchar(max)) enthält den T-SQL-Quelltext des Moduls oder NULL, wenn es verschlüsselt ist.

- `uses_ansi_nulls` (bit) gibt an, ob das Modul mit SET ANSI_NULLS ON erstellt wurde und ist immer 0 für Regeln und Standardwerte.

- `uses_quoted_identifier` (bit) gibt an, ob das Modul mit SET QUOTED_ IDENTIFIER ON erstellt wurde.

- `is_schema_bound` (bit) gibt an ob, das Modul mit der Option SCHEMABIN-DING erstellt wurde.

- `uses_database_collation` (bit) liefert 1, wenn die richtige Auswertung der schemagebundenen Definition des Moduls abhängig von der Standardsortierung der Datenbank ist, ansonsten 0. Sollte hier eine Abhängigkeit bestehen, wird eine Änderung der Standardsortierung der Datenbank verhindert.

- `is_recompiled` (bit) gibt an, ob die Prozedur mit der Option WITH RECOM-PILE erstellt wurde.

- `null_on_null_input` (bit) gibt an, ob das Modul so erstellt wurde, dass die Übergabe von NULL-Werten der Wert NULL folgt.

- `execute_as_principal_id` (int) liefert die ID des Besitzers in EXECUTE AS. Der Standardwert ist NULL oder EXECUTE AS CALLER. Ansonsten wird die ID des Benutzers bei EXECUTE AS SELF oder EXECUTE AS <user> geliefert. Der Wert -2 entsteht bei EXECUTE AS OWNER.

Die Abfrage `SELECT * FROM sys.objects` liefert die benutzerdefinierten Objekte und u.a. Funktionen und Prozeduren, aber keine Trigger, da sie nicht schemagebunden sind. Trigger findet man dagegen in `sys.triggers`.

In einigen Spalten werden mit Hilfe von Buchstabenkürzeln Objekttypen angegeben. Dies sind die folgenden, wobei .NET-bezogene nicht in diesem Buch erklärt wurden und einige Objekte im DBA-Buch zu finden sind: AF = Aggregatfunktion (.NET), C = `CHECK`-Einschränkung, D = `DEFAULT` (Einschränkung oder eigenständig), F = `FOREIGN KEY`-Einschränkung, PK = `PRIMARY KEY`-Einschränkung, P = Gespeicherte SQL-Prozedur, PC = Prozedur (.NET), FN = SQL-Skalarfunktion, FS = Skalarfunktion (.NET), FT = Tabellenwertfunktion (.NET), R = Regel (Version 2000, eigenständig), RF = Replikationsfilterprozedur, SN = Synonym, SQ = Dienstwarteschlange, TA = DML-Trigger (.NET), TR = DML-Trigger, IF = Einfache Tabellenwertfunktion, TF = Tabellenwertfunktion, U = Tabelle (benutzerdefiniert), UQ = `UNIQUE`-Einschränkung, V = Sicht, X = Erweiterte gespeicherte Prozedur, IT = Interne Tabelle.

Die gleiche Struktur weisen die Sichten `sys.system_objects` und `sys.all_objects` auf. Diese Struktur besteht aus folgenden Spalten:

- `name` (sysname) enthält den Objektnamen.

- `object_id` (int) enthält die innerhalb der Datenbank eindeutige Objekt-ID.

- `schema_id` (int) enthält die Schema-ID, in dem das Objekt enthalten ist. Für die in Version 2005 vorhandenen Systemobjekte in einem Schema ist dies immer `IN (schema_id('sys'), schema_id('INFORMATION_SCHEMA')`.

- `principal_id` (int) enthält die Besitzer-ID, falls es nicht der Schemabesitzer ist, oder `NULL` bei folgenden Objekten: C, D, F, PK, R, TA, TR, UQ

- `parent_object_id` (int) enthält die Eltern-Objekt-ID oder 0.

- `type` (char(2)) enthält den Objekttyp: AF, C, D, F, PK, P, PC, FN, FS, FT, R, RF, SN, SQ, TA, TR, IF, TF, U, UQ, V, X, IT

- `type_desc` (nvarchar(60)) beschreibt das Objekt mit den folgenden Werten: `AGGREGATE_FUNCTION`, `CHECK_CONSTRAINT`, `DEFAULT_CONSTRAINT`,

```
FOREIGN_KEY_CONSTRAINT,    PRIMARY_KEY_CONSTRAINT,    SQL_
STORED_PROCEDURE,  CLR_STORED_PROCEDURE,  SQL_SCALAR_FUNC-
TION, CLR_SCALAR_FUNCTION, CLR_TABLE_VALUED_FUNCTION, RULE,
REPLICATION_FILTER_PROCEDURE, SYNONYM, SERVICE_QUEUE, CLR_
TRIGGER,  SQL_TRIGGER,  SQL_INLINE_TABLE_VALUED_FUNCTION,
SQL_TABLE_VALUED_FUNCTION, USER_TABLE, UNIQUE_CONSTRAINT,
VIEW, EXTENDED_STORED_PROCEDURE, INTERNAL_TABLE
```

- `create_date` (datetime) enthält das Erstelldatum.

- `modify_date` (datetime) enthält das letzte Änderungsdatum über ALTER oder durch einen Index.

- `is_ms_shipped` (bit) gibt an, ob es eine interne SQL Server-Komponente ist.

- `is_published` (bit) gibt an, ob das Objekt veröffentlicht wurde.

- `is_schema_published` (bit) gibt an, ob nur das Schema des Objekts veröffentlicht wurde.

Die Sicht `sys.procedures` liefert eine Zeile für jede Prozedur vom Typ `sys.objects.type` = P, X, RF und PC. Zusätzlich zu den Spalten von `sys.objects` gibt es noch folgende Spalten:

- `is_auto_executed` (bit) liefert bei Prozeduren in der master-DB 1, wenn die Prozedur Serverstart automatisch ausgeführt wird, sonst 0.

- `is_execution_replicated` (bit) gibt an, ob die Ausführung der Prozedur repliziert wird.

- `is_repl_serializable_only` (bit) gibt an, ob die Ausführung der Prozedur nur repliziert wird, wenn die Transaktion serialisiert werden kann.

- `skips_repl_constraints` (bit) gibt an ob, die Prozedur Einschränkungen überspringt, die mit NOT FOR REPLICATION angegeben sind.

6. 4. 2. Funktionen

Neben den zuvor vorgestellten Katalogsichten gibt es noch verschiedene Funktionen, mit deren Hilfe Objekteigenschaften abgefragt werden können.

Die Funktion `OBJECT_ID()` liefert die Objekt-ID eines Objekts. Die allgemeine Syntax lautet:

```
OBJECT_ID (
    '[ database_name . [ schema_name ] . | schema_name . ]
      object_name' [ ,'object_type' ] )
```

Das nächste Beispiel prüft auf Existenz und ermittelt dann weitere Daten.

```
IF OBJECT_ID (N'AdventureWorks.Production.
               usp_GetProduct', N'P') IS NOT NULL
BEGIN
 SELECT OBJECT_ID(N'AdventureWorks.Production.
               usp_GetProduct') AS 'Object ID'
 SELECT name, type_desc
   FROM sys.procedures
  WHERE [Object_ID] = OBJECT_ID(N'AdventureWorks.
               Production.usp_GetProduct')
END
```

632_01.sql: Abrufen der Objekt-ID

Man erhält als Ergebnis:

```
Object ID
-----------
320720195
name               type_desc
----------------   ----------------------
usp_GetProduct     SQL_STORED_PROCEDURE
```

Die Funktion `OBJECT_NAME()` liefert den Objektnamen. Die Funktion hat die allgemeine Syntax:

```
OBJECT_NAME ( object_id )
```

6

Im nächsten Beispiel ermittelt man den Objektnamen über die ID.

```
SELECT *
FROM sys.objects
WHERE name = OBJECT_NAME(
            OBJECT_ID(N'Production.usp_GetProduct'))
```

632_01.sql: Ermittlung des Objektnamens

OBJECTPROPERTY() mit der allgemeinen Syntax OBJECTPROPERTY (id , property) liefert jede beliebige Eigenschaft zu einem Objekt zurück. Darunter fallen die Art des Objekts, seine unterschiedlichen Zustände und seine möglichen Zustände. Die Liste enthält so viele Einträge, dass auf die Dokumentation verwiesen wird. Es lässt sich allerdings mit Sicherheit jede Information abrufen, die benötigt wird. Die Eigenschaft wird als Zeichenkette erwartet und stammt aus der in der Dokumentation aufgeführten Liste. Die Rückgabewerte sind meistens 1 für TRUE und 0 für False. In wenigen Ausnahmen gibt es noch weitere Werte.

Die Funktion OBJECTPROPERTYEX (id , property) liefert weitere Eigenschaften zurück. Sollten die Eigenschaften in der vorherigen Funktion nicht verfügbar sein, dann kann man noch Hoffnung haben, in der ebenfalls beeindruckend langen Liste dieser Funktion fündig zu werden.

Die Funktion OBJECT_DEFINITION (object_id) liefert den Quelltext und ähnelt damit der Prozedur sp_helptext [@objname =] ‚name' [, [@ columnname =] computed_column_name]. Die Prozedur sp_help [[@ objname =] ‚name'] liefert schließlich eine relationale Ergebnismenge, d.h. eine Tabelle zurück, in der ebenfalls verschiedene Informationen zu einem Objekt aufgeführt sind. Die Tabellenstruktur ist bei den einzelnen Objektarten sehr unterschiedlich.

6. 4. 3. Sicherheit

Die Ausführung von gespeicherten Prozeduren beinhaltet verschiedene sicherheitsrelevante Aspekte, da hier kleine Softwarebausteine direkt in der Datenbank ausgeführt werden, deren gespeicherte Anweisungen verschiedene Schema-Objekte ansprechen können. Dies betrifft grundsätzlich alle Datenbanken, in denen Prozeduren erstellt werden können. Hier muss man sich lediglich vorstellen, dass ein Benutzer einem anderen Benutzer die Ausführrechte an seiner Prozedur erteilt, welche in ihren Anweisungen eigentlich für den ausführenden Benutzer verbotene Schema-Objekte benutzt.

Im Normalfall greift eine Reihe von T-SQL-Anweisungen nacheinander auf mehrere Objekte zu. Wenn diese Objekte nicht nur Tabellen sind, sondern auch Prozeduren und Funktionen, ist es leicht vorstellbar, dass innerhalb dieser Module wiederum auf anderen Module bzw. wenigstens auf Tabellen oder Sichten zugegriffen wird. Dies wird als Kette bezeichnet, da ein Objekt das nächste aufruft. Dabei gelten besondere Sicherheitsregeln, die nicht denen entsprechen, als hätte ein Benutzer, der die Kette angestoßen hat, selbst die einzelnen Objekte angesprochen. Mit dem Begriff der Besitzkette wird nun das Prinzip beschrieben, dass die von einem Objekt nachfolgend aufgerufenen Objekte mit Hilfe einer speziellen Sicherheitsverwaltung tatsächlich aufrufbar sind. So soll ein Leistungsabfall vermieden werden, der entstehen würde, wenn permanent einzelne Berechtigungsprüfungen durchgeführt werden, wie dies bei einem getrennten, nacheinander erfolgenden Aufruf der Fall wäre.

Wird innerhalb einer Kette aufgerufen, dann prüft der MS SQL Server zunächst, ob der Besitzer (= Benutzer) des aufrufenden Objekts auch tatsächlich der Besitzer des aufgerufenen Objekts ist. Ist dies der Fall, hat der Besitzer (=Benutzer) auch die entsprechenden Berechtigungen am nachfolgend aufgerufenen Objekt und die Berechtigungen werden nicht weiter ausgewertet. Was soll allerdings geschehen, wenn dies nicht der Fall ist? Der MS SQL Server 2000 prüfte hier zunächst danach, ob die gespeicherte Prozedur und die angesprochenen Objekte im gleichen Schema liegen, ob die Aktivität statisch ist und damit kein dynamisches SQL enthält und ob schließlich die Aktivität nur DML-Operationen (SELECT, INSERT, UPDATE und DELETE) enthält oder eine andere gespeicherte Prozedur aufruft. Trafen alle Fälle zu, so konnte ein anderer Benutzer, der nur die Ausführrechte einer Prozedur, aber keine direkten Rechte an den durch die Prozedur bearbeiteten Objekten besaß, sehr wohl die Prozedur benutzen. Im MS SQL Server 2005 wurde dieses Berechtigungskonzept zunächst übernommen, sodass hier Abwärtskompatibilität und Vergleichbarkeit vorherrscht. Allerdings bietet die neue Version auch nun verfeinerte Vorgabemöglichkeiten bei der Prozedurerstellung.

Schließlich ist es auch möglich, datenbankübergreifende Besitzverkettungen zu ermöglichen. Sie ist standardmäßig deaktiviert.

In der Abbildung soll das Grundproblem noch einmal grafisch dargestellt werden:

Verschiedene Objekte haben verschiedene Besitzer, wobei Benutzer B selbst gar kein Besitzer irgendeines Objekts ist, sondern er nur von Benutzer A die Berechtigungen erhalten hat, die Prozedur von Benutzer A auszuführen. In (1) ist er autorisiert, die Prozedur auszuführen, weil er die Berechtigung von A erhalten hat. Diese Prozedur ruft in (2) eine Sicht von Benutzer C ab, wobei nun allerdings die vollständigen Berechtigungen abgerufen werden, weil sich beide Besitzer unterscheiden. Sofern hier auch Benutzer B für die Sicht autorisiert ist, werden die Daten zurückgeliefert. Diese Sicht wirkt sich nun wiederum in (3) auf eine Tabelle aus, deren Besitzer Benutzer D ist. Da hier erneut ein Besitzerwechsel stattfindet, müssen die gesamten Berechtigungen abgerufen werden, und auch Benutzer B wird auf Nutzungsberechtigung dieser Tabelle überprüft. Schließlich ist in (4) auch noch die datenbankübergreifende Besitzverkettung dargestellt, die hier funktioniert, weil sie entsprechend aktiviert wurde. Benutzer B hat die Berechtigung von Benutzer A an dieser Sicht und darf daher sogar von einer anderen DB die Daten abrufen.

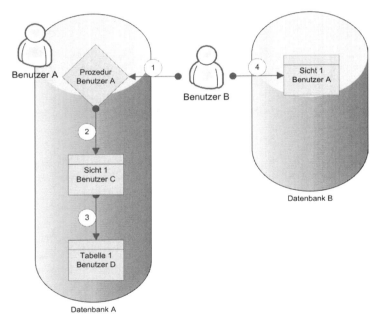

Abbildung 6.9: Besitzketten

Die Besitzkette ist also mehrfach unterbrochen, weil sich die Besitzer unterscheiden. Unter einer fortlaufenden Besitzkette versteht man dagegen den verketteten Aufruf von Objekten eines einzigen Benutzers.

Unter Einsatz der neuen Klausel EXECUTE AS kann man nun innerhalb einer Prozedur den Sicherheitskontext einer Prozedur genau festlegen. Folgende allgemeine Syntax existiert für Funktionen, Prozeduren und Trigger, wobei die Syntax für Trigger noch zusätzliche Erweiterungen besitzt:

```
Funktionen (außer inline table-valued-Funktionen),
Prozeduren und DML-Trigger
{ EXEC | EXECUTE } AS { CALLER | SELF | OWNER | 'user_name' }
```

Die Bedeutung der verschiedenen Einstellungen ergibt sich fast schon aufgrund ihres Namens:

- CALLER (Standardwert) legt fest, dass die Prozedur im Sicherheitskontext des Aufrufenden, d.h. des Benutzers, ausgeführt wird. Dies ist auch der Standard unter der Vorgängerversion MS SQL Server 2000.

- SELF legt fest, dass die Prozedur im Sicherheitskontext des Besitzers der Prozedur oder desjenigen, der den ALTER-Befehl abgesetzt hat, ausgeführt wird. Dies entspricht der <user_name>-Option, wobei hier als Benutzername automatisch der erstellende oder ändernde Benutzer eingetragen wird.

- OWNER legt fest, dass die Prozedur nur im Sicherheitskontext des Besitzers ausgeführt wird. Hier ist keine Rolle oder Gruppe möglich, nur ein einzelnes Benutzerkonto.

- <user_name> legt einen speziellen Benutzer fest, in desse Sicherheitskontext die Prozedur ausgeführt werden soll. Dabei darf der Benutzer kein(e) Gruppe, Rolle, Zertifikat, Schlüssel oder integriertes Konto sein.

Schließlich soll noch in Transact SQL kurz erklärt werden, wie die Ausführberechtigung erteilt und wieder entzogen wird. Die beiden Befehle GRANT und REVOKE werden im Administrationsbuch noch ausführlich erläutert, sodass hier nur eine Kurzfassung folgt. Folgende Rechte können für Prozeduren und Funktionen erteilt und entzogen werden. Sie werden gleichzeitig über die ALL-Option zusammen gefasst.

6

- Skalarfunktionen: EXECUTE, REFERENCES.

- Tabellenwertfunktionen: DELETE, INSERT, REFERENCES, SELECT, UPDATE.

- Prozeduren: EXECUTE, SYNONYM, DELETE, INSERT, SELECT, UPDATE.

Die allgemeine Syntax für GRANT, mit dem Berechtigungen zugewiesen werden können, lautet:

```
GRANT <permission> [ ,...n ] ON
    [ OBJECT :: ][ schema_name ]. object_name
                [ ( column [ ,...n ] ) ]
    TO <database_principal> [ ,...n ]
    [ WITH GRANT OPTION ]
    [ AS <user_name> ]

<permission> ::=
    ALL [ PRIVILEGES ] | permission [ ( column [ ,...n ] ) ]
```

Im Fall von Prozeduren und Funktionen können alle Berechtigungen mit ALL erteilt werden, was sich auf die oben angegebenen Berechtigungen bezieht. Dies ist gleichzeitig auch die Liste der zu erstellenden einzelnen Berechtigungen. Um also eine einfache Berechtigung zu erstellen, verwendet man:

```
GRANT EXECUTE ON OBJECT::Production.usp_GetProduct TO kunde;
```

Folgende wesentliche Parameter sind zu verwenden:

- ON [OBJECT ::] [schema_name] . object_name gibt das Objekt an, für das Berechtigungen erteilt werden sollen.

- TO <user_name> enthält den Benutzernamen, für den Berechtigungen erteilt werden können. Dies können eine ganze Reihe an unterschiedlichen Konten sein: Datenbankbenutzer, einem Windows-Anmeldename zugeordneter Datenbankbenutzer, einer Windows-Gruppe zugeordneter Datenbankbenutzer, keinem Serverprinzipal zugeordneter Datenbankbenutzer, Datenbankrolle oder eine Anwendungsrolle. Diese erfordern teilweise zusätzliche Eigenschaften und Einträge.

- WITH GRANT OPTION erlaubt die Weitergabe der Rechte.

- `AS <user_name>` enthält die Rolle, unter der die Berechtigung erteilt wird und entspricht inhaltlich dem in `TO <user_name>` aufgelisteten Bereich.

Die allgemeine Syntax für `REVOKE`, mit dem Berechtigungen entzogen werden können, lautet:

```
REVOKE [ GRANT OPTION FOR ] <permission> [ ,...n ] ON
    [ OBJECT :: ][ schema_name ]. object_name
                [ ( column [ ,...n ] ) ]
      { FROM | TO } <user_name> [ ,...n ]
    [ CASCADE ]
    [ AS <user_name> ]

<permission> ::=
    ALL [ PRIVILEGES ] | permission [ ( column [ ,...n ] ) ]
```

Folgende wesentliche Parameter sind zu verwenden:

- `ON [ OBJECT :: ] [ schema_name ] . object_name` enthält das Objekt, für das Rechte entzogen werden sollen.

- `{ FROM | TO } <user_name>` enthält u.a. die bereits bei GRANT aufgelisteten Konten für den Benutzer, dem Rechte entzogen werden sollen.

- `GRANT OPTION` hebt die Berechtigung auf, Rechte weiterzugeben, ohne die Berechtigung an sich aufzuheben.

- `CASCADE` gibt an, dass allen nachfolgenden Benutzern, welche Rechte von dem Benutzer erhalten haben, dem sie nun entzogen werden, ebenfalls die Rechte entzogen werden (kann wie ein Flächenbrand wirken).

Im Falle von Prozeduren und Funktionen können alle oben angegebenen Berechtigungen mit `ALL` entzogen werden. Dies ist gleichzeitig auch die Liste der zu aufzuhebenden einzelnen Berechtigungen. Analog zum vorherigen Fall würde man die Berechtigungen folgendermaßen entziehen:

```
REVOKE EXECUTE ON OBJECT::Production.usp_GetProduct
    FROM kunde;
```

6

Automatisierung

7. Automatisierung

Der MS SQL Server bietet verschiedene Möglichkeiten, Aufgaben zu automatisieren: Trigger, den SQL Server Agent und auch die Integration Services. Die ersten beiden Techniken wollen wir in diesem Kapitel vorstellen.

7. 1. Trigger

Eine besondere Art von Prozeduren sind Trigger, die automatisch ausgeführt werden, wenn unterschiedliche Ereignisse in der Datenbank ausgelöst werden. Die Art der Ereignisse bestimmen dabei auch die Art, die Funktionsweise und den Namen des Triggers. Sie können dabei in T-SQL oder in .NET geschrieben werden und dann aus den Methoden einer Assembly übernommen werden. Je nach Triggertyp können sie an eine Tabelle oder Sicht oder an eine Datenbank bzw. an den Server angedockt werden. Dies ist notwendig, um den Mechanismus der automatischen Auslösung überhaupt einrichten zu können. Im Gegensatz zu einer Prozedur oder Funktion kann ein Trigger ausschließlich automatisch durch das Eintreten eines Ereignisses überhaupt gefeuert werden.

Als Ereignisse gelten hierbei zusammenfassend die folgenden:

- DML-Befehle wie `INSERT`-, `UPDATE`- oder `DELETE`-Anweisungen

- DDL-Befehle wie `CREATE`-, `ALTER`- und `DROP`-Anweisungen

7. 1. 1. Grundlagen

Trigger schließen die Programmierung innerhalb der Datenbank insoweit ab, als dass sie mit den gleichen Mitteln wie Prozeduren und Funktionen erzeugt werden und lediglich die automatische Ausführung als Alleinstellungsmerkmal besitzen.

Man kann sich daher einen Trigger auch hervorragend als Tretmine vorstellen, die allerdings im Gegensatz zum wirklichen Leben nur Nutzen und keinen Schaden bringt – solange sie richtig programmiert ist. Sinn und Zweck von Triggern ist es, auch komplexe Integritätsregeln und automatische Funktionsabläufe zur Datensicherheit/-integrität und –qualität einzurichten, die sich mit gewöhnlichen SQL-Anweisungen nicht umsetzen lassen. Insbesondere CHECK-Bedingungen oder berechnete Spalten sowie natürlich Beziehungen zwischen Tabellen und kaskadierenden Aktualisierungen/Löschungen gelten hier als Standardlösungen für Integritätsregeln, die allerdings in vielen Fällen überhaupt nicht ausreichend sind. Mit Triggern hat man nun einmal die Möglichkeiten, ein ganzes „Programm" zu schreiben, das mit Fallunterscheidungen, Variablen sowie allen möglichen T-SQL/.NET-Möglichkeiten ausgestattet ist, um Anforderungen im Bereich der Integritätssicherung zu erfüllen. Dies bedeutet nicht, dass Trigger immer zu großen Programmen führen, sondern oftmals sind es kleine automatische Aktualisierungen und Berechnungen mit zusätzlichen Bedingungen und Fallüberprüfungen, die aber über eine berechnete Spalte nicht ausreichend umgesetzt werden können.

7. 1. 2. DML-Trigger

Trigger für Datenmanipulationsbefehle (DML-Trigger) dienen dazu, anspruchsvolle und über gewöhnliche SQL-Angaben hinausgehende Geschäftsregeln und Datenintegrität aufzubauen. Als gewöhnliche Angaben gelten die so genannten deklarativen Regeln, wie sie im CREATE-Befehl zu finden sind und die sich auf die Beziehungen zwischen Tabellen und auf die Datentypangaben sowie erweiterte Datentypvorgaben beziehen.

➜ **Allgemeine Syntax**

Die allgemeine Syntax hat folgendes Aussehen:

```
CREATE TRIGGER [ schema_name . ]trigger_name
ON { table | view }
[ WITH <dml_trigger_option> [ ,...n ] ]
{ FOR | AFTER | INSTEAD OF }
{ [ INSERT ] [ , ] [ UPDATE ] [ , ] [ DELETE ] }
 [ NOT FOR REPLICATION ]
AS { sql_anweisung [ ; ] [ ...n ]
```

```
| EXTERNAL NAME <methoden_name[ ; ] > }

<dml_trigger_option> ::=
    [ ENCRYPTION ]
    [ EXECUTE AS Klausel ]

< methoden_name > ::=
    assembly_name.klassen_name.methoden_name
```

Auch ein Trigger wird wie eine Prozedur oder Funktion über die CREATE-Anweisung angelegt und erhält einen Namen, der allerdings für einen direkten Aufruf nicht zur Verfügung steht, sondern lediglich in Verwaltungsarbeiten zum Einsatz kommt. Ein Trigger kann zusätzlich wie jedes andere Schema-Objekt auch zu einem Datenbankschema zugeordnet werden, wobei hier insbesondere das Schema Tabelle oder Sicht, auf die er sich beziehen soll, an erster Stelle bei Überlegung nach einer passenden Zuordnung stehen sollte.

Über die ON-Klausel legt man fest, für welches Schema-Objekt er gelten soll, d.h. wo die Ereignisse zu einem automatischen Auslösen des Triggers führen. Bei einem DML-Trigger können dies nur Tabellen oder Sichten sein. Manchmal kann man diese auch als Triggertabelle oder Triggersicht bezeichnen.

Es ist wichtig festzulegen, unter welchen Gegebenheiten der Trigger ausgelöst werden soll. Dies erfolgt direkt nach dem FOR-Schlüsselwort. Verwendet man hier AFTER (Standardeinstellung), bedeutet dies, dass die Trigger-Anweisungen erst nach erfolgreicher Verarbeitung der auslösenden SQL-Anweisungen ausgeführt werden. Auch weitere Angaben wie CASCADE-Aktionen und Einschränkungen müssen vorher verarbeitet sein. INSTEAD OF-Trigger können für Sichten und Tabellen definiert werden, AFTER-Trigger dagegen nur für Tabellen. Auch hier entspricht der Name schon der Funktionsweise: Die Trigger-Anweisungen werden nicht nach der erfolgreichen SQL-Anweisung ausgeführt, sondern statt dieser Anweisung. Man kann hier auch von einer Umlenkung der SQL-Anweisung sprechen, was bei Sichten als Form einer gespeicherten Abfrage besonders Sinn macht. Eine solche Trigger-Art gibt es bei DDL-Triggern bspw. nicht, sodass dies also eine Besonderheit von Sichten ist, die allerdings wiederum jeweils nur einen solchen Trigger haben dürfen.

Das SQL-Ereignis ist durch die Wahl eines oder mehrerer der Schlüsselworte in { [DELETE] [,] [INSERT] [,] [UPDATE] } bestimmt. Hier kann man also sehr genau festlegen, für welchen einzelnen Befehl oder welche Untergruppe aus den Befehlen der Trigger zur Auslösung gebracht werden soll. Bei einem `INSTEAD OF`-Trigger kann man das `DELETE`-/`UPDATE`-Ereignis nicht verwenden, wenn Tabellen in einer Sicht zusammengefasst werden, die neben einer referenziellen Beziehung auch noch die `ON DELETE`-/`UPDATE`- `CASCADE`-Option aufweisen. So wird das Problem umgangen, Hierarchien zwischen Triggern und deklarativen Integritätsregeln zu entwickeln, die möglicherweise auch noch Konflikte lösen müssten.

Zur Erinnerung: In der `FOREIGN KEY`-Klausel kann man neben der verknüpften Tabelle und der dazugehörigen Spalte auch die beiden erwähnten zusätzlichen Klauseln angeben, um automatische Lösch- oder Aktualisierungsvorgänge auszulösen, wenn die Eltern-Tabelle geändert wird. Dabei ist `NO ACTION` in beiden Fällen der Standardwert, der dazu führt, dass die wohlbekannte Fehlermeldung entsteht, sobald ein Eltern-Datensatz geändert oder gelöscht wird, auf den sich noch Kind-Datensätze beziehen.

```
[ FOREIGN KEY ]
    REFERENCES [schema_name.]verknuepfte_tabelle[(spalte)]
    [ON DELETE {NO ACTION | CASCADE | SET NULL | SET DEFAULT}]
    [ON UPDATE {NO ACTION | CASCADE | SET NULL | SET DEFAULT}]
```

Die Klausel `NOT FOR REPLICATION` verhindert eine Ausführung des Triggers, wenn im Rahmen einer Replikation die Tabelle geändert werden soll.

Schließlich folgt eine T-SQL-Anweisung oder ein kleines Programm, d.h. mehrere T-SQL-Anweisungen wie bei den schon zum Vergleich genommenen Prozeduren oder Funktionen. Alternativ kann auch hier eine .NET-Assembly und davon wiederum ein Methodennamen referenziert werden, der die passenden Anweisungen enthält. Dies würde dann im Gesamtergebnis einen .NET- oder CLR-Trigger ergeben.

Die folgenden Anweisungen sind in einem DML-Trigger nicht zulässig.

```
ALTER DATABASE      CREATE DATABASE      DROP DATABASE
LOAD DATABASE       LOAD LOG             RECONFIGURE
RESTORE DATABASE    RESTORE LOG
```

Die folgenden Anweisungen sind in einem DML-Trigger für eine Tabelle/Sicht nicht zulässig.

`CREATE INDEX`	`ALTER INDEX`	`DROP INDEX`
`DBCC DBREINDEX`	`ALTER PARTITION FUNCTION`	`DROP TABLE`
`ALTER TABLE` (Spalten-, Partitionsänderungen, Änderungen bei `PRIMARY KEY`- oder `UNIQUE`)		

➜ **Beispiele**

Die Programmierung von Triggern folgt im Wesentlichen der Erstellung von Prozeduren und Funktionen. Dies bedeutet, dass sämtliche T-SQL-Techniken, die auch an anderer Stelle zum Einsatz kamen, hier wieder von Interesse sind. Die Beispiele zeigen daher typische Lösungen mit Triggern, wobei versucht wurde, den Quelltext relativ kurz zu halten, da eher die verschiedenen Trigger-Varianten und ihre Einsatzmöglichkeiten sich von den anderen programmierbaren Objekten unterscheiden.

Als Beispiel setzt man zwei neue Tabellen ein, die auf der Basis von `Product` und `ProductInventory` basieren, aber aus jeder Tabelle nur einen Ausschnitt der schon verfügbaren Spalten benötigen. Ihren Namen ergänzt man um eine 2, um sie von den anderen Tabellen im gleichen Schema zu unterscheiden. Als Primärschlüssel dient in `Product2` die `ProductNumber`, nicht mehr die `ProductID`, was demzufolge auch in der `ProductInventory2`-Tabelle im Fremdschlüssel Niederschlag finden.

```
-- Produkt-Tabelle
CREATE TABLE Production.Product2(
    Name                nvarchar(50) NOT NULL,
    ProductNumber       nvarchar(25)
                        COLLATE Latin1_General_CS_AS NOT NULL,
    SafetyStockLevel    smallint NOT NULL,
    StandardCost        money NOT NULL,
    ListPrice           money NOT NULL,
```

```
    CONSTRAINT PK_Product_ProductID2 PRIMARY KEY CLUSTERED (
    ProductNumber ASC
  ) WITH (IGNORE_DUP_KEY = OFF) ON [PRIMARY]
 ) ON [PRIMARY]
GO
-- Lager-Tabelle
CREATE TABLE Production.ProductInventory2(
   ProductNumber nvarchar(25)
                 COLLATE Latin1_General_CS_AS NOT NULL,
   LocationID    smallint NOT NULL,
   Shelf         nvarchar(10)
                 COLLATE Latin1_General_CS_AS NOT NULL,
   Bin           tinyint NOT NULL,
   Quantity      smallint NOT NULL
   CONSTRAINT DF_ProductInventory_Quantity2  DEFAULT ((0)),
   CONSTRAINT PK_ProductInventory_ProductID_LocationID2
     PRIMARY KEY CLUSTERED (
     ProductNumber ASC,
     LocationID ASC
   )WITH (IGNORE_DUP_KEY = OFF) ON [PRIMARY]
 ) ON [PRIMARY]
GO
```

712_01.sql: Beispieltabellen für Produkte und Lagerhaltung

Auch bei Trigger kann man wieder mit der `OBJECT_ID()`-Funktion testen, ob ein Trigger-Objekt schon vorhanden ist. Dies ist insbesondere für ein Erstellungsskript wichtig, in dem der Trigger automatisch gelöscht werden soll, falls er schon existiert.

```
-- Triggerexistenz testen und ggf. löschen
IF OBJECT_ID ('Production.SafteyReminder', 'TR') IS NOT NULL
   DROP TRIGGER Production.SafteyReminder
```

Der erste Trigger prüft darauf, ob der Sicherheitsbestand von Produkten größer/gleich vier ist. Dies kann zwar grundsätzlich auch eine `CHECK`-Bedingung, doch diese ist nicht in der Lage eine strukturierte Fehlermeldung auszugeben. Um Daten einer Einfüge-/Aktualisierungsoperation abzurufen, benötigt man die virtuelle inserted-Tabelle; um Daten einer Löschaktion zu erhalten, greift man auf die deleted-Tabelle zu.

Beide Tabellen sind nur für DML-Trigger von Interesse. Im Normalfall gilt die Regel, dass Spaltennamen und Datentypen aus den Basistabellen sich in diesen beiden Tabellen wieder finden. Bei text, ntext oder image ist dies für AFTER-Trigger unzulässig und wegen der Abwärtskompatibilität möglich. Dies sind alte Datentypen, die durch varchar(max) und varbinary(max) ersetzt werden sollten.

- In der deleted-Tabelle findet man die Datensätze, die durch DELETE oder UPDATE aus einer Tabelle gelöscht wurden. Sie werden dort im Rahmen des Vorgangs als Kopien übertragen und können über die gleichen Spaltennamen wie in der zu Grunde liegenden Basistabelle wieder aufgerufen werden. So kann man sich also einen Aktualisierungsvorgang in zwei Teilen denken: in einem ersten Schritt werden Felder gelöscht, in einem zweiten neu aufgefüllt. Die im ersten Schritt gelöschten Felder finden sich dann mit ihren ganzen Reihen in der deleted-Tabelle wieder.

- In der inserted-Tabelle findet man die Datensätze, die durch INSERT und UPDATE neu in eine Tabelle hinzugekommen sind. Neue Datensätze werden also gleichzeitig in der zu Grunde liegenden Basistabelle und noch einmal als Kopie in der inserted-Tabelle gespeichert.

```
CREATE TRIGGER SafteyReminder
ON Production.Product2
AFTER INSERT, UPDATE AS
 -- Variable für Sicherheitsbestand
DECLARE @vSafetyStockLevel smallint,
        @vMessage nvarchar(100)
 -- ... füllen aus inserted-Tabelle
SELECT @vSafetyStockLevel = SafetyStockLevel
  FROM inserted
 -- ... und prüfen
IF @vSafetyStockLevel <= 4 BEGIN
  SET @vMessage = 'Sicherheitsbestand: '
                + ltrim(str(@vSafetyStockLevel)) + '. Mind. 4'
  RAISERROR (@vMessage, 16, 10)
END
GO
```

457

7

712_02.sql: Trigger für insert/update mit Test auf Sicherheitsbestand

Diesen Trigger kann man testen, indem man korrekte und falsche Daten in die Tabelle einzutragen versucht. Die erste Zeile passiert die Prüfung ohne Schwierigkeiten, während die zweite Zeile aufgrund der zu geringen Angabe im Sicherheitsbestand den angegeben Fehler auslöst.

```
INSERT INTO Production.Product2
VALUES ('ML Mountain Seat', 'SA-M237', 500, 108.99, 147.14)
INSERT INTO Production.Product2
VALUES ('Sport-100 Helmet, Red', 'HL-U509-R', 4, 13.09, 34.99)
```

721_02.sql: Testen und Auslösen des Triggers

Man erhält in diesem zweiten Fall den folgenden Fehler:

```
Msg 50000, Level 16, State 10, Procedure SafteyReminder, Line 13
Sicherheitsbestand: 4. Mind. 4
```

Der gerade geschriebene Trigger funktioniert zuverlässig nur für einzeilige Anweisungen. Führt man eine INSERT INTO...SELECT-Anweisung aus, die bspw. aus der Product-Tabelle mehrere Datensätze in die vereinfachte Product2-Tabelle kopieren soll, dann wird der Trigger nur für die gesamte Anweisung überprüft. Wenn man das Glück hat, dass die erste Zeile schon fehlerhaft ist, dann löst dies den Trigger aus. Ist aber die erste Zeile durch Zufall korrekt, dann trägt die Anweisung alle Datensätze mit falschen und richtigen Werten in die Tabelle ein. Man spricht hier von Anweisungsebene (Trigger wird für die gesamte Anweisung überprüft) und Zeilenebene (Trigger wird für jede einzelne bearbeitete Datenzeile in der Anweisung überprüft).

```
INSERT INTO Production.Product2
SELECT Name, ProductNumber, SafetyStockLevel,
       StandardCost, ListPrice
  FROM Production.Product
  -- Trigger wird ausgelöst,
  -- wenn Bedingung in erster Zeile erfüllt ist
WHERE SafetyStockLevel >= 4
  -- Trigger wird immer ausgelöst
WHERE SafetyStockLevel = 4
```

712_03.sql: Anweisungs- und Zeilenebene

In Oracle kann man noch die Option `FOR EACH ROW` angeben, was überaus nützlich ist. In T-SQL ist es nur möglich, einen Cursor innerhalb eines `INSTEAD OF`-Triggers zu verwenden. Dies bedeutet, dass es also durchaus eine Lösung gibt, die allerdings nicht so komfortabel ist, wie man sie sich erträumen würde. Das nächste Beispiel zeigt eine typische Trigger-Programmierung in diesem Fall.

Zunächst muss man einen `INSTEAD OF`-Trigger erstellen, um zu verhindern, dass der oben beschriebene Fall überhaupt eintritt. So lenkt man die gesamte Anweisung zunächst in den Trigger um. Der Quelltext erreicht allein für das relativ überschaubare Problem eine beachtliche Länge. Man muss allerdings zusätzlich noch berücksichtigen, dass dieser Trigger nur die Einfügeoperation organisiert. Eigentlich müsste man für die Aktualisierung jeweils noch entsprechende `UPDATE`-Befehle unterbringen oder einen eigenen Trigger schreiben, um die unterschiedlichen Anweisungen abzufangen.

Für die einzelnen unbedingt notwendigen Spalten, die nachher auch im Cursor und für Fallunterscheidungen bedeutsam sind, benötigt man Variablen. Um überhaupt die einzelnen Reihen in der `inserted`-Tabelle zu bearbeiten, ist ein entsprechender Cursor notwendig.

```
CREATE TRIGGER SafteyReminder
ON Production.Product2
INSTEAD OF INSERT AS
 -- Variablen
 DECLARE @vSafetyStockLevel smallint,
         @vProductNumber     nvarchar(25),
         @vMessage           nvarchar(100)
 -- ... und Cursor für mehrere Zeilen
 DECLARE cProducts CURSOR FAST_FORWARD FOR
  SELECT ProductNumber, SafetyStockLevel
   FROM inserted
```

712_04.sql: Variablen und Cursor für Per-Zeilen-Trigger

Insgesamt gibt es drei verschiedene Fälle, die man über die globale Funktion/Variable `@@rowcount` prüfen kann: keine Zeile wurde eingetragen, eine einzige Zeile wurde eingetragen oder mehrere Zeilen wurden eingetragen. Im ersten Fall unterbricht man einfach nur die Ausführung. Im zweiten Fall prüft man die Bedingung wie im vorherigen Beispiel. Im einfachsten Fall überträgt man die eine Zeile in

7

der `inserted`-Tabelle einfach in die ursprünglich angesprochene Tabelle. Wenn allerdings Datenänderungen und Berechnungen vorgenommen werden, dann genügt dies natürlich nicht mehr. Hier müsste man vielmehr einzelnen Variablen für die Spalten definieren und die korrekten Werte ermitteln, um sie dann in einer INSERT-Anweisung zu übertragen.

```
-- Verarbeitung
-- Fall 1: Keine Zeile
IF @@rowCount = 0 RETURN
-- Fall 2: Nur eine Zeile
IF @@rowCount = 1 BEGIN
 -- Sicherheitsbestand abrufen
 SELECT @vSafetyStockLevel = SafetyStockLevel
 FROM inserted
 -- Testen und Fehlermeldung ausgeben
 IF @vSafetyStockLevel <= 4 BEGIN
  SET @vMessage = 'Sicherheitsbestand: '
                + ltrim(str(@vSafetyStockLevel)) + '. Mind. 4'
  RAISERROR (@vMessage, 16, 10)
 END
 ELSE
  INSERT INTO Production.Product2
  SELECT * FROM inserted
END
```
712_04.sql: Fälle: eine oder keine Zeile

Der dritte Fall ist derjenige, der überhaupt die ganze Arbeit notwendig gemacht hat. Hier öffnet man den schon erstellten Cursor, um die gesamte `inserted`-Tabelle Zeile für Zeile nach dem problematischen Sicherheitsbestand zu durchforsten. Im Prinzip handelt es sich letztendlich nur um die zeilenweise Durchführung des zweiten Falls. Auch hier gilt wiederum, dass man entweder jede einzelne Zeile aus der `inserted`-Tabelle überträgt oder die korrekten Daten erst in Variablen speichert und sie dann über einen individuellen INSERT-Befehl erfasst. Hier verwendet man für die gerade bearbeitete Zeile die INSERT INTO...SELECT-Variante.

```
-- Fall 3: Mehrere Zeilen
ELSE BEGIN
 -- Sicherheitsbestand pro Zeile abrufen
 OPEN cProducts
```

```
FETCH NEXT FROM cProducts
  INTO @vProductNumber, @vSafetyStockLevel
WHILE @@fetch_status = 0 BEGIN
  -- Zeilenweise testen und Fehlermeldung ausgeben
  IF @vSafetyStockLevel <= 4 BEGIN
    SET @vMessage = 'Sicherheitsbestand: '
        + ltrim(str(@vSafetyStockLevel)) + '. Mind. 4'
    RAISERROR (@vMessage, 16, 10)
  END
  ELSE BEGIN
    INSERT INTO Production.Product2
    SELECT *
      FROM inserted
     WHERE ProductNumber = @vProductNumber
  END
  FETCH NEXT FROM cProducts
  INTO @vProductNumber, @vSafetyStockLevel
END
CLOSE cProducts
DEALLOCATE cProducts
END
```

712_04.sql: Zeilenweise Kontrolle und Übertragung

Schließlich gibt es noch den Fall, dass man erlauben möchte, in eine Sicht Daten einzutragen, in der eigentlich keine Daten eingetragen werden können. Dazu setzt man genau so einen INSTEAD OF-Trigger ein, wir er gerade eben verwendet wurde.

Hier gibt es dann noch zwei nützliche Funktionen, die in diesem Zusammenhang erwähnt werden müssen:

- UPDATE (spalte) liefert dann true zurück, wenn für die als Bezeichner angegebene Spalte eine INSERT- oder UPDATE-Aktion versucht wurde. Mehrere Spalten müssen in einzelnen Abfragen überprüft werden.

- COLUMNS_UPDATED ( ) liefert ein varbinary-Bitmuster zurück, welches die Spalten identifiziert, für die eine INSERT- oder UPDATE-Aktion versucht wurden. Das Bit ganz rechts des Bytes ganz links repräsentiert die erste Spalte in der Tabelle. Relativ einfach ist die Überprüfung für die ersten acht Spalten. Die 0. Stelle erfolgt mit `@var & 1 = 1`, die 1. Stelle mit `@var & 2 = 2`, die 2. mit `@var & 4 = 4` und die 3. mit `@ar & 8 = 8`. Für die 1. und die 3. Stelle verwendet man `@var & 10 = 10`. Die ersten acht Bits erhält man mit `substring(columns_updated(),1,1)`, die nächsten acht Bits wieder mit `substring(columns_updated(),2,1)` usw. Eine Änderung der dritten Spalte überprüft man mit `substring(columns_upda-ted(),1,1) & power(2,(3-1)) = power(2,(3-1))`, die zehnte Spalte mit `substring(columns_updated(),2,1) & power(2,((10-8)-1))` `= power(2,((10-8)-1))`.

Diese Erläuterungen führen dann zu einem Beispiel, in dem Änderungen über eine Sicht realisiert werden sollen. Dazu ist es zunächst einmal notwendig, beide vorhandenen Beispieltabellen mit Daten zu füllen, um daraufhin eine zusammenfassende und mit wenigstens einer nicht aktualisierbaren Aggregatspalte ausgestattete Sicht zu definieren. Über die nächsten beiden INSERT INTO…SELECT-Anweisungen kann man die `Products2`- und die `ProductInventory2`-Tabelle füllen. Wichtig ist hier, dass im Gegensatz zur gewöhnlichen AdventureWorks-Datenbank als Primärschlüssel die `ProductNumber` verwendet wird und nicht die `ProductID`.

```
INSERT INTO Production.Product2
SELECT Name, ProductNumber, SafetyStockLevel,
       StandardCost, ListPrice
  FROM Production.Product
GO
INSERT INTO Production.ProductInventory2
SELECT p1.ProductNumber, LocationID, Shelf, Bin, Quantity
  FROM Production.Product2 AS p2
       INNER JOIN Production.Product AS p1
    ON p2.ProductNumber = p1.ProductNumber
       INNER JOIN Production.ProductInventory AS piv
    ON piv.ProductID = p1.ProductID
```

712_05.sql: Daten übertragen

Eine Sicht, welche die verschiedenen Szenarien am besten abzubilden vermag, besteht nicht nur aus mehreren Tabellen, sondern weist auch neben gewöhnlichen übernommenen wenigstens eine Aggregatspalte auf. Als Alternative kann dies auch eine über eine Funktion oder Umwandlung erzeugte Spalte sein. Hierbei berührt man das Problem, dass in eine solche Spalte gar nicht oder nur über eine weitere Umwandlung und Berechnung Werte eingefügt oder in eine andere Spalte umgeleitet werden sollen. Die nachfolgend erstellte Sicht greift auf die beiden gerade gefüllten Tabellen zu, zeigt alle Spalten aus `Products2` an und ergänzt diese um den aktuellen und tatsächlichen Gesamtlagerbestand, der durch eine Summierung aller Einzellagerbestände für das jeweilige Produkt ermittelt wird.

```sql
CREATE VIEW Production.vProductInventory AS
SELECT p2.ProductNumber, Name, SafetyStockLevel, StandardCost,
       ListPrice, SUM(Quantity) AS TotalQuantity
  FROM Production.Product2 AS p2
       INNER JOIN Production.ProductInventory2 AS piv2
    ON p2.ProductNumber = piv2.ProductNumber
 GROUP BY p2.ProductNumber, Name, SafetyStockLevel,
          StandardCost, ListPrice
```

712_05.sql: Erstellung einer Sicht

Nun ist ein Trigger erforderlich, der die oben schon beschriebenen Fälle wiederum aufgreift und sie programmatisch umsetzt. Da es sich um eine Sicht handelt, erstellt man erneut einen `INSTEAD OF`-Trigger, der anstelle der ursprünglich gemeinten Anweisung ausgeführt werden soll. Er muss auch wieder das Problem lösen, dass für jede einzelne Zeile die Änderungen wirksam werden und ggf. überprüft werden.

Im ersten Fall werden keine Änderungen wirksam, sodass die weitere Verarbeitung und Überprüfung unterbrochen wird. Im zweiten Fall kann es geschehen, dass eine verbotene Spalte (Aggregat, Funktionsaufruf, Berechnung) aktualisiert werden soll. Bei dieser Sicht handelt es sich um die Spalte `TotalQuantity`, in der die Gesamtsumme aller Einzellagerbestände ausgegeben wird. Über die `update()`-Funktion prüft man diesen Fall und liefert dann eine Fehlermeldung. Im dritten Fall schließlich muss man in einer erweiterten Prüfung herausfinden, ob eine der möglichen aktualisierbaren Spalten angesprochen wurde. Bei einer mehrere Tabellen zusammenfassenden Sicht kann man hier bisweilen auch gezwungen sein, Teilgruppen, die Spalten für eine einzelne Tabelle enthalten, abzuprüfen, um dann individuelle Aktualisierungen für die diesen Spalten zu Grunde liegenden Tabellen auszuführen. In diesem Fall handelt es sich verkürzt nur um die Spalte für den Listenpreis. Man kann sie bspw. über die Position auch mit Funktion columns_updated() erkennen. Um dann die Änderungen für jede einzelne Zeile auszuführen, nimmt man hier keinen Cursor, sondern erstellt eine mehrere Zeilen betreffende Aktualisierungsanweisung, die mit der inserted-Tabelle verknüpft wird.

```sql
CREATE TRIGGER Production.trgInsertvProductInventory
ON Production.vProductInventory
INSTEAD OF INSERT, UPDATE
AS
 -- Fall 1: Keine Änderung
 IF @@rowcount = 0 RETURN
 -- Fall 2: Verbotene Aggregatspalte
 IF update(TotalQuantity) BEGIN
  RAISERROR('Aggregat TotalQuantity nicht aktualisierbar', 16, 1)
  ROLLBACK TRANSACTION
  RETURN
 END
 -- Fall 3: Erlaubte Spalte: ListPrice
 IF substring(columns_updated(),1,1)
    & power(2,(5-1)) = power(2,(5-1)) BEGIN
  UPDATE Production.Product2
    SET ListPrice = i.ListPrice
    FROM Production.Product2 AS p2 INNER JOIN inserted AS i
     ON p2.ProductNumber = i.ProductNumber
 END
```

712_05.sql: Trigger für die Aktualisierung einer Sicht

7. 1. 3. DDL-Trigger

Während DML-Trigger auf SQL-Anweisungen im Bereich der DML reagieren, konzentrieren sich DDL-Trigger auf die Data Definition Language-Anweisungen von SQL. Im Wesentlichen sind damit die die Anweisungen CREATE, ALTER und DROP für die unterschiedlichen Schema-Objekttypen gemeint. Dies erlaubt es, Änderungen an Schema-Objekten oder am gesamten DB-Schema zu verhindern, Ereignisse auslösen, wenn Änderungen erfolgreich oder mit Fehlern vorgenommen wurden, oder Protokolle und Logdateien zu führen, die Versuche und tatsächliche Änderungen aufzeichnen. Wichtig ist hierbei zu beachten, dass lediglich T-SQL-

Anweisungen, die Schema-Änderungen bewirken sollen, diese Trigger auslösen, Systemprozeduren mit ähnlichen/gleichen Ergebnissen aber unbehelligt bleiben.

Diese Trigger werden übrigens nicht bei der Bearbeitung von temporären Tabellen oder Prozeduren ausgelöst.

➜ **Allgemeine Syntax**

Die allgemeine Syntax ähnelt sehr der vorherigen diskutierten und hat die folgende Gestalt:

```
CREATE TRIGGER trigger_name
ON { ALL SERVER | DATABASE }
[ WITH <ddl_trigger_option> [ ,...n ] ]
{ FOR | AFTER } { ereignis_typ | ereignis_gruppe } [ ,...n ]
AS { sql_anweisung [ ; ] [ ...n ]
    | EXTERNAL NAME < methoden_name >  [ ; ] }

<ddl_trigger_option> ::=
    [ ENCRYPTION ]
    [ EXECUTE AS Klausel ]

< methoden_name > ::=
    assembly_name.klassen_name.methoden_name
```

Um einen DDL-Trigger zu entwerfen, sind verschiedene Überlegungen und Planungen zu leisten. Zum einen ist es wichtig zu wissen, welchen Triggerbereich man im Fokus hat, und zum anderen muss man die SQL-Anweisung oder gar Gruppe von SQL-Anweisungen, die den Trigger auslösen sollen, bestimmen. Beide Punkte stehen in einer Wechselbeziehung.

- Als Triggerbereiche kommen entweder die Datenbank oder der Server in Frage, was auch in der allgemeinen Syntax zu sehen ist.

    - Im klassischen Fall, dass beim Anlegen oder Löschen einer Tabelle ein Trigger ausgelöst werden soll, ist der Triggerbereich die Datenbank (DATABASE), in der dies geschehen soll. Solche DDL-Trigger werden normalerweise in der Datenbank, auf die sich beziehen, gespeichert.

Man kann sie in der Sicht sys.triggers wiederfinden, wenn man im gleichen Datenbankkontext eingeloggt ist; ansonsten ist der Sicht noch der Datenbankname voranzustellen (master.sys.triggers).

- Soll dagegen ein Login erstellt oder gelöscht werden (CREATE LOGIN, ALTER LOGIN oder DROP LOGIN), dann gilt als Triggerbereich der Server (ALL SERVER). Solche Trigger werden in der master-Datenbank gespeichert, da sie sich ja DB-übergreifend verhalten. Ihre Daten sind wiederum in der sys.server_triggers-Sicht zu finden und können aus jedem DB-Kontext abgerufen werden.

- DDL-Trigger reagieren auf SQL-Anweisungen, die auf zwei verschieden Arten angegeben werden können. Diese sind weiter unten aufgeführt und werden hier nur unterschieden.

  - Die Liste der möglichen einzelnen Ereignisse ist abschließend und enthält fest definierte Ereignisnamen, die allerdings sehr gut die SQL-Anweisungen und die Schema-Objekte, auf die sich beziehen, erkennen lassen. Bei den Ereignissen ist zu unterscheiden, ob sie sich auf Datenbank- oder Serverbereich beziehen. Die einzelnen Ereignisse können zu einer individuellen Gruppe zusammengefasst werden, indem ihre Namen durch Komma verbunden werden.

  - Während die Liste der möglichen Einzelereignisse abschließend ist, so sind die Gruppen nicht nur durch eine abgeschlossene Liste definiert, sondern sogar in einer Hierarchie aufgebaut. Dies bedeutet, dass bspw. von einer alle Ereignisse einschließenden Obergruppe wie DDL_SERVER_LEVEL_EVENTS erst drei Ebenen tiefer die DDL-Ereignisse für Tabellen und Sichten von einer Gruppe namens DDL_TABLE_VIEW_EVENTS eingeschlossen werden. Auch diese Gruppe wiederum ist eine Obergruppe, in der die DDL-Ereignisse für Tabellen und Sichten getrennt verwaltet werden oder Statistiken und Indizes getrennt enthalten. Die Gruppen sind zudem entweder dem Server- oder Datenbankbereich zugeordnet. Mehrere Gruppen auch wieder durch Komma verbunden werden. Die Hierarchiestruktur finden Sie unter ms-help://MS.SQLCC.v9/MS.SQLSVR.v9.de/udb9/html/fb2a7bd0-2347-488c-bb75-734098050c7c.htm.

→ **Mögliche DDL-Anweisungen**

Die Liste der verfügbaren DDL-Anweisungen in DDL-Triggern ist abschließend und wird in den folgenden beiden Tabellen für die beiden Triggerbereiche angegeben.

DDL-Anweisungen mit Datenbankbereich

CREATE_APPLICATION_ROLE	ALTER_APPLICATION_ROLE	DROP_APPLICATION_ROLE
CREATE_ASSEMBLY	ALTER_ASSEMBLY	DROP_ASSEMBLY
ALTER_AUTHORIZATION_DATABASE		
CREATE_CERTIFICATE	ALTER_CERTIFICATE	DROP_CERTIFICATE
CREATE_CONTRACT	DROP_CONTRACT	
GRANT_DATABASE	DENY_DATABASE	REVOKE_DATABASE
CREATE_EVENT_NOTIFICATION	DROP_EVENT_NOTIFICATION	
CREATE_FUNCTION	ALTER_FUNCTION	DROP_FUNCTION
CREATE_INDEX	ALTER_INDEX	DROP_INDEX
CREATE_MESSAGE_TYPE	ALTER_MESSAGE_TYPE	DROP_MESSAGE_TYPE
CREATE_PARTITION_FUNCTION	ALTER_PARTITION_FUNCTION	DROP_PARTITION_FUNCTION
CREATE_PARTITION_SCHEME	ALTER_PARTITION_SCHEME	DROP_PARTITION_SCHEME
CREATE_PROCEDURE	ALTER_PROCEDURE	DROP_PROCEDURE
CREATE_QUEUE	ALTER_QUEUE	DROP_QUEUE
CREATE_REMOTE_SERVICE_BINDING	ALTER_REMOTE_SERVICE_BINDING	DROP_REMOTE_SERVICE_BINDING
CREATE_ROLE	ALTER_ROLE	DROP_ROLE
CREATE_ROUTE	ALTER_ROUTE	DROP_ROUTE
CREATE_SCHEMA	ALTER_SCHEMA	DROP_SCHEMA
CREATE_SERVICE	ALTER_SERVICE	DROP_SERVICE
CREATE_STATISTICS	DROP_STATISTICS	UPDATE_STATISTICS

CREATE_SYNONYM	DROP_SYNONYM	
CREATE_TABLE	ALTER_TABLE	DROP_TABLE
CREATE_TRIGGER	ALTER_TRIGGER	DROP_TRIGGER
CREATE_TYPE	DROP_TYPE	
CREATE_USER	ALTER_USER	DROP_USER
CREATE_VIEW	ALTER_VIEW	DROP_VIEW
CREATE_XML_ SCHEMA_ COLLECTION	ALTER_XML_ SCHEMA_ COLLECTION	DROP_XML_ SCHEMA_ COLLECTION

DDL-Anweisungen mit Serverbereich

ALTER_AUTHORIZATION_ SERVER		
CREATE_DATABASE	ALTER_DATABASE	DROP_DATABASE
CREATE_ENDPOINT	DROP_ENDPOINT	
CREATE_LOGIN	ALTER_LOGIN	DROP_LOGIN
GRANT_SERVER	DENY_SERVER	REVOKE_SERVER

Beispiele

DDL-Trigger eignen sich vor allen Dingen für administrative Tätigkeiten, die nicht unbedingt in diesem Buch angesprochen werden, sodass die Beispiele relativ kurz gehalten werden. Zunächst kann man auch hier wieder auf die Existenz von Triggern testen, wobei in diesem Fall die sys.triggers-Katalogsicht auf den Triggernamen abgeprüft wird, um ggf. den Löschvorgang einzurichten. Ein Trigger mit Datenbankbereich wird mit ON DATABASE erstellt und gilt für ein einzelnes Ereignis aus den obigen Tabellen oder eine ganze Gruppe. In diesem Fall soll die gerade erstellte Sicht wie alle anderen Sichten nicht geändert werden dürfen.

```
-- Bei Existenz löschen
IF EXISTS
    (SELECT * FROM sys.triggers
     WHERE parent_class = 0 AND name = 'trgAlterView')
 DROP TRIGGER trgAlterView
    ON DATABASE
GO
-- Trigger mit Datenbankbereich
```

```
CREATE TRIGGER trgAlterView
ON DATABASE
FOR ALTER_VIEW
AS
   PRINT 'Sichtänderung untersagt'
   ROLLBACK
GO
```

713_01.sql: Trigger mit Datenbankbereich

Versucht man dennoch, eine Sicht zu ändern, dann erhält man die folgende Fehlermeldung:

```
Sichtänderung untersagt
Msg 3609, Level 16, State 2, Procedure vProductInventory, Line 3
Die Transaktion endete mit dem Trigger.
Der Batch wurde abgebrochen.
```

Das nächste Beispiel zeigt, wie man einen DDL-Trigger mit Serverbereich erstellt und wie man weitere Informationen über ein Ereignis mit Hilfe der `eventdata()`-Funktion ermittelt.

Diese Funktion kann innerhalb von DDL-Trigger verwendet werden, um weitere Informationen zu Server- oder Datenbankereignissen. Ihr Rückgabewert ist XML und nimmt damit eine herausragende Stellung ein, was die in diesem Buch behandelten Funktionen anbetrifft. Das XML hat einen relativ einfachen und nur mit wenigen Unterschieden versehenen Aufbau. Am besten ist es, diesen Aufbau mit einem kleinen Beispiel für die jeweilige Situation zunächst nachzuprüfen, und dann zu versuchen, die Informationen sinnvoll zu verwerten. Da es sich um einen XML-Rückgabetyp handelt, kann man mit der value-Methode und einem XPath-Ausdruck in den XML-Daten navigieren. Das nachfolgende Beispiel zeigt, wie man auf der einen Seite die komplette Nachricht ausgibt und wie man auf der anderen Seite zu benötigten Informationen navigieren kann. Man arbeitet sich mit `/wurzel/benötigtesElement[1]` zum jeweiligen Element vor und muss immer nur darauf achten, eine Typumwandlung für die Weiterverarbeitung auszuführen.

Die allgemeine Syntax ist `EVENTDATA( )`.

```
IF EXISTS (
```

469

7

```
    SELECT * FROM sys.server_triggers
      WHERE name = 'trgCreateLogin')
  DROP TRIGGER trgCreateLogin
  ON ALL SERVER
GO
CREATE TRIGGER trgCreateLogin
ON ALL SERVER
FOR CREATE_LOGIN
AS
  PRINT 'Versuch, einen Login anzulegen.'
  PRINT  cast(EVENTDATA() as nvarchar(max))
  SELECT EVENTDATA().value('(/EVENT_INSTANCE/ObjectType)[1]',
                          'nvarchar(max)')

  ROLLBACK
GO
```

713_02.sql: DDL-Trigger mit Serverbereich

In diesem Fall entsteht nicht nur eine Fehlermeldung, sondern man erhält auch das gesamte XML zurück, welches den Ereignistyp, die Zeit, den Server- und Login-namen sowie viele weitere Informationen enthält.

```
<EVENT_INSTANCE>
  <EventType>CREATE_LOGIN</EventType>
  <PostTime>2007-03-14T00:42:22.767</PostTime>
  <SPID>53</SPID>
  <ServerName>Hülzemann\COMELIO</ServerName>
  <LoginName>Hülzemann\Elvira</LoginName>
  <ObjectName>AntonEbenhof</ObjectName>
  <ObjectType>LOGIN</ObjectType>
  <DefaultLanguage>Deutsch</DefaultLanguage>
  <DefaultDatabase>master</DefaultDatabase>
  <LoginType>SQL Login</LoginType>
  <SID>THs/OHd4uUewob1RQOrd0Q==</SID>
</EVENT_INSTANCE>
```

Rückgabewert von eventdata()-Funktion

7. 1. 4. Weitere Optionen

Es gibt verschiedene weitere Themen und Arbeiten, die in Zusammenhang mit Triggern stehen und die teilweise auch für andere Schema-Objekte in ähnlicher Weise relevant sind. Dazu gehören allgemeine Verwaltungsarbeiten wie ändern und löschen, Sichten für Metainformationen und Sicherheitsüberlegungen.

➡ Geschachtelte Trigger

Wie man sich vorstellen kann, ist es möglich, dass Trigger geschachtelt aufgerufen werden können. Man spricht dabei von geschachtelten Triggern, sobald im Rahmen der Ausführung eines Triggers Anweisungen durchgeführt werden, die selbst wieder dazu führen, einen Trigger auszulösen. Insgesamt ist es zulässig, dass bis auf 32 Ebenen solche Verschachtelungen erfolgreich durchgeführt werden. Durch diese Einschränkung ist die Entstehung einer Endlos-Schleife zwar nicht behoben, aber ihr Ablauf wird nach dem Erreichen der maximalen Schachtelungsgrenze beendet. Die Thematik ist sowohl für DML- als auch für DDL-Trigger relevant. Die `nested triggers`-Serverkonfigurationsoption entscheidet bei AFTER-Triggern darüber, ob diese geschachtelt werden können. INSTEAD OF-Trigger können immer geschachtelt sein bzw. sind unabhängig von dieser Einstellung. Als Einstellung gibt es für die Datenbank die RECURSIVE_TRIGGERS-Einstellung, die auf ON gesetzt werden muss, wenn rekursive Trigger erlaubt sein sollen.

Ein Spezialfall ist bei den geschachtelten Triggern die Rekursion, wo der durch Schachtelung aufgerufene Trigger derselbe Trigger ist, der schon zuvor ausgelöst wurde. Hierbei unterscheidet man wiederum zwei Unterarten:

- Direkte Rekursion: Tabelle1.Trigger1 wird ausgelöst und löst durch interne Anweisungen wiederum Tabelle1.Trigger1 auf. Dies wird bei der Einstellung `ALTER DATABASE datenbank SET RECURSIVE_TRIGGERS = OFF` verhindert.

- Indirekte Rekursion: Tabelle1.Trigger1 wird ausgelöst und löst durch interne Anweisungen Tabelle2.Trigger2 auf, der wiederum durch interne Anweisungen Tabelle1.Trigger1 auslöst. Dies wird verhindert, wenn man die `nested triggers`-Serveroption auf 0 setzt:
```
sp_configure @configname = 'nested triggers', @configvalue = '0'
```

Die allgemeine Syntax für die Prozedur `sp_configure`, mit der Serveroptionen eingestellt werden können, ist:

```
sp_configure [ [ @configname = ] 'option_name'
             [ , [ @configvalue = ] 'value' ] ]
```

➜ Änderungen

Alle Trigger werden über CREATE erstellt, mit DROP gelöscht und mit ALTER in ihrer Definition geändert. Lediglich den Namen ändert man mit der sp_rename-Prozedur:

```
sp_rename [ @objname = ] 'object_name' ,
          [ @newname = ] 'new_name'
          [ , [ @objtype = ] 'object_type' ]
```

Dies entspricht den Änderungsarbeiten an anderen Schema-Objekten.

➜ Metainformationen für DDL-Trigger

Dieser Abschnitt listet nur kurz die verfügbaren Katalogsichten auf, die bei Triggern zur Verfügung stehen. Die Spaltennamen sind weitestgehend selbsterklärend.

- DDL-Trigger mit Datenbankbereich und DML-Trigger

Sicht	Informationen
sys.triggers	Trigger mit Datenbankbereich
sys.trigger_events	Datenbankereignisse, die Trigger auslösen
sys.sql_modules	Definition eines Triggers mit Datenbankbereich
sys.assembly_modules	Trigger mit CLR-Datenbankbereich

Sichten für Trigger (1)

- DLL-Trigger mit Serverbereich

Sicht	Informationen
sys.server_triggers	Triggern mit Serverbereich

`sys.server_trigger_events`	Serverereignisse, die Trigger auslösen
`sys.sql_modules`	Definition eines Triggers mit Serverbereich
`sys.server_assembly_modules`	Trigger mit CLR-Serverbereich

Sichten für Trigger (2)

Weitere Informationen erhält man über die Prozedur sp_helptrigger, die als Parameter den Tabellennamen und optional den Triggertyp erwartet. Als möglichen Typen kann man hier die Werte DELETE, INSERT oder UPDATE angeben.

```
sp_helptrigger [ @tabname = ] ,tabelle`
              [ , [ @triggertype = ] ,typ` ]
```

Man erhält eine Ergebnismenge mit folgendem Aufbau zurück.

Spalte		Beschreibung
`trigger_name`		Triggername
`trigger_owner`		Besitzer der Tabelle, des Triggers
`isupdate`	`int`	1 entspricht UPDATE-Trigger 0 entspricht nicht UPDATE-Trigger
`isdelete`	`int`	1 entspricht DELETE-Trigger 0 entspricht nicht DELETE-Trigger
`isinsert`	`int`	1 entspricht INSERT-Trigger 0 entspricht nicht INSERT-Trigger
`isafter`	`int`	1 entspricht AFTER-Trigger 0 entspricht nicht AFTER-Trigger
	`int`	1 entspricht INSTEAD OF-Trigger 0 entspricht nicht INSTEAD OF-Trigger

trigger_schema		Name des Schemas, zu dem der Trigger gehört.

Ergebnismenge von sp_helptrigger

➜ Trigger (de-)aktivieren

Sobald ein Trigger angelegt wird, wird er auch standardmäßig aktiviert. Es ist möglich, Trigger einzeln oder in ihrer Gesamtheit nachher für ein Objekt, die Datenbank oder den Server zu aktivieren und zu deaktivieren.

Dazu verwendet man für die Deaktivierung die folgende Anweisung.

```
DISABLE TRIGGER {[ schema.] trigger_name [ ,...n ] | ALL}
ON { object_name | DATABASE | ALL SERVER } [ ; ]
```

Für die Aktivierung verwendet man dagegen die folgende Anweisung:

```
ENABLE TRIGGER {[ schema_name.] trigger_name [ ,...n ] | ALL}
ON { object_name | DATABASE | ALL SERVER } [ ; ]
```

Beide Anweisungen haben die gleichen Syntaxbestandteile:

- schema_name enthält den Namen des Schemas, zu dem der Trigger gehört. Dies entfällt für DDL-Trigger.

- trigger_name enthält den Namen des Triggers, der (de-)aktiviert werden soll.

- ALL legt fest, dass alle Trigger der in der ON-Klausel angesprochenen Objekte (de-)aktiviert werden sollen.

- object_name enthält den Namen der Tabelle oder Sicht, auf die sich der DML-Trigger bezieht.

- DATABASE legt für DDL-Trigger fest, dass der angesprochene Trigger im Datenbankbereich (de-)aktiviert werden soll.

- ALL SERVER legt für DDL-Trigger fest, dass der Trigger im Serverbereich (de-)aktiviert werden soll.

➡ Sicherheitsüberlegungen

Beide Trigger-Arten richten sich nach dem Sicherheitskontext des Benutzers, durch dessen Interaktion mit Datenbank und Schema-Objekts sie aufgerufen werden. Ein Benutzer benötigt also keine speziellen Rechte, einen Trigger aufzurufen, denn seine Anweisungen, die kontrolliert und anhand seiner Berechtigungen überprüft und dann bedingt ausgeführt werden, führen ja erst dazu, dass auch ein Trigger ausgeführt wird. Sicherheitsüberlegungen sind lediglich notwendig, wenn innerhalb eines Triggers wiederum Prozeduren, Funktionen sowie natürlich Tabellen und Sichten angesprochen werden, für die andere Sicherheitsanforderungen gelten als für das ursprüngliche Schema-Objekt. In diesem Fall könnte dann der Benutzer seine Anweisungen nur dann erfolgreich ausführen, wenn er auch an den durch den Trigger aufgerufenen Schema-Objekten die notwendigen Rechte besitzt.

Man befindet sich also wiederum bei den Besitzketten wieder, die schon ausführlich für Prozeduren und Funktionen erläutert wurden. Auch für Trigger ist die `EXECUTE AS`-Klausel verfügbar, mit der man angeben kann, ob ein Trigger unter der Berechtigung des Aufrufers (`CALLER`), des Besitzers (`OWNER`), des aktuellen Benutzers (`SELF`) oder eines bestimmten Benutzers ausgeführt werden soll. Diese Technik setzt man ein, um für komplexe Trigger-Anweisungen die notwendige Sicherheit einzurichten.

Folgende Varianten sind für die einzelnen Trigger-Arten möglich:

- Funktionen (außer Tabellenwertfunktionen), Prozeduren und DML-Trigger
  ```
  { EXEC | EXECUTE } AS { CALLER | SELF | OWNER | 'user_
  name' }
  ```

- DDL-Trigger mit Datenbankbereich
  ```
  { EXEC | EXECUTE } AS { CALLER | SELF | 'user_name' }
  ```

- DDL-Trigger mit Serverbereich
  ```
  { EXEC | EXECUTE } AS { CALLER | SELF | 'login_name' }
  ```

➜ **Triggerreihenfolge**

Besitzt eine Tabelle oder ein Ereignis mehrere AFTER-Trigger, dann ist es notwendig, die Reihenfolge zwischen ihnen festzulegen. Manchmal kann es geschehen, dass sie sich gegenseitig beeinflussen oder die Aufruf- und Verarbeitungsreihenfolge auf Trigger-Ebene von Bedeutung ist. Es ist grundsätzlich möglich, auf diese Reihenfolge Einfluss zu nehmen. Für INSTEAD OF-Trigger ist dies nicht notwendig, da sie anstelle der eigentlichen Operation ausgeführt werden und ihre Reihenfolge nicht vorgegeben werden kann. Doch auch bei den hier erwähnten AFTER-Triggern geht es nur um den ersten und den letzten Trigger. Die Reihenfolge wird automatisch bestimmt, kann aber für den ersten und letzten durch die folgende Prozedur ausdrücklich vorgegeben werden.

```
sp_settriggerorder
    [ @triggername = ] '[ triggerschema. ] triggername'
,   [ @order = ] 'value'
,   [ @stmttype = ] 'statement_type'
[ , [ @namespace = ] { 'DATABASE' | 'SERVER' | NULL } ]
```

Die Verwendung der Prozedur ist relativ simpel:

- Im Parameter @triggername gibt man den Trigger vor, den man in eine Reihenfolge einordnen möchte.

- Der Parameter @order erwartet mit First, Last oder Keine die Reihenfolge, wobei für First oder Last unterschiedliche Trigger anzugeben sind.

- Eine der Anweisungen INSERT, UPDATE oder DELETE bzw. eines der Ereignisse für DDL-Trigger gibt man in @stmttype an.

- Der @namespace-Parameter erwartet schließlich für DDL-Trigger die Angabe, ob es sich um einen Trigger mit Datenbank- oder Serverbereich handelt.

7. 2. Der SQL Server-Agent

Der SQL Server Agent bietet eine ganz andere Möglichkeit der Automatisierung an. Während man Trigger auch gut und gerne als einfache programmierbare Objekte verstehen kann und daher ihren Anteil an DB-Automatisierung nicht so groß gewichten würde, verhält sich dies mit dem SQL Server Agent völlig aus. Er ist der Job Scheduler der Datenbank, d.h. er erlaubt es, zeitgesteuert Aktionen durchzuführen, wobei diese Aktionen nicht nur höchst unterschiedlicher Natur sind, sondern auch noch eine Reihe von zusätzlichen Eigenschaften für die Kontrolle der erfolgreichen Durchführung besitzen. Sieht man sich im späteren Verlauf dieses Abschnitts die einzelnen Menüs in den Abbildungen an, ahnt man schon, wie umfangreich dieses Werkzeug eigentlich ist. Wir beschränken uns hier allerdings darauf, einen mitternächtlichen Sicherungslauf der DB einzurichten.

7. 2. 1. Start und Stop

Der SQL Server Agent ist nach der ersten Installation nicht aktiv, da er ja auch keine Aufträge enthält, die er regelmäßig durchführen soll. Man muss also zunächst seinen Dienst starten und sind dann auch, wie er bei Bedarf an- und ausgeschaltet werden kann.

1. Finden Sie den Eintrag für den SQL Server Agent im Baum der Objekte, die über die aktuelle Verbindung verwaltet werden können. Er befindet sich ganz unten in der Liste und hat auch den Hinweis, dass er aktuell ausgeschaltet ist.

2. Wählen Sie aus seinem Kontextmenü den Eintrag START. Direkt darunter befinden Sie auch die Einträge für einen Neustart und den Stopp des Dienstes. Es öffnet sich ein Fenster in der linken oberen Ecke des Bildschirms, in dem man noch einmal bestätigen muss, dass man den Dienst starten will.

3. Man sieht zwar auch im Management Studio, dass der Dienst läuft, aber man kann auch noch an anderer Stelle seinen Status kontrollieren. Wählen Sie dazu aus dem Start-Menü MICROSOFT SQL SERVER 2014 / CONFIGURATION TOOLS und aus diesem Ordner das Programm CONFIGURATION MANAGER.

4. Es öffnet sich der Konfigurationsmanager, welcher die verfügbaren / installierten Dienste des MS SQL Servers auf diesem System anzeigt und zusätzlich ihren Status und ihr Dienstkonto ausweist. Hier sieht man, dass der SQL Server Agent genauso ein Dienst ist wie das Datenbankmodul oder die für Business Intelligence-Anwendungen entwickelten Werkzeuge Analysis / Integration / Reporting Services. In diesem Fenster lässt sich der Dienst auch beenden sowie in seinen Eigenschaften (bspw. das Dienstkonto) ändern. Dazu wählt man für jeden Dienst aus dem Kontextmenü den Eintrag PROPERTIES.

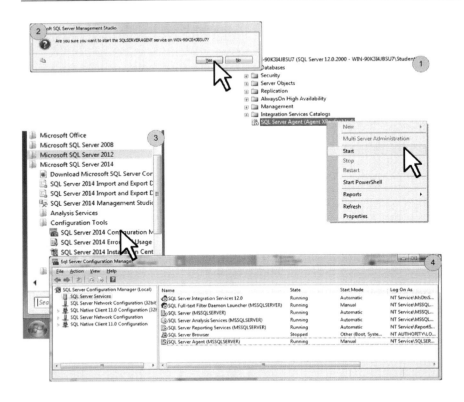

Abbildung 7.1: Start des SQL Server Agents

7. 2. 2. Einrichten eines Auftrags

Starten und Stoppen sind nützliche Aktionen, aber natürlich nicht das Hauptgeschäft. Man richtet mit dem SQL Server Agent Aufträge/Jobs ein, die er zeitgesteuert ausführen soll. Insbesondere kann er T-SQL-Anweisungen ausführen, was erneut zeigt, dass zwar die Oberfläche vom Management Studio sehr hilfreich ist, aber dass durchaus viele Aktionen am Ende in Skriptform benötigt werden und nur für Skript-Erstellung oder für ad-hoc-Ausführung tatsächlich mit der Oberfläche gehandhabt werden. Als Beispiel richten wir einen Auftrag ein, der immer um Mitternacht ein Backup der DB erstellen soll. Auch andere Aktionen wie die

7

Aktualisierung von Statistiken oder Neuorganisation von Indizes könnten entweder einzelne Aufträge oder einzelne weitere Schritte in diesem einen Auftrag sein.

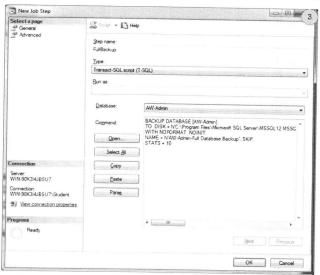

Abbildung 7.2: Einrichten eines Auftrags

1. Wählen Sie aus dem Kontextmenü des Ordners *JOBS* den Eintrag *NEW JOB*.

2. Im sich öffnenden Dialog sehen Sie verschiedenen Seiten, in denen Sie den Auftrag sehr umfangreich konfigurieren können. Die Seite *GENERAL* erwartet

den Namen des Auftrags, den Besitzer (automatisch wird unser eigenes Konto ausgewählt) sowie eine ordnende Kategorie und eine Beschreibung. Die Kategorien helfen dabei, Übersicht bei den Aufträgen zu behalten. Sie lassen sich über *JOB / MANAGE JOB CATEGORIES* verwalten.

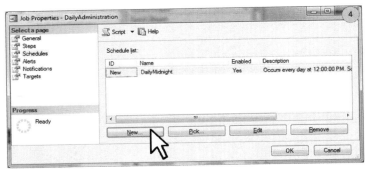

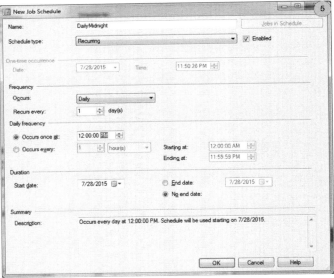

Abbildung 7.3: Einrichten eines Zeitplans

3. Ein Auftrag besteht aus wenigstens einem Schritt. Die Seite *STEPS* erlaubt es, diese Schritte einzurichten. In diesem Fall haben wir nur einen einzigen

7

Schritt, dessen Namen wir in STEP NAME eintragen. Dieser ist vom Typ Transact SQL, was Sie in der Drop-Down-Liste bei TYPE auswählen. Man beachte, wie viele verschiedenen Typen es gibt und welche unterschiedlichen Arten von Anweisungen in einem Auftrag auftreten könnten. Bei DATABASE wählt man die Datenbank aus, gegen die sich die Aktion richten soll - typischerweise unsere aktuelle Datenbank. Bei COMMAND schließlich benötigt man aus einer Datei oder der Zwischenablage den auszuführenden Befehl. Diesen hat man normalerweise vorher geschrieben oder als Skript generieren lassen - und auch getestet.

4. Man kann weitere Schritte hinzufügen, um dann in jedem Fall auszuwählen, wann dieser Auftrag bestehend aus diesen verschiedenen Schritten ausgeführt werden soll. Dazu kann man einen vorhandenen Zeitplan (engl. schedule) auswählen oder einen neuen einrichten. In diesem Fall gibt es natürlich noch keinen Zeitplan, weswegen wir auf der Zeite SCHEDULES zunächst NEW wählen.

5. Im Dialog NEW JOB SCHEDULE legt man dann in einem überaus komplexen Kalender fest, wie dieser Zeitplan aussehen soll. Der hier gezeigte Zeitplan führt immer wieder um Mitternacht die mit ihm verbundenen Aufträge aus. Es ist alternativ auch möglich, Intervalle in Stunden oder Tagen sowie feste Start und Endzeiten für den Zeitplan auszuwählen. Das Formular bietet die gleichen Einstellungen wie bei einer sonstigen Terminverwaltung.

6. Damit ist der Auftrag im Wesentlichen eingerichtet. Der Job Scheduler bietet noch mehr Einstellungen, die wir später noch kurz vorstellen. Mit OK verlässt man den Assistenten und hat den Auftrag angelegt.

Wie man sich vermutlich vorstellen kann, lässt sich noch angeben, was nach der Ausführung des Auftrags passieren soll. Im einfachsten Fall kann man Erfolg oder Misserfolg nur in der Historie des Auftrags manuell aufrufen. Man kann in den Seiten ALERTS und NOTIFICATIONS allerdings auch vorgeben, wie Meldungen in beiden Fällen übermittelt werden sollen, wenn man gerade nicht selbst aktiv werden möchte.

Die Seite NOTIFICATIONS erlaubt die Auswahl, wie Meldungen gesendet werden sollen, wenn der Auftrag abgelaufen ist. Dabei kann man auch noch einstellen, in welchem Fall dies geschehen soll. Ein erfolgreiches Backup ist sicherlich nicht so spannend wie ein misslungenes, sodass man den Eintrag *WHEN THE JOB FAILS* belassen würde und sich nur entscheiden muss, wie die Meldung übermittelt werden soll: Email, Net Send oder ins Ereignisprotokoll von Windows.

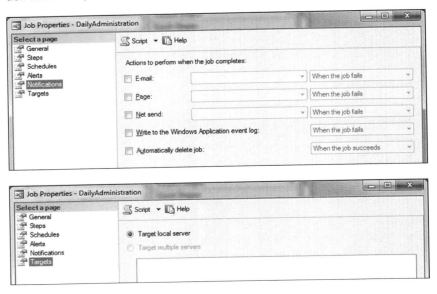

Abbildung 7.4: Einrichten von Meldungen

Eine wichtige Entscheidung ist auch, ob man lieber Aufträge mit wenigen oder sogar nur einem einzigen Schritt erstellt oder dagegen einen Auftrag mit vielen verschiedenen Schritten. Man kann bei den Schritten definieren, ob ihr individuelles Misslingen zu einem Fehler für den gesamten Auftrag führt oder ob nur protokolliert und weitergegangen werden soll. Dies ist ein planerisches Problem, das man lang und breit diskutieren kann. Das übergeordnete Ziel bei hoher Automatisierung sollte eine gewisse Übersichtlichkeit sein: viele Schritte in einem Auftrag können dabei genauso unübersichtlich sein wie viele Schritte. Ein weiter Anhaltspunkt ist es, dass man sich überlegt, welche Aktionen zusammen eine Transaktion ergäben, wenn man hier in Transaktionen denken würde. Die Leitfrage wäre also nicht "Was soll alles mitternachts passieren?", sondern "Was gehört alles zur Sicherung dazu, die mitternachts laufen soll?"

Ähnlich verhält es sich mit der Frage, ob man eine Aktion pro Schritt einfügen soll oder ob ein Schritt mehrere mit GO getrennte Befehle enthalten sollte. Hier gilt die Regel, dass je unterschiedlicher die Schritte sind, desto eher sollte man einzelne Schritte verwenden, damit man sie auch einzeln protokollieren kann.

In der Seite *ALERTS* lassen sich weitaus komplexere Vorgaben treffen. Hier definiert man benannte Meldungen, deren Text auch ein wenig konfiguriert werden kann.

1. Wählen Sie *ADD*, um eine neue Meldung zu definieren.

2. Es öffnet sich ein Dialog mit drei Seiten. Die Seite *GENERAL* erwartet in *NAME* wieder einen Namen. In *TYPE* wählt man aus, welche Art von Meldung man erstellen möchte. Hier kann man auswählen zwischen SQL Server-Meldungen oder WMI-Ereignis-Meldungen. Weiter unten lässt sich vorgeben, welche Fehlernummer (eine selbst erzeugte oder eine erwartete) die Meldung auslösen soll oder welcher Schweregrad.

3. In der Seite *RESPONSE* legen Sie fest, welche Bediener bzw. Benutzer die Nachricht erhalten sollen. Hier wählt man keine Windows-Benutzer aus, sondern legt eigene Benutzer an. Dazu wählt man zunächst *NOTIFY OPERATORS* aus, um die weiteren Schaltflächen zu aktivieren. Dann kann man über *NEW OPERATOR* unterhalb der Tabelle in einem weiteren Formular einen neuen Benutzer hinzufügen. Dieser wiederum hat dann einen Namen, eine Email-Adresse oder sogar einen Pager inkl. Uhrzeiten, wann er verfügbar sein müsste.

4. In der dritten Seite namens *OPTIONS* kann man dann bestimmen, ob die Fehlermeldung des Alarms auch in der zu sendenden Email oder Net Send-Meldung eingefügt werden soll. Zusätzlich kann man dann einen eigenen Text noch angeben sowie eine Verzögerung zwischen Antworten festlegen.

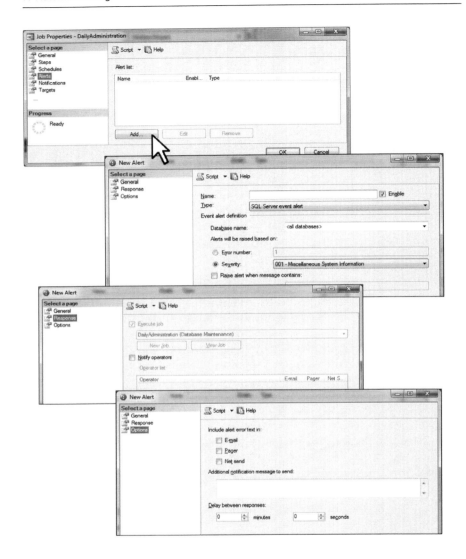

Abbildung 7.5: Einrichten eines Zeitplans

7.2.3. Verwalten eines Auftrags

Hat man einen Auftrag angelegt, muss man ihn verwalten bzw. zunächst einmal testen. Natürlich kann man auch einen Zeitplan erfassen, der testweise in den nächsten zwei Minuten aktiviert wird, aber ein einzelner Schritt lässt sich auch direkt manuell testen. Dazu wählt man einfach aus dem Kontextmenü eines Auftrags den Eintrag *START JOB AT STEP*, wobei bei einem Auftrag, der nur aus einem einzigen Schritt besteht, sofort der erste Schritt gestartet wird. Sobald der Auftrag ausgeführt wurde, erscheint ein Meldungsfenster, welches über Erfolg oder Misserfolg berichtet. Ein häufiges Problem dürften hier Berechtigungen sein.

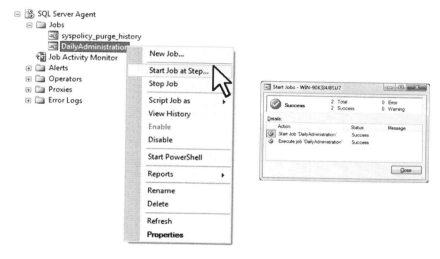

Abbildung 7.6: Auftrag testen

Egal, ob ein Auftrag erfolgreich oder erfolglos ausgeführt wurde, kann man die Aktivität des SQL Server Agents und die Historie dieses Auftrags ansehen.

Zunächst kann man den Job Activity Monitor öffnen, indem man aus seinem Kontextmenü den Eintrag *VIEW JOB ACTIVITY* auswählt. Man erhält eine Aufstellung über die alle definierten Aufträge und dazu Informationen über ihren Namen, ihren aktuellen Status, den letzten Lauf und den nächsten Lauf. Diese Läufe sind allerdings nur die vom Zeitplan geplanten und nicht die manuell ausgeführten.

7

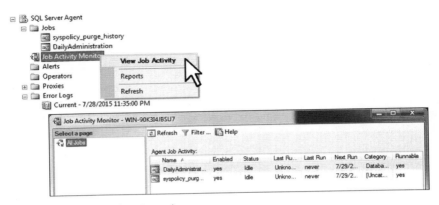

Abbildung 7.7: Auftragsaktivität ansehen

Die Historie eines Auftrags kann man über *VIEW HISTORY* im Kontextmenü des Auftrags öffnen. Hier findet man dann Informationen über alle Läufe, sowohl die manuellen wie auch die planmäßig gestarteten. Sollte ein Auftrag erfolglos sein, dann findet man hier noch einmal die Fehlermeldung, welche man alternativ auch automatisch als Nachricht hätte versenden können.

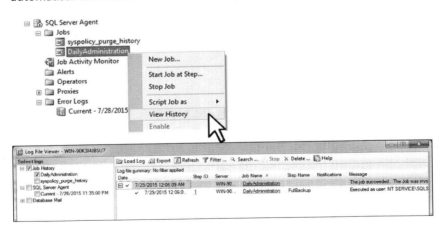

Abbildung 7.8: Auftragshistorie aufrufen

7

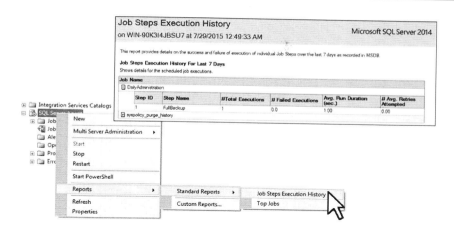

Abbildung 7.9: Berichte zu Aufträgen

Schließlich ist es noch möglich, zu einem Auftrag Berichte abzurufen. Die Auswahl ist sehr begrenzt, aber immerhin zwei Berichte lassen sich sehr wohl finden. Wählen Sie dazu einfach REPORTS aus dem Kontextmenü des SQL Server Agents und dann STANDARD REPORTS aus. Die beiden Berichte werden aufgelistet und können aufgerufen werden.

Index

Index

Unsere Empfehlung

XML

2-seitige Kurzreferenzen

6-seitige Kurzreferenzen

Bücher

- Bücher und 6-seitige Kurzreferenzen perfekt aufeinander abgestimmt
- Durchgehend verwendetes Beispiel-Unternehmen
- Individuelle Website für jedes Produkt
- Kostenloser Download der Beispiel-Dateien
- Folien für den Unterrichtseinsatz
- Kostenlose 2-seitige Kurzreferenzen zum Download

MS SQL Server 2014 (1) –
T-SQL - Abfragen und Analysen

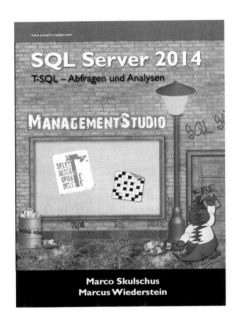

Themen

- Grundlagen relationaler Datenbanken
- Übersicht zum MS SQL Server-System und seinen Werkzeugen
- Einfache und komplexe Abfragen mit T-SQL
- T-SQL-Operationen für DB-Objekte und Datenpflege
- Fortgeschrittene Analysen und Auswertungen
- T-SQL-Skripte mit Variablen, Fallunterscheidungen, Cursorn und Transaktionen
- Pivot, berichtsähnliche Abfragen und T-SQL-Funktionen

Inhalt

Dieses Buch ermöglicht den Einstieg in relationale Datenbanken und den Microsoft SQL Server 2014. Es zeigt DB-Entwicklern oder Nutzern aus dem Marketing und Controlling, wie sie mit Hilfe von T-SQL Daten abfragen, Tabellen verknüpfen und komplexe Analysen durchführen. Mit Hilfe von T-SQL und dem Management Studio lernt man, Tabellen anzulegen und dann mit T-SQL-Operationen Daten zu bearbeiten. Die Programmierung von fortgeschrittenen T-SQL-Skripten wird ebenfalls dargestellt. Als Beispiel dient die umfassende AdventureWorks-Datenbank.

Skulschus | Wiederstein

426 Seiten, € 39,95
ISBN 978-3-939701-93-4 (TB)
286 Seiten, € 29,95
ISBN 978-3-939701-94-1 (E-Book)

MS SQL Server 2014 (3) –
XML-Integration mit T-SQL

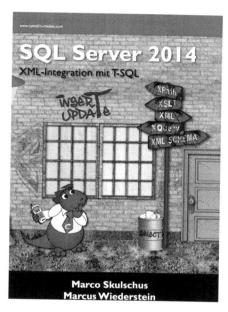

Themen

- Grundlagen zu XML-Technologien (XML Schema, XQuery, XPath)

- Erzeugen von XML-Strukturen aus relationalen Daten mit T-SQL-Abfragen

- Validierung und Typisierung mit XML Schema mit T-SQL

- Verwendung von XSLT und .NET in der DB

- Verarbeiten, abfragen und verwenden von XML in der Datenbank mit T-SQL mit XPath und XQuery

Inhalt

Der MS SQL Server bietet eine umfassende Unterstützung von XML-Technologien. Dieses Buch zeigt DB-Entwicklern/-Administratoren, wie sie mit Hilfe von T-SQL DB-basierte XML-Schnittstellen entwerfen oder XML und relationale Strukturen mischen können. Man lernt, aus relationalen Daten XML-Daten in T-SQL zu erzeugen, diese Daten zu verarbeiten oder wieder relational zu zerlegen. Weitere Themen sind direkte XML-Speicherung und die Arbeit mit XQuery, XSLT und XML Schema in der Datenbank. Ein kleiner Teil des Buchs stellt die Grundlagen in den verwendeten XML-Technologien dar.

Skulschus | Wiederstein

286 Seiten, € 39,95
ISBN 978-3-939701-97-2 (TB)
286 Seiten, € 29,95
ISBN 978-3-939701-98-9 (E-Book)

Haben Sie nicht auch manchmal den Wunsch, wichtige und wesentliche Informationen griffbereit auf einem Spickzettel zu haben? Diese Hilfen sind jetzt als Kurzreferenzen verfügbar. An verschiedenen Stellen im Netz finden Sie solche Hilfen meist in PDF-Form. Wir möchten Ihnen aber nicht nur eine einzige Kurzreferenz anbieten, sondern gleich ein ganzes Bündel, das wir stetig erweitern und dessen einzelne Bestandteile für verschiedene Arbeitsaufgaben wertvolle Hilfen bieten.

Erhältlich sind unsere Kurzreferenzen kostenlos zum Herunterladen auf **www.comelio-medien.com**

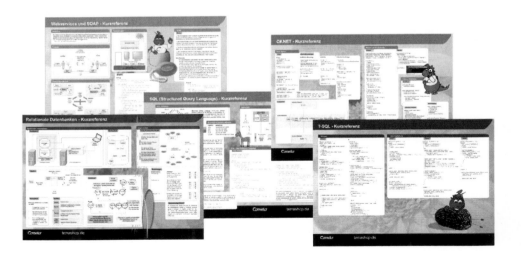